U0745189

中国比较教育研究50年

总主编　顾明远　　执行主编　曲恒昌

转型与提升

教师教育的改革与发展

本卷主编　肖甦

山东教育出版社

图书在版编目(CIP)数据

转型与提升/肖甦主编.—济南:山东教育出版社,
2015
(中国比较教育研究50年/顾明远,曲恒昌主编)
ISBN 978—7—5328—9153—5

Ⅰ.①转… Ⅱ.①肖… Ⅲ.①比较教育学
Ⅳ.①G40-059.3

中国版本图书馆CIP数据核字(2015)第244021号

转型与提升

教师教育的改革与发展

本卷主编 肖甦

主 管:山东出版传媒股份有限公司
出版者:山东教育出版社
     (济南市纬一路321号 邮编:250001)
电 话:(0531)82092664 传真:(0531)82092625
网 址:www.sjs.com.cn
发行者:山东教育出版社
印 刷:济南继东彩艺印刷有限公司
版 次:2015年11月第1版第1次印刷
规 格:710mm×1000mm 16开本
印 张:29印张
字 数:432千字
书 号:ISBN 978—7—5328—9153—5
定 价:48.00元

(如印装质量有问题,请与印刷厂联系调换)
印厂电话:0531—87160055

总序

我国比较教育研究始于 20 世纪 20 年代,最早的研究著作是 1929 年商务印书馆出版的庄泽宣所著《各国教育比较论》。当时,各师范院校开设了比较教育课程,但新中国成立以后就中断了,外国教育研究只以苏联教育为对象,作为我国教育改革的样板。直到 1964 年,国务院外事办公室批准在高等学校设立外国研究机构,才开始研究其他国家的教育,但仍然没有把比较教育作为一门学科来研究,只是介绍一些外国教育的制度和动向。直到改革开放以后,1980 年,教育部邀请美国哥伦比亚大学比较教育学者胡昌度来北京师范大学讲学,比较教育才在我国师范院校开始恢复。

1964 年高等学校建立外国研究机构时,北京师范大学外国教育研究室就在原来的基础上扩建,并接受当时中宣部的委托编辑出版《外国教育动态》杂志,供地市级领导干部参阅。该刊经认真筹备于 1965 年正式出版。可惜好景不长,1966 年"文化大革命"开始,杂志被迫停刊,研究人员下放劳动。1972 年在周恩来总理对我国外事工作的关怀下,研究室开始恢复工作,《外国教育动态》以内部资料的形式又编辑了 22 期。改革开放以后,我国在拨乱反正、恢复教育秩序的时候,迫切希望了解世界教育发展的动向和经验,经国务院方毅副总理批准,《外国教育动态》得以复刊并在国内外公开发行,1992 年该刊更名为《比较教育研究》。从 1965 年创刊至今,曲折坎坷地走过了 50 年。

应该说,《比较教育研究》及其前身《外国教育动态》在我国比较教育学科的建设以及国家教育改革中作出了不可磨灭的贡献。

改革开放 30 多年来，我国比较教育研究走过了几个阶段：

第一个阶段，1978 年至 1985 年，是描述、介绍外国教育研的阶段。这一时期主要是介绍美、英、法、西德、日、苏 6 个发达国家的教育制度和教育思想。介绍了在国际教育上有较大影响的四大流派，即：以皮亚杰、布鲁纳为代表的结构主义教育思想、布鲁姆的教育目标分类思想、赞可夫的发展教育思想和苏霍姆林斯基的和谐教育思想。1982 年由王承绪、朱勃、顾明远主编的新中国第一本比较教育教材问世。

第二个阶段，1986 年至 1995 年，是国别研究和专题研究阶段。进入 20 世纪 80 年代中期以后，比较教育界认识到，要借鉴外国教育的经验，必须对各个国家的教育发展进行深入系统的研究，才能把握各国教育的本质特点和发展脉络，于是开始了国别研究，对 6 个发达国家的教育作了较为系统的研究。除国别研究外，许多学者开始进行专题研究和专题比较，如各级各类教育比较、课程比较和各种教育思想流派的评介。

第三个阶段，1996 年至本世纪初，是深入和扩展研究的时期。从上个世纪 90 年代中期开始，我国比较教育研究扩展到许多发展中国家，特别是我国周边国家的教育，研究内容也从教育制度发展到课程、教育思想观念、培养模式和方法、国际教育、环境教育、比较教育方法论等诸多方面。同时，比较教育关注到教育与国家发展及国家宏观教育发展战略的比较研究，以及各国民族文化传统关系的研究。如"巴西、俄罗斯、印度、中国四国教育发展与国家竞争力的比较研究"、"民族文化传统与教育现代化研究"等，重视教育与国家发展的研究；随着我国新一轮课程改革，研究介绍了各国课程改革的经验。

第四个阶段从本世纪初至今，进入全球化时代的国际比较教育研究。我国比较教育学者开展了国际问题的研究，关注国际组织有关教育的政策及其对世界教育的影响；开展了各国教育国际化的研究；更加深入地研究各国教育公平的政策和提高教育质量的改革和举措。

我国比较教育发展的这几个阶段的研究成果在《比较教育研究》刊物中均有反映。《比较教育研究》有几个特点：一是最早、最快、最新地反映国际教育改革的动向。例如，较早地介绍美国的《国防教育法》和拉开了世界教育改革序幕的 1983 年美国高质量教育委员会的《国家在危险中，教育改革势在必行》；最早介绍终身教育思想;最早地把文化研究引进比较教育;较早地研究国际组织的教育政策等。这些研究对我国的教育改革都起到了一定的借鉴作用。为此,借《比较教育研究》创刊 50 周年之际,我们选择刊物中的有价值有质量的文章编辑成册,它们是:《定位与发展:比较教育的理论、方法与范式》《博学与慎思:当代教育思想与理论》《均衡与优质:教育公平与质量》《问责与改进:高等教育评估与质量保障》《光荣与梦想:世界一流大学建设》《理念与制度:现代大学治理》《创新与创业:21 世纪教育的新常态》《流动与融合:教育国际化的世界图景》《转型与提升:教师教育的改革与发展》《质量与权益:教师管理政策与实践》《传承与建构:课程与教学理论探索》《效率与公平:择校的理论、政策与实践》。

这既是一种历史的记忆,又为我国今后的教育改革保存一份有价值的遗产。我想,读者可以从中找到世界教育发展的痕迹,并得到某种启发。

是为序。

2015 年 10 月

目 录

理论研究

政策变革

专业化与专业标准

创新实践

教育是国家人才竞争力积蓄与培养的根本所在。高质量人才培养的关键在于高素质教师的培养。有好的教师,才有好的教育。因此,教育大计,教师为本,教师教育任重道远。2010年我国颁布的《国家中长期教育改革和发展规划纲要》①明确提出了关于教育师资建设的各项要求,包括建设高素质教师队伍,加强师德建设,提高教师业务水平,提高教师地位和待遇,健全教师管理制度等一系列任务。这毫无疑问地表明,我国对教师教育改革与发展的关注程度已提升至一个新的高度,也使得政府职能部门、教育科研领域有必要对教师教育的种种相关问题进行更为深入的调查研究和学术探讨。

伴随经济全球化和教育国际化的发展趋势,世界各国的教师教育改革出现了许多共性的变化,如政府作用加强、追求职前职后一体化、推进专业化、大学化等;但同时又由于具体国情有别、发展水平不一、历史文化传统不同,各国在理念层面和实践层面亦呈现出不尽相同的特点。对这些变化、特征进行系统考察,比较不同国家教师教育改革与发展过程中的异同,探讨先进教育理念、总结经验教训,不仅是教育研究、比较教育研究不容忽视的领域,而且对分析与反思我国教育现实问题、构建适合国情的教师教育体系具有非常重要的理论意义和实用价值。

---

① [EB/OL]http://www.china.com.cn/policy/txt/2010-03/01/content_19492625_3.htm,2014-01-20.

一、教师教育,《比较教育研究》杂志中的线条

值得欣慰的是,长期以来我国的教育理论工作者、比较教育研究者以国际视野和本土需求为基点,不遗余力地进行了大量相关研究。既出版了一系列专著,更有大量研究成果发表在不同学术期刊上。作为比较教育学科领域的权威刊物,《比较教育研究》(原名《外国教育动态》)自 1965 年创刊以来,50 余年间所刊发的数百篇关于教师(师范)教育的研究文章就是这些研究成果的重要组成部分。

截止到 2014 年年底,整整半个世纪的时间,《比较教育研究》杂志共刊登关于比较教师教育的学术文章多达 600 余篇,篇幅超过 30 万字,约占该杂志总篇目的 12%。从发表时间上看,进入 21 世纪以来,关于教师教育的文章数量更呈现不断增长的势头,这也从一个方面证明了对于比较教师教育的研究一直是比较教育学者关注的一个重点领域。从研究所涉及内容来看,这些文章基本上涵盖了教师教育的各个方面,理论与实践问题兼顾,历史与现实考察兼顾,发达国家与发展中国家兼顾,经验与教训分析兼顾,借鉴与反思兼顾,等等。倘若对所刊登的相关文章进行一定的条理化梳理和归类评析,或可成为我国学界尤其是比较教育学界对教师教育领域问题研究的进程、规模、水准与功用的最好见证。这也正是我们编辑中国比较教育研究系列丛书之《转型与提升:教师教育的改革与发展》分册的意图所在。

通过《比较教育研究》刊发的教师教育研究文章,读者可以管窥到 20 世纪60 年代以来比较教师教育研究在国内学术界的基本发展脉络。

自 20 世纪 60 年代中期到 70 年代末,我国关于国外师范教育问题的比较研究只处于刚刚起步的阶段。这期间,新中国经历了大起大落的社会动荡,尤其是十年文化大革命的浩劫,使我国政治、经济、文化、教育各个领域的发展无一幸免地遭受重创。《外国教育动态》自 1965 年创刊到 1979 年的 15 年间里,所刊登的关于国外师范教育的文章一共 11 篇,而且只是在 1965 年刊登了两篇译文,其余的 9 篇都集中在改革开放以后的 1978 年和 1979 年,主要以译介为主。

20 世纪 80 年代,随着我国改革开放的步伐逐渐加大,参考世界先进经验、

改革完善本国教育越发成为教育研究者的迫切任务,同时,改革开放的力度与规模也为学者们研究国外教育提供了更多便利条件。因此,这十年间,《比较教育研究》刊登了一百余篇关于国外教师教育的研究文章,不仅数量上是前一时期的 10 倍还多,而且研究内容也逐渐丰富,对教师教育的政策、理念、制度及学校实践均有涉及。

随着改革开放的逐渐深入以及我国社会的持续发展,学术界对于国外教师教育问题的关注热度持续不减,20 世纪 90 年代,《比较教育研究》刊登的国外教师教育研究文章也达百篇。并且,所涉及的研究对象国不断增加,从起初只是重点关注少数发达国家,进而扩大到亚、非、拉美等众多发展中国家,涉猎范围之广、内容之丰富足以彰显研究者们的浓厚兴趣与宽广视野。

进入 21 世纪,随着《中国教育改革和发展纲要》等文件中多次明确提出要加强教师队伍建设,社会各界对于教师教育的重视程度又有了进一步的提升,学术界自然也有所回应。从 2000 年到 2009 年,《比较教育研究》刊登有关比较教师教育的研究文章达 200 余篇,超过 20 世纪最后两个十年数量之和,而且结合我国教师教育热点问题的国外相关理论及实践研究比重加大,服务本国教师教育发展改革的作用不断凸显。

在 2010 年～2014 年的最近 5 年中,《比较教育研究》刊登的教师教育研究文章就已经超过了 160 篇,而且研究问题的时效性和新颖性不断增强,许多文章在第一时间反映出对象国在教师教育政策与措施上的最新变化,并以研究者的角度给出分析和判断,从而在很大程度上增强了《比较教育研究》杂志在本领域的学术引领地位。高数量、大规模的关于教师教育研究论文的刊发,已经用物理变量证明,教师教育研究专题不仅是比较教育研究中具有重要分量的领域,而且其不断提升的专题研究质量,也必定会为我国新时期的教师教育改革与发展带来更多有意义、有价值的借鉴与思考。

囿于丛书篇幅所限,综合阅读、分析《比较教育研究》中刊登的关于教师教育文章,本册编者根据教师教育学科的发展脉络,国内外学者学术研究视角的发展脉络,精选了近 50 篇文章汇总成册,以期使读者对我国关于教师教育的比较研究的发展线索、问题领域、研究水平等方面能形成比较清晰的、立体的认识。从时间纵向上看,50 余年时间、数百期杂志、数千篇论文,从中选出关于教师教育研究的所有 600 多篇论文已经工作量极大,再从这 600 多篇中精挑细选琢出近 50 篇高质量、且各具代表性的文章集合成册更是一个艰巨的工程。而从问题阈限的横向上看,如何将这些研究成果所涉及的丰富内容合理划分出层次或板块,则需要智慧和勇气。斟酌再三,编者将所选文章分为教师教育理论研究、教师教育政策变革、教师专业化与专业标准和教师教育创新实践四个专题,以期使本册的梳理与呈现更具条理性,更能体现出教师教育这一领域研究的发展脉络。

二、教师教育,历史演进中的影像

在进入专题论述之前,有必要对"师范教育"和"教师教育"在本专辑中的使用略作辨析,也藉此对"教师教育从哪里来"的问题做一简要回答。

作为当代专门术语的"教师教育"是传统的"师范教育"概念的延展。作为一种古老的职业,自人类社会出现教育活动开始,就有了教师这一职业的雏形。但作为由专门培养机构实施师范教育的活动只有 300 多年的历史。最早专门培养教师的机构出现在欧洲。1684 年,拉萨尔在法国兰斯创办的教师训练机构成为人类师范教育的摇篮;1695 年,法兰克也在德国的哈雷创办教员养成所。早期师资培训机构的教育水平低、教学时间短,属于初等教育高年级或初等教育后教育层次。1765 年,德国首先建立公立师范学校;1794 年,法国巴黎创办了第一所由政府出资的师范学校。这些专门的师范教育机构除注重教育内容、教学技能和方法的培训外,还开设心理学、教育学等课程,并进行教学实习,将对教师专门的教育训练看成是提高教育质量的重要手段。

20 世纪 30 年代以前,西方一些发达国家把培养教师的活动称为"师范教育",培养教师的学校也叫"师范学校",主要进行小学教师的培养。随着科学技术的发展和知识更新速度的加快,教师需要不断更新知识结构、提高教育教学水平,学校教育对教师质量的要求不断提高。师范教育不仅需要提升职前培养阶段的水平规格,还必须向职后阶段延伸。

20 世纪 60 年代以后,终身教育思想席卷教育领域的各个角落,并在联合国教科文组织及其他一些经济、文化合作组织的推动下得到丰富和发展,这使得世界范围的师范教育改革普遍展开。许多国家的师范学院纷纷升格为综合性大学的师范学院或教育学院,许多综合性大学相继建立教育研究生院,培养高级教育专门人才、教育管理人才和教学研究人才,并承担在职教师进修和培训的任务。① 于是,不少发达国家将教师的职前教育与在职培训并举,使传统"师范教育"术语逐渐被"教师教育"表述取代。

进入 20 世纪 90 年代,世界各国在积极进行教育改革的过程中,从终身学习立场出发,尤其注重师资队伍建设,并将教师的培养、任用、进修三个阶段的活动作为一个连续的整体贯穿于教师职业生涯的始终。1966 年,联合国教科文组织在《关于教师地位的建议》中提出,把教学工作提升到一种专门职业的地位,提高对教师专业知识和专门技能的要求,进而形成了包括职前教育、入职教育和在职教育三个阶段于一体的教师教育的概念。② 这一界定不仅提升了师范教育的内涵,在培养规格上也逐渐完成了由初等师范学校、中等师范学校到高等师范学校层次的转变,而且在培养形式上也逐渐实现了由自发型、封闭型向开放型教育模式的转变。

21 世纪是知识经济主导的时代,也是教育的时代。世界许多国家都致力于优先发展教育,把改革和发展师范教育作为重要目标,提高教师素质已经成为各国教育改革共同的发展方向,对教师的需求从数量的增长转向质量的提高。因此,从师范教育到教师教育这种话语上的转变,从根本上说明了提高教师素质的必要性。

在 2001 年 5 月颁布的《国务院关于基础教育改革与发展的决定》中,我国首次明确提出"教师教育"的概念,将长期分离的教师职前培养与职后培训统一起来。由此,在我国掀起了一场教师教育研究的热潮,在此过程中,多数研究者在研究过程中以我国教师教育改革为背景,在涉及他国教师教育改革时都统称其为"教师教育"。

根据各国在话语转变方面的情况大致可分成两类:一类是话语上没有发生变化的,即一直称"师范教育"如俄罗斯,或称"教师教育"如美国、德国;另一类是话语上发生变化的,即由"师范教育"改称"教师教育",如日本、中国。尽管如

---

① 朱旭东:试论师范教育体制改革的国际趋势[J]. 比较教育研究,2000,(4):42—46.
② 顾明远. 师范教育的传统与变迁[J]. 高等师范教育研究,2003,(3):1—6.

此,我们也能够确认,作为对教师培养和培训的两种不同称谓,师范教育与教师教育是随着历史的发展和时代的需要而产生、发展、变化的。二者在内涵和外延上都既有相似之处,亦有不同侧重,且其理念和宗旨都在不断变化和丰富。本书编者一方面遵从历史变迁的客观事实,原貌呈现 20 世纪末期之前学者对关于各国师范教育的研究成果,另一方面紧随时代脚步,将整本文集定名《转型与提升:教师教育的改革与发展》,以便更完整地呈现关于教师培养活动研究的现代化发展全貌。

三、教师教育,专题划分中的梳理

在"百年大计教育为本,教育大计教师为本"的命题下,教师的作用、教师教育的功能不断得以强化,也使得人们对教师教育各种问题的追问不断扩展、深入。作为"对拟入职教师和在职教师进行的专业教育",教师教育"包括对职前教师的师范专业教育、初任教师的考核试用和在职教师的继续教育"[1]三个部分。这实际上是包括了教师教育的基础理论、专业化标准和职业发展的方方面面。于是,如何从理论层面理解教师、教师教育的含义、如何从政策层面引领教师教育整体的改革、如何从专业层面促进教师个体的职业化发展、如何从实践层面推进教师教育领域的创新性探索等一系列问题,自然而然成为学者关注的内容。这里,拟分教师教育的理论问题、教师教育的政策变革、教师教育的专业化与专业标准、教师教育的创新实践四个部分梳理比较教育视野中的教师教育研究。

(一) 教师教育的理论问题

教师养成与培训的相关理论对世界各国教师教育的发展都具有重要推动作用。即使专门梳理"教师教育的理论问题"研究,也仍然包含有很广的内容。例如,以能力为本的教师教育理念、詹姆士·波特(James Porter)的"师资三段培训法"、教师专业化理论、反思型教师教育思潮、建构主义教师教育、教师可持续发展理论等。《比较教育研究》中对于教师教育理论的关注最早可以追溯到

---

① 顾明远主编. 中国教育大百科全书[M],上海:上海教育出版社,2012:582.

1965 年别尔格的《教师和控制论》①。而研读 50 年来该杂志刊登的相关文章，我们发现，涉及最多的基础性理论探讨可归结为两个本源性的问题，一个是"教师是谁"，另一个是"教师（师范）教育是什么"。

1. 教师是谁

教育活动是一项随人类活动开始而开始的活动，教师职业是一门伴随教育活动的形成而形成的职业。但是人们对于教师是谁、教师应该是怎样的人、应该具有怎样的特别素质的探讨一直持续。在一系列对国外教师教育思想的研究中，"教师首先必须是教育者"是众多学者的共识。

苏联著名教育家苏霍姆林斯基（Сухомли́нский）对教师的角色给出了十分精准而通俗的描述："教师不仅仅是知识的传授者，而且是塑造一代新人的雕塑家"，"只有首先成为一个优秀的教育者，才能成为一个优秀的任课教师"，"不发挥教育职能，教师的全部技能和全部学问就会是一堆死学问"。② 苏联教育学者伊利英（Iliin）也认为，"科任教师不论教什么科目——数学、物理、制图或其他科目，首先应是一名教育者"，他强调"学校不仅要教书，而且要育人"。③

加拿大学者珀金（J. R. C. Perking）则把教师比作钥匙，他用名词 Key 的四种不同释义"钥匙"、"拱顶石"、"图例"以及"音乐和声中的调"形象阐释了教师的崇高职责和重要作用。而在印度学者克里希那穆提（Kerschenstiner）的教师观中，教师必须是教育者的命题被提高到了社会学与哲学的认知层面，他认为"教师是建造一个新社会秩序的奠基者，教师可以超越既有文化或某些制度的制约，独立主动地在引领人的心灵的发展中发挥改进社会的作用"。他对于通过教师的努力"引导学生掌握真理、净化心灵、生成智慧，进而在根本上终止我们这个社会的肤浅、虚伪、丑陋寄予了很大的希望"。④

2. 教师教育是什么

与师范教育相比，教师教育所包含的内容更为丰富。

---

① （苏）别尔格. 教师和控制论[J]. 外国教育动态, 1965, (2): 39—40.
② 毕淑芝, 王义高. 苏霍姆林斯基论教师工作[J]. 外国教育动态, 1981, (3): 28—34.
③ 王义高. 伊利英的教育创新[J]. 外国教育动态, 1990, (5): 19+26—30.
④ 赵荷花. 何谓正确的教育者——印度学者克里希那穆提的教师观解读[J]. 比较教育研究, 2007, (6): 36—40.

　　教师教育是围绕教师职责、职位所进行的综合教育,是在终身教育思想的指导下,按照教师专业发展的不同阶段,对教师进行的职前培养、入职教育和在职培训的总称,是师范教育与教师继续教育相互联系、相互促进、统一组织的现代体制。① 显然,教师的培养、教师的发展等一系列教师教育的核心问题就成为至关重要的环节,不断明晰、不断丰富追问"教师教育是什么",在科学技术迅速发展的时代至关重要。

　　在终身教育理念影响下,20 世纪 70 年代中后期,英国巴尔默谢(Balmershell)教育学院院长詹姆士·波特(James Porter)提出了"师资三段培训法",②主张将当时三种类型师范教育——以专门培养教师为目标的传统师范学院(也称"定向的师范教育"),通过普通综合性大学培养教师的"非定向的师范教育";对以中等教育文凭入职教师者实施的在职师范培训——进行整合,实施由个人教育、师范初步训练、在职继续教育三个环节密切联系的连续性培养方法,强调教师不仅应当懂得教什么,还应懂得如何去教;不但应是具有较高智力水平的教学者,同时还必须是有自学能力的学习者,必须负有终身学习、终身受教育的责任。

　　几乎与此同时,反思型教师教育也在欧美兴起。埃德加·富尔(Edgar Faure)把教育与学会生存联系在一起,敏锐把握了教育与人类与每个个人的生存之间的这种直接的、根本的联系。知识经济、信息时代改变了人们对教育的理解,也在冲击着现行的教师教育和教师职业所受到的"历史的压抑"。③ 鉴于反思型教师教育也被称为"研究为本的教师教育"或"探究型教师教育",所以,对"反思"、"反思型教师"、"反思性实践"、"教师及研究者"的探讨成为各国教师教育研究者的重要议题。

　　霍林斯·沃思(Hollins Voss)呼吁"以教师研究作为解放教师的武器",④强调教师不应只是别人研究成果的消费者,更应该成为研究者,必须视教育、教学、研究为教师工作的有机整体。

---

① 黄崴. 从"师范教育"到"教师教育"的转型[J]. 高等师范教育研究,2001,(6):7+14—16.
② 杨之岭,林冰.詹姆士·波特论师资培训三段法[J]. 外国教育动态,1981 年,(3):14—17.
③ 宁虹. 教师成为研究者的理解与可行途径[J]. 比较教育研究,2002,(1):48—52.
④ 宁虹. 教师成为研究者的理解与可行途径[J]. 比较教育研究,2002,(1):48—52.

舍恩(Schoen)提出了反思实践者思想主张,认为要使教师能完成在"行动中的反思"并"对行动的反思",教师教育必须包含三层任务:一是要真正关注实践中的特定问题,对遇到的教与学的实质性问题做出理解和反应;二是要进入教师的思考方式,能够向此时此在的教师和教师学习者以特定的方式进行讲解和演示,使描述和演示具体化;三是要与学习者尽可能地建立良好关系,使学习阻力最小化。① 他强调一个真正的好教师教育者应当具有能够将上述三者合于一体的艺术特质。舍恩的反思实践者思想在 20 世纪 80 年代提出后,在专业实践和专业教育领域产生极大反响并引起激烈的争议,引来了不少美国学者在教师教育基本理论方面的争论,这些争论代表了在西方社会进入知识经济和后现代社会时期各种不同范式的教师教育思想相互间的砥砺冲撞,也是重构教师教育理论与实践不可回避的重要路径。②

20 世纪 80 年代后期,建构主义逐渐成为西方国家教师教育改革的重要理论基础,为重新认识"教师教育是什么"提供了新的视角。

建构主义教师教育是以建构主义理论为指导,组织、设计培养和培训教师的新模式,它涉及了教师教育的哲学基础、教育理念、课程理论、教学方法及评价等多方面内容,强调把教师的发展看作是一个基于自身经验、主动持续发展、转变和超越的过程,教师发展的重要目标和成熟的标志是形成独立的、与实践统一的个人理论。还强调将教师的个人经验、知识基础作为教师教育实施的重要前提和基础,把个体主动参与、反思等作为促进教师发展的主要方法论依据。③

建构主义教师教育在改革过程中遵循的原则有以下几点:① "学习者中心"原则,这是建构主义教师教育的核心原则。它强调学习者是学习和发展的主体,教育教学活动的展开应围绕这一任务组织,将个体经验、已有的知识和观念作为课程设计、开发、实施的有机组成部分。② 参与性原则,这是针对学习

---

① 洪明."反思实践"思想及其在教师教育中的争议——来自舍恩、舒尔曼和范斯特马切尔的争论[J].比较教育研究,2004,(10):1—5.

② 洪明."反思实践"思想及其在教师教育中的争议——来自舍恩、舒尔曼和范斯特马切尔的争论[J].比较教育研究,2004,(10):1—5.

③ 张奎明.国外建构主义教师教育改革研究[J].比较教育研究,2007,(2):81—85.

者在教育过程中的地位与作用而言的,强调让学习者最大程度地参与到包括个体培养计划的制定、课程决策和成绩评价等过程中,提高教育教学的效率,促进和实现教师的主动发展。③ 过程与目标相统一原则,这一思想源于杜威(Dewey),经建构主义教师教育研究者重新诠释,成为一项改革的指导原则。其内容包括:在教育过程中把目标与过程看作是统一的,目标的实现寓于过程中;强调了解过程本身是教师教育主要目标之一;知识作为认识的结果与认识过程密不可分。④ 整体性原则,该原则是从个体经验发展的连续性、整体性,客观世界的统一性等认识出发,依据教师素质发展目标和建构主义学习原则提出的。重视个体经验的连续性,强调相近学科的跨学科知识、知识与情境及理论与实践的整合。

从上述梳理不难看出,教师教育是系统的教师培养活动和教师终身教育,是职前培养与在职进修的统一,是正规教育与非正规教育的结合,是多层次、全方位、立体式的教师终身"大"教育。对于教师教育的理论基础、内涵与形式的探讨是与时代发展同步的,《比较教育研究》对国外教师教育研究的跟踪与解读,为国人了解、认识世界先进的教师教育理念提供了多角度且内容丰富的平台。而一些后来在中国教育界影响深远的教师教育思想,也是借助这份杂志得以实现的。苏霍姆林斯教育思想的译介、传播、研究,乃至今日在中国基础教育领域的创新性践行就是一个最好的例证。

对中国中小学教师影响最大的外国教育家非苏联教育家苏霍姆林斯基莫属。《外国教育动态》是最早向国内教育界介绍苏霍姆林斯教育思想的杂志之一。据中国知网的不完全统计,从 1980 年第二期王义高发表以《苏霍姆林斯基》为题目的教育家评介至今,《外国教育动态》和《比较教育研究》至少刊登了60 篇关于苏霍姆林斯基教育思想的文章,仅 1980～1984 年间,《外国教育动态》就发表了 32 篇,而且绝大多文章的作者都出自于该杂志所在机构。这些译介性的文章不仅使中国教育研究界开始了对苏霍姆林斯基教育思想的关注,也使广大的中小学教师初识了苏霍姆林斯基及其非常接地气的教师观、学生观。20 世纪 90 年代中后期,《比较教育研究》进入了对苏霍姆林斯基教育体系新一轮的解读,刊登了有苏霍姆林斯基女儿苏霍姆林斯卡娅(Сухомлийнская)院士参加的关于苏霍姆林斯基教育思想学术讨论会上的系列文章;进入 21 世纪,

《比较教育研究》不仅刊登了苏霍姆林斯卡娅以及帕夫雷什(Павлыш)中学现任校长亲自撰写的文章,还发表了来自我国中小学一线校长的相关文章。目前,我国中小学校教师对苏霍姆林斯思想的崇尚与创造性践行热度不减,硕果不断。究其原因,教育家思想的永恒魅力,教育研究者的不懈努力,教育实践者的创新探索,杂志平台的持续引领,环环相扣,相得益彰。

(二) 教师教育的政策变革

长期以来,世界各国早已认识到,国民素质取决于教育的质量,教育质量取决于教师素质,教师素质取决于教师教育的质量——是一个环环相扣的教育链条。因此,重视教师教育改革、不断出台教师教育改革政策、致力于对相关改革政策的实施与评价是各国政府和教育职能部门的重要工作内容。关注世界教师教育政策变革动向与内容也成为《比较教育研究》一直以来不可或缺的部分。

自 1965 年创刊以来,《比较教育研究》中关于国外教师教育政策变革的文章根据时代不同在呈现特点上亦有所不同。20 世纪六七十年代主要是对美国、英国、日本、法国和苏联等少数世界主要发达国家关于教师教育的政策或方案的介绍性文章,如 1979 年的《美国的全国教师中心计划》[①]、《日本的"教师资格证书"(译文)》[②],由于主要是以翻译或编译形式呈现,所以此时的文章还不能算作真正的比较研究。到 20 世纪八九十年代,对教师教育政策的国别研究有所扩展,虽然美国、英国、苏联等教育水平居领先地位的世界主要发达国家依旧是比较教师教育研究关注的绝对重点,但也开始出现少量关于朝鲜、意大利、波兰、埃及等非主要发达国家教师教育的研究,例如 1980 年发表的《朝鲜中小学教师的在职培训》[③]、《波兰用电视、广播培训数学教师》[④]等。进入 21 世纪,为适应不断变化的国际政治经济格局,对教师教育政策的国别关注不仅继续扩大,而且很多与我国国情相似的发展中国家,如金砖国家印度、南非等国教师教育政策也进入国内学者的研究视野,如《印度教育 60 年发展的成就与问题评

---

① 美国的全国教师中心计划[J]. 外国教育动态,1979,(22):41.

② 日本的"教师资格证书"(译文)[J]. 外国教育动态,1979,(19):44—50.

③ 李守福,孙启林. 朝鲜中小学教师的在职培训[J]. 外国教育动态,1980,(5):43—45.

④ 兹贝格纽·塞玛地尼,李环. 波兰用电视、广播培训数学教师[J]. 外国教育动态,1980,05:45—46.

析——基于教育政策的视角》①、《基于需求的教师教育课程设置：印度的经验与启示》②、《南非教师教育政策的变革及其启示》③、《南非教师教育机构政革：动因、路径及成效》④等，并且多数研究对对象国教师教育政策的评介更系统，分析更有深度，反思也更能结合我国的现实。

顺应终身教育的理念，新世纪以来世界教师教育改革政策的总体趋势将教师教育置于更为优先发展的地位，建构更为合理的职前职后培训体系，配置更为完善的支持系统，追求高质量条件下的教师规模增长数量等等，仅几个国家的例子即可予以印证。

俄罗斯素有重视师范教育的传统，研究者对其师范教育改革政策的探讨是从辨析该国特有的教育制度传统及社会转型特点所展开的。当我国及其他一些发展中国家适应教育国际化发展趋势、将原来的"师范教育"概念扩展为"教师教育"并在新的视角之下探讨其内涵及可持续发展战略之际，俄罗斯依然继续使用"连续师范教育"的表述，着力打造一个能适应全球化时代格局以及本国社会发展新需要的、连续师范教育的完整体系。新时期、新概念之下的连续师范教育体系不论是在俄罗斯整个国民教育体系中，还是在社会转型进程中都占据相当重要的地位。从范畴上看，俄罗斯政府要打造的连续师范教育是由中等、高等和高等后师范教育的教师职业教育大纲共同构成的综合体系。从功能上看，新时期的连续师范教育体系又具有教学—科研—师范教育一体化的特征，它涉及并覆盖学前教育机构、小学、中学、大学及大学后教育的各级教育机构。

从综合的角度分析，俄罗斯 2001 年底颁布的《俄罗斯联邦 2001 年～2010 年连续师范教育发展构想》将师范教育近十年发展的主要方向放在两个方面：一是使师范教育在俄联邦教育系统中处于优先发展的地位，大幅度、全方位提

---

① 安双宏.印度教育 60 年发展的成就与问题评析——基于教育政策的视角[J].比较教育研究，2011,(6):32—35.

② 杨明全.基于需求的教师教育课程设置:印度的经验与启示[J].比较教育研究,2011,(6):32—35.

③ 顾建新,牛长松.南非教师教育政策的变革与其启示[J].比较教育研究,2008,(6):25—29.

④ 徐金雅,甘洁.南非教师教育机构政策:动因、路径及成效[J].比较教育研究,2013,(11):38—43.

高师范教育的教育教学质量；二是打造真正意义上的现代化连续师范教育体系，以其多层次、多水平、多功能性和灵活开放的特色适应时代发展的新需要。俄罗斯教育部长用形象的比喻强调了连续师范教育体系的意义："未来的罗蒙诺索夫、门捷列夫、柴可夫斯基、普希金、加加林就坐在我们今天的课桌旁。国家和政府对学校，对教师，对师范教育体系的关注态度，决定着我们社会的精神和物质财富，振兴国家的真正的、不枯竭的财富源泉不在银行，而是在今天的学校里。"①

南非的教师教育政策自20世纪90年代以来发生了很大变化。1994年民主政府之前，种族隔离制度之下的教师教育机构依照种族界限严格划分，教育资源分配极为不均衡。1997年颁布新宪法后，教师教育成为南非高教改革的突破口。政府陆续出台多项教师教育改革政策，包括采取合并方式完成教师教育大学化，实施新国家课程，重新定位教师角色，设立教师管理机构，实施国家评估等。但由于政府政策与现实脱离、且缺乏充分论证，实施过程中反而导致很多政策给教师造成了负担，效果不佳，不得不协调并研究新的政策方案。2007年，通过发布《南非教师教育和教师发展国家政策框架》，南非教育部确立了教师职前专业教育和教师继续专业发展的两条路径，并构建了教师教育和发展的支持体系，以达成"更多教师"和"更好教师"的目标。

南非教师教育改革的过程表明，国家政策必须充分考虑本国教师和教师教育的实际，采取渐进式的变革方式，每一次新政策的出台必须伴随对教师的支持和培训，真正实现教师专业化发展。而且，鉴于国家经济水平、社会发达程度、国民教育基础等重要方面的国别差异，发展中国家的教师教育改革不能完全照搬西方模式。南非教育主管部门取缔或合并良性运行的教师教育学院而转轨到大学，在某种程度上造成理论与中小学教学实际的脱节、培训指向性与实用性减弱等不良后果。对此的反思，可以达到提醒发展中国家在决策教师教育改革时要考虑如何借鉴世界先进经验与做法。②

新世纪以来，随着全球化进程的加快，作为超国家经济联合体，欧盟及其成

---

① 肖甦.世纪之交的俄罗斯教师教育改革——打造连续师范教育的完整体系[J].比较教育研究，2003,(4):37—42.
② 顾建新,牛长松.南非教师教育政策的变革及其启示[J].比较教育研究，2008,(6):25—29.

员国日益认识到本国、本地区的竞争力有赖于各国人力资源素质的提高,鉴于教师教育是保证人才素质的关键要素,在进一步推进欧洲统一高等教育空间、更好地协调自身成员国教育发展、切实提高教师教育效能的目标下,欧盟出台了一系列教师教育改革政策。

2005 年,欧盟发布了《欧洲教师能力及资格的共同准则》,为其各成员国教师能力与资格的制定提供了标准化参考;2007 年,发布《欧盟理事会及成员国政府代表提升教师教育质量会议的决议》,围绕欧盟成员国的教师教育质量问题,针对现阶段成员国教师教育存在的质量问题提出政策建议;2009 年,发布《欧盟理事会就教师和学校领导专业发展活动开展的决议》专门就成员国及欧盟层面致力于教师和学校领导的发展活动做出了明确规定;2012 年,发布题为《反思教育:为更好的社会经济结果而投资》的工作报告,针对当前欧盟各国教师队伍数量短缺、教师职业吸引力下降、从事教育事业工作的毕业生不足的现状,提出一系列政策建议以提升教师职业的吸引力,逐渐完善教师队伍的建设机制。

这一系列改革政策涵盖了教师教育的多个方面,不同程度地促进了欧盟成员国教师教育的发展,但是,在欧盟及其成员国致力于欧洲一体化的诉求推动下和世界教师教育事业发展潮流的影响下,欧盟及其成员国对教师教育领域事务的关注和干预力度也在不断加大。进入 21 世纪的第二个十年以后,深化教师教育政策对话机制、实现教师教育一体化、构建教师教育指标体系、制定教师教育者能力标准项任务成为欧盟进一步推进本区域范围内发展教师教育的新的走向。[①] 同时,我们不难发现,欧盟近年来不论是已经颁布并实施的教师教育各类政策,还是作为进一步改革方向的政策,不仅都顺应了世界教师教育的总体趋势,而且其广泛的影响力也使世界教师教育改革的共同趋势更为鲜明。

(三)专业化与专业标准

从 20 世纪 90 年代前后开始,教师教育领域最显著的特点就是教师专业化程度的不断加强。长期以来,在人们意识里一直认为教师并不像医生、律师那样属于专业性职业,这在很大程度上成为导致教师地位低下的原因之一。随着

---

① 覃丽君,陈时见.欧盟教师教育政策及其发展走向[J].比较教育研究,2013,(12):1—5+22.

心理学、教育学等学科的发展,教师必须经过长期的专业训练才可以胜任、教育质量才可以得到保障的共识达成,各国政府开始出台专门政策提高教师专业化水平,客观上成为确立教师专业地位和提高教师社会声望的重要措施。

1983年美国公布的《国家处在危急中:教育改革势在必行》报告,从七个方面"试图改进培养师资的工作或把教学变为更值得从事的和受人尊敬的职业"。1989至1992年,经济合作与发展组织(OECD)相继发表了一系列有关教师及教师专业化改革的研究报告,如《教师培训》《学校质量》《今日之教师》《教师质量》等。1996年,联合国教科文组织召开的第45届国际教育大会提出,"通过给予教师更多的自主权和责任提高教师的专业地位;在教师的专业实践中运用新的信息和通讯技术;通过鉴定个人素质和在职培训提高其专业性;保证教师参与教育变革以及与社会各界保持合作关系"。①

与此相适应,无论是政府还是学术界,都围绕教师专业化和教师教育专业化展开了广泛的讨论与研究,教师资格认证以及教师教育机构认证成为各国相继采用的管理制度。也就是在同一时期,《比较教育研究》中关于教师教育专业化和专业标准的探讨开始出现,并不断深入。

最初关于教师专业化的文章多是对一些国家的先进经验进行介绍,旨在为我国的发展提供借鉴。例如,在我国小学教师师范教育从中等教育水平向大专水平过度的背景下,1995年刊登的《新加坡教师师范教育课程设置》②关注了新加坡南洋理工大学的国立教育学院进行小学师范教育课程设置在学制、类型、内容、方式等方面的特点,介绍了该院课程类型安排上,如何以针对性强、专业性强的特点满足各门学科教学的实际需求。

1996年刊登的《国外中小学教师职前培养的启示》③不再将视角限于一国,而是考察了德国、英国、法国等欧洲多国中小学教师职前教育面对新形势采取的七条新措施。这些不同的教师专业化培养措施,可以归纳为四方面有效的经验:第一,建立双专业、主辅修和广泛的选修课制度;第二,加强职前培养过程中的参观、实习、见习等实践环节,使理论和实践有机结合起来;第三,加强师范院

① 教育部师范教育司:《教师专业化的理论与实践》第23页,人民教育出版社2003版。
② 张文军. 新加坡教师师范教育课程设置[J]. 比较教育研究,1995,(5):35—42.
③ 邢克超. 国外中小学教师职前培养的启示[J]. 比较教育研究,1996,(5):20—24.

校的科学研究,提高职业(教育)培训水平;第四,以严格的考核为基础,建立教师证书制度。此类文章的出现使得关于教师教育问题的比较研究学术更强,视野更为扩展,类型更为多样。

随着 21 世纪对于教师教育专业化的持续深入关注,关于专业化和专业标准的研究也不断地丰富。这其中,既有对传统发达国家教师教育优秀经验的继续完善,也有对于非传统发达国家的教师教育专业化方面的新探索。

英国在教师专业发展方面形成了较为完善的机制。为促进教师的专业发展,政府于 21 世纪之初推出了教师起点评估和业绩起点、业绩管理和业绩评估,旨在以此保证教师教育的专业水准,提高教师的教学能力。① 2001 年英国教学专业议会(General Teaching Council,简称 GTC)开始正式运行,负责教师的注册,制定教师专业操守准则并对违纪教师进行纪律制裁。② 但新时期政府对教师专业化发展的一系列新举措,与英国素有的教师专业主义和专业自治传统产生了一些矛盾。从专业自治和相对比较大的专业判断自由一下子过渡到高度细化的中央集权式的指令性规定,使得教师们感到自己的创造性和主动性受到了束缚。因此,如何在加强全国统一课程要求下维护和保持教师专业自治传统,需要决策者和研究者认真研究。毕竟,在英国分权制度下形成的教师专业主义和专业自治的传统,昔日"对英国教育注重个性和创造性发展的特点起到了非常重要的作用",③不能彻底抛弃。而相关的研究与争论一定程度上促进了英国教师专业发展的步伐。

2006 年发表的《培训新教师的导师:来自荷兰的经验》④,关注了荷兰学者冯克(Funke)认为的作为一名成功的新教师导师必须具备的知识基础包括三个基本要素:新教师专业发展的过程;指导新教师课堂教学的策略;理解新教师的经验学习过程,从而丰富了对教师这一特殊职业的学徒指导模式的认识。

对国外教师教育的专业化进行比较研究,根本目的在于促进本国相关领域的发展。2014 年刊登的顾明远先生的《关于提升我国中小学教师质量的思

---

① 洪明. 英国教师教育的变革趋势[J]. 比较教育研究,2003,(4):58—62.
② 卢乃桂,叶菊艳. 英、法教师专业化历程的解读及其启示[J]. 比较教育研究,2010,(2):64—68.
③ 王璐. 英国国家课程对教师专业自治的影响[J]. 比较教育研究,2006,(9):33—37.
④ 马健生. 培训新教师的导师:来自荷兰的经验[J]. 比较教育研究,2006,(11):64—69.

考——基于世界各国的政策经验》①针对我国中小学教师队伍的现状和存在的问题,研究了法国、俄罗斯、芬兰、日本、韩国等多个国家在教师专业化发展方面的政策与措施,梳理出现阶段教师专业化发展与质量提高的世界普遍且有效的做法,进而为提高我国中小学教师质量提出了五条有效的借鉴:(1)立法明确中小学教师的公务员身份;(2)提升中小学教师的学历标准;(3)完善国家教师资格考试和注册制度;(4)改进职前教师的选拔和培养方案;(5)丰富在职培训类型和内容。在这些建议条文下,对中小学教师专业化与专业标准工作的展开列出了详尽而可操作的要点,如在职前教师环节,要注意选拔适合从事教育事业的优秀人才,要加强教师教育管理和教学研究技能的培养,要延长教学实习周期侧重培养实践问题解决能力;而在职后培训环节,要以更新教育观念为先导,以师德为先、能力为重,要培养教师终身学习的意识和习惯。这些紧密结合中国国情的建议既是当前教师专业化发展的当务之急,更具有教师教育可持续发展的指导意义。

(四)创新实践

教师承载着教育根本的意义和价值。教师是教育改革和发展实践的主体,是一切教育改革和发展最终得以实现的最基本、最直接的基础。② 21 世纪以来,世界各国都希望在原有基础上进一步发展教师教育,同时新的国际形势也会产生新的问题,各国政府都颁布了诸多政策,采取了多样化的措施,以应对新形势与新环境。将此类具有创新性和时代性的研究集合起来,能够有助于国内学者更高效地了解世界教师教育发展的最新趋势,也能够为我国应对一些新问题时提供借鉴。

2001 年刊登的《世界教师教育发展趋势分析与未来教师资格证书方案设计》③一文分析总结了 20 世纪末 21 世纪初世界教师教育改革的发展趋势。在此基础上,提出了我国未来教师资格认证的实施方案,设计了"一个核心、两个

---

① 顾明远.关于提升我国中小学教师质量的思考——基于世界各国的政策经验[J].比较教育研究,2014,(1):1—5.

② 宁红.教师成为研究者的理解与可行途径[J].比较教育研究,2002,(1):48—52.

③ 吴志功,陈英霞,王显芳.世界教师教育发展趋势分析与未来教师资格证书文案设计[J].比较教育研究,2001,(11):32—35.

重点、三方面知识、四种能力"的框架,即政治思想道德素质是核心;创新能力和实践能力是重点;需要本体知识、程序知识和现代教育信息技术知识三方面知识;具备教学监控能力;德育能力;心理辅导能力;教育教学科研能力四种能力,并进一步论述了该方案的培养目标和实施途径。

作为超国家及经济体的欧盟,为全面提高自身教育质量,增强自身的国际竞争力,一直在不断地加大教师教育改革的力度,力图通过教师教育改革保障欧盟整体教育质量,推动欧洲一体化的进程。在博洛尼亚进程框架下,欧盟教师教育正逐步走向协商合作与规范统一的道路。一方面,通过增进各成员国之间的沟通与协商,加强教师教育研究者之间的合作,从而推进各成员国的教师教育改革;另一方面,在欧盟教育文化多元的基础上,欧盟也在不断地致力于教师教育的探索与改革,积极寻求欧盟教师教育一体化的建构。《博洛尼亚进程下欧盟教师教育的探索与创新》①较为详尽地探究了这样一个超国家的组织在这样一个新的历史进程中,如何使其成员国的教师教育既保持本国特色又共同致力于实现联盟发展目标的多方面情况。为探索博洛尼亚进程下教师教育发展的新模式,欧盟采取了一系列教师教育改革措施,包括:统一欧盟教师教育立场:高度关注教师教育;确立欧盟教师教育的共同原则:《欧洲教师能力与资格的共同准则》;开展欧盟教师教育的共同行动:同行学习活动;发布欧盟教师教育的共同宣言:《欧盟理事会关于提高教师教育质量的决议》。

为支持欧盟成员国顺利实施欧盟理事会关于提高教师教育质量的决议,欧盟委员会倡议未来合作的重点在于:① 确保职前教师教育、入职教育、教师在职专业发展协调一致,并获得足够的资源支持和质量保证;提升在职教师教育的供给、质量和实施成效。② 审查教师招聘制度,吸纳最优秀的教师人选,挑选最好的人才进入教师队伍,并将优质师资放置于富有挑战性的学校之中。③ 改进学校领导招聘方式,让领导者为提高学生学习、教师发展作好准备。事实上这些未来合作的工作重点为欧盟成员国日后推进教师教育的创新实践提供了详细的清单。

近年来,农村教师的问题逐渐走入公众的视野,也受到各国研究者的重视。

---

① 许立新.博洛尼亚进程下欧盟教师教育的探索与创新[J].比较教育研究,2011,(7):59—63.

与其他发展中国家一样,我国农村学校及农村教师的培训与发展也同样存在诸多问题。2014 年发表的《农村教师专业发展支持体系——发展中国家的实践》,①考察了埃塞俄比亚、罗马尼亚等发展中国家的相关实践,为我国构建农村教师专业发展支持体系提出了建议。文章将"农村教师专业发展支持体系"定义为:在一定的行政区域内,调动和利用本地区教育资源,以教师专业发展为核心,以提高学习质量为目标,为区域内农村教师的专业发展提供便捷的、持续的、公平的、有效的支持和服务的运作机制,并且认为该体系成功运作需要以下几方面基础条件:1. 农村教师支持体系应是以需求为本,为本地教师提供适切的支持;2. 发展教育管理部门的教学领导力也是农村教师支持体系成功的重要基础;3. 教师支持者的能力建设是确保支持体系质量的关键;4. 持续的教师专业发展是一个系统的过程,需要规划设计、资金、人员、设备等支持,以及持续的研究来确保这一过程的有效性。

随着国际上对教师教育质量的追求,各国的教师教育改革展现异彩纷呈的态势,对教师教育创新实践的探索日益丰富,在未来教师的职前实习、入职教师的资格注册、在职教师的资格认定,以及教师组织的目标与运作、教学过程的方案设计与开发等方面都有涉及,这些实践探索都以不同的详略程度呈现在我们的研究文章之中。

四、教师教育,半世纪研究的特征

通过回顾比较教师教育研究在《比较教育研究》杂志中所呈现的 50 年历程,或可管窥国内关于教师教育问题的比较研究在学术界 50 年的发展动态。整体看来,大致能体现出如下特点。

(一)研究对象国不断扩展

从起初只涉及少数世界主要发达国家,到如今关注了世界多数国家和地区以及超国家的世界区域性组织,50 年来我国教师教育比较研究经历着一个国别不断丰富、涉及面不断拓宽的过程。

---

① 刘静.农村教师专业发展支持体系——发展中国家的实践[J].比较教育研究,2014,(1):25—30.

在最开始的 20 世纪六七十年代,仅仅介绍了苏联、美国、英国、法国、日本这五个国家。而截至 2014 年,在《比较教育研究》杂志中刊登的关于教师教育的文章中,共涉及了世界上超过 30 个国家和地区(仅限于在文章标题中出现国家名称的),五大洲的国家均有所涉及。这其中,既有英、美等传统强国,也有韩国、日本、朝鲜、印度等相邻国家,甚至保加利亚、尼日利亚、也门、博兹瓦纳等一些较为陌生的国家也已进入我国研究者的视野。这些研究为国内教育界了解世界范围内教师教育领域的发展状况打开了瞭望的窗口,提供了比较借鉴的平台。

不仅如此,自 20 世纪 90 年代开始出现的超越国家的区域比较研究更是进一步扩充了比较教师教育研究的覆盖类别。杂志所刊登的区域性研究文章,有的通过地域进行划分,如非洲、欧洲、亚太地区等;有的通过国家某些特点进行划分,如海湾新兴产油国家、亚洲"四小龙"等;有的通过某些国际性组织进行划分,如欧盟、OECD 等;也有的通过一些项目进行划分,例如博洛尼亚进程和伊拉斯谟计划等。此类区域性的研究,一方面能够帮助研究者和读者更好地看清在一定条件或标准下各国所表现出的共性和不同点,从而更有针对性地比较取舍;另一方面,一些在单国比较中没有出现的国家,会进入某一区域研究的范围之中,也能够间接地让读者有机会接触更多国家的教师教育情况。因此从哪种情形来说都是一种极大的丰富。

(二)研究类型不断丰富

50 年来,关于比较教师教育的文章不断为国内学术界提供了解和学习国外教师教育优秀理论和实践的平台。从某国的教师政策或计划、某位教育家的教师教育思想到某一地区或某一组织的某个教师项目,《比较教育研究》杂志中的文章均有涉猎。从简单的编译、介绍性文章,到区域比较、个案研究,文章的类型也不断丰富多样。

首先,在理论方面,《比较教育研究》介绍了大量国外先进的教师教育理论。应该说,关于国外教师教育理论的介绍,是比较教师教育研究开始得比较早的一个类型,从 1965 年最早刊登的别尔格的《教师和控制论》的教师理论文章开始,50 年来,《比较教育研究》介绍了 30 多位国外教育家的教师理论的文章,其中像马卡连柯(Макаренко)、埃德蒙·金(Eadmund King)、巴班斯基(Бабанский)、苏霍姆林斯基(Сухомли́нский)等一些著名的教育家的教师思想更是多次被提及,影响了一代又一代的教育研究者。此外,随着时间的推移,关于国外教育家教师思想的呈现方式也不断变化。在刚开始的阶段,大多数的文章只限于对教育家著作或文章的翻译或译介,为读者创造知晓世界教育名家的信息与主张。但随着国内学者接触国外教师教育思想的机会逐渐增多,特别是从 21 世纪开始研究水平的提高,单纯介绍性的文章已经很少,更多的是运用某一理论来分析问题或解决问题,并且所介绍或选择的理论也不再限于教育领域,而是涉及其他学科理论,如社会学、政治学、经济学等。例如,2012 年刊登的《缩短新手教师到专家教师的成长距离——来自戈夫曼之"拟剧论"的启示》①,就是运用美国的一位社会学家和作家欧文·戈夫曼(Owen Gorman)的"拟剧论"来探讨如何缩短新手教师到专家教师成长距离的问题。作者认为,戈夫曼的"拟剧论"之教育互动对于教师专业成长具有"顿悟"意义。新手教师成为专家教师需要打造好第一印象,做好日常的印象管理;需要在"神秘化"和"去神秘化"之间以及"一视同仁"和"区别对待"之间寻求平衡的支点;需要运用好师生互动的规则,必要之时可以再造规则;需要把握好表演和"做作"之间的边际,在长期的坚持中寻求着力点。可以看出,如今国内学术界对于国外诸多理论的态度已不再是简单的了解和学习,而是具有了更深层次的评价、运用,这样的转变无疑在不同程度上助推了杂志整体理论水平的提高。

其次,在实践方面,国外的教师政策、制度以及相关的变化一直以来都是我国学术界关注的重点,在《比较教育研究》中这类文章所占的数量和比例也是最多的。教师培训、教师评价、教师专业认证、教师任期、教师的教学行为、教师的性格或行为特征等与教师教育领域的核心内容是各国教师教育领域的重点,也自然是国内学者的研究重点。有关这些主题的文章,在不同时期的《比较教育

---

① 王晋.缩短新手教师到专家教师的成长距离——来自戈夫曼之"拟剧论"的启示[J].比较教育研究,2012,(12):40—43+80.

研究》中都有所呈现,而且是持续性的出现,亦不断丰富和提高着我国教师教育学科的研究水平。与此同时,这些文章被刊发的本身也充分体现了学术研究为政策制定者和决策者提供建议的作用。在对某国或某几国的教师政策进行比较分析的基础上,为我国教师政策提出切实可行或极具参考价值的建议的文章屡见不鲜。

（三）时效不断增强

在信息化飞速发展的社会条件下,及时准确地反映不断变化的国际教育趋势十分必要,教师教育研究领域同样如此。随着我国开放程度的不断加强,综合国力的不断提高,以及各类研究人才的不断丰富,比较教师教育的学术研究不但范围上扩大,深度上加强,而且在反应时效上也不断进步。这里所说的时效性,是指各类研究文章越来越与时俱进,一方面能够对世界各国教师教育的发展动态迅速做出反应,另一方面也能就我国教师教育事业发展的需要及时提供国际先进经验并予以参考。

首先,国内学者能够越来越迅速地捕捉到世界各国教师教育的最新发展,世界各国在教师教育方面的新动向新发展能最短时间内在《比较教育研究》中得以体现。例如,2011 年发表的《澳大利亚教师教育标准化的新发展——"职前教师教育课程国家认证系统"的构建》①的研究内容,是 2010 年 9 月澳洲教学与学校领导协会才正式发布的"职前教师教育课程国家认证系统",该系统由认证目标、师范毕业生标准和课程标准及基本的认证程序组成,强调国家系统的建立、系统各部分的整合、伙伴关系的形成、课程的全纳及创新,是澳大利亚从国家层面保障职前教师教育课程质量的首次尝试,也是澳大利亚教师教育标准化的新发展。从该国最新政策的出台到见诸于杂志的研究文章,间隔时间不到一年,而刨除学术类期刊的审稿发刊流程,学者所完成的足够详尽介绍与分析只有半年多的时间。

其次,随着我国教师教育事业的不断发展,会不断面临新的问题需要解决,

---

① 邓丹.澳大利亚教师教育标准化的新发展——"职前教师教育课程国家认证系统"的构建[J].比较教育研究,2011,(8):45—49.

及时呈现国外教师教育中对相关问题的研究以满足我国解决问题的需要,也是一种时效性的表现。比如,教师流动问题是近年来国内教师教育界讨论较热的一个问题,政府和学术界不断进行新的尝试,各类参与主体都有不同的视角、不同的观点。作为世界最著名的教师流动项目之一,伊拉斯谟教师流动项目于1997年启动,参与的教师人数平稳上升,规模之大,积累经验之丰富,都可以对我国教师流动问题的解决提供借鉴。2013年的《伊拉斯谟教师流动项目的概况、特色及启示》[①]就对此进行了探讨,该文章通过相关统计数据,对参与教师的学科领域、逗留时间、资金情况以及性别比进行分析,得出该项目呈现出总体规模不断拓展、培训型流动教师增幅快、教师在外停留时间减少等特色,但存在项目影响有限、教师流动分布不均、教师性别比不均等问题,进而认为,该项目的经验教训有助于提示我国在促进教师流动时,应注重从宏观上对区域间教育资源分布不均衡状态进行调控,对教师性别比不均衡状态进行政策指引等,以促使我国教师流动朝向均衡的方向发展。

(四)观念不断优化

50年来,《比较教育研究》所刊登的关于教师教育的研究文章,不仅在数量上持续增长,在类型上不断丰富,时效性上有所加强,而且在研究观念和理念上也不断有所优化。这集中体现在关于教师教育问题比较研究的具体化、适切性和本土化意识不断增强等方面。

首先是具体化。关于某国的制度或政策的整体研究能够使我们从整体上把握一国教师教育事业的发展和最新变化,但是每个国家,每个地区,每个学校的具体情况不尽相同,他国的经验要想真正为我所用,必须要对其背景、内容、形式等各个方面进行深入综合的分析,从而找到其中最为核心的规律性的结论,而这正是个案研究的一个巨大的优势。在起初时期,由于我国研究水平和条件限制,很难支持需要身临其境的更为细致的个案研究,所以大多数的文章都是对文本的整体性的研究。随着国家实力的不断增强以及学术研究水平的

① 覃丽君.伊拉斯谟教师流动项目的概况、特色及启示平[J].比较教育研究,2013,(4):95—100.

不断提高,个案性质的研究文章有所增加。在《比较教育研究》中能够看到更多的针对一个地区,一所学校、一个项目甚至是一位教师进行分析和研究的文章,而且不仅仅只局限于对文字的分析,还有了数据、案例等更为丰富、具体的支持。越来越多的学者意识到,对于国外经验的研究不能只停留于表面的经验,一定要在该国的具体情境下进行具体分析,这样才能够发现真正适合我国国情的精华并有所借鉴。

其次是适切性。起初,很多人认为,学习教育发展较为先进的发达国家的优秀经验能够使我国的教育事业发展水平有更快提高。因此,关于教师教育的国外研究更多是集中在世界几个主要的发达国家,如美国、英国、日本等。但发达国家教育先进的原因是以其国家整体水平超前为前提的,我国的整体实力显然达不到那样的水平,倘若一味生拉硬套发达国家的经验和做法,往往会产生适得其反的效果。相反,由于一些发展中国家的国情和我国相近,如果其在解决某一问题上有比较成功的经验的话,应该不失为一个有效的学习和借鉴的对象。正是逐渐认识到这一点,我们的学者对于一些发展中国家教师教育研究的关注度也逐渐增强,一个明显的表现就是,近年来杂志中刊登的关于发展中国家或是一些新兴国家的相关文章数量明显增多,例如,印度、南非、巴西等国。相比起对发达国家的研究,由于国情及问题的相似性,不少此类研究也就更体现出了适切性的特点。

第三是本土化。了解国外,研究国外的出发点和最终落脚点是要为我国自身的发展服务。对于国外的经验,即使是十分先进的经验,也不能采取"拿来主义",要根据我国的特点有所取舍。随着我国比较教育研究水平的不断提高,如今的比较研究已不再是被动地学习或接受,而是越来越多体现出了"立足中国,放眼世界"的特点。不难发现,近年来的《比较教育研究》,越来越多地刊发了在综合性研究多国教师教育改革政策与措施的基础上系统思考本国问题的文章,这些文章既能及时捕捉国外教师教育领域的趋势性发展,更有助于回应我国教师教育领域最亟待解决的问题,例如,教师待遇问题、农村教师问题等。比如,来自我国教育一线的中学校长在长期探究并实践苏霍姆林斯基教师教育思想的过程中,结合我国基础教育实际以及本人工作实践,认真追问《今天,我们向苏霍姆林斯基学什么》①,他将半个多世纪之前著名教育大师的思想与中国现实问题相比照,在辨析、审视、思考、总结的基础上,提出了如何让异国的、历史的但不失现实意义的教育理念回归现实,真正为我国教师教育实践服务的许多具体建议。

半个世纪以来,《比较教育研究》中的一篇篇文章,见证着教师教育作为比较教育研究的一个特定领域的发展,也见证着我国教师教育事业的进步。振兴民族的希望在教育,振兴教育的希望在教师。通过放眼世界,比较教师教育研究为我国教师教育事业打开眼界;通过立足中国,比较教师教育研究不断履行着对我国教师教育事业发展的责任。在未来,我国比较教师教育研究事必会更具有专业性,更具有科学性,也能推动我国教师教育事业更高、更快、更强的发展。

肖甦

2015 年 10 月

于北京师范大学

---

① 李镇西. 今天,我们向苏霍姆林斯基学什么[J]. 比较教育研究,2010,(3):21—23.

教师教育·理论研究

一、论教师的作用

Key 这个词释义多样,富于形象,我想借之阐明教师的职责及其作用。

当一把钥匙挂在穿着制服的看守腰带上的图象映入你的眼帘时,你就会立刻想到关闭、隔离、监禁。但如果换了一幅图象,父母亲把钥匙交给已成长的十多岁孩子,让他开车或自由出入房间,这时钥匙就意味着信任与自由,它就不是锁着门而是敞着门的象征。

当我们说"教师是一把钥匙"时,就是清楚地认识到,教师陪伴着学生来到各种知识的门前,我们作为打开知识大门的教师,是为学生敞开知识之门呢还是把他们锁在知识门外!

教师没有备课就意味着锁了门。各班学生情况千差万别,同样教材用于不同的班级,教学组织方法就应该不同。假如用同样的教材教第二遍或第十七遍,就以为可以不用备课,其教学效果就会是枯燥无味,影响学生对教材的理解。

教师跟不上学术的发展,就起不到向学生打开知识大门的作用。"学术"的发展是指对学术的新发展、教学新方法的了解以及洞察学生个性发展的新途径。这些是构成教师素质的组成部分。每年都发表大量论述这三方面的论文,虽然不可能每个教师都读遍有关的文章,但教师们要是能阅读一部分,则对自己或对周围师生都会有好处。

教师如果不了解新教的学生就如同锁了门。不同年龄的学生,其兴趣和问题也不同,学生又往往得不到家庭的理解和关心,因此学生带着各种感情创伤来到学校,从丢失一只小猫到父母死亡,从未被邀请参加晚会的委曲心情到初恋失败引起的苦恼。作为教师，假如不了解学生存在各种各样的问题，就可能在学生感情发展方面锁了门。学生感情创伤得不到解决，就可能因而与其他周围人们的关系上有所隔阂。

教师没有为学生确定学习的目标，等于教师把学生锁在知识门外，十几岁的青少年整日在学校但却没有学到什么东西，这是一种惊人的浪费。更糟的是，学生不在乎自己没学到知识。固然努力目标因人而异，但目标一定要有。没有努力目标，教师就无法衡量自己的教学效果，没有努力目标，学生就没有什么鞭策力量，既没有失败的惩罚，也得不到成功的喜悦。

做为教师，和钥匙一样，锁门与开门都有同等的机会。当学生的天资、才能在教师的帮助下得以发挥，教师就是打开门的钥匙。

每个学生都有其特点和才能，假如教师能帮助他们，其才能得到认可、提高并运用，不仅学生自己的生活得到了丰富，而且其他数百人的生活也得到了丰富。学生具有的才能往往与家长的愿望不一致。例如一个生长于没文化的家庭、具有艺术天才的孩子，家庭不是因之引以为豪而是感到为难。有时，出身于艺术家庭的大学生却对商业或体育很感兴趣。教师的作用是培养学生确实具有的天资、才能，而不是家长希望他们有的才能。在培养发挥学生的才能方面，教师的作用是极其重要的，甚至能改变学生的前途。

教师这把钥匙可以打开学生认识环境的大门。

四十年前我在英国乡村上学时，来了一位新教师，他的教学方法令人难忘。第一节课要求学生画"我在教室里的座位图"，紧接着画学校、村庄、郡乃至英国的地图，促使我们熟识同班的同学、环境、学校的面貌、村庄的地理、历史以及学校创始人，这一切都在我们脑中留下了深刻的印象。

当然，现在教育形式大不相同了。但我们许多学校坐落在历史悠久的地区，有许多博物馆、公园、古迹、创业者的定居处和大量的陈列室、展览馆，都可以供有事业心的教师充分利用来打开学生认识环境的大门。

确实，教师这把钥匙能打开丰富的知识宝藏，但更重要的是使学生本身成为打开知识大门的钥匙。因为我们事业成败取决于教师在多大程度上能使学生本身成为一把钥匙，在他们广阔的未来以这把钥匙去探索揭开知识的宝库。

教师的作用就像拱门中的拱顶石。"Key"在建筑学上指的是联结两根柱子而构成拱门的那块拱顶石。它承受了两边来的压力。不管其余部分建得多么好，如果这个关键部位没砌好，就可能使拱门倒塌。

教师就是拱顶石，下面的两根柱子，一根是家庭，另一根是学校。通过教师的教学与才能，盖起一座理想的拱门。两根柱子很少修建得非常精确，不是离得太远，就是离得太近，要用拱顶石把这两根柱子联结起来，这就是我们的困难所在。

家庭这根柱子已不像过去那样结实了，许多学生的家庭背景情况是无保障的，这是现代课堂教学中最令人痛心的问题。一些家长对学生是否完成作业漠不关心，还有些家长根本不关心他们的孩子离家后是否去学校了。

学校这根柱子也并不总是安全的。在学校里我们发现一些古老的念头，如相信新校舍和设备能解决纪律和学习习惯问题，我们也遇到了狭窄的观念，为了管理上的整齐划一，而不是为了教育上的需要就把孩子们都带到乡下去。教师被夹在家庭和学校这两根倾斜的柱子之间，他应该成为通常他也愿意成为一块拱顶石。他本身就是家庭的代表和学校的雇员。

我们还得正视这一现实问题。在家庭与学校这两根柱子的结构不完善、不安全的情况下，教师这块拱顶石如何发挥作用，砌好这一拱门呢？

教师要对学生表现出信任，要为所有课堂活动建立明确的界限，还应该表现出对学生的尊敬，而不是压制他们。

另一方面，教师如何弥补教育制度上不足的问题。我认为，有两条重要而简单的真理，我们当教师的必须为之战斗和生活。首先我们必须确保教育制度的施行都是为了学生的利益。学校为学生服务就像医院为病人服务一样。在校董事会或者甚至于学监和校长忽略这一点时，就要由教师来维护它。其次，我们必须确保行政管理的目的性。行政管理本身不是目的，而是实现目的的手段。医院的行政管理并没有单独存在的必要，而是为医疗实践创造理想的条件。同样，学校行政管理也是为了教育实践创造条件。

教师是连接家庭和学校这两根柱子的拱顶石，即使柱子是完美的，没有拱顶石也就没有拱门。这个例子说明教师在个人和社会生活中是头等重要的。

教师的作用就像用以识别地图的图例。不参看图例就几乎无法使用地图。图例可以使我们知道地图上的标志代表什么。

在学生的生活中,特别是当代的学生生活中,充满着标志,他们几乎控制了我们的社会。表明小孩下一年要从幼儿园升到小学一年级的一小片纸是一种标志,毕业时赠与的垂带(表示学位的)、律师的公事包、医生的听诊器、十字架和结婚仪式以及所有的数学、化学公式也都是标志。

假如教师要起到这张复杂生活地图图例的作用,他就必须解释教学过程中不同阶段出现的标志,最初识辩标志的练习之一就是把字母的音和形联系起来,学会读字母,这几乎是最平凡的事,但我们整个教育制度几乎就是建立在这简单的字母符号的基础上。教师的部分任务就是帮助学生站得高一些,透过这些标志看到它所代表的真正含义。例如地位、信任或财富所代表的真正含义。

在当代生活中,起码有三个领域包含着影响很大并富有魅力的标志。第一个领域就是教育,教育的标志包括几张纸(指文凭、证书等——译者注)和几套服装(指授与学位时穿的服装——译者),一些教师对这些标志极为尊敬,甚至认为一个人起码要上过大学,否则就是失败的人。另一些人公开地嘲讽教育过程,并且把毕业、证书、文凭和学位看作"不过是那么几张纸"。如果教师真是教育标志的图例的话,那么他就应该解释这些标志,使得学生能够更好地理解资格与能力之间的联系,而不把教育与幸福混同起来。

第二个领域是权力。在我们的社会里,权力的标志是最吸引人的,也是人们极力追求的。幸好还有一些青年人拒绝参加对权力标志的寻求。权力表现在许多方面,两个较明显的方面是性和财富。教师应帮助解释这些标志。要使学生了解性的力量是很大的,但它并不能保证愉快。财富是实现许多值得赞美的目标的手段,但是,如果把财富本身当做目标的话,它可能就只通向苦难。

第三个领域是信仰。信仰的标志是生活这张地图中最持久最有力的标志之一。这些标志经常是在生活的关键时刻(如恋爱、结婚、出生和死亡)遇到。即使教师在这些问题上不愿意提供个人意见,还是会出现这样的情况,即学生可能对于教师对上帝和婚姻的看法要比他对拿破仑和莎士比亚的评价更感兴趣。

在理解能力强的教师的帮助下,培养学生了解生活地图上的标志,使他们不错把悬崖当做草地,流沙当作高沼地。

教师的另一个作用如同音乐和声中的调。每首乐曲都有它的调,才能使乐曲和谐并具有旋律。

在教育方面我们有两个共同的领域，一是用来表示学习成果，一是表明目的，即认识领域和感情领域。认识领域是智力、知识和才能的范畴，感情领域是情感、态度、准则和信仰的范畴。认识和感情好比是乐曲的高音和低音乐谱，教师就是乐曲的基调。教师的任务就是要确保在弹奏认识与感情时，都用同一个调。也就是说，教师要使学习目的与学习成果相一致。在现阶段再没有比这更困难的了。

由于近三十年的科技革命，教育变得越来越技术化了。在这方面，在大学生活中，有两个引人注目的例子，其一是全部用计算机处理有关学生的资料，其二是学习商业管理和计算机科学的学生激增。

但是，在我们训练学生在一个机械化的世界上生活的时候，我们是培养他过有道德的生活吗？在我们教学生如何使用计算机计算复杂的所得税问题时，我们能够教他们如何在一个自由的社会里处理道德问题吗？难道说教育不是应该既帮助学生获得藉以为生的技能，又帮助他们具有使其过有道德生活的准则吗？

不幸的是，我们发现在教育领域象在其他所有生活领域一样，保持平衡是困难的。在许多情况下，对感情领域最必要的关心就是对认识领域的损害。

在有关教育的演说和文章中，经常出现一个新名词，"汇合教育"（Confluent education），这是一个培养全面发展的人的综合的教育方法。

汇合教育注意保持最高的学术标准，然而不赞成课堂中不必要的竞争。汇合教育要求学生掌握尽可能多的资料和技能，但首要的是要求学生成长为成熟的、负责的人，能够根据价值标准做出判断。汇合教育努力介绍过去宝贵的文明财富，但也极力争取达到这样一个目标，即学生可以在现代文明中竞争。

汇合教育是教育制度最理想的目标之一。但怎样才能实现这样一个目标呢？

答案是简单的，这在很大程度上取决于教师。汇合教育要求教师不仅是见识广博的人，即使其知识是有趣的、重要的，也还不够。汇合教育也不仅仅要求教师在教室中是个友好的并有同情心的成员，汇合教育要求的是两者兼备。

教师不管有多少专业知识，也不能弥补其对学生缺乏同情心。同样，不管教师和学生有多么真诚的友谊,也不能代替其专业能力。

让我们回到我们原来的音乐比喻上吧。教师就是调,他既能产生优美的旋律,也能产生不和谐的噪音,他能决定学生是简单地毕业了事,还是圆满的结业。

一个普通的任课教师手中有多么大的权力啊! 只要一提"教师是钥匙",就立刻使我们头脑清醒,并且向我们提出了警告和挑战。

之所以使我们头脑清醒,就是因为我们做为教师,在学生的生活中,不仅在他们在校期间,而且在他们毕业后的一生中,都有极为重大的影响。

之所以向我们提出了警告,就是因为一把没用的钥匙可能老也打不开门;一块不安全的拱顶石可能会使两根最漂亮的柱子成为不安全的拱门。不准确的图例可能使一个旅行者踏上乏味的甚至危险的旅途。一首乐曲,调搞错了,就会产生可怕的不和谐。

之所以向我们提出了挑战,是因为一把万能钥匙可以打开许多门;一块合适的拱顶石能使拱门安全可靠。准确的图例可以使旅行者踏上愉快的有意义的旅途;正确的调可以使得乐曲具有优美的旋律与和声。

教师是高尚的,因为教师与家长一道,对改造世界所做的贡献要比其他任何社会集团都大,尽管他们不能活到亲眼看到他们为之作过努力的、更为美好的世界。

(本文原载美国《PHI DELTA KAPPAN》杂志 1979 年第 60 卷第 9 期,中文发表于《外国教育动态》1980 年第 3 期。作者 J. R. C. 珀金*,时属单位为加拿大新斯科舍省沃尔维尔 Acadia 大学;编译者王英杰,时属单位为北京师范大学)

---

　*作者是加拿大新斯科舍省沃尔维尔 Acadia 大学艺术系主任,宗教学教授。本章标题是译者加的,原题为《教师是 KEY》。作者用项语 Key 这个词的四种不同释义——钥匙、拱顶石、图例以及音乐和声中的调,形象地阐明了教师的崇高职责和重要作用。——译注

二、詹姆士·波特论师资培训三段法

1975 年 8 月底至 9 月初,联合国教科文组织国际教育局在日内瓦召集了第三十五届国际教育会议,着重讨论了教师的任务和培训等问题。

英国巴尔默谢教育学院院长詹姆士·波特(James Porter)根据这次会议讨论的问题和提出的主张,结合他本人在英国长期从事师范教育的经验,从如何提高师资质量,以适应社会发展变化的需要着眼,提出了"师资三段培训法"的设想。

这个设想,尽管从理论到实践来看,有许多问题需要进一步探讨,比如:如何正确认识教师在社会上的作用和任务?根据这些作用和任务,如何确定培养教师的标准和规格?如何正确处理基础科目、专业科目、教育科目和教育实习等方面的关系,等等。但总的说来,他指出了传统师范教育中存在的一些问题,对如何改革师范教育,提出了一些有益的想法,(有些想法实际上在发达的资本主义国家和一些发展中国家已经实行或推广)。所有这些,对于我们如何改革师范教育,提高师资质量,是有一定参考价值的。

(一)关于现行师范教育的评价

詹姆士认为,从许多国家目前的现状来看,大致有三种不同类型的师范教育。

第一种类型是以专门培养教师为目标的传统的师范学院,称之为"定向的师范教育"。这是许多国家长期以来培养教师的传统办法。詹姆士认为这种办法目标单一、集中,专业性比较强,多年来为培养大批教师,作出了它的贡献。

但它存在着以下几个缺点：

1. 这种目标单一的培养教师的办法，学术水平较低，知识范围较窄，往往脱离复杂的社会实际，缺乏当代先进科学技术的知识，越来越不能适应社会发展，特别是科学技术发展的需要。

2. 单一的培养目标、落后的学术水平和狭窄的知识范围，使学生的招生来源和毕业出路受到很大的局限。一方面使真正有才干而且愿意从事教育事业的人才往往招不进来，得不到应有的训练；另一方面又使这些受过师范教育的学生毕业以后除了当教师以外，找不到其它出路，在就业市场不断变化的情况下难于改行。

3. 对于许多发展中国家来说，师资奇缺，单靠发展传统的师范学院来培养教师，在经济上是一个很大的负担，难于满足教育事业发展的要求。

第二种类型是通过普通的综合性大学培养教师，称之为"非定向的师范教育"。这种类型在战后的英、美等发达的资本主义国家里日趋普遍。詹姆士认为这种办法具备着传统师范学院所没有的优越条件。如培养目标多样化，课程设置广泛灵活，师资、设备等条件优越，易于开展较高深的科学研究工作，易于吸收先进的科学技术成就，这样学生学得的知识范围比较宽，学术水平比较高，毕业出路也比较广。但这种综合性大学对培养教师的任务往往不够明确，不够重视，教育学科的研究和学习往往被贬于次要的地位。

第三种类型是通过所谓"就校培训"的办法培养教师。主要是为那些中学毕业以后，马上就从事教学的人所设的在职的师范教育。这种办法多见于发展中国家。詹姆士认为这种办法花钱少，见效快，影响大，是最好的投资。但它的最大的缺陷是教师本身的基础差、底子薄，直接影响教育、教学的质量。因此他认为单靠这种办法培养教师对日趋现代化的社会来说，是极不适应的。

詹姆士认为，这三种类型的培养教师的方法，各有优点和缺点。他主张结合这三种类型师范教育的优点，实施一种三个环节密切联系的培养教师的方法，这就是所谓"师资三段培训法"。

(二) 关于"师资三段培训法"的设想

詹姆士认为,作为一个教师,有三个条件是必不可少的:

① 教师的个人教育。即教师本人的素养,包括他的文化科学知识、能力和教养。作为一个教师,应该是学识渊博的,具备探索、研究和批判的能力的,掌握某种先进的专业知识的,有教养的人。② 师范初步训练。作为一个教师不仅应当懂得教什么,还应当懂得如何去教学生。因此他应该学过社会心理学、学习心理学、儿童心理学、教学法与技术、课程研究、计划与评定、教育社会学、教育经济学等科目,掌握教育的理论和有关的科学知识,同时还要经过教学实践的初步训练。③ 较高的智力水平和自学能力。作为一个教师,必须同时又是学者,必须终身受教育。

詹姆士关于"师资三段培训法"的设想,是根据上述目标和要求提出来的。他主张培养教师必须经过三个不可缺少的基本环节:

1. 个人教育环节

即高中毕业以后,在相应的大学或师范学院学习二至三年,课程以专业科目为主。以及一些教育科学的基础理论知识。这是培养教师的基础环节,要求学生学得宽一些、深一些,要注意培养学生从事研究工作和社会工作的能力,修业期满后,可授予个人的高等教育证书。招生不仅可以招收高中毕业生,也可以招收其他行业的人员。在学习方法上,他强调自学和个别指导。

2. 师范初步训练环节

詹姆士认为,不是所有最有学问的人都可以成为最好的教师。因此作为一个教师,经过个人教育的环节以后,还应该受师范教育的初步训练。师范教育与高等教育不能互相代替,但师范教育的初步训练可以放到大学里进行,作为高等教育的一个组成部分。学习年限为二年,要求学生充分掌握教育教学的基础理论和基本训练,毕业后,相当于大学学士学位的水平,可授予教育证书,成为正式的合格教师。

这一环节的第一年以学习教育、教学、课程等方面的理论知识为主,并从一开始就大量地结合教学实习,可叫实习阶段(这一阶段的学生,可称实习教师)。第二年以在实习学校从事实际教学为主,结合学习理论,可叫试用阶段(这一阶段的学生,可称试用教师)。在这学年后期,可安排二至三周的时间,在实习学校指导员和学院导师共同指导下,在学院内组织各种讨论会、教学设计、并制定今后的个人进修计划。最后经过考核、评定,合格者准其毕业,由教育部门发给教师合格证。

这期间,实习学校必须保证做到:配备足够的教学人员,以便保证试用教师在任课以外,每周有一天的时间学习理论。配备指导员,与学院的导师共同指导实习教师与试用教师的学习。指导员必须从有经验的中小学教师中选拔,要求具有丰富的知识,受过专门的训练,了解实习教师与试用教师在大学里的教学大纲,了解现行的各种先进的教学方法及其发展,善于组织安排实习教师与试用教师的学习。

3. 在职继续教育环节

这是整个师范教育不可缺少的重要组成部分,也是前两个环节的补充和继续。我们不可能在有限的几年内把所有的一切知识、理论和方法全部教给学生。在社会、科学、技术、教育高度发展和不断变化的情况下,尤其如此。因此需要有在职继续教育的环节。他反对把改革师范教育的重点放在师范院校学制的不断延长和课程的无限加重上,而主张把更多的注意力放在如何加强教师的在职继续教育。他认为现在世界各国普遍实行对适龄儿童的强迫义务教育,但仅有这一点还不够,还应该实行对教师的强迫的在职继续教育。在职继续教育应根据具体的需要包括教师的专业学科的提高和教育理论、教学方法、课程改革以及其它各种教育问题方面的研究。

总之,"师资三段培训法"包括二至三年的个人教育,二年的师范初步训练,和终身的继续教育。詹姆士认为这三个环节是培养教师的持续的、完整的过程,缺一不可。

(三) 关于建立以全国教育中心为核心的在职师范教育体系的主张

为实施"师资三段培训法",特别是为加强教师的在职继续教育,詹姆士提出要在全国范围内建立全国教育中心,在一个地区范围内建立地区教育中心以及若干教师中心,并且在学校范围内配备教师指导员。

1. 全国教育中心

首先詹姆士主张要在全国范围内建立一个或几个全国教育中心,他列举如苏丹的喀特穆在职教育学院,莫斯科教育学院,保加利亚的萨慕杜莫夫科学研究院,加拿大的安大略教育研究院和伊拉克的广播教学中心,都是这种类似的教育中心。全国教育中心的任务是:

(1)培养师资,包括师范初步训练和在职训练。

(2)调查研究和检验教育部的各项政策是否正确,是否可行。

(3)研究社会、教育部门、学校和教师提出的各种重要的情况和问题,并提出指导性的见解。

(4)研究各门学科的教学计划,教学方法和技术的革新,推广先进的教学经验。

(5)研究各国教育发展情况,与国际教育组织建立联系,起到"世界窗户"的作用。

(6)与其它邻近的公共事业部门互相沟通,组织跨专业或跨行业的研究,这些部门包括社会福利、农业、计划、就业、青年工作、社会管理、医疗卫生等。

为了防止研究工作脱离实际,詹姆士提出,教育中心应为全国的教育制度服务。这个中心在组织上应实行专职人员与兼职人员互相结合,即中心只配备少量的专职人员,同时配备大量的"合同人员"即兼职人员。这些"合同人员"由学校、学院或其它有关部门派出,按合同规定的期限,在中心从事研究工作期满后,仍回原单位工作。

2. 地区教育中心

詹姆士主张在一个地区范围内,在一个大学或大学的教育系建立地区教育中心。这个中心应同时担负中小学师资的初步训练和在职训练,并把二者紧密地结合起来。它要与全国教育中心和本地区的中小学校建立密切的联系,为教师开设各种进修课程,组织教师从事有关教育、教学与课程等方面的研究、评定和革新。

3. 教师中心

詹姆士还主张根据地区的大小,在地区教育中心周围建立若干教师中心,负责组织教师开展各种现场教学活动和讨论会,探索新的教学方法与技术,组织学科小组,讨论教育工作与各门学科的近期发展等问题。教师中心还通过电视、广播、出版物等形式,组织教师参加全国或地区举办的各种课程研制计划。通过教师中心,使教师与各行业有关的专家、教育行政管理人员和家长等建立广泛的积极的联系,研究解决教育教学的各种问题。教师中心还要抽调部分教师在中心兼职,参加中心的工作。

4. 学校

最后,詹姆士强调要充分发挥中小学校对教师在职培训工作的积极作用,要求学校始终热情支持教师的继续教育。要实行学校指导员的制度,即每个学校要配备若干指导员,他们不仅是教师实习和试用的指导者,教师继续教育的组织者,而且也是学校、教师中心与地区教育中心的联系人。这样,以全国教育中心为核心,建立起全国范围内的在职师范教育体系。

(本文发表于《外国教育动态》1980 年第 3 期。作者杨之岭、林冰,时属单位不详)

三、苏霍姆林斯基论教师工作

苏霍姆林斯基(1918—1970)是苏联当代著名的教育家,他给后人留下了丰富的教育遗产。他对教师工作的论述,就是这些遗产的重要组成部分。有人把他领导的帕夫雷什中学誉为"教师进修学院"和"师范大学",可见他在培养教师方面有卓越成就。本文拟着重概述三个问题。

(一) 教师的作用

苏霍姆林斯基认为,教师不仅是知识的传授者,而且是塑造一代新人的"雕塑家"。他启发教师说:"应当记住,你不仅仅是活的知识宝库,不仅仅是一名专家——善于把人类的智力财富传授给年轻一代,并在他们的心灵中激起求知的欲望和点燃热爱知识的火花。你们是塑造一代新人的雕塑家,是不同于其他雕塑家的特殊雕塑家。教育人,造就真正的人,就是你的职业。"他还指出,教师工作的主要对象是人,因而教师工作是最有意义、最复杂、最具有人道主义精神的职业。每个人从童年时期开始,不论是知识领域的开拓,文明习惯的养成,乃至个性、人生观、道德观念等等的形成,教师都起着主要的、甚至有时是决定性的作用。

苏霍姆林斯基在论述教师的作用时,特别强调成为"教育者"的必要。他说:"只有首先成为一个优秀的教育者,才有可能成为一个优秀的任课教师。""不发挥教育职能,教师的全部技能和全部知识就会是一堆死学问。"可见,教育与教学应当是和谐一致的。他还强调,教师应当用自己的思想和人品去使知识发挥威力,使学生感到教师在召唤他们。他说:"热爱自己学科的教师……不仅要给学生传授知识,而且要唤起他们的求知欲……只有当学生产生了想要比在课堂上获得多得多的知识的愿望时,只有当这种愿望成了推动他去学习和掌握知识的一个主要因素时,教师才能成为知识的明灯,因而也才能成为教育者。"可见苏霍姆林斯基十分重视激发学生对知识的内在需要,没有这种自觉的需要,就不可能获得知识。

总之,在苏霍姆林斯基看来,教师必须德才兼备,才有可能对学生的全面发展起决定性作用。"受教育者是教育者的一面镜子",他的这句名言是很有道理的。

(二) 教师应具备哪些教育素养

教师应具备哪些教育素养呢?综合苏霍姆林斯基这方面的论述,可以概括为如下六条:

1. 教师应有崇高的生活目的、高尚的道德品质和言行一致的作风

苏霍姆林斯基说:"是什么东西推动学生去追求高尚的美德呢?是教师在精神和道德方面的表率作用,是教师在生活目的和生活准则上的表率作用,教师的生活目的和生活准则应能使儿童、特别是青少年为之倾倒和激动。"又说:"教育者的崇高的道德品质,实质上是我们称之为教育的这个微妙的人类创造领域中获得成功的最重要的前提。"他特别强调表里一致、言行一致的重要性:"理想、原则、信念、观点、兴致、趣味、好恶、道德、审美等方面的准则在教师的言行上如能达到和谐、一致,那就可以点燃青少年心灵中的火花,成为青少年行动的灯塔。"

2. 教师必须热爱、相信、了解孩子

苏霍姆林斯基强调,从事教师职业就必须热爱孩子。他认为热爱孩子是教育素养中"起决定作用的一种品质",是教育素养的"实质",是教育艺术的"基础"。他深有体会地说:"除了教师和医生的职业外,未必有其他职业需要如此多的热忱……应当把自己的一颗心交给每一个孩子,教师的心中应当有每个孩子的欢乐和苦恼。同情孩子,对孩子由衷地关怀,是教育才能的血和肉。"他有一本遗著,名为"把整个心灵献给孩子们",就是他毕生事业的真实写照。他在该书中自豪地写道:"我生活中什么是最重要的呢?我可以毫不犹豫地说:爱孩

子。"必须指出的是,他反对一种说法,即认为热爱孩子这个品质是由"本性决定"的。他认为"本性"在这里"毫无关系",起决定作用的倒是教师的"崇高使命"。这个使命,就是使每个孩子的个性得到全面发展,从而给每个孩子带来幸福。他说:"教师的崇高使命,对我来说,就是成为儿童幸福的创造者,成为儿童心灵的医治者和治愈者,就是不使人的内心遭受痛苦和不幸。"

苏霍姆林斯基指出,要热爱孩子,就必须相信孩子,即相信每个孩子"都可以教育好","都能成为好人"。他坚定地说:"我不相信有不可救药的少年儿童和男女青年。"这一观点的依据有二:第一,孩子有很大的"可塑性",如果受到正确的教育,就可以成为一个"理想的人";第二,孩子虽有不当行为,但一般"不是存心作恶",只要引导得法,就一定能够矫正过来。

苏霍姆林斯基认为,热爱孩子和相信孩子,就必须了解孩子。他说:"不了解儿童的心灵,不了解儿童的特点和他认识周围世界的特点,侈谈关心就是一句空话。"了解孩子的重要意义尤其在于:"不了解儿童,就没有学校,没有教育,没有真正的教师和教师集体。"

3. 教师应精通自己所教的学科,要有渊博的知识

苏霍姆林斯基对教师应有的学识水平作过许多表述,如说,"要让教学大纲和教材只成为你最基本的知识","应使教科书成为你科学知识海洋中的一滴水"。

为什么教师需要如此渊博的知识呢?他认为这有两个原因:

第一,教师具备了渊博的知识,他在课堂上就可以不把注意中心放在讲课内容上,而着重去注意学生脑力劳动和思维过程中遇到的难点。否则,教师在课堂上就只能紧张地去回忆备课内容,讲课就不能引人入胜,就不可能有师生思想上的交流。

第二,只有教师具备渊博的知识,才能唤起学生强烈的求知欲,从而发掘学生的天资,造成朝气蓬勃的智力生活。苏霍姆林斯基说:"如果教师只局限于教科书,而不在孩子们面前打开科学的视野,不指出哪些地方是尚未被研究的领域,从而引导孩子们用好奇的头脑和勤劳的双手去探索各种奥秘,那我们就只会使孩子们厌恶日复一日地消化知识的'份饭'","会使孩子们失去任何求知欲,会扼杀他们智力上的素质和才能。"

那么,渊博的知识从何而来呢? 苏霍姆林斯基响亮地回答:"阅读,阅读,再阅读!"

4. 教师要有教育学和心理学方面的知识素养

苏霍姆林斯基在论及这条教育素养时,中心思想在于强调要"了解儿童"。他指出:"了解儿童,这是教育学的理论和实践的最主要的交接点。"他坚决主张一个教师还在师范院校学习时,就必须学习《儿童、少年和青年解剖和生理学》、《缺陷儿童教育学》、《年龄心理和教育心理学》。他认为不掌握这些知识,教师在教育工作中就会像在黑夜里走路一样。他指责苏联高等师范院校对人及其生理发展的知识教得"太少了"。

他一再强调教育学与心理学二者的关系密不可分,他说:"如果把教育学比作制造复杂装置的工厂,那么,心理学就是这座工厂里的复杂机具。若是没有机具,或者机具不精,那这座工厂就只剩下一个空架子。"他还作了如此形象的比喻,他说:"教师不懂得心理学,而且在自己全部创造性生活过程中也不去丰富自己的心理学知识,这就如同一个心脏病专科医生不了解心脏的构造,眼科医生不懂得眼睛和脑半球皮层的神经联系的最细微的机制一样。"

5. 教师要有高度的语言素养

苏霍姆林斯基从经验中得出一个结论:"不仅语文教师,而且其他任何一门学科的教师,都应当首先精通语文。"他还指出:"教师的语言素养在极大程度上决定着学生在课堂上的脑力劳动的效率。"因为只有教师具备了高度的语言素养,才能用语言把能直接看到的、尤其是不能直接看到的事物勾画出鲜明的表象,并在这个基础上,构成清晰的概念,从而使学生能顺利地"由形象思维转化为抽象思维"。如果不能做到这一点,学生听起课来就会十分吃力,甚至完全听不懂。

对此,苏霍姆林斯基说:"我们不能不抱怨师范院校:语言素养本是教师手里最重要的工具,可是谁也没有重视让教师去很好地掌握这种工具!"如果说师范院校给未来的教师已经造成了语言素养上的缺陷,那么,到了工作岗位以后是否还能设法弥补呢? 在苏霍姆林斯基看来,是完全可以弥补的。他就曾给他手下的教师做过这种补缺工作。首先他自己带头练习写小作文,于是带动了教师,自然形成了一种竞赛,看谁的小作文写得最好。他就这样通过各种方式,来提高教师的语言素养。

6. 教师应当擅长某项劳动技能，或具有其他某些爱好

苏霍姆林斯基所以把这一条作为教师应有的素养提出来，是受他的一个重要教育思想指导的。这个思想就是：学校应有丰富多彩的"精神生活"、"智力生活"、"智力背景"。他认为，课堂学习只是广义上的教育这朵鲜花上的一片花瓣，其他花瓣（如课外活动、课外阅读等）也同样重要，否则就不能构成整朵花的美。所以在他领导的帕夫雷什中学里，除每天上午安排课堂学习外，每天下午都作为学生的自由活动时间，在这个时间内，学生们朝气蓬勃地开展"科学－学科小组""技术创造小组""文化艺术小组"等活动。苏霍姆林斯基声称：帕夫雷什中学 643 名学生的"精神生活"是在上述 120 个"小集体"中渡过的。自然，所有这些"小集体"的活动，都得有教师的指导，由此可见，教师擅长某项劳动技能或具有其他特殊爱好是多么必要。不仅如此，他还认为这些技能和爱好是通向学生心灵的"捷径"，即教师可以借这些技能和爱好去吸引或接近学生，在共同兴趣、共同爱好中获得共同的语言。

（三）怎样培养和提高教师的素养

苏霍姆林斯基对教师的培养工作，大致抓了如下几个环节：

1. 选择教师

帕夫雷什中学的教师有两个来源，一是上级教育机关分配来的，二是苏霍姆林斯基亲自挑选来的。他是怎样挑选教师的呢？如前所述，苏霍姆林斯基对教师的要求那样高，到哪里去找如此全面的教师呢？他认为，人材就在周围，问题在于善于发现。他在发现和选择教师时坚持两条标准：第一，热爱儿童，第二，有科学钻研精神。他认为，一个教师往往不是带着完美无缺的素养来到学校的，通常只得选择具备教师基本条件的人，然后对他进行培养。例如，一个叫菲利波夫的复员军人来到学校附近的一个企业里工作，他只具有普通中学文化程度，不过在部队里学得了一些电工专业知识。苏霍姆林斯基看中了这个人，为什么呢？他说："使我很感兴趣的是，在这个年轻人的家里有一个完备的工作间，孩子们，即我校和邻校的学生们，晚上和假日都聚在他那里。他和孩子们一道设计和制造活动模型及各种装置……我确信他能成为一位好教师。"于是苏

霍姆林斯基建议这个年轻人参加师范学院的函授学习,邀请他到学校来听有经验的教师的课,并请他帮助学校搞课外活动。最后便正式任命他为帕夫雷什中学六、七年级的物理教师和八年级的数学教师。

2. 做青年教师的个别培养工作

苏霍姆林斯基特别重视这方面的工作。如上所述,他认为一个教师往往不是带着完美无缺的素养来到学校的,关键是要对他进行耐心细致的培养。他还认为,如果一个教师勤奋努力和充满求知欲,那么,他缺乏教学论和教学法方面的知识和经验并不可怕,工作初期知识上的空白也不可怕。经过个人努力,再加上集体的帮助,他就能不断成长。苏霍姆林斯基就是本着这个观点,对青年教师进行培养的。

前面提到,苏霍姆林斯基把一个名叫菲利波夫的青年选进了帕夫雷什中学,从此,菲利波夫就成了他的"教师－学生"。他除亲自帮助这个"教师－学生"接受函授教育外,还对其实施一个为期五年的个别帮助计划:头两年为基础阶段,后三年为提高阶段。头两年的做法是:① 帮助菲利波夫备课。与其一道对教学大纲和教科书作教学论分析,重点分析学生可能感到困难的章节。② 互相听课并予以分析:苏霍姆林斯基听菲利波夫的物理课,菲利波夫听苏霍姆林斯基的语法课。③ 两人一道听有经验的教师的课。④ 帮助菲利波夫结合实践中提出的问题学习教学论和心理学的有关内容。在上述整个过程中,注意引导菲利波夫沿着边实践、边读书、边思考的路子不断前进。通过头两年手把手的帮助,菲利波夫的教学技巧有了明显的提高,有时还能发现教学过程中一些"有趣的规律"。在此基础上,继续开展了后三年的个别帮助工作。后三年的做法是:① 继续听菲利波夫一定数量的课,而把重点放在帮助菲利波夫指导和组织学生"智力生活"的全过程上。② 列出菲利波夫在三年内应当钻研的教育学、心理学、教学论方面的书单。③ 要求菲利波夫在第四学年结束时写出有关的学术报告。后三年个别帮助工作的特点,是放手让菲利波夫充分发挥主观能动性,积极进行自修。苏霍姆林斯基认为,没有对自己的工作的深入钻研精神,提高教育艺术是不可能的。在苏霍姆林斯基的指导下,菲利波夫在后三年中不断地有所发现,有所创新,逐渐成了一位教育能手:不仅在校内介绍自己的经验,而且还在全区范围向教师们作有关教学论的学术报告。从菲利波夫的成长过程中,可以看到苏霍姆林斯基为培养年青教师所付出的辛勤劳动。

3. 听全体教师的课

苏霍姆林斯基对一个校长如何领导学校有其独到见解,他认为"对学校的领导首先是教育思想的领导,而后才是行政的领导",而教育思想的领导又首先意味着"应当把听课和分析课放在首位"。他自述道:"如果我在一年当中不能听每个教师 15~20 节课,我就会对他们毫无了解。我们有 39 名教师,所以我每年要听 450~480 节课。我给自己定下一条规则:如果我每天不听两节课,就应算我什么事也没做。如果今天到区里开会,明天就补上:听四节课。碰上要到外地出差,我便在几周以前就把每天听两节课改为听三节课。"苏霍姆林斯基不仅切实保证听课的数量,而且通过听课出成果,因为他始终坚持这样一个听课公式:听课—发现问题—分析研究问题—得出规律性的结论—变为教师集体的教育信念。

4. 抓科研工作

苏霍姆林斯基认为教育工作不可能离开科研工作。他说:"我认为学校领导者本人最重要的任务就是使每个教师都成为善于思考、勤学好问的研究者。"为使科研工作富于成效,他首先建议教师积累原始资料:日积月累地作教学日记,作观察儿童的笔记,作科学"前沿问题"的书刊报纸摘录,作"国内外学校事业情报"摘录,等等。他认为这些资料是创造和思考的源泉与素材。在科研的组织形式上:一是教师个人独立研究,二是建立各种科研组织,如"心理学研究会"和各科"教学法协会"等。在时间安排上:该校有一个传统,就是将每隔一周的星期一,定为"校务会议"时间,各种科研性的报告会或讨论会都在这一天进行。教师科研范围,大致可分如下四个方面:(1) 研究儿童的个性及其全面发展;(2) 研究具体学科的学术问题;(3) 研究教学过程的规律;(4) 研究读书过程中引起的有趣问题。交流和讨论以上四方面的科研成果,一般都成为"校务会议"的重要内容。尤其引人注目的是,在全校教师中有 26 人先后在各级教育性报刊上发表过质量较高的科研文章。

5. 培养坚强的教师集体

苏霍姆林斯基十分重视教师个人的成长,同时也特别强调教师集体的形成。他充分估价教师集体的作用,他认为教师集体不仅制约着教师个人的成长,而且,"教师集体是学校的轴心","教师集体决定着学校的面貌"。那么,怎样培养教师集体呢?

第一,要保持"精神珍品"。他指出,如果把教师集体在信念、观点和传统方面的、每个教师特点方面的、师生关系方面的、以及学生相互关系方面的那些精神珍品保持下来,那么学校就会成为巨大的教育力量。

第二,要创造和积累"精神珍品"。苏霍姆林斯基指出,靠什么建立教师集体呢? 靠集体的"思考和创造"。他说:"一个校长所以能成为教师集体的组织者和领导者……最主要的一点,就是由于他善于跟教师一道,一年一年地积累教学和教育过程中的精神珍品。"

必须指出的是,在苏霍姆林斯基所说的"精神珍品"中,最主要的一个"珍品"就是教育思想和教育信念,他赋予这种思想和信念以极大的意义。他形象地说:"教育思想,这是教育技巧得以在其中插翅飞翔的空气。"他认为没有集体的教育信念,就没有教师集体。只有形成集体的思想和集体的信念,才能使全体教师在这个基础上团结一致,齐心协力共同完成教学和教育的任务。

6. 鼓励教师博览群书

苏霍姆林斯基在《我的教育信念》一文中写道:"无限相信书籍的教育力量,是我的教育信念的真谛之一。学校——首先就是书籍。"他常说:"学校里可能什么都很充裕,但如果没有为人的全面发展和为其丰富的精神生活所需要的书,或如果不热爱书和冷淡地对待书,那这还不算是学校;相反,学校里可能许多东西都缺,许多方面都可能是不足的、简陋的,但如果有永远为我们打开世界之窗的书,这就是学校了。"他还认为,即使一个学校远离城市文化中心,但只要能设法弄到书,并形成浓厚的读书气氛,那么,这种学校的水平和质量就不会亚于城市文化中心的学校。

苏霍姆林斯基所领导的帕夫雷什中学就是一所乡村学校,这里就确实成了他所说的"书的世界":图书馆里有书,各教研室里有书,各课外活动室里有书,各班级里有书,教师手里有私人藏书,连学生手里也有逐年增加的私人藏书。该校图书馆藏书 1.8 万册。教师私人藏书总数达 4.9 万册,其中苏霍姆林斯基本人的藏书就占 1.9 万册。该校每个教师还各自订阅若干种报刊,并建立了一个互相交换阅读的传统性制度。

苏霍姆林斯基正是在这个"书的世界"里指导全体教师博览群书的。他强调指出,不读书,不迷恋书籍,提高教育水平的一切措施都将失去意义。他认为教师全部教育素养的形成和提高,都跟读书分不开,都要从书籍这个丰富的源泉中吸取养料。因此他建议每个教师都应读以下五种书:

第一,要读马、恩和列宁的著作,用以对自己进行马列主义世界观的教育,从而学会用辩证唯物主义观点来看待世界和看待人。苏霍姆林斯基确信:"教育——首先是人学。"而马列主义著作里就包含着一部"共产主义人学的百科全书"。他以自己的亲身体会启发教师们:要到马列著作中去求教,去看看共产主义新人的标准和理想形象是怎样的,全面发展的个性的观念又是什么。

第二,要读与自己所教课程有关的那门科学的书。他认为只有经常读这方面的书,才能不断充实自己的知识,才能做到把课讲活。他还特别强调要读现代科学"前沿问题"的书刊,因为科学正以空前的速度向前发展,不可能经常把不断出现的新概念和新规律写进中学教学大纲,所以阅读科学读物应成为现代学校教学过程的一个极其重要的组成部分,它有助于阐明学科的基础知识。苏霍姆林斯基认为,科学书籍在教师本人的精神生活中占什么地位,直接影响到学生对科普读物抱什么态度,要使阅读科普读物成为学生的精神需要,就必须让他感到教师的思想在不断丰富。

第三,要读心理学书籍。苏霍姆林斯基之所以强调要读这方面的书,主要是针对不仅教育学理论中,而且许多学校的实际工作中都缺乏对儿童心理的研究。他认为只有攻读和钻研心理学,才能了解成长中的人的心灵,才能成为教育工作的能手。

第四,要读描写杰出人物事迹的书。苏霍姆林斯基认为,这是提高教师本人精神境界的有效途径,也是唤起学生上进心的手段。他说:"启发智慧和鼓舞人心的书往往决定一个人的前途。"又说:"如果每个人在青少年时代不曾受到描写令人惊异的人物的命运的那种动人心弦的书籍的鼓舞,如果不曾彻夜攻读这种书籍,从而开始思考自我……那我认为这种教育就不是货真价实的教育。"

第五,要读文艺书籍。苏霍姆林斯基认为,读这种书,不仅涉及教师本人的道德、情感、见识、语言等素养,而且也是对学生心灵施加影响的有力手段。他说:"如果青少年没有自己喜爱的书和喜爱的作家,我不能想象他们会得到真正的全面发展。"正因如此,他为帕夫雷什中学学生开列了一个文艺书籍阅读书目,这个书目包括苏联国内文艺名著115种,世界名著149种(其中之一就是鲁迅的《阿 Q 正传》）。苏霍姆林斯基说,他的学生绝大部分都能读完这些书。由此可知,该校教师的阅览范围是如何广博了。

7. 身体力行,发挥榜样的力量

苏霍姆林斯基认为,要想成为一个好校长,首先就得努力成为一个好教师,只有自己成为一个好教师,才能成为教师的教师,从而实现教育思想的领导。

苏霍姆林斯基开始教育生涯时学历并不高,但他有崇高的理想,为培养有知识、有道德的合格公民奋斗了一生。他热爱孩子,相信孩子,把自己的整个心灵献给了塑造一代新人的事业。他一生五十二个春秋是短暂的,但他在教育实践中积累的有关如何对儿童进行教育的资料是惊人的。他作过 3 700 份观察笔记,每一份笔记专记一个人,这就是说,他记录了 3 700 个人的成长历程;他能随时告诉你 178 个"最难教育的"学生中任何一个学生的曲折转变过程;他把一百零七个"智力发展极端迟缓"的孩子培养成了"完全合格的有教养的人"。

苏霍姆林斯基从当校长的头一天起,就着手钻研各科教学,他用了三年时间独自钻研了全部教科书和基本教学法书籍,并先后教过所有的课程(除制图课以外)。他还特别关注各门科学的"最新成果"和"前沿问题"。

他的治学态度十分严谨,他把实践、读书、科研紧密结合在一起。在此基础上,他一生写了 40 多本书、六百多篇科学论文、一千多篇供儿童阅读的童话、故事和短篇小说。他善于科学地安排时间,他把最复杂的脑力劳动即科研写作活动安排在早起至上课前的几个钟头之内,上述著作和作品就是在这个时间内逐年完成的。他每天八点钟开始去上课、听课、做班主任工作。晚上整理笔记,思考一天工作中遇到的问题。他就是这样,几十年如一日,有节奏地从事着他的崇高事业。

毫无疑问,苏霍姆林斯基的模范行动,以及他的钻研精神,他的广泛爱好,他的渊博知识,他的宽阔视野,有力地影响和带动着全体教师。

(本文发表于《外国教育动态》1981 年第 4 期。作者毕淑芝、王义高,时属单位为北京师范大学国际与比较教育研究院)

四、伊利英的教育创新

E·H·伊利英,苏联列宁格勒市 516 中学文学教师。他是一位注重实践、从实践上升为理论的学者型教师。其代表作有:《交往的艺术》《课的诞生》《接近学生的途径》。他自述道:"在不同的时期里,命运曾为我开放着不同的道路:20 世纪 60 年代差点当上记者,70 年代差点成为教育科学副博士。然而我不曾为'名誉和显贵'、生活上和其它方面的打算所诱惑……我哪怕在心烦意乱、精疲力竭的时刻也不曾背叛和离弃孩子们。"有人问:"是什么促使你非去学校不可?"他说:"是想发财! 在精神上发财! 我喜欢把自己贡献给孩子们,然后从他们那里再得到'自己'……"他视上课为教师"提高业务和进行自修的基本形式",认为"在自己的课堂上会展现出比在进修班里更多的东西"。他的实践还证明,"单纯靠教学方法是什么也得不到的,需要投入心灵"。——以上就是伊利英所遵循的执教原则和教育志向。

作为文学教师的伊利英,其教育创新体现在如下几个方面:

(一)把教书和育人紧密结合起来

他强调指出,学校不仅要教书,而且要育人。他把教书和育人比作夹克衫上的拉链,通过挪动拉锁而使两面同时紧紧地扣住。他认为科任教师不论教什么科目——数学、物理、制图或其它科目,首先应是一名教育者,语文教师更是如此——其使命是用文学的道德因素来形成学生的道德基础。他甚至把育人置于比教书还重要的地位,他说,"在我看来,道德教育比语文知识更重要:孩子们到我们这里来上课,并不是寻求科学理论基础和文学创作方法,而是寻求生活的不可缺少的知识。"他认为,不知道普通比喻和隐喻的区别,不知道一般史诗和散文诗的区别,这丝毫不妨碍一个人成长为真正的人,可是不知道某段打动人心的情节则可能影响某个学生的前途和命运。他强调,对文学作品进行的分析应该发展成"伦理分析"。他视上课为师生的共同交往和生活,而交往的艺术就在于把教学问题同生活问题紧密地结合起来。他声明:"我以渴求看到并发扬人的优良品质为依据,来决定我同孩子们和书籍进行交往的方式、方法。"

(二) 在文学课上进行公开的伦理教育

基于以上教书育人的指导思想,伊利英在文学课上常常不失时机地进行公开的伦理谈话,直接触动学生,谈人的问题,讲道德问题。他介绍经验说,为了使教书与育人联系得更紧密,有时要在课堂上只留下起教育作用的材料。他把这种做法叫做"公开的伦理教育"。他说,上文学课时,务必要有哪怕是短促的、但能使脑子和心灵明显感受到的道德教育"停留时间",作毫不掩饰的教导性宣讲、号召、劝告,不是"婉转曲折地"、而是开门见山地进行道德谈话。他认为,课中有课才是好课! 提出好建议、愿望以及问责……这就是给孩子们主要的"分发材料"。只有把生活、美学、道德三方面不可分地结合在一起时,才能成为起教育作用的一课。有人发表不同看法说:"文学课应当研究文学!"他则说:"也应当研究人! 研究人!"还说:"我很少使用课外个别谈话,我在课堂上什么都谈,在大家面前谈,当然,开诚布公的程度有所不同。"他很重视谈话的针对性,因而强调,他所寻求的不是书本同书本的联系,而是某书本在某个时间、某堂课上同某个学生的联系;书本就是生活的教科书,教师就是学生的领路人。他认为,在文学课上,提供知识并不是目的本身,而是一种条件,用来开始并强烈发挥道德主题。他强调,专业知识可以靠自学获得,道德修养则是共同获得的,在集体中特别便于进行有关行为的道德原则和人际关系的了解。

例如,当学习《被开垦的处女地》中的一段情节,即拓荒工人达维多夫带着一整套钳工工具以便修好村里的头一台拖拉机时,伊利英当即在课堂上领着学生"看一看"这位工人带到村里来的工具箱。为什么浪费几分钟去"看"工具箱呢? 伊利英说:"有人也许就靠这'失去的'几分钟,忽然走向了自己的职业,也象达维多夫一样干一辈子钳工。这种情况难道少吗?"伊利英还说:"教师(就在课堂上)把学习材料同日常生活的操心事结合起来,就好象他在执行班主任的职能,即使他并不是班主任。采取'课外'和'课后'进行教育的方针,就在道德方面削弱了文学课,使语文教师没有机会在孩子们(认识到的和未认识到的)迫切需要中为自己和本节课找到支柱,从而使自己的每一节课都成为他们所需要的课。"

当学习到战斗英雄们的忘我牺牲精神时,伊利英当即发出庄严号召:"索洛科夫们失去了同伴、朋友、亲属和亲爱的人们,在战争的血腥道路上走向永垂不朽,让我们为阵亡的战斗英雄们默哀一分钟!"——为什么采取这种非同寻常的做法呢? 伊利英认为,这样来上课,体现出一种崇高的感情和行动。用行动进行教育,就是"公开的伦理课"的实质。人们说,"学校只为学生投入生活做准备"。伊利英则说,"学校也是生活本身,教育应做到使学生能用双手和头脑把生活变得更加美好"。

为了不使上述这种道德教育效果受损,伊利英从不在一节课结束时打分,因为他认为,这样会完全"擦掉"印象的强烈性和鲜明性,会"擦掉"激动的情绪,这从道德和美学的意义上看,不会留下什么效果。

(三) 进行热爱母亲的教育

贯穿于伊利英的几乎所有文学课的一个特殊题目,就是"母亲"。他说:"我已多年致力于上好这样一课,其题目是一个普通而宝贵的字眼——'母亲'。其主旨是培养学生发扬对母亲的热爱和感激之情,以此作为一切的基础,因为正是从这种感情才发展出爱人们、爱祖国的感情的。"本着这个思想,伊利英总是用这样一课来唤起孩子把对母亲的热爱体现为实际行动、具体行为。

一次,伊利英在义学课上向学生提出这样一个问题:"高尔基曾写道,'拉腊没有母亲,'但怎么没有呢? 这位母亲不是就站在一个长得很漂亮的儿子(拉腊)身旁吗?"经过师生的一番共同讨论,最后伊利英总结说:"背叛社会者、只顾自己者、自私自利者是没有母亲的!"接着,伊利英给学生们布置一份特殊作业:要求孩子们回到家里"仔细地看看自己的母亲"。

伊利英还让学生们从整个文学教程里收集有关"母亲"的材料,汇编成一本特殊的"母亲"之书。伊利英感慨地写道:"我有时想,为什么我的学生大都那么善良? 在这里,难道不是'母亲'这个题目起了特殊作用吗?"

（四）利用"细节"来挖掘文学课的教学、教育、发展功能

马雅可夫斯基常常通过微不足道的小事来说明大事；陀思妥耶夫用拉斯尼科夫"一只有窟窿的靴子露出的血迹脚尖"揭露该人的杀人大罪；西蒙诺夫在其名诗《等着我》中通过多次重复"等着"这一个词以便充分表达忠贞爱情的拯救力，表达战胜法西斯的必胜信心，表达人的精神的伟大；普希金的作品《奥涅金》简直就是这位伟大诗人本人的"百科全书"；高尔基的短篇小说《伊泽尔老婆子》则是了解这位文豪整个一生的镜子。总之，依靠细节——小事、微迹、一本书——能揭示大事、哲理。正是出于上述启发，伊利英充分利用文学的"细节"来挖掘文学课的教学、教育、发展功能。他用亲身经验证明：集中道德注意力的最好方式，不是一批书籍，而是一本书，是一本书中的一章，是一章中的一个情节，是一个情节中的一个细节。

寻找和分析"细节"是师生共同进行的，伊利英把这个过程看作是一种"发现""创造"过程。他和孩子们一起，从原文中"啄出"所需要的细节，在未曾走过的艺术蹊径上迈出最初的步子，做到每节课上都有所"发现"，正是这种"发现"吸引着师生去上课。与此同时，伊利英还允许并鼓励学生发挥想象、创造力，对原作者塑造的形象细节（如涅克拉索夫笔下的玛特列娜的形象细节）加上自己的创造性刻画。伊利英认为，跟随伟大的作家，并不是对他从旁观察，而是在某些地方也有权从事短暂的共同创作。如果孩子们没有想去对文学作品中的主人公哪怕稍加一点"想象"，或是这种愿望被扼杀了，那他们还可能一心关注这个主人公吗？还可能热爱和了解他吗？只有鼓励学生想象和创造，才能使师生双方感到从事创造和合作的乐趣。

伊利英发现，作为"细节"的某些词句的德育效用是明显的，它们往往转化为学生日后生活中的道德评价标准和通用语。例如，一个学生认为，生活中的一切困难和麻烦都可以用钱来解决，关键是要有钱！针对这种看法，有的学生就讽刺说："咳，瞧你这么一副面孔！"——原来，这句话来源于文学课上对钱币骑士和幻想家乞乞科夫以及类似人物的面孔的多次评价。伊利英认为，这不单是记住了并成了日常用语的句子，而是创造性地领会了书的含义之后得出的道德概念。书之所以在学生记忆中有生命力，靠的不是书的篇页，而是生动的"细

节"。因此,借助这种细节来阅读和分析书,把书中的特写镜头固定在"小事"中,这样做意义非浅。

为了巩固"细节"的德育效果,伊利英还用"细节"来给作文题、辩论会命名,甚至给班会、共青团会议、家长会议命名。例如,一次家长会议的题目被命名为"只求有一个亲切感人的字眼"——这次家长会自然就得从马雅可夫斯基坚信语言有"促人奋进"之力谈起。

(五) 利用"问题"来激发师生共同思考

"问题! 问题! 问题是我的喜爱和嗜好。有问题时,而且有真正的问题时,心里真欢畅! 问题的进攻性思想,向任何消极无为心态发出挑战,并把它加以摧毁!"——伊利英就是本着这个精神,利用问题来激发师生共同思考的。

首先,他在文学课上提出的问题,不仅针对学生,而且也针对自己。例如他提出这样一些问题:"为什么拉斯科利尼科夫还没有拆开母亲的信,就呆头呆脑地吻起信封来了?""为什么在莫扎特说了'天才与残暴是两件不相容的东西'这句话后,萨利里马上就向莫扎特的杯子里投下毒药呢?""卡捷林娜伤心地说:'我没有孩子。'而假若她'有孩子'的话,她会离开人世吗?"——诸如此类的问题既是对学生提的,也是对教师本人提的。伊利英认为,问自己如同问别人,问别人如同问自己,这就是提问的艺术。因为这样获得的知识才是带有个性特点的知识,而失去个性特点的知识是不全面的。他感慨地议论道:"赫尔岑说过的,卢纳察尔斯基说过的,高尔基说过的,所有这些前人说过的当然非常重要和必要,但教师自己作为有个性的人说了什么却往往不多! 不是每个教师都敢于问自己还没有弄清的问题,但冒这种风险被事实证明是正确的做法。当你同学生一起寻求真理时,他们就活跃起来了,这时课堂上往往出现'思考良久的安静场面'!"伊利英最高兴看到这种场面,常常情不自禁地说:"真安静! 谢谢孩子们,因为你们在思考! 伊利英认为,这就是失中有得——失了时间而得了思考!"

伊利英的提问艺术还表现在:他针对不同的学生提不同的问题——按他的说法就是:"不是我,而是问题,在'选挑'我要与之一起探讨的学生。"例如针对文学爱好者提出这样的问题:"莫罗兹卡(《毁灭》中的人物)和博尔孔斯基(《战争与和平》中的人物）两人在临死前一瞬间都在思考。但为什么前者的思考由作者间接地加以叙述，后者则直接用本人内心独白的手法？"而对读书迷则提问："地窖客栈里（《在底层》）仅有的一本书在一个女人手里。为什么会这样？"针对喜欢情节突变、具有强烈刺激性的学生则提问："拉斯科利尼科夫对于已发生的事大为震惊，并说：'我浑身是血……'为什么会这样？"伊利英确信，如果向一个学生提出的问题，大概也是他会问自己的问题，这时他的思想活动就会更敏锐、更有成效。

伊利英还竭力鼓励学生向教师提问。他往往是在课的高潮时对孩子们说："你们问，我回答！"并鼓励说："谁提问，谁就在思考。谁提问，谁就在形成个性！"伊利英认为，下课时所有学生表示再无问题要问，这并非是好的结局。

在提问艺术上，伊利英还强调三点：第一，问题的性质决定回答的质量，就是说，高水平的问题能引起"在心灵和头脑里留下痕迹的回答"。第二，某个学生一时回答不上来，不要急着找另一个学生回答，而要在该学生本人身上"找另一个"，也就是说，要分寸得当地给予启发、帮助。第三，问题不一定一次解决，要有后效——复杂的问题总是留下没有全懂、有待更深理解的成分。例如这样的问题：塔吉亚娜对奥涅金说了真话"我爱你"，也许还是说句假话"我不爱你"对奥涅金更轻松些？——对这个问题，学生的回答是肯定的，即不能说假话。但问题仍然存在：会在各种场合遇到这个问题，甚至日后自己生活中也会遇到同样的问题。所以伊利英认为，问题的事后效用是上课所产生的最显著、最可喜的成果。

（六）文学课应具有艺术特色

伊利英认为，要使孩子们肯学习，就要有"表演熟练的"文学课。他说："我心目中的理想，就是要使课桌成为影剧院的池座！因为电影、电视早已不仅是我的盟友，而且是最危险的竞争对手，它们公开地暗示，文学课应该从通常的'教学手段'发展成艺术手段，应有动态场面。"他认为，在中小学里，分析艺术思想时如不作"表演"，不创造戏剧情节，就不可能研究艺术思想。他利用艺术手段使孩子们感到文学课是必要而有意思的课。并且伊利英坚信自己能成为这种课的艺术家，也就是成为编剧、导演、表演家，当然也成为文学评论家和研究家。孩子们要看他的话语、手势、语调、面部表情、姿态、停顿等极为有趣和内容丰富的表演。作为艺术教师的伊利英还引导学生一起进入角色,如学习《樱桃园》第三幕结尾时,将课文内容、音乐的气氛(就在课堂上)、教师的"内心音乐"、学生的"内心音乐"融为一体、唤起共鸣——突出女儿热爱母亲、与母亲分忧、对母亲负责这个主题思想。

(七) 吸引学生注意力的办法

为了吸引学生的注意力,伊利英利用"细节"性提问。如:"为什么拉斯科利尼科夫的大衣左边有一个系斧子圈套?""普希金在《阿里翁》这首诗里写道:'船上我们人数不多。'但为什么这位诗人也出现在'乘船者'之中?""卡巴尼哈谈到火车头时说:'哪怕你向我撒金子我也不走!'要是仍然对这个贪婪的商人妻子'撒金子',她会走吗?"——伊利英的经验证明,这样做的结果,连十分"难办"的孩子也一下被吸引住了。

(八) 激发学生的藏书、读书兴趣

伊利英尽力引导学生拟定自己要读的"书单子"和建立自己的"小书库"。他认为,这个"书单子"不一定很长,但可以用它激发孩子们的读书兴趣,把他们引向一望无际的书籍世界。

伊利英激发学生读书兴趣的通常做法是:先找到一页书,然后对它加以引人入胜的分析或提出问题,以此吸引学生去看全书。例如他向学生提问:"我们知道,乞乞科夫来到某个省城——N 城。他的四轮轻便马车走进旅店的大门时,两个庄稼汉谈到他的马车的一个后轮时断定,这车到莫斯科,能到得了,到喀山,则不行! 这个距莫斯科比距喀山近些的 N 城到底是什么城? 根据是什么?"——这个问题便激起学生非去看全书不行! 又如问:"你愿在什么样的家庭里生活和受教育? 在博尔孔斯基夫妇的家庭里吗?"——这个问题也引起学生去《战争与和平》全书中找论据!

(九) 知识的评估、作业的布置和检查

如何评估学生的文学知识? 在这个问题上,伊利英有其独到见解。他说

"判文学分,完全不同于判其它课程(如物理、化学等)的分,每一分我都要用道德的尺度来校正。我一面听学生说,一面听他自己内心的声音。回答属优等却不属于他本人的,这种回答不受我欢迎。对一个学生在其他学生沉默时能胆怯地试图讲点什么、作点确切的说明、加点补充意见,我甚至评他高分,因为他愿意思考和敢于负责,这已是成绩。"例如伊利英在一次观摩课上,提出了一个特难回答的问题。没有一个学生回答。这时,忽然一个胆小的、平常沉默寡言的小姑娘举起手来。伊利英并没有叫她回答,却给她打了"5分",因为他认为,这时举手回答问题就是敢于担负责任,就显示出了她的精神面貌和个性。

留怎样的家庭作业?伊利英的见解是:留给的作业应能使学生渴望有所发现,或促使他提出有争议的解答方法来,留给的作业也可以用新奇之处令学生不安,促使他动脑子。伊利英认为,负担过重也可能产生于负担不足——生动的、创造性的作业负担不足。所以伊利英对布置家庭作业是有讲究的,例如这样的作业:库图佐夫对安德烈公爵说:"我知道,你走的道路是荣誉之路。"(《战争与和平》)——根据这个情节,每个同学回家后以言简意赅的警句表达自己对"荣誉"的理解。学生带着类似的作业回家,心里高兴,再上学来,也很偷快。

文学教师的一个难题。就是检查作业,特别是批改作文。伊利英的做法是:① 一般作业检查办法:让高年级学生检查低年级学生的作业,一对一地固定下来。这样做时,要把检查作业的"简单秘密"(即基本要求)告诉高年级学生,给他们以"教师"的权利。结果,高年级学生就乐于并善于当教师的助手;他们利用课前课后5~10分钟就能做完这项工作。对此伊利英总结说,把教师的部分职能转交给学生,这并非是教师为寻找出路的异想天开,而是时代的要求,因为年长学生与年幼学生的这种关系,往往发展成友好合作关系;对教师来说,则能扩大同学生的交往领域,以便培养学生们之间的合作精神、创造成熟性、社会成熟性。② 作文检查办法:测验性作文、吐露真情的作文由教师检查。一般性作文则由教师抽查十来本:优秀生的、后进生的、一般学生的各若干本。其余的由学生互相检查。为此,伊利英给学生提供一份文字依据材料:包括撰写和检查作文时的《注意事项》《检查程序》《批改符号一览表》。这样做的结果,不仅互检进度快,而且取得意外的收获:学生们大都"忽然开始"写作得更好、更通顺了,因为他们预先知道了写作标准和要求以及自己可能会犯的毛病所在。

（十）教师的主导作用及师生的平等交往和合作

上述各点，都体现着伊利英作为教师主导作用以及他与学生的平等交往和合作关系。伊利英认为，教师犹如铁路系统的"扳道岔者"，他要在教育过程中及时地"扳道岔"，因此是责任重大的人物。但教师又绝不是课堂上唯一最主要的人物，而是与他平等的人们中的头一名：是引导者，同时也是被引导者。伊利英尝试过各种与学生交往的方式：有时像博尔孔斯基（小说人物）一样，打着旗帜冲入战斗，而不回头看看士兵是否跟着他跑，有时像列温松（也是小说人物）那样，有回头和停顿；有时像教育大师马卡连科和苏霍姆林斯基那样，有学生围绕着自己；有时则持托尔斯泰的方式，"谁写得最好？ 我就跟谁一起"——这时，不仅教师，而且学生都有权当"自己的"普希金、涅克拉索夫、勃洛克。伊利英强调：帮助学生在创作上向作家的水平哪怕提高一点也好，这就是培养人才，而不是单纯培养成绩好的学生。

以上十点，就是伊利英的教育创新所在。把这十点归纳起来，就是伊利英自己作出的如下结论："把文学课建立在生动的细节、困难的道德问题以及创作手法三者的基础上；有个性、现代化、会表演，是对文学教师的三位一体的要求；上课是交往，而不单纯是工作；是艺术，而不仅是教学；是生活，而不是课程表上占若干时间！"

（本文发表于《外国教育动态》1990 年 5 期。作者王义高，时属单位为北京师范大学）

五、"教师成为研究者"的理解与可行途径

1966 年，联合国教科文组织在法国巴黎召开"教师地位之政府间特别会议"，明确提出教师是专业人员，确认教师的专业地位。从专业人员即研究者的普遍看法，引申出教师成为研究者的观念。这种观念的基本看法是：教师有能力对自己的教育行为进行反思、研究和改进。教师有能力针对自己的教育情境提出最贴切的改革建议。由教师来研究和改革自己的教育实践是教育改革最直接、最适切的方式。外来的研究者对教育的现实情境往往缺乏深入的了解，他们的研究往往不能抓住问题的关键，得不到教师的认同。所以，这个观念特别强调：教师不只是别人研究成果的消费者，教师更应该成为研究者。[1]

(一) 教师成为研究者的兴起和发展

教师成为研究者（或教师即研究者，Teacher as Researcher）目前已经作为一个有号召力的口号广为传播，成为中小学教育、教师教育改革中一个具有国际影响的运动，成为教师专业化发展的重要趋势。实际上，教师即研究者的思想可以追溯到更为久远的历史。

早在 1908 年，已经出现了使教师进行研究的努力，20 世纪初叶，教师已经被认为是发现和解决教学问题的人。[2]在教师进行研究的早期倡导者中，白金汉（Bukingham，1926）做出了重要的贡献。他报导了有关教师研究的大量活动，认为从中"我们可以推测，有多少教师在从事研究工作"。他指出教师总是情愿站在旁观者的位置上，听凭大学的人员来定义他们的专业，"他们只是在别人通过他们并不了解的实验向他们提供某种方法的时候向人道谢，而从来没有想到这些可能并不是真的适用，并且他们并没有参与其中。"他认为："教师拥有

研究的机会,如果他们能够抓住这个机会,他们将不仅能有力地和迅速地推进教学的技术,并且将使教师工作获得生命力和尊严"。[3]

很多教师研究的倡导者都强调改变教师地位和树立教师职业的尊严。皮亚杰(Piaget,1966)极力倡导教师参与教育科学研究。他认为中小学教师正是由于脱离了科学研究才使他们失去了应有的学术声誉和专业地位,不能像医生、律师、科学家和大学教师等职业一样享有受人尊敬的专业地位。他主张通过参加教育科学研究使教师获得应有的尊严,使教育学成为"既是科学的又是生动的学问"。[4]

斯腾豪斯(Stenhouse,1975)认为:"教师是教室的负责人,而从实验主义者的角度来看,教室正好是检验教育理论的理想的实验室。对那些钟情于自然观察的研究者而言,教师是当之无愧的有效的实际观察者。无论从何种角度来理解教育研究,都不得不承认教师充满了丰富的研究机会"。[5]

豪瑟(Houser,1990)和拉泽(Lather,1986)认为,长期以来,从事实践的教师和进行理论研究的研究者是两种不同的形象,由于仅仅被作为科学控制的和一般的对象,教师被置于二流的形象。理论研究者和实践者形象的区别导致高度层级化的教育体系,在这样的体系中,教师总是处于无权的地位。教师只是被动地听从管理人员、课程论专家、教科书编纂者的指导,而他们自己的意见则是无足轻重的,他们的形象毫无专业意义。[6]

何林斯沃斯(Hollings worth,1990)和米勒(Miller,1994)以及拉泽(Lather,1986)认为教师这个群体历史地受到了压抑和控制,需要效法女权运动,像解放妇女那样解放教师。他们提出以教师研究作为解放教师的武器,指导他们工作,可以使他们从那些无效的知识中解放出来。教师研究对教师意味着确信自己的能力能够构建知识和改进他们的实践,采取研究的态度能够从一个否认个人的尊严和迷信外部权威的教育制度中把教师和学生解放出来。[7]

80年代以来,教师成为研究者成为具有号召力的口号和教育观念而广为传播,在许多国家都开展了广泛丰富的教师的研究工作,成立了各种教师研究者支持团体、研究机构,发表、出版了大量的论文和著作。教师成为研究者在方法上得到实验研究、行动研究、质的研究的支持。随着互联网的发展,它也得到互联网技术的推动。现有多种网站为教师研究者提供信息服务,在网上特别兴趣组进行着热烈的讨论。

（二）对教师成为研究者的理解

虽然教师成为研究者作为一种流行的观念正在蓬勃发展,但是,应当承认它还没有真正成为一致的共识。无论是在中小学教师还是在专业教育研究人员中,都有相当一部分人认为中小学教师成为研究者是不可能的。究竟中小学教师是否应该和能够成为研究者,对这个问题的回答,关键在于对教育和研究如何理解。

前面所引述何林斯沃斯(Hollingsworth)等人所谓"教师职业历史地受到了压抑",就是出于一种关于教育的理解。我们以为,所谓历史的压抑,实质在于教育对知识内容的依附。随着近代科学和工业的发展,人们意识到"知识就是力量",与人类现实生活有关的广泛知识内容迅速进入学校教育,成为学校中的各个学科。由此形成的教育传统,更多地着重于知识的内容,每一门学科都对应着社会生活的某一个领域,掌握了某一学科的知识内容,就可以从容面对生活的某一个领域。尽管我们一直在同时强调教书育人,强调教学的教育性原则,但是一种教育依附于知识内容的传统确实存在着,它不仅表现在实际操作和思想观念的层面,而且制度化地深深地存在着,并且影响着、笼罩着教师职业和教师教育。在我们现行的教育体制中,教师教育主要是在各种层次的师范院校的各个院、系中完成的,数学教师、语文教师及各个不同专业的教师都是以某个学科知识内容为专业培养和工作。这种体制之所以能够长期有效地实行,实际上已经隐含着一个先在的前提:掌握某个学科的知识,就可以做教师,从事教育。诚然,师范院校的学生都接受着学科教学教法和教育学、心理学的教育,但无论从课时的比例、重视的程度和它们的内容与实效来看,或许都很难不承认它们仅仅处于一种从属的地位,属于我们所说教育对于知识内容的依附。从教师教育的不同等级序列与幼儿教育到高等教育的教育序列的对应关系,更鲜明地表现着这种依附。幼儿教师、小学教师由中专培养,初中教师需要大专学历,高中教师需要本科学历,大学教师要博士、硕士才能担任,这样一种顺序,完全是从知识本身的难易程度而不是从学生理解和发展的角度决定的。在这样的传统中,教师从最初的培养开始,就已经依附于知识的内容,已经潜在地喻示着教师职业的出发点就是知识的传递、生活的准备。这样一种教育的传统，之所以得以持续，是因为当时的时代，允许以一次性的知识准备，应付一个人一生的生活，满足当时的社会需要。如果人类科学的发展没有为我们提供新的时代条件，这一切也许仍然可以平静地延续。但是，知识社会、信息时代的到来已经使这一切成为过去，对创新意识、创新能力的强调，改变着我们对教育的理解。当教育更加关注人的创新意识、创新能力时，它所强调的是育人的根本意义及其实现，当埃德加·富尔把教育与学会生存联系在一起的时候，已经敏锐地把握到教育与人类与每个个人的生存之间的这种直接的、根本的联系。知识经济、信息时代打开了教育丰富的实践和它的根本意义。时代的变革改变着我们对教育的理解，也在冲击着现行的教师教育和教师职业所受到的"历史的压抑"。这使我们以一种时代感，感受着何林斯沃斯（Hollingsworth, 1990）等发出的，"以教师研究作为解放教师的武器"，"从一个否认个人的尊严和迷信外部权威的教育制度中把教师和学生解放出来"的激烈呼唤。

对于教师成为研究者的疑惑，也是来自于对研究的不同理解。长期以来，人们似乎习惯了这样一种对于研究的理解：研究是专家、专业研究人员的工作，他们研究出结果向教师推广，然后由教师接受和实施。这样的理解被称为"RDDA"模式，即："研究（Research）、开发（Development）、传播（Diffusion）、采用（Adoption）"模式。这种模式导致对研究的层级化理解，把研究作为专业研究人员特有的领域，因而高高在上，教师只能是别人研究的旁观者、消费者，处于二流角色。这种理解，也成为一种强大的传统，支配了人们对研究的认识，几乎成为对研究的唯一理解。很多人不能接受教师即研究者的观念，就是由于这样的理解，甚至中小学教师自己也往往由此出发而认为教师从事研究是不可能的、不适当的，或者认为是强加给教师的额外负担。

对于研究的理解，白金汉（Bukingham, 1926）曾经作过这样的表达：教育研究不应该是专[ ]员专有的领域，它没有不同于教育自身的界限。实际上，研究不是一个[ ]而是一种态度。[8]把研究看作是教育应有的态度，"没有不同于教育自身的界限"，对于我们今天理解教师成为研究者仍然具有重要的启示意义。

研究是我们对待未知[ ]的一种态度。当一位教师走进教室，他将要教授的知识是他早已熟知的,但是他的学生将怎样理解却是每个人、每个时刻、每种情境中都不相同的。因此,教师的工作永远充满着未知的因素,永远需要研究的态度。教师永远要年复一年地迎来新的学生,并且每个学生的发展都是特定的、具体的、每日每时在每一种情境中都不相同的,这正是教师研究的所在。也正是从这个意义上,我们理解研究与教育没有根本的区别,研究学生如何理解,正是体现教育育人的根本意义。教师的工作是否具有研究的性质,关键在于我们如何理解教育和如何理解研究。如果仅仅从知识的传递出发去理解教育,教师只能是一个教书匠的角色,如果从每个学生的成长出发,那么,教师的工作就总是在实现着文化的融合、精神的建构,永远充满着研究和创造的性质。

当我们把研究看作是教育实践中的一种态度、方式,体现着教育的根本意义,那么,教师就是教育研究的主体,他们的研究意识、主体意识是教师专业化发展的重要支撑,教师的教育实践内在地包含着研究的意义。"应当鼓励教师把自我反思作为他们专业化的研究态度的组成部分。他们应当成为他们自己和他们的学生的优秀的诊断者和观察者。只有这样,他们才能够真正当之无愧地从事教育这一伟大的事业。"[9]

(三) 教师成为研究者的可行途径

教师成为研究者的观念鼓舞着中小学教师结成各种形式的伙伴关系(如中小学教师与大学教师结成伙伴关系、中小学教师组成志愿者小组等)合作研究,修订课程、改进教学、实现专业化的教学和发展。

约翰逊(Johnson,1993)、百弗利(Beverly,1993)认为,教师们的研究植根于行动研究。[10]他指出:"行动研究的概念可以追溯到 20 世纪 20 年代的约翰·杜威(John Dewey)和 40 年代科特·莱文(Kurt Lewin)的早期工作。斯蒂芬·科雷(Stephen Corey)和其他哥伦比亚大学的教师们于 1949 年把它引入教育领域。1953 年,科雷(Corey)把行动研究定义为实践者解决自己的实践问题的过程。"他认为"行动研究多是实践者的合作行动,他们互相帮助,设计和实施课堂调查。"他引用艾略特(Elliott,1987)的观点,指出教师的行动研究所关注的,是每个教师所亲身经历的实践问题而不是纯研究者的理论问题。"教师们的研究是由他们自己设计、操作和实现的用于改进他们自己课堂教学的研究,有时发展成为全体员工的项目,藉此,教师们建立其开发课程和反思教学的专门技术"。

库柏(Copper,1990)认为教师研究的主要焦点是通过系统的课堂研究,扩展教师的作用。贝朗格(Belanger,1992)认为教师研究的方法是自然主义的,通常是合作的,采用参与观察、人种志研究技术和富有个性特点的个案研究方法。

卡罗尔·M·森塔(Calol M. Santa)、约翰·L·森塔(John L. Santa,1995)还介绍了实验的教师研究。[11]他们认为实验的教师研究鼓励教师运用科学探究过程来表述并回答与他们自己的课堂有关的问题。教师使用这种模式思考他们自己的教学方法,确定可研究的问题和变量,进而开展小规模的试验。在教师研究中运用实验方法的一个独特优点是它提供一个问题解决过程的结构化模式。当学生和教师了解了某一实验并参与对实验结果的评价时,这种实验的方法就为学生和教师提供了一个促进他们的思考、行动和交流的简便易行的模式。他们还指出:让学生成为研究者,让学生自己研究自己的学习,让学生写自己的学习,可以发展学生的元认知意识,有助于个人学习方法的内化。大多数学生发现当他们不仅有机会组织信息而且能与其他同学一起讨论正在学习的内容的时候,他们的回忆更为丰富。这也鼓励学生提出有关实验本身的设计的问题。运用于课堂研究的实验方法可以为学生提供一个有关批判性思维的优越模式。还有,使学生进入课堂研究过程,对学生也像对教师一样产生了积极的影响。学生获得了提出他们该怎样学习的问题的权利,他们有权利把自己看作学习过程的主人。由于积极参与课堂研究,学生学到了更多的东西。无论对学生还是对教师,把学习的焦点从内容转向过程,都促进多方面的联系和形成终生学习的本领。

我们曾经与大学教育系本科学生和中学教师一起采用弗兰德互动分析系统(FIAS, Flanders Interaction Analysis System)和质的研究结合的方式,对一位初中物理教师的课堂教学进行分析。这一研究并没有停留在弗兰德互动分析技术对课堂结构的定量分析,而是对弗兰德互动分析技术做了重要的改进。改进的工作主要在于:① 绘制弗兰德互动分析主要参数的动态特性曲线描述课堂教学过程;② 对弗兰德互动分析编码的赋值赋予意义的联系;③ 以描述性观察、访谈所获得的质性资料与弗兰德互动分析主要参数及其动态特性曲线相结合进行深入分析。如果说,第①项改进仍然属于弗兰德互动分析的技术结构,那么,第②③两项改进则是在努力寻求一种数量结构与意义理解的联系。

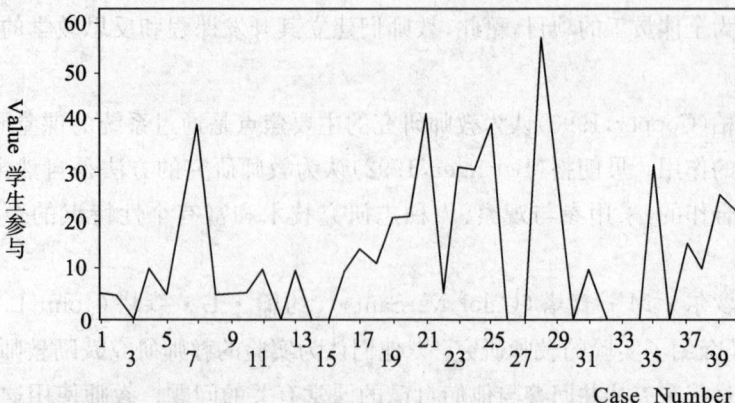

上图是这堂物理课中学生参与率的动态特性曲线。图示曲线表明,在这堂课中学生的参与大致有 6 次高峰。我们的研究并不着眼于这种动态结构的普适性,而是致力于以描述性观察和访谈的质性资料深入分析每次学生参与高峰的现场情境和意义。深入分析的结果表明,教师的提问并不是都能引起学生的积极参与,也不是每次学生参与的高峰都有积极的启示意义。图中第 28 分钟时学生的参与高峰是由于教师的一个巧妙的问题:"切割磁力线时产生电流,这里有没有'时'字意义一样不一样?"引起学生积极热烈的讨论,而第 7 分钟时的参与高峰则只是学生一般性的回答,只不过内容稍长而已。通过访谈,更获得了教师教学设计的思想、对于课堂互动关系的理解以及生活史的大量生动丰富的质性资料,这些都对理解这位教师的课堂教学风格和教学理念以及她与学生之间的情感交流提供了原始材料的支持。

　　长期以来,定量研究与质的研究两种方法论传统的冲突在教师的研究中造成了诸多困惑,这一研究正是我们探讨消解这种困惑的努力。以定量的描述,获得一般的系统的结构,以质的研究提供意义的理解,丰富情境的细节。每一个结构变化都可以追问其内在的意义和情境,对每一个研究都以多种方法的综合运用、两种研究范式或传统的结合获取研究结论,努力寻求结构与意义的联系。我们希望,这样一种接近问题的态度和方式将能够使教师的研究获得"既是科学的又是生动"的发展。

　　综上所述,教师承载着教育根本的意义和价值。教师是教育改革和发展实践的主体,是一切教育改革和发展最终得以实现的最基本、最直接的基础。教师成为研究者是以整体、根本、开放、创造的态度理解教育、教学和研究,把教育、教学、研究视为教师工作的整体构成,它们原本是一体的、不可分割的。这种整体性的认识是对教育意义和价值的根本性理解,适应着当今时代的需要。

强调教师获得研究能力、成为研究者绝不意味着对教学的忽视或削弱,而是在根本的整体的理解中把它们视为同一过程。教师的教育、教学工作将因为与研究融为一体而获得内在的、根本的推动力量。

参考文献:

[1] 饶见维. 教师专业发展——理论与实践[M]. 岭南图书出版公司,1996.

[2] John Sikula(1996), Handbook of Research on Education[J], Macmillan Library Reference USA, Simon & Schuster Macmillan:54.

[3] Carol M. Santa. & John L Santa. Teacher as Researcher[J]. Journal of Reading Behavior, 1995, 27(3):439.

[4] 皮亚杰著. 傅统先译. 教育科学与儿童心理学[M]. 文化教育出版社,1982.

[5] 高慎英. 教师成为研究者"教师专业化"问题探讨[J]. 教育理论与实践,1998,3:31.

[6][7][8][9] Carol M. Santa. & John L Santa. Teacher as Researcher[J]. Journal of Reading Behavior, 1995, 27(3).

[10] 以下参见 Johnson, Beverly(1993)Teacher-As-Researcher[J]. ERIC Digest. Source:ERIC Clearinghouse on Teacher Education Washington DC.

[11] Carol M. Santa. & John L Santa. Teacher as Researcher[J]. Journal of Reading Behavior, 1995,27(3):440.

(本文发表于《比较教育研究》2002 年第 1 期。作者宁虹,时属单位为首都师范大学教育科学学院)

六、"反思实践"思想及其在
教师教育中的争议
——来自舍恩、舒尔曼和范斯特马切尔的争论

当前,教师教育领域正发生着深刻彻底的思想变革,亦可称作"范式"的转换,其主流趋势就是支撑教师教育的理念根基已由以往的"理论"转向了关注"实践"。美国麻省理工学院教授、当代教育家、哲学家——舍恩(D. Schon,1931—1997)无疑是专业教育领域中直接推动这一转向并为之奠定理论根基的重要人物之一。舍恩于 20 世纪 80 年代阐发的"反思实践"概念直接促成了美国"反思性教学"运动的形成,深刻地影响了包括我国在内的世界各国教师教育的改革方向。不过,在学理层面,肇始于 80 年代下半期的有关这一概念及相应问题的争论仍在持续当中。本文在陈述舍恩的"反思实践"取向的教师教育思想的基础上,介绍美国著名教育家舒尔曼(L. S. Shulman)和范斯特马切尔(G. D. Fenstermacher)与之的思想交锋,为我国教师教育发展提供更为开阔的理论视野。

(一) 舍恩的"反思实践"取向的教师教育思想

1."学校知识"及其弊端

所谓"学校知识"(school knowledge),舍恩指的是那些通常是在大学中产生的能够清晰陈述的形式化、范畴化的知识,是用词语或术语等一类符号系统来表述的,也称理论性的知识,以成品化和定论化为其特征。舍恩认为,由于受实证主义影响,现代大学,特别是研究型大学从其生成以来就一直注重这种所谓的"完善的、科学的、系统的知识"。在对待实践的问题上,大学最初的做法是

把专业摒弃在学院之外,如芝加哥大学建立商学院就遭到很多人的反对。各种专业学院最终虽然也进驻了大学,但为满足大学的准入条件也付出了巨大的代价:必须接受大学的那套认识论逻辑,把高级学院看成是有关知识的,把低级学院看成是有关问题的,并把专业知识看成是研究的应用。由此就出现了规范的专业课程:首先教相关的基础学科,其次教应用学科,最后再进行实习,即把科学知识应用于日常生活问题进行实践。这就产生了研究和实践的制度化分离,因为这里的研究是实验室的科学方法意义上的研究,是讲求实验和控制,而在实践中复杂的环境是不允许进行这样的实验的。

舍恩对这种抽象化、范畴化的知识成为专业教育领域中的主要学习内容和重要知识基础十分不满,他指出,抽象化、范畴化的知识与专业活动或日常生活中的知识及经验有着本质的不同,它们在对事物的区别和归类上依据的是不同的路径,将抽象化、范畴化的知识作为基于实践活动的专业教育的主要知识形式是根本错误的。

舍恩把隐藏在"学校知识"背后的认识论逻辑称为"技术理性",指出在专业教育领域中,"技术理性"弊端在于要求先学得原则或理论,再将之运用于实践,仅承认理论对行动的指导,而忽视了理论对行动的依赖。

"学校知识"的危害在于它造成了三种人为的分裂状况:一是学校与生活的分裂,"学校知识"窒息了活生生的学校经验,将学校与生活割裂开来,使得孩子们认为学校与他们的生活无关;二是"教学"(teaching)和"做"(doing)的分裂,使教师们认为所教并非所做、所做并非所教;三是"研究"与"实践"的分裂,"学院知识"把所谓的"研究"看成是分离甚至是对立于我们所从事的"实践"的,这不仅是教师教育,而且也是现代研究型大学所有专业教育都存在的问题。

2. "行动中的反思"与专业实践

舍恩把专业实践分成两大层次,一是属于"高硬之地"的层次,这里,情境和目标都是清晰的,实践者能够有效地运用科学理论和技术去解决问题;另一是"低湿之地",充满着"复杂性、模糊性、不稳定性、独特性和价值冲突",是实践的"不确定地带"。对于处于这一地带中的问题,书本的知识、技术的手段都是无力解决的,科学知识和手段不起作用,所要借助的只能是"行动中的知识"。[1] 所谓"行动中的知识"是指实践者在专业实践活动中对活动进行反思而形成的知识,它不是建立在"技术理性"基础上,而是由"反思实践"活动来澄清、验证和发展的知识,常常隐含在实践者面临不确定、不稳定、独特而又充满价值冲突的情境时所表现出来的那种艺术和直觉过程中,它借助艺术性(artistry),即在行动中生成的直觉而有效解决问题的能力来实现,是"由'现场的实验'来推动和检验"的。[2]

舍恩认为包括教师教育在内的所有现代专业教育中存在的严重问题,就是对实践的"不确定地带"的忽略和轻视,没有给"艺术性"留有空间。专业学院要摆脱信任危机就必须拓展新的专业实践的空间,给实践的"不确定地带"留下空间,给处理技术解决不了的问题留下空间,给与书本不相符合的独特案例留下空间,给行动过程中由于目标或价值的冲突而相互抵牾的事例留下空间。这就要求教师必须具备一种直面实践"不确定地带"的艺术和才能,"它关涉一种惊奇,关涉让思想回到自身的对惊异的回应,它要思考我们做事之时正在做的那些东西,重新确定情境中的问题,通过现场的行动试验努力解决新问题,凭借这种试验,我们既可以检验看待事物的新方式,也可以尝试将情境改变得更好。行动中的反思未必是理智的或语词的活动。"[3]

当然,舍恩也指出,强调艺术性,并不是要把科学掷出窗外,而是主张两者都有自己特定的适用范围,"一方面按应用科学能够界定和与之适切的范畴提出问题,另一方面使艺术填满理论、技术和具体行动间的空隙。"[4]

3. "对行动的反思"与教师教育

舍恩指出"对行动的反思"是一种事后的思考,通常是要借助于词语和符号进行的,它包含了某种形式的试验。在这种试验中,实践者要尝试"设置问题"和"解决问题",而"在真实的实践中,问题并不会以给定的方式呈现在实践者面前,而是需要在混乱、繁杂和不确定的材料和情境中去构造的。当我们设定了问题,就是选择了我们将要处理的情境中的'事物',就界定了我们的注意范围,赋予了事物一种让我们判断其缺陷和需要改变的方向的那种一致性。"[5]对问题情境的重新组织需要实践者运用他们已有的"范例演示、想象、理解和行动等全部教学技能"。[6]

反思是实践者与情境问题间的对话,不是以科学知识驱动实践、对事物进行预测和控制的过程。实践者在不确定的情境中能够看到什么取决于他们如何解释实践的背景,取决于他们在重组情境时与情境进行试验性"对话"的方式。

舍恩认为基于反思实践理念的教师培养通常包含三层任务:一是要真正关注实践中的特定问题,对遇到的教与学的实质性问题作出理解和反应;二是要进入教师的思考方式,能够向此时此在的教师和教师学习者以特定的方式进行讲解和演示,使描述和演示具体化;三是要与学习者尽可能地建立良好的关系,使学习的阻力最小化。以上三个任务指标舍恩认为是一体化的,在教学过程中是同时和以整体的方式表现出来的,一个真正的好教师教育者应当具有能够将上述三者合于一体的艺术特质。

舍恩的反思实践者思想在 20 世纪 80 年代提出后,在专业实践和专业教育领域产生了极大的反响,在教师教育领域引起激烈的争议。美国当代著名学者舒尔曼和范斯特马切尔也作出了积极的回应。

(二)舒尔曼对舍恩的批评与修正

舒尔曼充分意识到了舍恩反思实践者和反思性教学思想在教师教育领域所发挥的巨大影响,肯定了舍恩在教学领域中的重要贡献。但舒尔曼也分析了舍恩思想所存在的问题,提出了不少不同的或修正性的意见。

1. 强调内隐知识要与理论反思结合

内隐知识是构成许多艺术乃至专业判断核心之基础的那些难以言说和阐述的知识,显然,舍恩的"行动中的知识"和实践的"不确定地带"等都与内隐知识有关。舒尔曼认为,舍恩提醒我们内隐知识的重要性这一点是有十分枳极的意义的,但对培养专业的教育工作者来说,舒尔曼对内隐知识的充分性并不表示乐观。他指出,教育哲学已经根据教学是无缘由进行的还是有解释和理解的,将"训练"(traning)和"教育"(educating)两个概念区分开来,教育正是意味着以知道"为何如此行事"的方式进行教学。如果说内隐知识是教师教学所具有的特征的话,那么,教师教育者的责任就是将这种内隐的知识变得明晰起来。"教师只有能够清晰地回答出下列的问题才能够成为好的教育工作者:'我是如何知我所知的?''我是如何知道这样做的理由的?''为何我要求学生如此行动或思考?'要回答这类问题,并不仅仅在于成为一名熟练的教师,而且还要有对实践经验的反思和对理论理解的反思的融合。"[7]

2. 对"二分法"的批评

舍恩在"学校知识"和"行动中的反思"、"技术理性"和"艺术性"、"教学"和"辅导"、"决定性"和"非决定性"间作了二元划分。对"舍恩热衷于二分法（dichotomy）并使之凝固化，"[8]舒尔曼指出舍恩的这种二元划分过于干脆利落、过于整齐化一，有可能会产生误导作用。舒尔曼指出，杜威也常用二分法，不过，杜威对二分法的使用是要通过对事物两级的层层分析达到对事物的全面理解，达到对更高原则的把握。因此，舒尔曼希望舍恩能够出版有关反思实践的第三本著作（舍恩已出了两本——笔者注），超越二分法。

3. 为"技术理性"作辩护

舒尔曼为"技术理性"作了辩护，他说舍恩对待"技术理性"就像原教旨主义者对待"世俗人文主义"那样具有情感倾向，在舍恩那里，"学校知识"或"技术理性"被看成是不给反思、艺术或回应过程以多少空间的概念，而实际上，这种主张是站不住脚的，因为在舒尔曼看来，大多数教师是能够以融合技术与反思、理论与实践、一般与具体的方式为一体进行教学的，大多数的教学都不能被归于极端的类型。

舒尔曼反对舍恩过于强调"不确定性"（indeterminate）和"惊异"（surprise）等在教学过程中的作用，他认为惊异首先包含着对事物的认识和期盼，只有对确定性的寻求才能使人产生对不确定性（indeterminate）的理解，否则将陷于混乱无章（chaotic）的理解中，只有对那些落入界限之外的事物，才运用凭经验办事的规则，因此，不以"技术理性"为基础，惊异是不可能产生的。不过，把理论和实践划分为"技术理性"和"行动中反思"截然不同的两大阵营是毫无裨益的。这样做只能产生杜威在《经验与自然》一书中所哀叹的那种局面：进步教育家以自负的心态自定目标，否认那些被定义为"传统"的教学思想的价值，这种非此即彼的思维可能在修辞上是有效的，但在实际中却是狭隘的和有局限性的。[9]

4. 批判"给出缘由"的观念

舍恩反思性教学思想中的一个核心观念就是"给学习者以缘由"（giving the learner reason），舒尔曼对之提出了批判。所谓"给学习者以缘由"，就是将学习者的思想和判断当作认真思考和考察的东西。舒尔曼指出教师不能因为

"给儿童或进行专业化学习的学生以缘由",就放弃自己的教育责任。仅为学生判断和行动的理由欢呼是不够的,学习者给出的理由与真正合理性的理由往往是有区别的,一个学习者找到的自己行动的原因并不总是与教师所鼓励的合理的理由相一致,也未必与真正的缘由相一致,教师的责任正是要使学习者给出的理由逐步符合真正合理的理由。

5. 倡导技术与反思或艺术的结合

舍恩认为要促进"行动中的反思"的发展就必须进行机构改革,舒尔曼对这一目标表示赞同,但认为必须在改革中将技术和反思或艺术两者结合起来,舒尔曼将之称为是"宏观层面"(macro-level)的结合。另外,舒尔曼认为在微观层面(micro-level)也同样存在着将两者结合起来的问题,在特定的课堂背景中,教师总是要将普遍与特殊、一般与个别结合起来的,教师所做的是"教学"(teaching)而不是"辅导"(coaching)。舒尔曼指出他不能容忍把真正具有教育性的东西从教学定义中排除出去,不赞成用"辅导"一词来替代教育者的崇高和具有道德的努力。那么,普遍原则和具体问题如何在教育中统一呢? 舒尔曼提出了案例教学的思想。他指出通过案例的方法和案例文献进行教师教育是十分必要的,这方面可以吸取法学院和医学院的经验,但"教师教育绝对需要有开发案例方法的自身动力"。[10]

(三) 范斯特马切尔对舍恩思想的质疑

美国当代著名教育哲学家范斯特马切尔对舍恩的思想也是有褒有贬。赞许的理由主要表现在以下三个方面:首先,范斯特马切尔认为舍恩提出"行动中反思""不确定领域""艺术性"等一类概念,对教学领域来说是非常有意义的,这些都是非常好的谈论教学实践活动的方式。舍恩的主要贡献就在于他提出了"行动中的知识"等一些相应的概念,因为,在专业实践领域,"行动中的知识"的确是一种重要的知识形式。其次,范斯特马切尔认为舍恩的"反思实践者"概念,引发了专业教育领域中对"成为一名专业人员到底意味着什么"这一问题的批判性讨论,这是极有意义的。范斯特马切尔表示,舍恩提出的专业人员的教学理念比传统的专业人员的概念更符合他自己的教学理念。第三,范斯特马切尔认为,舍恩提出的"反思性教学"和"教学管理"(instructional supervision)的思想，与他自己近来极感兴趣的"临床指导"（clinical supervision）具有一定的关联。

范斯特马切尔对舍恩思想所提出的质疑和批评主要表现在以下几个方面：

1. 关于"实践"与"科学"的关系

首先是有关认识论（epistemology）的概念。范斯特马切尔认为"认识论"一词，表示的是对知识、证据、信仰、主张的确切性等一类东西的检验有自己的特定内涵，不是随意可以使用的；而舍恩却将这种认识论归结于"技术理性"，又以"反思实践"为基础另列了所谓的实践认识论（epistemology of practice），把实践看成是拥有自己的认识论的领域，但却没有对实践认识论和传统的为大家所熟悉的认识论之间的关系作出说明和论证，是不足以服人的。

对舍恩所作的专业实践领域的"高硬之地"和"低湿之地"或"不确定地带"的划分，范斯特马切尔不以为然，认为这是一种非此即彼（either-or）的思维方式，而实际情况是任何情景都是以"既有又有"（both-and）的形式存在的，实践和科学不能被划分为互不影响的两个方面。科学（包括实证科学）和实践间并不存在着裂穴。[11]范斯特马切尔认为舍恩在专业化实践领域将科学和实践对立起来，将反思实践贴上了好的标签，而将技术理性贴上坏的标签，这过于简单化了。

2. 关于"实践"与"研究"的关系

范斯特马切尔认为舍恩对"研究"一词的理解过于宽松，认为舍恩那样使用"研究"一词是有害的，它会让教师产生自己是在做研究的假象。

范斯特马切尔认为有必要在"研究"与"实践"之间作出区别，这并不是阻止实践中的研究，也不是禁止实践者从事研究。从事科学活动是进行一种特殊的、有控制性的探究，要服从公开的、经受得起检验的认识充分性的原则，"我宁愿把研究者看成是运用科学原则生产经受得起检验的科学知识的人，而把实践者看成是在实践中运用或使用这种知识的人。"[12]对舍恩所认为的实践者也能在实践过程中生产知识，范斯特马切尔认为不能把这类知识看成是科学的知识，教师或许会运用科学的成果或洞见，但不会生产新的科学知识。

3. 关于"描述判断"与"规定判断"

范斯特马切尔指出，在舍恩思想的表述中，描述（describing）判断与规定

(prescribing)判断是含混不清的。范斯特马切尔认为,从哲学角度看,规定判断就是规范(normative)判断,规范判断与描述判断是不同的,前者具有价值取向,需要辩护;后者是对事实的陈述,需要证明,而"在舍恩的著作中很难确定哪里是描述,哪里是规定或规范",他对所观察到的反思和实践领域的描述与他对读者所规定的行动规范常处于一种模棱两可的境地,这也影响了舍恩思想的公信力。

4. 关于"科学"与"专业自主性"

范斯特马切尔指责舍恩对"科学"在"反思实践"中的作用重视不够。范斯特马切尔指出,离开科学和理论的实践者是注定要处于奴役状态的。医生之所以能获得专业上的自主,是因为他们掌握了自己的科学;体力劳动者之所以在社会中缺少专业人员那样的自由而"处于被奴役状态",原因之一就是他们没有自己的科学。"反观舍恩的主张,我对他要将我们从社会科学(社会的和行为的科学——原注)中分离出去的结论感到震惊。"[13]接受反思实践的理念有可能会使教师要冒一种被奴役的风险,由此,范斯特马切尔十分重视科学知识的方法在教师教育中的作用。

本文所揭示的舍恩、舒尔曼和范斯特马切尔在有关教师教育的基本理论方面的争论,代表了在西方社会进入知识经济和后现代社会时期各种不同范式的教师教育思想相互间的砥砺冲撞。在上述各种观点的交锋激荡中去理解和思考教师教育理论,是我们重构教师教育理论与实践不可回避的重要路径。

参考文献:

[1][2][4] Donald A. Schon, The Reflective Practitioner : How Professionals Think in Action[J]. New York :Basic Books. 1983,p39,p141, p131—132.

[3] Donald Schon, "Coaching Reflective Teaching", in Petter P. Grimmett and Gaalen L. Erickson (Edited by), Reflection in Teacher Education[M]. Pacific Educational Press,1993,p19.

[4] Donald Schon, Education The Reflective Practitioner: Toward a New Design for Teaching and Learning in the Professions [M]. San

Francisco：Jossey-Bass，1987，p66.

[5] Donald Schon：Educating the Reflective Practitioner，Donald Schon's Presentation to The 1987 Meeting of The American Educational Research Association[R]. San Francisco：Jossey-Bass，1987，p66.

[6] Donald Schon：Educating the Reflective Practitioner，Donald Schon's Presentation to The 1987 Meeting of The American Educational Research Association.

[7][8][9][10] L. S. Shulman，"The Dangers of Dichotomous Thinking in Education"，in Petter P. Grimmentt and Gaalen L. Erickson(Edited by)，Reflection in Teacher Education[M]. Pacific Educational Press,1993，p33.，p33.，p34.，p36.，p37

[11][12][13] Gary D. Fenstermacher，"The Place of Science and Epistemmology in Schon's Conception of Reflective Practive"，in Petter P. Grimmett and Gaalen L. Erickson（Edited by），Reflection in Teacher Education[M]. Pacific Educational Press,1993. p45.，p44.，p41.，p45.

（本文发表于《比较教育研究》2004 年第 10 期。作者洪明，时属单位为福建师范大学教育科学与技术学院）

七、何谓正确的教育者

——印度学者克里希那穆提的教师观解读

克里希那穆提(Jiddu Krishnamurti,1895—1986)是印度著名的思想家,20世纪最卓越的心灵导师。面对世界的动荡、人类的自相残杀,他进行了超然而冷静的深思,指出人类世界的真正改变必须从内心开始。他相信真理是无限的,纯属个人的觉悟,一定要用自己的智慧之光来照亮自己,一旦落入某种组织或崇拜,人的心智就开始僵化、定型、软弱和残缺。因此,他也被称作"在破除偶像上,最富有代表性的20世纪人物"。[1]他的40本著作,目前已译成了47国文字,在欧美、印度及澳洲有着广泛而深远的影响。本文撷取其中的教师观试进行梳理和解读,以期对教师教育的理论与实践有所启迪。

(一) 教育者是新社会的奠基者

克里希那穆提在反思科技和理性并不能使人类免于战争、冲突、痛苦的社会现实基础上,认识到社会动荡的根源在于人的心灵受到偏见、虚假的价值观、嫉妒、权力欲等种种限制而滋生冲突、仇恨、竞争、暴力并向外表现而成为世界上的冲突。惟有借助智慧与爱,改变每个人的心灵世界,使其从狭隘与偏见中解脱,新的社会秩序才能建立起来。教育必须致力于造就能互相理解而富于爱心的人。基于这样的认识,他指出:"建立一个和平、开明的社会,其责任主要在教育者身上,而且为了达到这种社会的转变,平心而论,教育者可以效力之处是非常大的。"[2]"真正的文化并非奠基于工程师和专家,而是教育者的身上。"[3]

也就是说,他认为教师是建造一个新社会秩序的奠基者,教师可以超越既有文化或某些制度的制约,独立主动地在引领人的心灵的发展中发挥改进社会的作用。他对于通过教师的努力引导学生掌握真理、净化心灵、生成智慧,进而在根本上终止我们这个社会的肤浅、虚伪、丑陋寄予了很大的希望。他的认识超越了传统上把教师的作用定位于知识传递者,赋予了教师通过影响和改变人的心灵继而为改变社会奠定基础的历史使命,把教师的作用提到了影响人类社会和平与发展的高度。

(二) 教育者必须先受教育

克里希那穆提高度重视教育者必须先受教育的问题。他指出:"正确的教育始自教育者,他必须了解自己,并且从固定的思想模式中解脱出来。因为他本身是什么,他传授的便是什么。如果他没有受到正确的教育,那么除了他所接受的同样机械化的知识之外,还能教什么呢? 问题在于对教育者加以教育。"[4]"关切我们自己的再教育,远比为了孩子的未来幸福和安全焦忧来得更迫切。"[5]也就是说,只有教育者自身首先是开明、独立、自由、智慧、富有爱心的,他才可能培养出这样的学生。

而现实中,一方面教育者自身已被僵化,形成了许多错误认识,"大部分人已经在某种教育思想体系和某种行动模式中僵化了,我们已将自己纳入某种意识形态、某种宗教或某种特殊的行为标准中"。[6]另一方面,教育者常常为自身的问题所困扰,内心混乱,而且急功近利,不能着眼于孩子心灵的成长并把它与社会的进步作为一个整体来考虑。"父母和教师多半被自己的内心冲突和哀伤所苦。不论贫穷或富有,大多数的父母都全神贯注于他们自己的烦恼和困难中。他们并不严肃地关切目前的社会与道德的堕落,而是期望自己的孩子有所专长,能出人头地。他们为孩子的将来而焦急,渴望孩子因教育而获得安稳的职位,或是幸福的婚姻。"[7]教育者自身存在的问题必然会对学生造成消极的影响,只能导致混乱和冲突的延续。所以,教育者的"情感和心智都需经过洗涤,才能教育他人"。[8]

（三）正确的教育者的必备素养

1. 充分了解自我

克里希那穆提非常重视认识自我的重要性。他认为，"自我认识是自由的开端，惟有当我们认识自己，才能带来秩序与和平"。[9]"无知的人并不是没有学问的人，而是不明了自己的人。教育的真正意义是自我了解，因为整个生活汇聚于我们每个人的身心。"[10]对于教育者来说，只有经常深入地检视和敏锐地觉察自己的思想、情感、意志、自我发展等的真实状态，才能更好地引导学生了解自我，获得成长。这是教育者开展正确教育的首要条件，也是对教育者加以教育的关键。

首先，教育者要了解自己的教育观。这决定着教育者能否引导学生正确前进。他说："当一个人决定从事教育时，他应该自问的第一件事是：何谓教育。他是按照普通的方式去传授一般的学科知识吗？他想将孩子加以限制，使他在这社会的大机器中成为一个齿轮，或是帮助孩子成为一个富有创造力的完整的人，还是使他成为虚伪价值观的一个威胁呢？如果教育者是要帮助学生，使他对环绕于其四周的价值和影响——他是由这些所组成——加以探究，加以了解，那么教育者自己不是先要对这些价值和影响有所觉察吗？如果一个人瞎了眼，他能帮助人通达彼岸吗？"[11]他要求教师对教育问题、生活意义要有深入的思考，务必清楚明白：为何我们要教育孩子和自己，这一切有何目的？要探究生活的意义，个人与社会的关系等问题，并设法帮助孩子去发现有关这些问题的真理，而不要将自己的习性和思想习惯加诸孩子身上。

其次，教育者要洞察自己的思维和感情。针对现实中教师行动的机械化弊端，他指出，"惟有了解我们自己思想和情感的反应方式，我们才能真正帮助孩子成为一个自由的人"。而事实上，"很少人观察自己的思维和情感。如果它们十分丑陋，我们并不去充分了解它们其中的含义，只是设法抑制它们或将它们弃之不顾。这就导致我们的思维和情感是机械化的，一成不变的。教师只是学得几样事物，聚集一些知识，然后设法将它传递给孩子"。[12]

再次，教育者要了解自己的局限。"我们的心总是受某种文化或社会的制约，受各种感受、种种关系的紧张与压力、经济、教育、气候等因素、宗教的强制性等的影响",[13]处于多种限制之中。同样,孩子作为"过去"和"现在"两者的产物,出生时就已经受到了限制。克里希那穆提认为,"如果我们把自己的环境背景传递给孩子,就会使他和我们的限制永远延续下去。惟有了解我们自己的限制,而且由此解脱,我们才会有根本的改变,也才能带给孩子改变。倘若我们自己仍在限制之中,却讨论着什么才是正确的教育,这是毫无益处的"。[14]因此"我们不应该继续再不加考虑地附和我们偶然出生于其中的生活模式"。[15]而要了解自己所形成的种种公式化的行为模式,看出自己受到限制的那些反应,着手探究一切将我们封闭于其中的价值观,并开始使自己从既存的价值中解脱以发生根本的改变,否则就不可能履行教育者唤醒孩子的智慧的使命。

另外,教育者要了解自己的困难。他指出,"问题不仅在于学生有困难,我们自己也是一样。一些日积月累的恐惧、悲哀、挫折,我们均未曾从其中解脱。为了帮助孩子有智慧,我们必须破除自身中使我们麻木、迟钝、轻率的种种障碍",[16]尤其是其中的恐惧。他认为,"如果要使孩子从恐惧之中不论是对父母、对环境和对上帝的恐惧解脱出来,则教育者本身必须没有恐惧。恐惧使思想萎缩而限制了自发创造的行为,一个心怀恐惧的教师,显然无法毫无畏惧地把生活的深刻意义传授给他人。恐惧和善良一样是具有传染性的。如果教育者自己内心有恐惧,他将把这种恐惧传染给他的学生,即使这种传染一时看不出来"。[17]他主张教师要直面和承认自己的恐惧,并且借着说出自己的心理反应,公开和学生讨论,而使他们了解恐惧。这种诚实而真挚的态度将大大鼓励学生,使他们对自己、对教师也同样地坦白率直。

总之,一个正确的教师必先着手观察自己、了解自己,"随时警觉,密切注意自己的思维和情感,自己所受的限制方式,自己的种种活动和反应",[18]才能产生智慧,使他和别人及其它事物的关系有根本的转变,才会真正对学生有所帮助,才会使新教育、新社会的建立成为可能。正如他所言,"如果我们教育者并不了解自己,不了解我们与孩子之间的关系,而只是以知识填塞于孩子心中,使他通过种种考试,那我们又怎么能够建立起一个新的教育呢?学生在那儿等着受人指导、帮忙;然而如果指导者、帮忙者内心混乱、狭窄、充满了理论学说,是个国家主义者,那么,他的学生自然就和他一模一样,教育便成了延续混乱和斗争的方式了"。[19]

2. 真正爱学生

首先,了解真实的儿童。他说:"正确的教育,在于了解真实的儿童而不将我们认为他'应该如何'加诸他的身上。""要帮助孩子,我们必须花费时间去研究他,观察他——这就需要耐心、爱与关怀。然而,一旦我们没有爱,没有了解,那么,便会把孩子强迫纳入我们称之为理想的某种行动模式中。"[20] 也就是说,把每一个学生当成独一无二的个体加以研究和深入觉察是爱的体现和前提。

其次,以儿童的本来面目而不是以理论对待他们。他认为,将儿童禁锢于"应该如何"的理论框架里,"是鼓励他的顺从附和。如此会滋生恐惧,在儿童的心中产生'他的真面目'和'他应该具有的面目'之间的不断冲突;而一切内心冲突,都会向外表露于社会"。[21] 在他看来,理论是一种方便的逃避方式,它往往成为我们了解孩子,以及孩子自我了解的实际障碍。"遵循理论的教师无法了解他的学生,无法明智地处理他们的问题。对这种教师来说,未来的理论'应该如何'要比眼前的孩子更为重要。理论的追求,排斥了爱,而缺乏爱,任何有关人的问题,都无法获得解决。"因为"我们与孩子、少年的关系处理的并非是那种可以迅速加以修补的机械,而是易受影响、变幻不定、敏感的、恐惧的、有感情的活生生的人。要处理他们的问题,我们必须具有深入的了解,以及忍耐与爱的力量"。[22] 仅仅求助于迅速而简易的补救方法,必然导致我们的态度和行为都是机械化的,而且会使人为难,且无法以机械化式的回答来解决的问题之前退缩。正确的教师绝不会简单地依赖某种理论或教育方法,而是以真诚的爱去体察和面对每个学生。

另外,不用自己的模式塑造学生。他批判了现实中教师和父母把某种功利的目的以及自己的理想强加于学生身上而妨碍学生健康成长,使社会的不幸延续的状况。他一针见血地指出,许多教师和父母希望塑造学生的思想和感情的方式,希望训练他们使其合乎自己的憧憬和意图,设法借孩子来满足自己,经由他们来使自己不朽。他们在孩子四周筑起围墙,以种种的信仰、意识形态、恐惧和希望,将孩子加以塑造——而当孩子在战争中死亡、残废,或是由于生活上的经验而遭受痛苦时,他们却只会痛哭、祈祷,[23] 却从不反思自身在其中扮演了什么角色。

他认为,一个正确的教育者,"并不通过某种理想的幕布去看孩子。假如他爱孩子,他便会观察孩子,研究孩子的倾向、性情和他的特性。惟有当一个人不爱孩子的时候,才会把某种理想强加于孩子的身上,要求孩子成为这样的一种人或是那样的一种人,借孩子而实现个人的野心"。[24]而"只要我们期望孩子的是权势,有更高更好的社会地位,步上成功之梯,我们心中便没有爱,因为对成功的崇拜,助长了冲突与不幸。爱孩子,是和他们有内心的沟通,使他们受到正确的教育,以帮助他们成为一个敏感、有智慧、完整的人"。[25]

3. 防止成为权威

克里希那穆提的核心思想之一是倡导人们保持独立思考的能力,防止陷入固有的偏见、特定的组织及权威的束缚之中。他认为目前世界混乱的原因之一,"是对权威、领导人的依赖。不论是在日常生活中,或是在小学校、大学校里,情形都是一样。在任何文化里,领导人以及他们的权威都是败坏堕落的原因。我们跟随他人,这其中必无了解,只有恐惧和附和顺从,其结果必然导致集权国家的残暴,或有组织的教条主义"。[26]因此,正确的教育必须培养人的独立思考能力,必须引导人不被任何片面的或偏激的意识形态、宗教、权威所束缚,这样我们的人类世界才有可能趋向和平与美好。而教育者要帮助学生从他自己以及环境所制造出来的障碍中解脱,则自身首先要对任何形式的控制都加以了解而舍弃。同时,"应该特别注意,不能成为学生的权威"。[27]因为"如果头脑被权威束缚,它就萎缩了"。[28]任何权威,任何形式的控制和强制,都是自由与智慧的直接障碍。

他认为,教师的权威在有意或无意中形成,会妨碍学生的发展。"学生是疑心未定,正在摸索探求;然而教师却握有确实的知识,富于经验。教师的这种力量和无疑的态度,使得学生安心而有沉浸于此气氛之下的趋向;然而此种安心既非恒久,也非真实。一个有意或无意地鼓励学生依赖的教师,对学生永远不会有多大的助益。他可能以其知识镇服学生,以其个性使学生为之目眩,然而他不是正确的教育者,因为他的知识和经验是他的嗜癖、他的避难所、他的樊笼;除非他由其中解脱,否则他无法帮助学生成为完整的人。"[29]

一个正确的教育者,"必须随时注意不使他的学生将他塑造成一个榜样、一种理想或一项权威。当教师希望藉着学生以达成他自己的愿望,当学生的成功成了他自己的成功,那么他的教育便成了一种自我延续的形式,这对于自我认识与自由是有害的。正确的教育者对这些障碍必须加以觉察明白,以便帮助学生,使他不仅从教师的权威中解脱,而且也能从他自己的自我封闭的种种追求中解脱"。[30]

但现实中"不幸的是,在学生遇到了问题时,大部分的教师并不把学生看成一个平等的伙伴——他们高高在上,训示着学生。这种师生关系只会增加教师与学生两方面的恐惧"。[31]他认为,造成这种不平等关系的原因或许是因为教师害怕自己的秘密被人发现,或许是与学生保持距离是为了维护自己的尊严、高贵,免于受学生的影响。但无论如何,这种高傲的权威式的态度,绝对无法打破人与人之间的藩篱,无法在教育者和他的学生中建立一种相互间的教育关系。因为这种由知识、成就、野心所产生的自我保护性的孤立状态,只能滋生嫉妒和对立。所以正确的教育者必须超越这些环绕在其周围的樊笼,防止自己成为权威,要致力于和学生建立一种平等的、互相促进的师生关系。

4. 以教育为天职

在克里希那穆提看来,正确的教育者是能以教育为天职,真正热爱并献身教育的人。

首先,正确的教育者绝不以教育为谋生手段。如果把教育作为谋生手段会加剧社会的不幸。他说,"如果要建造一个新的社会秩序,那些只为谋生而从事教育的人显然是不能当教师的。将教育视为一种谋生的工具,是为了自己的利益而剥削孩子"。[32]"一旦教育成了我们的一项职业、一种谋生手段,而非一项献身的天职,世界与我们之间必然会有鸿沟存在;我们的家庭生活便和我们的工作分离,无法融合。一旦教育成了一种和其它工作相似的职业,人与人之间及社会各阶层之间的冲突和仇恨将不可避免。竞争、对于个人野心的无情追逐、国家间与种族间的种种区分——它们造成对立和无止境的战争——将有增无减。""对于真正的教师来说,教育不是一项技术,而是他的生活方式;就像一个伟大的艺术家一样,他宁愿挨饿也不放弃他的创造性工作。除非一个人具有这种从事教育的愿望,否则他不该做一个教师。一个人务必亲自去发现他是否具有这项天赋,不要把教育仅仅视为一种谋生的手段,草率从事。"[33]

其次,正确的教育者真正热爱并甘愿献身教育。教育者是在对教育意义有充分认识的基础上从事教育的,他献身于正确教育"是自动自发的,而不是任何劝服和希冀个人利益的结果"。[34]克里希那穆提说:"如果一个人觉察到惟有经由正确的教育,人类才能有和平与快乐,那么他自然会把毕生精力和兴趣投入这项教育中。一个人之所以从事教育,是因为他要使孩子的内心充实。如果内心没有充实,则世俗的事物便变得过分贵重,因而导致种种形式的毁灭与不幸。一个人从事教育是为了鼓励学生发现自己的天赋才能,并且避免那些在人与人之间滋生对立的职业。一个人从事教育,是为了帮助年轻人朝向自我认识的路。没有自我认识,便无法获得和平以及持久的快乐。一个人从事教育,不是实现自我,而是牺牲自我。"[35]

5. 保持心灵完整自由

克里希那穆提认为一个正确的教育者应是心灵完整自由的人。

首先,正确的教育者应是心灵完整的人。他说:"教育的功用在于培养完整的人,因而是具有智慧的人。""对生活如果没有整体性的了解,则我们个人的和集体的问题只有加深、加广。教育的目的并非制造学者、专家、寻找工作的人,而是培养完整的男男女女,因为惟有在这样的人之中,才有持久的和平"。[36]即教育的主要问题是如何引导学生认识完整的生活并发展成为完整的人。"要做到这件事,显然教育者本身必须是个完整的人。"[37]教育者只有把生活当作一个整体来了解它的意义,以完整的心灵融入日常的行动中,这时才会出现智慧,才会有内心的改造,也才能正确的帮助学生了解他自身及生活的整体过程,成为完整的人。

其次,正确的教育者应是心灵自由的人。如克里希那穆提所言,"他并不是一个建立庞大教育机构的人,也不是政客的工具,他不被某种理想、某种信仰或某个国家所束缚。他对自己毫无所求。他没有野心,不追求任何形式的权利,他不利用教育作为获取地位、权威的手段。因此他能免于社会的压制以及政府的操纵"。[38]他"不会被自己或旁人的野心所阻碍或左右。他会为了这项工作而腾出时间,找出机会,他会立刻着手而不求报酬、荣誉或名望"。[39]也就是说,心灵自由的教师心中没有因渴望成就所引起的恐惧,内心充实精神超脱,他能更好地了解自我,突破外在的和内在的樊笼的束缚,以开放的心态真正去爱学生,既不把自己置于权威的位置也能使自己不受权威的制约,能够不为名利所累,明智地将自己从滋生恐惧与附和顺从的要求报偿的欲望中解脱,全力以赴地投入自己所热爱的教育，以心灵引导学生成长。

（四）简评

克里希那穆提对教育和教师的认识与分析主要是立足于人的心灵世界的改造和完善，指向通过教育创造一个更加美好、和平、安宁的世界。可谓是以人心为根基，立意高远而超然。他把解脱教育者心灵束缚作为教师再教育问题的核心，以教育者的自我洞察为开展教育工作的首要条件，对师爱及教师权威、教师的献身精神及教师心灵的完整自由进行了独到而深刻的分析，这一切对于拓展和深化我们既有的教师观及改造现实无疑具有意味深长的启发意义。

总之，克里希那穆提的教师观尽管某些方面有点理想化成分和某种片面性，但其合理内核对于我们充实和完善教师教育的理论与实践，仍具有巨大的参考价值。

参考文献：

[1]—[12][印度]克里希那穆提著. 一生的学习[M]. 张南星译. 北京：群言出版社，2004. 出版前言，110，112，115，116，116，116，143，59，15，120，122.

[13]—[27][印度]克里希那穆提著. 心灵自由之路[M]. 廖世德译. 北京：九州出版社，2005. 5，27，121，121，123，120，115，25－26，25，26—27，27，25—26，119，79，125.

[28]—[39][印度]克里希那穆提著. 思考从结论开始吗？——生命的注释Ⅲ（part1）[M]. 徐文晓译. 上海：华东师范大学出版社，2001. 219，126，126，127，112，128，129，129，132，9—10，48，112，129.

（本文发表于《比较教育研究》2007年第6期。作者赵荷花，时属单位为湖南师范大学教育科学学院）

八、论凯兴斯泰纳的教师观及其现实意义

凯兴斯泰纳(George Kerschenstiner)是 19 世纪末、20 世纪初德国教育理论家和教育改革家,公民教育思想和劳作教育思想是其教育思想体系的核心。作为一位教育家,凯兴斯泰纳以其上述思想奠定了在教育史上的卓越地位,然而,他的教师观却一直没有引起重视。他在《教育者的灵魂与教师培训的问题》这一著作中详尽阐述了对教师角色、教师权威和教师素质等问题的认识,其中不乏真知灼见,有人称这本书为"关于理想教师之最有价值的著作"。[1]

(一) 关于教师角色

凯兴斯泰纳在《教育者的灵魂与教师培训的问题》一书中系统阐述了自己的教师观,对教师角色进行了分析和探讨。他认为,对教师角色可以有两种解释:一种是"教育学概念的教师",另一种是"教育人的教师"。前者是"写了几本教育学理论书籍的",他们具有渊博的学识和一定的教育理论知识;后者则不仅具有教育理论知识,而且是一个"被实实在在调教了的人",而"一名教育学概念的教师,离一位教育人的教师尚差十万八千里"。凯兴斯泰纳没有具体说明"被实实在在调教了的人"是怎样的人,但他说,"如果一位心理学教师,其成为真正的心灵探索者的愿望不大,那么,教育学的教师,或者说教育学家就很难同一个教育人的教师,或者说教育家同日而语","将一些写了几本教育学理论书籍的人,称作伟大的教育学家的作法,实属一大天真的误解"。[2]结合上下文,我们可以将"教育学概念的教师"理解为中国传统的"经师",即掌握某一方面理论知识的人;而"教育人的教师"和"被实实在在调教了的人"则可以理解为"人师",即不仅有专业知识,而且是能"有意识地、实实在在地实施教育行为的人",这样的

人不仅是具有教育学生的理论知识的理论工作者,更是一个具有同情别人的意愿和爱心的、与提高人的精神境界有关的实践者。

凯兴斯泰纳一再强调教育领域和别的领域不一样。他说,我们可以对数学或者哲学领域中卓越的著作者冠以数学家或者哲学家的美称,但是对于教育学领域来说,如此只能导致一个错误的结论。一个真正的教师如果仅仅同渊博学识,或者同教育科学联系在一起的话,那么"人类早就不得不宣布消亡了"。

凯兴斯泰纳对教师角色的认识主要受到德国思想家斯普朗格的影响。斯普朗格认为,教育不在于使人获得死的知识,而是使人通过文化价值的摄取,获得人生的全面体验,进而陶冶自己的灵魂,达到灵与肉"全面唤醒"的高度,成为多维的人——全面发展的人。若把科学当作一个平面,那么,教育恰似立体的东西。科学把一般原理平面地罗列起来,而教育则取其一般原理,并使其适合于个人的天性与境遇,以陶冶活的立体的人格。鉴于此,凯兴斯泰纳认为,作为人的塑造者和文化价值创造者的教师也应该是集知识性、实践性和道德性于一体的完整的人,单纯掌握一些理论知识的人不能成为一个真正的教育者。

(二) 关于教师素质

教师素质是教师职业对教师的整体要求,因而在教师职业专业化的进程中,人们对教师的专业素质给予了广泛关注。自 1896 年克拉茨(Kratz)采用问卷调查方法研究优秀教师的素质起,有关教师素质的研究成果大量出现。从目前的研究成果来看,对教师素质的研究主要关注于专业知识、专业技能等方面。凯兴斯泰纳对这一问题则提出了自己独到的见解,指出教师应该具备四种素质:

1. 爱的倾向与热情

凯兴斯泰纳认为,爱的倾向与热情是教育者天性的第一个特征。爱的倾向与由于此倾向的满足"而不断涌现出的永不消失的热情,我们把这强调为第一个特征"。[3]按照他的观点,爱的品质是一种属于教育者的天性,是成为合格教师的必要条件。真正的教育者,"他的基本需要不是同成年人的来往,而是同未成年人的交往。我们看到了这种纯真的情感在裴斯泰洛齐身上,以其质朴、坦诚和可信赖的特点得到了充分的体现"。[4]他们离开了学生,便得不到一刻安宁。教育者的爱是一种超越其他的爱，"这种爱永不消失，永远光彩照人。它笑迎道德高尚的人，也笑迎过失者。它不知厌倦，从不失望。它始终充满着希望，永不气馁"。[5]凯兴斯泰纳特别强调教育爱的作用，他所说的教育爱是一种贯穿于整个教育过程、不受时间限制、不分对象道德高尚者和过失者、充满希望的、不懈怠的对工作对象的情感。

凯兴斯泰纳还进一步分析比较了教师与牧师、医生、护士等工作性质的不同，指出牧师、医生、护士在工作过程中也要付出爱，但是他们的爱与教育者的爱是不一样的。从目的上看，医生、护士所关心的仅仅是人的身体健康与否，教育者关注的则是人的精神的发展和灵魂的塑造；从作用方式上看，医生、护士是通过药物、器械等改善病人的身体状况，教育者则通过"移情"对受教育者施加影响，并且"移情作用越强烈，本身灵魂同他人灵魂的共振就越强。这就是教育范畴中爱的基本点"。[6]"移情""共振""施与"是教育爱的根本特征。另外，从形式上来说，教育爱不是千篇一律而是千变万化的，"没有任何一种形式与另一种形式同出一辙"。

2. 教育机智

凯兴斯泰纳认为，仅仅具备教育者天性的第一个特征还远远不够，于是，"善于按照一定的方向充分利用这种对受教育者的爱的能力，便成为教育者天性的第二个特征"，即教师素质中还应该具有对学生精神施加影响的能力，它包括"心灵上的敏感性"和"教育上的善解人情的能力"。

"心灵上的敏感性"即像历史学家、戏剧家、优秀的小说家等所特有的那种"能够从人的话语、行为、表情……中，预感地、直觉地把握人们心灵的能力"，是直觉性思维。凯兴斯泰纳认为，受教育对象的内心气质对于教师来说可能是一本永远也读不懂的书，一个永恒的秘密，因此，在还没有找到独特的打开个性心灵的钥匙之前，不妨通过上述那种以先天为主的心灵敏感性来解开心灵的秘密，这种特性对教师来说是十分重要的。凯兴斯泰纳认为，这种能力虽然也能通过后天的各种途径培养，但却主要是"原始的、先天的"，因为有些人生来就具有这种天赋，他们善于或者能够"以预感的方式理解另一天性的全部"，即使人们已经在理论上创造了一些帮助了解人类本性的客观工具，如生理学、理论教育学、一般心理学、教育心理学等，但是这些工具只有被具有某种天赋的人掌握,才能发挥相应的作用。

"教育上的善解人情的能力"则是指一种教育者根据敏感性所把握到的一切,依照自己的意图作出迅速和适当的处理的能力,如"我们怎样对受教育者交替进行赞扬和批评、奖赏与惩罚的方法";"我们怎样将教育对象吸引到我们这边来,或者有时还要疏远他们",等等。有学者将这种迅速感知并做出对应行为的能力称为"教育机智"。[7]凯兴斯泰纳是教育史上较早提到教育机智在教师素质结构中的重要性的学者。

3. 对"个性诊断的能力"

凯兴斯泰纳指出,教师还应该具有一种特殊的观察力,即对"个性诊断的能力",因为教育的对象是处于发展变化中的、以其特有的具体形态出现的有特性的人。虽然这种特殊的观察力是许多职业所要求的,但教师的观察力完全不同于别的职业中所要求的观察力,这与医生对病人生理上的诊断是完全不同的,是一种"不同于自然科学者的观察力",是一种"灵魂探索者的观察力"。它是一种在特定的情景(教育活动)和特定关系(师生交往)、面对特殊的对象(成长着的、处于不断发展中的有个性的人)的观察力,发生并贯穿于整个教育活动中。此时,"第一眼见到的,只是一般的东西,第二眼投向的,才是特殊的东西"。[8]这也正是伟大的教育者同伟大的诗人一样十分罕见的特质,凯兴斯泰纳认为,这种观察力是教育者最重要的素质之一。他强调,教师必须运用这种个性诊断的眼光,先从一般的观察开始而后进行特殊的观察,并且此种先天具备的特殊能力是很难由后天的训练而获得的。

4. 人格影响力

凯兴斯泰纳认为,教师应该具有影响力,它是一种"有倾向性地对教育对象的成长施加影响"的能力。[10]也认为,教育者具有权威是十分重要的,但这种权威从本质上不是由外在的因素引起的,如学校赋予教师的惩罚、教育权、年龄和身高优势等,虽然这些因素有时也会对学生产生影响。只有教育者的爱心和高尚道德才能使受教育对象获得自律并以"爱与敬畏的顺从"代替"强制性的顺从"。

以上是凯兴斯泰纳对一般教育者的基本要求。此外,对于传授文化的教师还提出了如表达能力和说服能力、引导课堂活动的能力、将内在价值体验用适当的方式表现出来的天赋等能力要求,在此不再赘述。

(三)凯兴斯泰纳教师观的现实意义

1. 凯兴斯泰纳对教师角色的认识具有前瞻性,启发了人们全面深刻地理解教师角色

凯兴斯泰纳生活在现代时代向后现代时期过渡的阶段,教育受到理性主义思潮的影响较大,重视教师知识和技能的掌握,对教师角色的认识体现着现代性的技术理性色彩。这种教育观认为,教师是社会的代言人,代表社会改造受教育者;教师是真理的拥有者和标准的诠释者,教师的话语拥有不可动摇的权威性。因此,教师不仅是知识的传递者,也是知识的拥有者和权威,教师的任务不只是教学,是否拥有知识是判断教师的重要标准。

凯兴斯泰纳批评了当时德国教育领域中将"教育学概念的教师"与"教育人的教师"混淆的现象。他认为,知识不能成为评价一个人是否是教师的惟一标准,一个仅仅具有一些理论知识的人不能称之为一个真正的教师。判断一个教师是否合格更应该从实践的角度,教师应该是一个"实践的教育者",是"本着提高人们精神境界的思想而对其同代人的精神生活施加影响的人"。[11]

凯兴斯泰纳虽然没有像后现代教育理论的代表人物利奥塔一样对传统教师角色进行全面深刻的批判,也没有从更广泛和深刻的理论视角对之进行阐述,但是从他对教师角色的认识可以看出其认识的前瞻性,他的批判切中了当时教育的时弊。凯兴斯泰纳坚持教师角色应该是知识性、实践性和道德性的统一体,这种认识不仅启发了人们对教师角色的全面了解,而且与后现代主义对教师角色的认识有异曲同工之处。后现代主义者对现代教师角色进行了批判和超越,认为由于技术的发展,改变了知识的性质以及知识传播的方式。"学术知识将转化为电脑语言,传统教师的地位将被电脑记忆库所取代,教师的教学也将委托给连接'传统记忆库'和'电脑记忆库'的机器,任学生在终端机器前随意使用"。[12]在信息时代,传统的教师将无能为力并将失去其知识拥有者和权威的地位。利奥塔认为后现代敲响了教师时代的丧钟,"教师终结"的时代来临了。然而,他所说的"传统教师"的终结,并不意味着教师在教育过程中地位和作用的终结,而只是其作用的形式发生了变化。虽然凯兴斯泰纳与后现代主义

者生活在不同时代,对教师角色探讨的角度也不同,前者从教育的终极目标和个体身心全面发展的角度对教师角色的应然性进行了阐述,后者强调后现代时期知识的新的性质和不同传播方式,但是凯兴斯泰纳的教师观在后现代主义者那里得到了某种程度的印证,或许可以说凯兴斯泰纳的教师观蕴涵着后现代的某些萌芽。凯兴斯泰纳距离现在虽然已近一个世纪,但是他所批评的现象并没有完全消失,理性主义的教师专业发展观影响仍然很大,重温和学习其教育思想依然具有很强的现实意义。

2. 凯兴斯泰纳对教师强制性权力的批判有助于树立新型的教师权威观

凯兴斯泰纳是教育史上较早探讨教师权威并提出深刻见解的教育家,不难看出,凯兴斯泰纳有极高的教育敏感性。一个世纪前他就敏锐地观察到时代的变化以及对教师的新要求,指出教师仅仅依靠外在权威是不够的,他认为真正的权威应该产生于教育者的爱与道德方面,他还特别指出,"教育者身上不能而且不允许有强权者的特征"。[13]凯兴斯泰纳并不否认教师的权威,他反对的是强制的权威,主张教师应多依靠爱心和人格力量树立权威。他的观点帮助人们全面而深刻地认识教师权威并树立新型的教师权威观,至今仍然得到人们的认同。回顾历史可以知道,人们对于教师权威的认识经历了一个漫长的历程,从韦伯(Max Weber)、涂尔干(E. Durkheim)、华勒(W. Waller)强调法理的权威到 20 世纪末期英国现代社会学者史都华(W. A. C. Stewart)强调影响教师权威的因素应包含知识、技能、社会性、人格情操各方面。

后现代主义教师观认为,一直以来,教师在教育过程中处于权力的中心,被当作绝对的权威,是教育教学的控制者,他常常将自己的观点强加给学生,学生则是绝对的服从者和盲从者。而现在教师不再是以知识的传递者和社会的代表者身份出现,学生不再是无知者和纯粹的接受者,而具有和教师同等的地位。教师应从传统权威的圣坛走下来,并从"外在"的权威走向"内在"的权威,教师已经无法仅仅依靠其制度和角色所赋予的权威来获得学生的尊重了。这里所说的"外在"权威也即凯兴斯泰纳所说的"强制性"的权威,是指依赖于传统、制度等获得的对学生的控制权力,而"内在"权威则是指教师依赖于自身人格和爱的力量获取的学生自发的、发自内心的尊敬和服从。后现代教师观主张对现代性教师"外在"霸权的消解以树立起"内在"的权威观的认识,与凯兴斯泰纳对该问题的认识十分相似。

　　3. 凯兴斯泰纳重视对教师"职业性向"的研究，丰富了教师教育理论

　　长期以来，理性主义的教师专业发展观影响很大，在对教师的素质要求上表现为强调教师知识的更新和增长以及技能的提高，凯兴斯泰纳对这一问题则提出了自己独到的见解，他是较早提出应关注教师素质中对教育工作的特殊能力的人。

　　凯兴斯泰纳重视教师素质中对教育成效有影响的一些特殊能力，认为教育者应该具有"心灵上的敏感性"、"教育上的善解人情的能力"和"个性诊断能力"等特殊能力，这种认识与现代心理学的观点是一致的。现代心理学认为，不同的工作对人的能力和品质有不同的要求，将个体是否具备从事某一职业的潜在能力称之为"职业性向"，目前该理论广泛应用于人才选拔中，霍兰德"人业互择"职业性向理论影响就很大。凯兴斯泰纳认为，"心灵上的敏感性"这种特性对教师来说是十分重要的，并且将之强调为是否适宜从事教师职业的基本条件。教育实践证明，教师"心灵的敏感性"确实是教师素质不可缺少的组成部分。前苏联教育家马卡连柯和美国的瑞安斯都对这个问题进行了探讨并证明了其中一些观点。[14] 20 世纪兴起的情感教育计划也注意到教师的这种特征与教学效率之间的关系。实际上，到现在为止，教师素质中的情感部分在很大程度上都是被忽略的。凯兴斯泰纳还很重视教师的"教育上的善解人情的能力"，这种能力即通常所说的"教育机智"。他认为任何一种理论知识或者时间都不能代替这种能力，也就是说，教师不会因为理论知识丰富或者从教时间长，就自然获得这种能力，内中不乏奥妙，凯兴斯泰纳是教育史上较早提到教育机智在教师素质结构中重要性的人之一。凯兴斯泰纳之后还有一些教育家对此进行了研究，主要观点与凯兴斯泰纳的基本相同，如马克斯·范梅南指出，"许多依赖于知识和技能的人类活动都包含着默契或直觉的综合因素。比方说，医生遇到某些病症时，可能以一种难以言表的直觉方式感到病人得了什么病，尽管这些症状并非那么容易就确诊或清晰地说出来。同样，一个教师感到孩子在处理某个问题时遇到了困难，却不一定能够确切地说出这种感知的依据是什么。"[15]

　　不足的是，凯兴斯泰纳过分强调教师素质中的很多心理因素完全是先天的，与教师教育无关，这种认识有失偏颇。我们不否认教师素质中的先天因素，但是过分强调这种因素却是有害的。从裴斯泰洛齐开始，"社会再也不须等待

天生的天才教师降临了。借助教学法,甚至能力一般的人也能够成为成功的教师。"[16]国际师范教育的实践告诉我们,虽然教师培养还存在很多问题,但人们已经积累了足够丰富的经验。因此,对凯兴斯泰纳的一些观点需要辨证对待以去伪存真。

凯兴斯泰纳关于教师角色、教师权威和教师素质等的观点是其教育思想中闪烁着熠熠光辉却长期没有引起人们应有重视的重要思想。现在,虽然我们离凯兴斯泰纳所处的时代已经有巨大的变化,但是他的教师观显示了一定的进步性和科学性,至今仍然具有相当的现实意义。

参考文献:

[1][7]林本.现代的理想教师[M].台北:开明书店,1984.15,17.

[2][3][4][5][6][8][9][10][11][13]凯兴斯泰纳.乔治·凯兴斯泰纳教育论著选[M].郑惠卿译.北京:人民教育出版社,1993.125,146,146-147,145,140,153,154,156,124,160.

[12][法]利奥塔.后现代状态关于知识的报告[M].北京:生活·读书·新知三联书店,1997.111.

[14]戴·冯塔纳.教师心理学[M].北京:北京大学出版社,2000.447

[15]马克斯·范梅南.教学机智——教育智慧的意蕴[M].李树英译.北京:教育科学出版社,2001.274.

[16]美约翰·S·布鲁柏克.教育问题史[M].吴元训主译.合肥:安徽教育出版社,1991.478—479.

(本文发表于《比较教育研究》2009年1期。作者吴秋芬,时属单位为合肥师范学院教育系;作者刘健儿,时属单位为教育部人文社会科学重点研究基地北京师范大学国际与比较教育研究中心、北京师范大学国际与比较教育研究所)

九、职前教师教育运用叙事研究的国际经验

近 20 年来,叙事研究(Narrative Inquiry)在国外许多领域和学科得到广泛关注。我国教育领域近几年也进行了相关研究:有学者基于对教育叙事研究发展历程的梳理,指出教育叙事研究作为研究方法的优势与不足;[1]有学者强调教育叙事与教育叙事研究既有联系又有区别,探讨了关注教育叙事研究的意义;[2]有学者认为,教育叙事研究作为一种质的研究,是量的研究的补充;[3]有学者阐述了教育叙事研究的本质、特征与方法;[4]还有学者讨论了教育叙事从教育研究方法演变为教师专业发展方式的历程。[5]可见,国内学者多侧重于探讨教育叙事研究的本质与内涵,并逐步将研究的视角转向教育叙事研究对教师教育和教师专业发展的意义上。事实上,如今的教师教育尤其是职前教师教育已经不局限于传递教育知识、培养教学技能,而是更加关注职前教师的情感、态度、价值观、人际交往与沟通能力的培养。实践证明,教育叙事有助于教师树立正确的情感、态度、价值观。国外高校已经将教育叙事和叙事研究运用到职前教师教育的实践中,并取得了较好的效果。然而,目前国内尚未有相关研究探讨教育叙事和叙事研究对我国职前教师教育的借鉴意义。本文拟对此做一些理论与实践方面的探讨,以期为我国职前教师教育提供一个新的视角。

(一) 教育叙事、叙事研究与教师教育

叙事(Narrating)的内容包含个体层面和社会层面的基本结构性经验,是个体乃至人类的一种知识组织方式和基本思想模式。人们通过描述个体生活以及对个体生活故事进行建构和重构,而获得对个体行为与经验的解释性理

解,发现隐匿于个体日常生活中的意义。[6]作为一种研究方法,叙事研究被运用于许多学科,但在各学科的功用有所不同。例如,萨宾(T. R. Sarbin)认为,叙事研究在心理学中对研究人的行为具有隐喻(Metaphor)作用。[7]而戈兹(C. Geertz)[8]与曼纳(J. Van Manen)[9]认为,叙事研究属于质性研究的范畴,适用于人类学田野考察,用于对当地居民生活习惯和文化的研究。

叙事研究引入教育领域的理论源于美国教育家约翰·杜威(J. Dewey)著名的教育思想——"教育即经验,教育即生活"。叙事研究作为研究方法的理论假设是人类作为有能力讲述自己和倾听他人经验的有机体,可以通过叙事的方式对自我进行反思,同时也能给予他人启发。简言之,即以自己或他人的教育故事作为研究内容、研究对象或材料,以讲述和倾听这类经验故事作为开展研究的主要形式。教育领域首次引入叙事研究应追溯到1968年,美国学者杰克逊(P. W. Jackson)运用这种方法来研究课堂生活中的师生关系。[10]

随着理论与实践研究的不断深入,学者们逐渐认识到教育领域中的叙事研究已不再仅仅是一种故事的呈现方式或研究方法,而是一种建构知识的途径,[11]是促进教师专业发展的一类重要媒介。[12][13]加拿大多伦多大学安大略教育学院的康纳利(F. M. Connelly)等学者首先以研究生教育为创新平台,将叙事研究运用于教师教育,通过教师讲述或聆听其他教师的教育故事,帮助教师完成对个人知识的建构(Construction)与重构(Reconstruction),以此来关注教师的知识养成和专业发展。[14]卡若拉(C. Conle)以德国哲学家哈贝马斯(J. Habermas)的交际行为理论(Ttheory of Communicative action)[15]为主要理论依据,从加拿大教育所面临的问题入手,致力于将叙事研究运用到多元文化背景下的职前教师教育,强调叙事研究是教师寻找彼此沟通的可能性与交流空间的重要途径。[16]格瑞默特(M. Grumet)[17]、李欣(X. Li)[18]、李玲(L. Li)[19]和穆勒(C. Mullen)[20]都认为叙事研究是进行教育自传研究的优质工具。

从安大略教育学院近30年的实践经验来看,教育叙事故事研究教育与发展的媒介是基于以下几个方面的特征:

1. 多元性(Plurality)[21]

一方面,叙事者(Storyteller)[22]个人的成长经历与教育经验各不相同,因此故事内容和叙述方式因人而异;另一方面,教育叙事研究的结果并不要求研究者必须总结出概括性的观点。叙事者根据"个人求学经历"、"教育故事"、"初次教学经验"等特定的主题讲述具有时间、地点、人物、情节等要素的教育故事，而听者自己基于故事本身概括或总结出个人观点，各观点之间不进行定性的比较，无关对错。

2. 反思性(Reflection)[23]

叙述或聆听教育故事能帮助和促进教师再次认识自我。故事情节有助于教师对细节的回顾，从而为教师进行自我反思提供平台和素材。[24]有的教师在叙述中可能多次提到教师的资格与教学能力，有的教师则倾向于叙述师生关系，而有的教师更愿意回忆自己的成功与挫折……[25]这些细节都是体现教师情感、态度、价值观的重要窗口。

3. 持续性(Continuity)[26]

叙事研究的持续性有两层含义：第一，叙述者生活在一个充满变化的时空中，时空的变化会影响叙述者对故事的选择和建构，叙事研究往往需要持续地进行才能体现出叙述者如何对个人教育经验进行建构与重构。因此，叙事研究在时空的维度上呈现出持续性的特点，有利于教师进行周期性反思；第二，由于故事本身具有情节性、连贯性和逻辑性等特征，因此叙述者一般不会被中途打断，从而保证了叙述者表达的完整性，听者和叙述者之间也因此而避免激烈的争论。

4. 共鸣性(Resonance)[27]

当故事开始讲述的瞬间，教师与学生的"说教"和"受教"的关系也随之结束，[28]随着故事情节(story plots)的发展，听者一方往往会出现"移情效应"(Metaphorical Llinking，Emotional Linking)，[29]甚至不由自主地进入叙述者的故事中，与叙述者共同完成对故事的建构与重构，[30]因而听者与叙述者产生共鸣，站在叙事者的立场去理解问题，甚至就某些问题达成共识。[31]

诚然，叙事研究推动了教师教育理论的发展，但在实践中也暴露出一些需要解决的问题。戴尔蒙德(C. T. P. Diamond)通过反思自己组织或参与叙事研究的实践经验，发现参与者在认真聆听其他人讲述故事的同时，往往忽略了自己要讲述的故事，从而影响了对自我的学习与反思。[32]康纳利等人认为，批评(Criticism)常常是重要观点的起源，而教育叙事研究最大的不足在于其强调互相理解的同时缺少批评；[33]卡若拉则认为，叙事研究在教育领域目前面临的难题是：由于叙述者本人具有高度的自主性，往往导致教育故事上下文缺乏关联性，从而影响了研究的持续性。[34]另外，叙述者为了提高故事的吸引力，对故事的选择常常具有一定的策略，比如会刻意突出典型，因而在一定程度上影响了故事本身的自然生成。同时，她也从研究者的角度阐述了克服这些不足的方法，即尽量排除叙述中的苍白形象，同时牢记叙述的时空变化，从而提炼出真实的信息。[35]上述问题和建议的提出都是以大量的实证研究为基础的，对叙事研究未来在教育领域中的发展与完善将大有裨益。

（二）教育叙事和叙事研究在职前教师教育中的运用

1. 教育叙事和叙事研究对职前教师教育的积极意义

传统的职前教师教育教学目标是传递教育知识、培养和训练教学技能。然而，时代的发展对职前教师教育提出了新要求，即应关注职前教师的情感、态度和价值观的形成。毕竟，教师的行为往往是其情感、态度和价值观的外在表现，相对于外部行为的改变，教师内在的变化对自我和学生都会产生重大的影响。[36]

（1）有助于职前教师形成正确的情感、态度和价值观。与在职教师相比，职前教师的可塑性较强，接受新事物较快，创新的热情较高，其教学理念主要是通过阅读、听课、讨论等途径在高校的学习生活和中小学校实习的经历中逐步形成，并在入职后的教学实践中日渐完善，内化为个人的教学情感、态度和价值观。因此，职前教师教育阶段是运用教育叙事和叙事研究的最佳时期，也是塑造和重塑教师情感、态度和价值观的重要阶段。倾听教师的声音是教育叙事和叙事研究的初衷与诉求，这与尊重学生个性差异的教学理念不谋而合。教育叙事和叙事研究可为教师了解学生差异、师生交流提供良好的平台，也是学生之间互相了解的重要途径。在教育叙事和叙事研究的方法指导下，通过组织职前教师讲述个人求学经历，在反思过程中引导其树立尊重学生差异的教学理念，从而使职前教师教育教学目标的提升成为可能。此外，职前教师教育的重要使命之一是帮助职前教师实现从学生到教师角色的转换，而要完成此过程不仅依赖于学生对学科知识和教育学、心理学知识的积累，更与学生本人的教育经验有直接关系。[37]我国的职前教师教育一般以高校为实施载体,时间持续 4 年。在此期间,学生个体对于教师身份和职业特点的认识一直处于变化与发展之中,从刚进入高校到即将毕业,每一个师范生对于教育和教师各方面的认识与感悟都会发生一些变化。基于此,职前教师教育中的教育叙事和叙事研究旨在为学生们提供交流的平台,学生可通过叙述和聆听自己或他人的教育故事,对教师职责、教师能力等问题进行深刻的反思,从而加深对教师身份的认同感,[38]并顺利完成角色转换。

(2) 有利于职前教师缄默知识的发掘与追踪。缄默知识的概念起源于匈牙利裔英国哲学家波兰尼(M. Polanyi)。他认为人类大脑中的知识可以分为两类:显性知识(Explicit Knowledge)和缄默知识(Tacit Knowledge)。显性知识是一种可以通过书面文字、地图或数学公式等形式来表述的知识类型;而缄默知识却难以表达。在他的理论体系中,缄默知识难以完全概括,技能、方法、能力、交往、态度、体验、情感等方面的知识都属于缄默知识。[39]事实上,缄默知识虽然难于直接表达,但可以通过讲述故事的方式帮助讲述者进行深入的自我反思,或加强对他人的理解,从而可以总结出一些自我或他人的缄默知识。康纳利等人基于多年的实证研究认为:在教师讲述故事的过程中,教师通过言语讲述自己教育生活经历,往往会在不经意间表达出对教育的理解,而倾听故事的人则从中体验了别人眼中的教育内涵或教育观点,如此的互动关系可以帮助双方共同建构、重构或体验、再体验经验性的故事。[40]同理,缄默知识能够通过叙事的方式得以发掘,因而能帮助叙述者总结与积累自我或他人的缄默知识。但任何人的缄默知识一般都需要经历萌芽、发展、成熟甚至蜕变的历程,而教育叙事和叙事研究的持续性特点则使其为缄默知识的追踪提供了途径。

(3) 有助于创新多元文化职前教师培养模式。加拿大多伦多大学安大略教育学院的学者们开创性地将教育叙事和叙事研究运用于职前教师教育(pre-service teacher education)。他们多年的实践证明:教育叙事和叙事研究有助于职前教师更好地理解加拿大的多元文化,进而理解在多元文化背景下的学生,并帮助他们寻找彼此交流的可能与空间。[41]随后,美国加州州立大学、密歇根州立大学的职前教师教育也纷纷引入叙事研究。当今,多元文化中避免冲突、寻求相互理解是全球性的挑战。如何更好地理解不同民族、不同生活习俗、不同文化背景的学生也是我国少数民族职前教师教育长期探索的难题。据统计,2008 年西南大学和陕西师范大学招收少数民族的师范生与非少数民族师范生的比例约为 1∶10。因此,这两所部属师范大学在职前教师培养方面更加关注对多元文化的理解,而教育叙事和叙事研究旨在探寻参与者彼此交流空间的特质正好契合这样的需求。这一新的方法无疑将成为少数民族职前教师教育理论与实践模式创新的突破口。

2. 职前教师教育运用教育叙事和叙事研究的可行性策略

从以上介绍和分析得知,国内外关于教育叙事和叙事研究的本质、特点和操作的基本步骤研究成果较为丰富,既有宏观的理论研究,又不乏个案论证和反思性研究。这些研究成果为我国职前教师教育运用叙事研究的可行性提供了重要的理论和实践依据。

国外的职前教师教育一般分为两个阶段:第一个阶段是学科学习阶段,学生一般需要在高校用 4 年时间学习相应的学科知识,然后通过考核申请进入第二个阶段——职前培训,培训时间一般为 1～2 年。在此过程中,格外重视受训者的情感、态度和价值观的塑造。学生培训合格之后才能获得教师资格证书,成为可以入职的教师。教育叙事和叙事研究作为一种职前培训课程和培训方法颇受学生欢迎。在教育叙事课程中,学生是课程实施的主体,课程的主要形式是学生轮流讲述故事,内容涉及自己或他人的教育经验、生活感悟或自我的成长经历,负责该项课程的教师往往作为主持人和聆听者,提出叙事的主题,组织学生有序地参与和完成课程。

我国现行的职前教师培养模式并未完全区分学科课程与教育学、心理学类课程的学习阶段,但我国的教育实习模式发展得比较成熟,以“顶岗实习”[42]为代表的教育实习模式日臻完善,因而为学生个人教学经历的积累搭建了良好的平台,也为高校开设叙事研究课程提供了现实的可能性。教育叙事和叙事研究课程宜开设在学生结束教育实习之后,因为那时学生们已经有一定的教育经验,有故事可以叙述。学生述说的内容并不局限于与教育实习经历相关的事件或感悟,也可以谈谈个人的成长经历或印象深刻的事件,内容包括学生的情感、态度、价值观以及自我反思与相互理解。此外,还可以邀请各类学校的在职教师参与该课程,讲述他们的教学经验与生活感悟,多样的叙述者有利于拓展交流的内容与形式。

基于叙事研究的特点和我国职前教师教育的现状,在我国职前教师教育阶段开设叙事研究课程应体现以下几个基本要点:(1) 课程目标。帮助职前教师理解多元文化、进行自我反思并发掘缄默知识、树立尊重学生差异的教学理念、塑造顺应时代要求的教学情感、态度与价值观;(2) 课程的内容与形式。在职教师、职前教师作为课程主体轮流讲述自己或他人的教育故事;(3) 课程实施。指导教师负责组织课程有序开展,课程主体(在职教师或职前教师)依序讲述故事,除了叙述者,其他人均作为聆听者;(4) 课程反馈。针对学生所讲述的故事展开讨论或参与者各自撰写个人心得。

在开展叙事研究的过程中应当注意以下问题:(1) 指导教师扮演更多的是观察者与参与者的角色,相关的注意事项应在故事讲述之前阐明,而不宜在叙述过程中干预叙述者;(2) 所有的故事应大概有一个主题,不宜太发散;(3) 课程反馈作为教育叙事和叙事研究的重要手段,指导教师与叙述者都应该认真对待,及时反馈。

叙事研究以其独特的优势对创建我国职前教师教育多样化的教学模式、提升职前教师对教师身份的认同感、树立教师尊重学生差异的教学理念、塑造教师顺应时代需求的教学情感、态度与价值观等目标都具有重要的现实意义。提出在职前教师教育阶段设立叙事研究课程的构想并非简单地追赶世界潮流。我国的职前教师教育的发展和创新正处于起步阶段,在借鉴国外先进经验的基础上创新我国师范生培养模式是我国职前教师教育发展的内在要求,设立针对职前教师教育的教育叙事和叙事研究课程旨在为此提供一个新的视角与途径。

参考文献:

[1] 张希希.教育叙事研究是什么[J].教育研究,2006,(2):54—59.

[2] 刘良华.教育叙事研究:是什么与怎么做[J].教育研究,2007,(7):84—88.

[3] 鲍道宏.教育叙事研究:批判与反思[J].教育理论与实践,2007,27(5):16—19.

［4］傅敏，田慧生.教育叙事研究:本质、特征与方法［J］.教育研究，2008，(5):37—40.

［5］王凯.教育叙事:从教育研究方法到教师专业发展方式［J］.比较教育研究，2005，(6):28—32.

［6］傅敏，田慧生.教育叙事研究:本质、特征与方法［J］.教育研究，2008，(5):37—40.

［7］Sarbin，T. R. （Ed. ）. Narrative Psychology:The Stories Nature of Human Conduct［J］. New York:Praeger，1986:3—21.

［8］Geertz，C. Works and Lives［M］. Stanford:Stanford University Press，1988.

［9］Van Manen，J. Tales of the Field:On Writing Ethnography［M］. Chicago:The University of Chicago Press，1988.

［10］Jackson，P. W. Life in Classroom［M］. New York:Holt，Rinehart and Winston，1968.

［11］Conle，C. & et al. The Asset of Cultural Plural-ism:An Account of Cross— cultural Learning in Pre-service Teacher Education［J］. Teaching and Teacher Education，2000，(16):365—387.

［12］［13］Conle，C. & Sakamoto，M. "Is — When Stories":Practical Repertories and Theories about the Practical. Journal of Curriculum Studies，2002，34 (4):427—449.

［14］Clandinin，D. J. & Connelly，F. M. . Teachers' Personal Knowledge What Counts as "Personal" in Studies of the Personal ［J］. Journal of Curriculum Studies，1987，19(6):487—500.

［15］Habermas，J. The Theory of Communicative Action［M］. Boston:Beacon Press，1984.

［16］Conle，C. Narrative Inquiry:Research Tool and Medium for Professional Development［J］. European Journal of Teacher Education，2000，23 (1):49—63.

［17］Grumet，M. Bitter Milk:Women and Teaching［M］. Amherst:

University of Masschusetts Press，1988.

［18］Li，X. The Moments of Improvisation in My Life Experience［M］. Toronto：OISE，University of Toronto，1991.

［19］Li，L. Constructing Teacher's Professional Identity in China and Canada Life Stories in Context［M］. Saarbuecken，Germany：VDM VerlagDr. Müller Aktiengesellschaft ＆ Co. KG. 2008.

［20］Mullen，C. A Narrative Exploration of the Self I Dream［J］. Journal of Curriculum Studies，1994，26（3）：253—263.

［21］Conle，C. ＆ et al. The Asset of Cultural Plural—ism：An Account of Cross-cultural Learning in Pre-service Teacher Education［J］. Teaching and Teacher Education，2000，（16）：365—387.

［22］Connelly，F. M. ＆ Clandinin，D. J. Stories of Experience and Narrative Inquiry［J］. Educational Researcher，1990，（6/7）：2—14.

［23］［24］［25］Clandinin，D. J. ＆ Connelly，F. M. . Teachers' Personal Knowledge What Counts as"Personal" in Studies of the Personal［J］. Journal of Curriculum Studies，1987，19（6）：487—500.

［26］［34］［36］［41］Conle，C. Narrative Inquiry：Research Tool and Medium for Professional Development［J］. European Journal of Teacher Education，2000，23（1）：49—63.

［27］［29］Conle，C. Resonance in Preservice Teacher Inquiry［J］. American Educational Research Journal，1996，33(2)：297—325.

［28］Conle，C. The Rationality of Narrative Inquiry in Research and Professional Development［J］. European Journal of Teacher Education，2000，24（1）：21—32.

［30］［40］Clandinin，D. J. ＆ Connelly，F. M. Narrative Inquiry：Experience and Story in Qualitative Research［M］. San Francisco：Jossey — Bass Publisher，2000.

［31］Conle，C. Resonance in Preservice Teacher Inquiry［J］. American Educational Research Journal，1996，33(2)：297—325.

〔32〕Diamond，P. Writing to Reclaim Self：The Use of Narrative in Teacher Education〔J〕. Teaching and Teacher Education，1993，9（5/6）：511—517.

〔33〕Connelly，F. M. & Clandinin，D. J. Stories of Experience and Narrative Inquiry〔J〕. Educational Researcher，1990,（6/7）：2—14.

〔35〕Conle，C. & et al. The Asset of Cultural Plural—ism：An Account of Cross-cultural Learning in Pre-service Teacher Education〔J〕. Teaching and Teacher Education,2000,（16）：365—387.

〔37〕Marieke，F. & et al.（Eds.）. Teacher Beliefs and Teacher Behavior in Portfolio Assessment〔J〕. Teaching and Teacher Education，2008,（24）：1691—1704.

〔38〕Li，L. Constructing Teacher's Professional Identity in China and Canada Life Stories in Context〔M〕. Saarbuecken,Germany：VDMVerlag Dr. Müller Aktiengesellschaft &Co. KG. 2008.

〔39〕Polanyi,M. The Study of Man〔M〕. London：Routledge & Kegan Paul,1957.

〔42〕陈时见. 师范生免费教育的培养模式探析〔J〕. 西南大学学报（社会科学版），2007,（6）：7—11.

（本文发表于《比较教育研究》2009 年第 12 期。作者李玲,时属单位为西南大学教育学院国际与比较教育研究所）

十、缩短新手教师到专家教师的成长距离
——来自戈夫曼之"拟剧论"的启示

　　新手教师是教师专业发展的初始阶段,专家教师则是其发展的高级阶段。新手教师成长为专家教师的距离需要"多管齐下"来弥合。每一个新手教师需要意会、学习乃至掌握课堂管理、师生互动以及构建缄默课程(Potential Course)的意识和技巧。运用好这些知识,成长为专家教师的距离必然会缩短。那么,这些意识和技巧是什么,又该如何运用呢? 重温戈夫曼(Erving Goffman)的拟剧论(Dramaturgical Theory)遗产将给予我们丰厚的启示。

　　欧文·戈夫曼是一名社会学家和作家,是美国社会学协会的第 73 任主席。戈夫曼对社会学理论的最大贡献是在他 1959 年的著作《日常生活中的自我表现》中开始的戏剧透视法的符号互动论研究。对于戈夫曼来说,社会不是均质的,人们必须在不同的设定下扮演不同的角色。[1]戈夫曼将社会比作舞台,把社会成员比作演员来解释人们的日常生活。拟剧论是从符号互动论中发展出来的、具有自身特点的、说明日常生活中人与人之间相互作用的理论。教育者和学习者之间的良性互动是提升教育质量,促进微观领域教育公平的保证。戈夫曼的拟剧论是研究人际互动的学说,对于解释乃至指导师生互动有着天然的适切性。

(一) 第一印象与印象管理

　　第一印象对于人际交往的重要性自不待言,社会心理学的相关实证研究早

已证明了这一点。戈夫曼认为："在日常生活中,人们都清楚第一印象的重要性,特别是对服务工作者而言,其工作适应力即取决于他们能否在顾客面前主动创造良好服务品质的第一印象。"[2]说到底,教师的教育教学活动对学生来说就是一项服务活动,学生眼中的活动主导者和活动背景之第一印象影响着学生的学习效率。活动主导者之于学生的第一印象就是教师的基本礼仪。虽然在师资培养环节,教师礼仪是必讲的内容,但是在实际教学中,并不是所有教师都能够践行基本的教师礼仪。我们经常看到教师趴在讲台上讲课;总是看到教师留着长长的刘海,讲课中不时甩头。显然,这会影响到学生听课的注意力集中程度。学生对于活动背景的第一印象就是课堂的空间布局。根据课型的不同,教师需要构建不同的课堂空间布局。例如,有些新手教师由于未能意识到空间布局对于课堂效率的关联度,在上小组讨论课时,让前排学生扭到后面,四人一组进行讨论。而专家教师在小组讨论前重组好桌椅,避免了前排学生"腰扭而腿不扭"的窘状。

所谓印象管理,就是人们如何在他人心目中塑造一个自己所希望的形象的策略。戈夫曼指出,互动中一方的兴趣在于控制别人的印象形成,即通过设计或改变自己的行为,以引发对方形成如己所愿的印象。[3]他提出的印象管理策略主要有:一是理想化表演,二是误解表演,三是神秘化表演,四是补救表演。与之相关,教师要掩饰那些与社会公认的价值、规范、标准不一致的行动,教师在课堂上最好不要讲自己对事业和家庭生活的不满;教师读错字或错用了成语典故,理想化的表演往往要推说自己粗心,而不必承认自己知识欠缺;教师偏爱优秀学生,职业天性使然,自古亦然,现代教育价值取向要求教师同时关注到中间学生和边缘学生,教师需做的不仅仅是循天性而为,过多袒护优秀学生必然造就优秀学生喜好"邀功"和非优秀学生心态失衡,教师不能屡次回应优秀学生的"邀功",而应刻意鼓励和赞扬一些非优秀学生的优秀行为;教师与学生要保持一定的距离,不能与学生"打成一片",师生用餐场所要分离,从而使学生产生一种崇敬心理;教师讲课中出现某种意外情况就需要补救表演,譬如解题思路突然中断,就需要向优秀学生寻求帮助或课后再解答。

（二）"神秘化"（Mystification）与"去神秘化"

作为印象管理策略中的一条，神秘化表演与教师权威的创建密切相关。所谓神秘化，是指表演者对与观众的接触进行限制，并保持与观众间的社会距离，由此使观众产生一种畏惧心理。[4]戈夫曼发现人际交往中有一种现象，即越熟悉的人，越容易被轻视。如果教师的想法、处世的方式等都被学生摸透了，那么教育教学与管理活动的神秘感与严肃性就会大打折扣。因此，教师应当与学生保持一定的社会距离，即说话、议事要有一定的程序与范围；在教师之间讨论问题时可畅所欲言，但是事后不宜外传，公开的应该是结果，而不是过程，以避免引起诸多意想不到的麻烦。要做好神秘化表演，教师需要做好两点，一是维持好前台区域（Front Regions）和后台区域（Back Regions）的距离，二是维护好教师团队的整体神秘感。后台区域类似于戏剧的后台或电影"镜头之外的活动"。[5]"美工剪辑"工作可以提升电影的美感。同理，教师的工作之一就是做好"美工剪辑"工作，哪些可以展现给学生，哪些不可以展现给学生，需要仔细思量。戈夫曼的拟剧论提到了一个概念——剧班，表演的成功与否与"剧班"能否和谐共处密切相关。剧班代表着一个群体所属工作的特征，对某些特定情境定义的维护是剧班表演进行的前提。肯定地说，教师不能互揭隐私，在学生面前更不能互揭隐私。进一步讲，有些同事的"准"隐私亦不能透露给学生。至于哪些是"隐私"，视教师团队的情景定义而定。

师生互动不仅需要"神秘化"，也需要"去神秘化"。因为人性需求中有区分于他人的一面，也有需别人认同的一面。"去神秘化"过程其实就是"祛魅"的过程。社会学家马克斯·韦伯在其名文《以学术为业》中，集中论述了"祛魅"问题。按照韦伯的说法，现代社会是一个日渐"祛魅"的社会。他说，理智化和理性化的增进，含有这样的知识或信念："只要人们想知道，他任何时候都能够知道，从原则上说，再也没有神秘莫测、无法计算的力量在起作用，人们可以通过计划掌握一切，这就意味着为世界祛魅。"街头巷议早已不能满足当代学生对于学校管理的关注，因此才有了各种形式的学生参与，"我有问题问校长"、"我给学校提议案"，或者直接在微博、论坛以及班级聊天室等网络上晒出自己的想法之类的做法早已司空见惯。教师的教育教学和管理也需与时俱进。教师可以适当地透漏一点自身的成长史和对现实事件的看法,毕竟我们面对的是"鲜活的""学习能力强""媒介意识强"的学生。其间的学理在于"前台的松弛能为人际交往提供基础,地位较低者同时也会获得一种允许亲密的宽容。"[6]

(三)"一视同仁"与"区别对待"

课堂如同舞台,教师的表演需依据观众的心智特点、审美诉求以及群体归属等范畴进行。以"有教无类"思维观之,表演需"一视同仁",以"因材施教"思维观之,表演需"区别对待"。作为实践意味浓重的教育学思维需整合上述两种思维,教学与管理既要"一视同仁",也要"区别对待"。教师上课的时候一般用扫视的办法,不将目光停留在某位学生身上。教师将目光停留在某位学生的眼睛达6~10秒时,师生双方都会觉得不自在,[7]甚至会造成一些不必要的猜忌。同时,教师需要抓住转瞬即逝的育人契机,提高教育教学活动的针对性。笔者听过一堂公开展示课,生物习题讲评课上,专家教师穿插在学生当中参与"小组讨论",当发现考试出错学生讨论有收获时,便要求该学生想想如何在讲台上给同学们讲出来。这便是觅得育人良机,相机而动。事实证明,此举对于转化中等生有较大效果,正如彼得·麦克拉伦(PeterMclaren)所说,"正是仪式的这种表演性,才使仪式产生了一种知识和思想,它们具有的影响,是一种能够作用于学生身心的物质力量"。[8]

值得指出的是教师需牢记"奖励在前台,惩罚在后台"的信条。惩罚学生时,需审慎维护学生的前台形象,给学生一定面子。戈夫曼是西方第一个研究"面子"的学者。在戈夫曼眼中,面子是在某一特定的人际关系中,个人由于他人对其行为之肯定所获取的正面社会价值,也是个人对于自身拥有的社会赞誉属性之认知。[9]一个人需要有面子或维持面子,学生不例外,家长也不例外。教师与家长交流时要照顾到其面子,也不能回避学生的问题,最大程度上做到"就事论事"。顺便提及的是教师不仅要据学习者情况而"区别对待",还要依据教育内容的情况而"区别对待"。大抵而言,文科教师口语表述要"正",即需达成学院气息、官方表达和主流观点的统一;理科课堂要体现思维优先的原则,兼顾计算能力的提升,可以循"思路总结+变式训练+易错点总结"的思路探寻出路。

（四）规则运用与重塑规则

符号互动论的代表人物之一 G·H·米德(G·H·Mead)指出,倘若没有具备心灵与自我的人类个体及他们之间的连续不断的互动,我们所通识的人类社会便不可能存在。[10] 在人际之间不断互动的过程中,逐渐形成了各种规则;这些规则又型塑着人际之间的新一轮互动;待到新一轮互动面对新情境进入"高原期"或出现危机之时,必然需要重塑规则。戈夫曼则认为"社会秩序如同是一组调节性的根本规范,如同交通规则一般"。[11] 教育秩序又何尝不是如此呢?

教师需在成长过程中学习别人的间接经验,总结自身的直接经验进而提炼师生互动规则,继而指导自身的教育教学活动。每个教师的师生互动规则总是充满了个人生活史意味,每个专家教师总是适时适地适情地修正自身的师生互动规则以求最"实用"。专家教师的做法很多,但其共同的一条是重视互动情境的再造。此即"让缄默课程说话"。正如苏霍姆林斯基曾说过的,孩子周围的环境对于他精神面貌的形成具有重大的意义,学校里的任何东西都不应当随意安排,而应当对他有所诱导、有所启示,竭力使孩子所看到的每幅画、读到的每句话,都能启发他去联系自己和同学。[12] 至于要建设什么样的缄默课程,怎么让缄默课程说话则需要每个教师的教育教学智慧。教育教学智慧的积累是新手教师成长为专家教师的必修课。

（五）表演与"做作"

表演是对某种角色存在的主动承担,即是通过对角色的表现和显示而实现的以使他人确信为目的的自我投射、自我敞露。戈夫曼将表演(Performance)定义为一个特定的个体在任何场所所表现出来的全部行为,这种行为会以任何方式对其他参与者中的任何人施加影响。[13] 戈夫曼认为,人们在社会生活中以不同的角色、在不同的场次进行表演,如果能够按照剧本(即预想的方式)表演就按剧本表演,当剧本不明确或不完整(即情况更加复杂或发生变化)时就要随机应变,临时创作。表演中的基本要素包括:表演者和观看者、表演手段、表演内容等。在戈夫曼看来,人们之间的互动,就是每个人都在表演自己,但不是表现真实的自己,而是表现伪装起来的自己,在他人面前故意演戏,也就是戴着假面具在社会中生活。假面具是同社会公认的价值、规范、标准相一致的前台行为,是一种角色面孔。戈夫曼认为,"假面具"并不等于欺骗工具,两者是有区别的。

教育中的表演有着较强的育人功能。不过,过犹不及,课堂以及其他育人空间的表演不能太矫揉造作,不能走过场,不能撒手不管,要有实质内容。教育即是表演,但表演不足以涵盖教育的所有内涵。教育教学行为的表现与戏剧表现有异曲同工之妙,但二者的本质未必相同。基于此,我们反对过度表演,即俗称的"做作"。所谓做作,意指装腔作势,故意做出某种表情、动作、姿态等。现实教学中的很多时候,表演和"做作"一线之隔,一念之差,并未像理论所称的那样泾渭分明。此时,新手教师需要做的是"坚持"。法国影片《放牛班的春天》中的马修老师,对于犯错的学生,他采取一种截然不同的惩罚方法。但身为"好好先生"的他也有自己不可侵犯的原则和立场。他不会对自己喜爱的好学生有任何的偏爱,同样也不对经常得罪自己的坏孩子怀有丝毫偏见。马修刚接手班级的时候,对于学生的教化,学生反应是"做作",但马修异于常人之处在于他的坚持。"放牛班的春天"的到来,再次生动诠释了教育表演的深刻育人功能。在学生看教师表演和表演给教师看的两个过程中,教化意义得以凸显。理解这一点(学生是在自我表演和观看他人表演中生成、发展并存在的生命个体),就理解了表演对于儿童的成长价值。这样,表演就不再仅仅是掩饰、作秀、蒙骗,观看表演也不再仅仅是娱乐和欣赏,而是在表演者与观看者之间、教师和学生之间生命能量的对话和转换中,在"隐匿"与"在场"、"明"与"暗"、"虚"与"实"之间的转换中,实现新的感知觉、新的知识、能力、态度、情感等的涌现和重组,生成新的身体、新的人格。[14]

戈夫曼的理论构筑虽不系统,有学者甚至批评道:"戈夫曼的著作就像是一座洛可可式的大厦,而且从上到下并非是坚固的哥特式的殿堂,而只是濒临倒塌的最原始的脚手架。"[15]但缺点即是优点,戈夫曼的特长在于"描述",较之于系统的抽象理论而言,具体的事实描述更能反映事情的本真。2007年,戈夫曼在时代高等教育指南人文学科和社会科学中知识引用率的榜单上列第六位,这也能够从侧面说明其学术地位。

　　新手教师成为专家教师需要打造好第一印象，做好日常的印象管理；需要在"神秘化"和"去神秘化"之间以及"一视同仁"和"区别对待"之间寻求平衡的支点；需要运用好师生互动的规则，必要之时可以再造规则；需要把握好表演和"做作"之间的边际，在长期的坚持中寻求着力点。这便是戈夫曼之拟剧论给予我们最实用的启示。

参考文献：

　　[1] 百度百科：戈夫曼.［EB/OL］http://baike. baidu. com/view/2819830. htm.

　　[2][4][13]Goffman, E. The Presentation of Self in Everyday Life[M]. New York：Doubleday Anchor, 1959, 11、73、15—16.

　　[3][6][美]欧文·戈夫曼. 日常生活中的自我呈现[M]. 冯钢译. 北京：北京大学出版社, 2008, 48、170.

　　[5] Giddens. Asocial Theory and Modern Sociology[M]. Cambridge, MA：Polity Press, 1987, 103.

　　[7] Levin, W. C. Sociological Ideas：Concepts and Applications. Belmont [M]. CA：wadsworth. 1991. 134.

　　[8] Peter, M. Schooling as a Ritual Performance Towards a Poitical Economy of Educational Symbols and Gestures[M]. Routledge, 1993. 31.

　　[9] Goffman, E. Interaction Ritual：Essays on Face-to-face Behavior[M]. New York：Doubleday Anchor, 1967, 5.

　　[10][美]G·H·米德. 心灵、自我与社会[M]. 赵月瑟译. 上海：上海译文出版社, 1992：200—203.

　　[11] Goffman, E. Behavior in Public Places：Notes on the Social Organization of Gathering[M]. New York：Free Press, 1963. 8.

　　[12][苏]B. A. 苏霍姆林斯基. 帕夫雷什中学[M]. 赵玮, 王义高等译. 北京：教育科学出版社, 1983. 149.

　　[14] 李政涛. 教育生活中的表演[D]. 华东师范大学博士论文, 2003, 108.

[15] [英]戴维·哈格里夫斯.符号互动论究竟发生了什么?.陆敏福译.张人杰主编.国外教育社会学基本文选(修订版)[C].上海:华东师范大学出版社,2009,462.

(本文发表于《比较教育研究》2012 年 12 期。作者王晋,时属单位为河南大学现代教育研究所)

教师教育·政策变革

一、亚太地区初等教育的重要革新

——实施提高小学教育质量联合革新计划

亚太地区发展中国家小学教育质量不高的现象普遍存在。儿童入学率低，尤其女童入学率更低。巩固率不高，辍学现象严重。据 1986 年的统计，亚太地区部分国家一年级学生的辍学率高达 40%。另外，许多儿童难以适应学校的学习，不能按照教学计划大纲的要求掌握基本的技能，学业成绩达不到基本的标准。这种教育上的浪费和失败，引起了亚太地区各国和教科文组织的关注。有关教育学家和心理学家经研究后确认，影响亚太地区小学教育质量提高的主要因素有以下六个：① 儿童入学前缺乏有效准备；② 小学教学的教材、教法和评估学生学业成绩的方法有待改进；③ 教师的质量不高；④ 家长与社会对学校教育缺乏有效支持；⑤ 教育管理与教育监督不佳；⑥ 学生的健康和营养状况不良。

针对上述问题，1984 年 3 月，联合国教科文组织亚太地区办事处在曼谷召开的第九届地区咨询会议正式倡议形成亚太地区"全面提高小学教育质量联合革新计划"（JIP）。该计划的宗旨是鼓励各成员国制定各国教育革新计划和示范计划，并对影响小学教育质量的不利因素展开研究，探讨提高小学教育质量的革新措施，从而达到全面提高小学生能力和水平的目的。当年，印度、印度尼西亚、南朝鲜、马来西亚、尼泊尔、泰国参加了该计划。1985 年和 1986 年，菲律宾、斯里兰卡和中国又先后申请加入了这项计划。教科文组织通过提供咨询、顾问、拨款等形式，为各参与国提供技术援助以保证教育革新计划的制订、检验和评估。

亚太地区各国实施 JIP 计划,并无统一的要求和标准,但大多数国家把侧重点放在加强教师培训、改进教学活动、积极争取家长和社会的支持、使儿童在接受小学教育前得到一些有效准备、改进教育管理等方面。同时,各国根据本国的国情,注重把实施 JIP 计划同本国业已进行的教育改革结合起来。例如,泰国从 20 世纪 70 年代末开始在全国推行新小学课程计划,重点放在前两个年级教育质量的提高、师资培训和对制订的新课程的推广。在开展 JIP 计划实验时,注意紧密地与推行新小学课程计划的总目标相统一。马来西亚从 1982 年起,全国实行新小学课程,重视课堂小组教学,把不同水平的学生混合能力编组,对差生进行补救以及对教学进行连续性的评估。这些着重点也是 JIP 项目所包含的内容。印度尼西亚也是如此。该国从 1979 年起实施"通过对教师的业务支持、提高小学质量的计划"(简称"香绪计划"),这项计划强调通过对教师的职业支持,改进教学过程以及加强对教学计划的监督和评估来提高小学教育质量。自从印尼 1984 年加入 JIP 计划,就将该计划的实施纳入到已执行了数年的"香绪计划"中,成为这一计划的一个组成部分和继续阶段。

各国在具体实施该计划时都成立了国家或地区级的指导委员会,都是先从试点开始,逐年级推进,取得一定经验和成效后,再逐步扩散。如泰国 1985 年开始在三个省的 4 所小学实施,当年有 1 881 人参加,1986 年扩散至 4 040 人,到 1989 年已有 2 万多人参加该计划。斯里兰卡,1985 年有 50 所小学实行联合革新计划,1986 年扩大到 10 所,1987 年增加到 150 所。南朝鲜一开始试验时,从大城市、小城市、农村各随机选出 6 所小学,侧重点放在三年级和六年级。主要作法是试行国家教科所设计的教学法模式,并测试其在提高学习成绩方面的效果。另一方面,编制差生用书及家长用书,测试差生在提高成绩方面的效果。

各国实施 JIP 计划采取了哪些主要措施呢?

(一) 加强儿童入学前的有效准备

针对亚太地区普遍存在的缺乏学前教育设施、师资缺乏培训、教学形式不适当等问题,各国采取的主要措施有:① 在正规教育水平上开办学前学校或幼儿园。像斯里兰卡1985年起逐步在150所学校实行JIP计划,原来这些学校附近地区都没有幼儿园,现在50％以上的地区由民间、宗教团体和官方开设了幼儿园。② 通过座谈、家访等形式,向家长解释教育的目标和利益,为家长提供有关学前准备的学习参考材料。③ 对学前儿童进行多种途径的短期教育。④ 组织一年级教师学习,提高认识,掌握一定的学前教育的方法。

(二)改进教材教法

在教学方法上,联合革新计划主张打破传统的封闭的以教师为中心的方法,强调以学生活动为主,强调学生的主动学习和发挥学生的能动作用。同时,提倡开展各种活动,如小组作业、个别教学、个别辅导等。将侧重点放在基础知识和基本技能的学习和发展方面。如印尼实验学校的作法是学生不再大班上课,而改为小组围坐,把课堂演示和展示(包括展示学生的作业)放在重要位置。另外,在实验和评估的基础上,在教学中明确提出了八个教学重点:① 明确教学目的;② 正确利用学生学习时间;③ 正确组织演示教学;④ 有效的课堂管理,灵活安排班级、小组和个别活动方式;⑤ 发展学生的思维和创造性;⑥ 有效利用环境和儿童的直接经验;⑦ 了解并管理学生的个别差异;⑧ 利用反馈提高和加强教学效果。在教材改革方面,一些国家的作法是对旧课本进行了修订,设计了新教材以适应JIP计划的要求。南朝鲜、马来西亚、菲律宾等国为学习较差的学生编制了补充教材。差生往往在基本概念、语言能力、数学运算方面认知能力较差,为这些人编制专门材料有利于提高他们的学习能力。

(三)加强师资培训

培训小学教师和家长,使他们掌握JIP计划的宗旨和方法,是提高小学教育质量的关键环节。校长是实施JIP计划的组织者、管理者,教师是教育、教学各个环节的实施者。因此,抓好这一关键环节,更新他们的教育观念,提高教师、校长的教学和行政管理能力,对顺利实施JIP计划,提高教学质量至关重要。各国采取的针对性措施是举办长短不一的短训班。斯里兰卡采取由教研中心、地区教研部门对校长、教师、计划实施官员集中专门培训5～7天的做法,使他们理解JIP计划的要旨。泰国培训JIP项目人员的指导思想是:实施JIP

计划,不是要让他们怎么做,而是经过培训、学习和交流,让他们认识到自己该怎么做就怎么做。

(四) 促进杜会、家长和学校的有效沟通

一所学校若想办得有成效,并能提高学生的教育成就水平,那么就必须争取得到家长和社会的参与和支持。家长、社会对教育的支持是学校教育的社会基础。亚太不发达地区这方面存在的主要问题是农村的文盲家长比例高、受教育程度低,加之贫穷,家长对孩子的教育缺乏兴趣。因此,促进家长与学校的相互理解和家长对学校教育的支持是推动 JIP 计划实施引向深入的一项关键因素。JIP 计划的主要倡议人之一,澳大利亚西澳大学心理学系主任罗伯特认为:在通常情况下,只要家长对教育持肯定态度,对子女的期望比较切合实际,能够支持子女学习进步,那么儿童在小学教育过程中就会取得较好成就。对于文化落后地区来说,一个极其重要的问题就是使家长和社区通过参与学校活动,了解小学教育的目标和方法,如果家长本身对学校学习没有亲身经历那么就很难指望他们对子女的教育能切实有效。因此,教师应向家长宣传初等教育的重要性,以此吸引他们的参与。西方另一位研究人员将家长对学校活动的参与分为五个等级,由低向高依次为:① 学校向家长提供情况信息;② 学校邀请家长在约定时间内来校访问;③ 学校请家长前来帮助学校,如来学校食堂、图书馆或教室协助工作;④ 学校就办学方针和校务工作征求家长意见;⑤ 家长参与学校决策过程。就亚太地区初等教育的现状来说,家长对学校的参与主要仍是前三个层次。但各国都在努力加强学校与社会、家长的沟通。如尼泊尔 JIP 计划的 6 个实验区为家长们设计了一套包括有小画册,故事书、宣传画、幻灯片、录音带在内的多功能教学箱。马来西亚、印度等国把召开家长教师联谊会,开展教师、校长、家长互访制度化,并印刷了为文盲、半文盲家长支持学校工作的专门宣传广告。

(五) 改进学校教育管理

亚太地区发展中国家,教育事业基本都属于从上而下由各级教育行政部门统一管理的体制。在泰国、马来西亚、印尼等国的 JIP 计划实验区,现在普遍推

行了由"中心校"和"卫星校"组成的联校群体系。中心校负责指导和管理实验区内各项目学校的教学活动,教师在职培训,组织教学和观摩交流,研究改进教材教法,确定实验的具体步骤和措施,把实验计划任务落实到各具体教学班级和教师,并注意总结、评估和推广实验成果。中心校一般还担负着学区校长联席会,校长、教师与家长联席会组织者的作用。

评估作为一种监督机制,是教育管理的一个重要组成部分。亚太地区各国在实施 JIP 计划时,既强调对计划进行总体评估,又重视对实验学校各种提高教育质量的基本要素进行评价。有些国家对 JIP 计划进行一年两次的阶段性评估;一些国家把对 JIP 的评估视为连续的过程。通过密切监督实验学校及时获得反馈信息,并且强调评估应该采取内外部结合的方式为了获得更有信度和效度的结果,除了参与实施 JIP 计划的国家、省、地区、学校的项目人员之外,其它有关机构的专家也应该参与。所有国家都举办了有行政人员、学监、研究人员、评价人员、课程编写人员和教师参加的国家级评估研讨会,对前一阶段实施中的经验和不足进行回顾,对下一阶段深入发展 JIP 计划作前瞻性的部署。在对学校具体工作的评估上,学监和督学利用观察的方法评估学校的管理,同教师举行对话和会谈,评价 JIP 的进展。有些地方建立了差生档案,着重对落后生进行补救强化教育。

总之,JIP 计划实施六年来,各国都取得了不同程度的进展。在加强儿童入学前的有效准备方面,JIP 实验学校中儿童的认知能力有了明显的增长,学生增加了学习兴趣,在进入正规阶段学习后,留级率和辍学率明显降低了。在改进教学活动方面,学校气氛发生了积极的转变,有更多教师参与了教学材料的编写,并且更多地注意教学技能和方法的改进。教师对学生的评估更系统,具有连续性和诊断性。加强了对教师和校长的培训之后,他们的工作较以前更加努力,对自己工作的职责态度较以前更为积极。在促进家长、社会与学校的联系方面,实施 JIP 计划之后,社会各界进一步了解了学校的教育活动和要求,也进一步扩大了学校的经济来源,改善了办学条件。家长们比过去更多地参与了学校的教学活动和管理。

在亚太地区 JIP 实施进展的国际研讨会上,与会者们认为,各国已经取得的经验和所采取的措施有很高的价值,为本地区各参与国的相互合作和共同努力提供了良好基础。并且认为提高小学生能力水平的联合革新计划应当推进到新的阶段。与会者们还建议各国计划的革新经验,应当扩展到参与国的整个小学系统。

令人高兴的是中国加入 JIP 计划之后也取得了相当迅速的进展。中国甘肃省 1986 年 5 月开始在 10 所小学实施该计划。甘肃社会经济发展水平不平衡,教育基础较薄弱,JIP 计划提出的影响小学教育质量的关键性因素及其解决措施,符合该省基础教育的实际。甘肃实施 JIP 计划是在执行国家制订的全日制小学教学计划,使用全国统编教材,不改变现行学制下以实现小学教育的基本要求为目标的。针对该地区小学生巩固率差,留级率、辍学率高的实际,它的基本目标是使更多儿童"进得来,留得住,学得好"。据 1990 年甘肃省教科所对 73 所实验学校进行的调查表明,4 年来在学生巩固率上有了明显的提高,从 86 年的 77.9％上升到 89 年的 98.6％,平均每年递增 8.2％。在降低流失率和留级率方面成效也是显著的。JIP 计划在甘肃的管理系统是:省地县三级均由教育行政部门、小学校长、老师几方面人员组成指导委员会或领导小组,形成 JIP 计划组织领导系统,省、地、县三级教研机构吸收师范院校、教师进修学院的专业人员参加工作;形成计划的业务骨干和支持系统;在各中心实验学校建立学科实验研究小组,联系和组织周围实验学校的工作。一大批教育科研和管理人员深入学校协助教师分析教材、研究教法、考查测验教学效果、传递教改信息、评估论证教研成果、组织领导各种项目培训,有力地推动了 JIP 计划向纵深发展。

JIP 计划在我国甘肃实施四年来,人们认为其最重要的成效是推动了初等教育的整体改革。过去单纯以分数为标准评价学生成绩的方法和闭门办学,不能和家长、社会密切合作的办学模式有了突破,初步树立了小学教育教学改革走整体改革之路的新观念。四年来实施 JIP 计划的县,学前教育设施 1989 年比 1986 年增长了一倍。1986 年以来,在甘肃举办了 10 次省一级的教学研究、师资培训活动,有 720 人次参加。地县两级参加教研活动,教师培训的人数近 6 000 人。在改进教学方面,各实验项目学校经常探索和采用有效的教学方法,采取走出去、请进来的形式加强横向联系,帮助教师改进教法,进行课堂结构改革。一批有热情、肯钻研的教育教学骨干力量正在形成。据调查,73 所实验学校共进行了教改实验项目 92 项,参加教改教师人数 682 人。同时,家长、社会支持小学教育的良好风气也在逐步形成。JIP 领导小组、各实验学校采取多形式、多渠道,广泛宣传 JIP 计划,使广大师生、家长认识理解、支持 JIP。各实验学校吸收家长、社区负责人及知名人士组成家长委员会、校董会,动员社会力量了解学校的教育活动和要求,关心教师,捐资助学。同时学校举办家长学校、家长讲座,向家长传授家庭教育知识,通报学生情况,努力克服家庭教育与学校教育中存在的不协调现象,使家长参与学校教学活动的管理与改革,互相配合,共同施教。

现在,JIP 倡导的提高教育质量的各项基本要素在甘肃已经广泛深入民众。一批实验和研究成果已经问世。JIP 实验学校已经从 1986 年的 10 所扩散到 1990 年的 517 所。其办学经验正在向河北、河南、云南、贵州的数百所学校传播。联合国亚太地区办事处和亚洲有关国家曾多次派人考查 JIP 的实施情况,都给予了积极肯定的评价。联合国亚太地区办事处代表卡萨居博士 1988 年 10 月在考察甘肃 JIP 计划时指出:"甘肃省参与实施 JIP 计划的时间不算长,在两年多的时间里,你们在许多方面竟走到了前头,如今我们这些人都来甘肃学习取经了。因此,从某种意义上也很好地体现了联合国教科文组织的宗旨,即促进各成员国之间的了解交流与合作,达到共同发展的目的"。因此,可以说,没有亚太地区它国实施 JIP 的实践和经验,就不会有今天甘肃 JIP 计划的成功。而作为亚洲最大国家——中国实施 JIP 的成功,从理论和实践两个方面又进一步丰富了 JIP 计划的内容,扩大了它的影响。

(本文发表于《比较教育研究》1992 年第 1 期。作者周满生,时属单位为国家教委教育发展研究中心)

二、世纪之交的俄罗斯教师教育改革

——打造连续师范教育的完整体系

世纪之交,世界各国出于进一步加大教育发展力度、提高教育质量的需要,纷纷根据本国教育发展的实际状况,致力于完善师范教育、建构和发展教师教育培养体系的改革。当我国及其他一些发展中国家适应教育国际化发展趋势、将原来的师范教育概念扩展为"教师教育"并在新的视角之下探讨其内涵及可持续发展战略之际,俄罗斯依然继续使用"连续师范教育"的表述,着力打造一个能适应全球化时代格局以及本国社会发展新需要的、连续师范教育的完整体系。

(一) 连续师范教育体系的提出与构成

在俄语中,"непрерывный"表示"连续的""不间断的""不停顿的"的意思。它与"教育"一词连用构成的词组"непрерывное образование"译为连续教育或不间断教育,它最初表示的语意与成人教育的含义相近,主要指在基础普通教育水平之后所实施的各种类型的成人教育。1986 年苏共中央首次提出把苏联国民教育构建成一个"统一的连续教育体系",它既涵盖了从学前教育到大学教育的正规学校教育系统,又将大学后教育、成人教育、职后教育、业余教育等各类教育形式并入进来,力求形成一个统一的、开放的、具有终身教育含义的完整体系。也就是从这个时期起,作为国民教育体系重要组成部分、同时又始终相对独立的师范教育领域,也为自己提出了建立和发展苏联的"连续师范教育(непрерывное педагогическое образование)体系"的任务。[1]

独立后的俄罗斯基本上继承了苏联解体前的教育体制,仍将"统一的连续教育体系"作为涵盖其各级各类教育的完整系统,但在继续发展这个统一体系的过程中,增加了许多新的理念。如果说,苏联时期连续教育的统一体系是以无条件满足国家需要、各机关部委需要以及社会各生产领域的需要为人才培养的重要特征的话,那么俄罗斯现今的统一的连续教育体系已经与之有相当大的不同。最突出的变化就是,社会在向市场经济过渡的转轨过程中,以国家为实施主体的统一连续教育体系,正从高度中央集权的教育,转向以社会需求和个人需求为调节杠杆的、推崇民主化、人道化、个性化原则和创新精神的教育。

新时期俄罗斯连续师范教育体系的完善和发展也同样体现着这种变化。比如,近年来日益增加的各种师范教育形式、多级师范教育水平、非师范专业的增设、师范教育国家标准之下的教育内容的多选择性、师范生求职和就业的多渠道性等等,都从不同角度反映了俄罗斯建立完整而又开放的连续师范教育体系的改革。

俄罗斯的连续师范教育体系从范畴上看是指由中等、高等和高等后师范教育的教师职业教育大纲共同构成的综合体系。它包括这三个环节的教育机构(及分校)、与各类学校之间的协作网络、国家及地方的师范教育行政管理机构、师资进修及再培训机构即补充师范教育机构等组成部分。据 2001 年的官方统计这个系统所包含的教育机构超过 670 个。同时,从功能上看新时期的连续师范教育体系又具有教学—科研—师范教育一体化的特征,它涉及并覆盖学前教育机构、小学、中学、大学及大学后教育的各级教育机构。也就是说,连续师范教育系统是在为全国近 14 万所各种类型的教育机构的 3 507 万各类学生提供师资培训服务(详见下表1)。此外,近年来连续师范教育系统的毕业生进入非教育机构服务的比例日益增大,成为市场经济条件下各类部门录用人才的重要渠道。

表1　2000/2001 学年俄罗斯各级各类教育机构统计

	学前教育机构	各类普通教育机构	初等职业教育机构	中等职业教育机构	高等职业教育机构	各类补充教育机构
教育机构数	5.4 万所	6.59 万所	3,895 所	2,589 万所	562 所	8,700 所
学生数(万人)	422.5	1,982.1	169.4	230.8	262.1	440.0

因此,新时期、新概念之下的连续师范教育体系不论是在俄罗斯整个国民教育体系中,还是在社会转型进程中都占据相当重要的地位。而近十年来,作为该体系核心成分的中等、高等和高校后师范教育三个环节在发展规模和方向上都有很大变化。

(二) 连续师范教育的现状与特点

1. 中等师范教育

1995 年师范教育机构系统有 362 所中等专业教育层次的师范学校,其中 287 所师范中专和 75 所师范专科(педагогическийколледж)。2001 年这两种师范学校的总数上升到 346 所,其中中师减少为 163 个,师范专科增至 183 个,这表明师范教育机构的层次水平上移。[2]

这里需要说明的是,колледж 一词属外来语,原指英、美等国的专科学校或社区学院。师范专科学校是苏联解体后出现的新类型学校,多由师范学校升格而来,比中师稍高,比师范本科略低,学业年限上比前者多 1~1.5 年,比后者少 1.5~2 年不等,在俄罗斯多级高教体制中应属第一级教育层次(在我国等于大专),但在连续师范教育体系中被划归为中等师范机构,这种师专的毕业生成为高等师范院校的重要生源之一。有些高等师范院校的招生简章上明确标明:某系或某专业专门招收师范专科的毕业生,有的甚至具体到招收某所(几所)师专的毕业生。如 1998 年莫斯科国立师范大学特殊教育系矫正教育学和专门心理学专业只招收第 4、第 16 师范专科学校的毕业生。

近年来"师专——高师教育联合体"的出现,又为连续师范教育体系带来一种新的形式。这是一种在教学计划和教学大纲上有互带联系的伙伴性的中、高师范教育机构联合体。师专招收 9 年级毕业生读 4 年、招收 11 年级毕业生读 3 年,然后入对口伙伴师范院校的 2、3 年级学习 3 年,分别获学士学位和完全高等教育专家文凭。每所师专同时有几所伙伴对口师范院校,每所师范院校也同时与几所师专保持生源供求关系,并为此类师专毕业生单独组织考试,考试合格即可插班或单独组班就读,少数优秀毕业生则可直接就读(当然,这些毕业生也可以报考其他高校)。2002 年 6 月份笔者曾访问过的莫斯科伊兹马依师范专科学校,该校与国立莫斯科师范大学、莫斯科州立师范大学是对口学校,共有 31 个教学班,其中 4 年制(招收 9 年级毕业生)10 个班,3 年制(招收 11 年级毕业生)16 个班,函授 3 年制(招收 11 年级毕业生)5 个班,在校生近千人。2002 年该校百余人毕业,75％选择继续接受高等教育,其中 80％以上进入师范高校,10％进入艺术或体育类高校,在优秀毕业生中有 10 人直接保送到州立师范大学,6 人直接保送到国立莫斯科师范大学就读。在俄罗斯像这样的"师专—高师教育联合体"全国有 80 多个。它的出现,不但给师范教育系统的办学带来了灵活多样性、给学生个人提供了自主明确选择师范专业的机会,还在很大程度上保证了高师生源的质量。

顺应师范教育发展的整体趋势,俄罗斯的师范教育也在向着高学历化水平发展,中等师范逐渐减少,中师升师专呈递增趋势。从官方统计数据来看,中师招生人数在全国中等专业教育招生总数中的比重也是逐渐减少的:1998 年占总数的 10.9％;1999 年占 10.5％;2000 年占 9.7％。[3]但与西方发达国家有所不同,俄罗斯地域辽阔,一方面城市发达、人口密度大、具有高等教育水平的人才集中;另一方面人口农村面积大、人口数量和教育需求水平不及城市高。因此,普通中等师范教育机构在大城市的数量不多,绝大部分集中在直接辖有农村的市镇及边疆区首府。对此,政府对农村的小学教师及部分初中教师的学历要求仍以中等师范为起点,逐步扩大高师教育水平的覆盖率。

此外,同属于连续师范教育体系的,还有 55 所职业师范和工业师范专科及技术师范学校,在所属关系上,它们接受本职业领域上级部和教育部的双重领导,在与下一级师范教育层次的衔接上,这类师范在许多方面都与普通师范、师专有所不同。在此不单独介绍。

2. 高等师范教育

高等师范教育是俄罗斯师范教育体系的主干部分。最近 10 年以来,为适应现代科技进步、社会转型和新的经济形势以及社会文化发展需要,高等师范教育机构逐渐呈现出开放性、灵活性、多元化和综合化的发展趋势,变化显著。

首先,师范学院变升师范大学的速度迅速。90 年代起,俄罗斯高教领域出现了综合大学化(универститизация)现象,这是高等教育顺应世界高教发展趋势向人文化、综合化发展的产物。师范教育领域的综合大学化从 1992 年开始,发展速度很快。1992 年时只有 5 所师范学院变为师范大学,到 2002 年已有 44

所师范大学,约占高等师范院校总数的 50％以上。[4]能升改为师范大学的师范学院大部分具有师资雄厚、学术力量强、建校时间长、学校规模较大、地处大城市或地区中心城市等特点。师范大学的主要任务包括:制订教学计划,保证高质量施教;对专门人才进行基础培训,大批量培养硕士研究生,为专业人才大学后阶段技能水平的提高创造条件;通过副博士生部和博士生部培养教育科研力量;通过自己的学术答辩委员会为不具备学位授予权的师范学院组织论文答辩;在专业及课程设置上,增加了许多非师范性内容,如经贸、法律、生态学等专业。它对师范院校职能的转换影响很大。与师范学院相比,师范大学更能集中地方科学与教育潜能,发挥地区文化教育中心和连续师范教育中心的功能,对地方教育发展与地方师资队伍建设具有整合作用。当然,师范学院追求向师范大学升格、改变培养方向、增设非师范专业还有经济和生存需要方面的原因,因为国家拨给大学的经费比拨给学院的多许多。

其次,高等师范教育机构日益多元化。利用综合大学培养师范人才在苏联时期就开始了,到目前为止,同时为俄罗斯高师教育体系培养师资的仍有 29 所传统型综合大学。而随着社会转型的需要,非师范院校尝试培养教师的规模也在陆续扩大。据全国师范专业教学方法协会(УМО)的统计,在有权设置师范类专业教学的 526 个专业点中,406 个设在师范院校,120 个设在非师范院校。[5]非师范院校开设师范专业的大多是在由原来的师范院校改建的综合性大学里,以及一些获准培养专业师资的部属院校。允许部属专业院校开设师范专业,既是近年来师范教育的一种新尝试,也是高等教育适应市场需求的应急性产物。由于国家财政对教育的拨款陷于瘫痪,中小学校教师长期领不到工资,影响了师范专业的声誉,报考师范院校的生源一度减少,使普通教育学校师资匮乏的矛盾凸显出来。在专业学院开设师范班,就成为缓解这种矛盾的措施之一。比如冶金矿业学院设置了培养化学教师的师范性专业,农学院开设了生物师范专业。普希金俄语学院开设了培养语言学师资的专业,布拉茨克工学院开设了培养信息学教师的专业。这表明,师范专业在适应社会变革、满足市场经济需求方面正逐步走出原来的几乎封闭和垄断的培养格局。对于这种现象,俄业内人士的看法并不一致。一方面师范教育体系的开放性、灵活性为学生提供了选择接受高师教育不同途径的可能,使他们能迅速而充分地对待不断发展变化的社会需求;但另一方面,让没有培养师资经验的学院培养师资,不可避免地会影响教师培养的质量,这就对整体教育质量造成了潜在的威胁。因此,俄罗斯教育部已经开始对提出此类设置申请的专业院校严格审批和检查。比如1999年取消了阿斯特拉汗国立技术大学分校的生物、生态、化学、经济、法律等师范专业的设置权。

再次,师范院校类型呈多样化。目前在俄罗斯,以培养教师为主业的、且被官方划归为师范类大学的,已经不只是原来意义上的师范院校,除专门的师范大学外,还包括有几所语言大学、叶卡捷林娜工程师范大学、马加丹国际师范大学、圣彼得堡国立教育技术大学、俄罗斯教育科学院大学等。此外,还有一些师范院校或以本校为基础、或联合本地区某个(数个)其它院校成立了传统型综合大学。在淡化本校的师范性、突出其综合性的宗旨之下,仍承担部分师范类培养的任务,同时还向其他师范院校提供一定的师资力量。如斯塔夫罗波尔师范学院改成了斯塔尔罗波夫国立大学,但为了保证本地区师资队伍的培养数量,又成立了斯塔夫罗波尔州国立儿童师范学院,专门为本地区培养小学教师,两所大学保持着密切的关系。目前在俄罗斯按师范专业培养教育人才的高校有160余所,专门的师范院校81所,在校生43万多人,其中日课制师范生26万多人。[6]

3. 高校后师范教育

俄罗斯的高校后师范教育指高等师范教育本科阶段以及硕士阶段之后的研究生教育,包括副博士研究生阶段和博士研究生阶段。

俄罗斯从1992年开始实施高等学校多级结构的改革,以不完全高等教育、基础高等教育和完全高等教育三级结构取代了运作了几十年的五年制单一高教结构,加上一直被列为高校后学位教育的副博士、博士教育层次,使高等教育的层次实现了多元化。这种多层次结构在高师院校的具体反映,就是出现了4年的师范本科;4+1(即原来的5年制)的高等师范职业专门人才;4+2的师范硕士三种规格。这使高校后学位教育的形式也有所变化,副博士学位层次除原来惟一的5+3形式(5年制本科毕业+3年)外,增加了4+2再+3形式。苏联时期就有的在职申请副博士学位的形式不但得以保留,而且近几年由于报考条件(如工作年限、攻读期限)的放宽、灵活的有偿答辩形式(可缩短排队申请答辩的时间)的实施,使攻读副博士学位的在职申请者队伍明显扩大。攻读博士学位的资格仍然是在获得副博士学位基础上再加 3 年,如果是不脱产申请学位,则可以延长年限。

近年来,随着俄罗斯师范教育学历水平的不断提高,高校后师范教育机构培养高级专门人才的能力和规模也在不断扩大。在高等职业教育系统中,师范类大学的科研力量居于第三位。目前能够培养(或联合培养)副博士层次教师的高校已有 70 余所,有资格开设研究生部的师范类院校仍在陆续增加,专业培养目录也不断扩大。副博士层次的学科领域共有 21 个,而高等师范院校能培养的就占 14 个:物理、数学、化学、生物、技术、历史、经济、哲学、社会学、农业、地理、教育、心理、语文和艺术,所涉及的大的专业方向已达 85 个。在师范院校就读的副博士和博士占高等学校研究生总数的比例分别为 17 ％和 12 ％。[7] 目前有 7 所师范高校的 19 个专业开设了博士研究生部。[8]

4. 补充师范教育

作为一种可以自成系统的教育形式,补充教育是 90 年代俄罗斯进入社会转型时期以后提出来的新概念,它包括正规学校教育之外的各种教学教育服务。1992 年颁布的《俄罗斯联邦教育法》将各级各类教育分别包括进普通教育和职业教育两个大纲之中。职业教育大纲里包括 5 种职业培训层次:初等职业教育、中等职业教育、高等职业教育、高校后职业教育和补充教育。该法阐明,补充教育由普通教育机构、职业教育机构和补充教育机构实施,目的在于不间断地提高工人、职员、专业人才的技能,全面满足公民、社会、国家发展的需要。补充教育机构包括进修机构、培训班、职业定向中心、各类音乐、美术、艺术学校,各类儿童之家、少年活动站等。

具体到补充师范教育系统,是指各类教育机构对教师实施职后培训及职业转型培训的工作领域。也就是说,根据《联邦教育法》的表述,从体系上看,以前相对独立(属各级教育管理部门)的教师培训进修机构,被明确划归为补充教育机构,成为补充师范教育、从而成为连续师范教育体系的有机组成部分。这种改变实际上提高并扩大了教师培训进修机构的地位和职能。

注重教师的职业培训和业务提高是苏联时期就形成的良好传统,俄罗斯独立后依然保持了这个传统,并在不断的变化过程中有所创新。近 10 年来,大部分传统的教师进修学院先后由地方政府和管理部门进行了重组,在保持原有职责的同时又增加了新功能,向施教、办学机构多样化发展,出现了教育技能大学、教育工作者业务提高及再培训学院、地方教育发展中心等规格不同的教育机构,使补充师范教育系统成为一个覆盖面宽、机构多样、形式灵活、注重时效性和社会需求的网络。目前,全俄有90所此类补充教育教学机构及其12个分校,13个国际和地方师范教育中心承担教师的继续教育和业务技能提高工作。[9]

与此同时,在师范院校和教师进修学院约有上百个专门系,专门面向具有高等教育学历的学员实施各种师范专业(如教育社会学、实用心理学等)的再培训。所有的师范教育机构都开设专业定向的专训班和选修课程班。具体内容和课程由学校根据地方特点自行确定。莫斯科国立师范大学教育工作者技能提高系在教师职业进修和再培训方面处于权威地位,来自全国各地的骨干教师、校长、地方教育行政领导在这里接受培训后,一般都会获得更高一级的职务任命或更大的教学管理、领导权限。与以往不同的是,这里的培训现在已不仅仅是日后工作升迁资本的外在形式,而且增加了许多适合形势发展需要的知识、技能内容,如"实用学校商务学""职业心理咨询""索洛斯基金的申报与使用"(美国向俄罗斯提供的最大教育资助基金项目)等等。许多地方学校的教育管理人员在经费紧张的情况下,不惜自费报名参加有关的专训班或课程班。另有一些补充师范教育机构的工作重点专门定位于培训职业定向、青年社会、心理问题方面的教师。

(三)连续师范教育体系发展的规划与展望

世纪之交,俄罗斯与许多国家一样,着手对本国教育在新世纪的发展作全盘的远景规划。2000年4月颁布《俄罗斯联邦教育发展纲要》;2000年10月颁布《俄罗斯联邦国民教育要义》;2001年4月颁布《俄罗斯联邦2001年—2010年连续师范教育发展构想》;2001年12月颁布《俄罗斯联邦至2010年前教育现代化构想》。这些关于新世纪教育发展的政府文件,从不同层面和角度阐明了进入新世纪后国家在教育发展方面的方针、政策、目标、任务和手段。其中,《俄罗斯联邦2001年—2010年连续师范教育发展构想》(以下简称《构想》)为新世纪师范教育的发展确定了明确的目标。

作为国家教育政策在师范教育方面的实质性体现形式,《构想》开宗明义地明确:师范教育在俄联邦教育系统中处于优先发展的地位,是一个有机的、连续性的体系,具有多层次、多水平、多功能性和灵活开放性。《构想》规划,俄罗斯在新世纪最初十年发展连续师范教育体系的重点是:切实提高师范教育质量,继续探索教育传统与现代化相结合的路径,保障国家、社会和个人在连续师范教育体系中的利益均衡,增强社会转型时期师范教育对新的经济形势、文化需求以及提供不同的教育服务方面的适应性。从综合的角度分析,俄罗斯将师范教育近十年发展的主要方向放在两个方面,一是大幅度、全方位提高师范教育的教育教学质量;二是打造真正意义上的现代化连续师范教育体系以适应时代发展的新需要。第一个方面既包括各级师范教育内容与结构的更新与完善(即未来教师职前培训的质量提高),也包括各级教育机构在岗教师的职业技能提高(即教师的职后专业培训和社会适应性再学习);第二个方面主要包括建立健全连续师范教育体系的法律机制;保证连续师范教育的不同阶段在教育内容、教学形式、方法以及手段等方面的衔接性和连贯性;加强国家和社会对连续师范教育体系的支持、恢复和巩固教育职业的声望;完善连续师范教育体系各类人员(在校生、毕业生、各级教师和普通员工)的国家社会保障制度;形成和确立连续师范教育体系发展的经济机制;巩固和发展该体系的物质技术基础和资源保障。

尽管过去十年俄罗斯的国民教育由于社会政治和经济因素的影响,在发展规模和速度上受到相当影响,但俄罗斯政府保持了苏联时期重视发展师范教育的优秀传统。也正因为拥有一支高素质的教师队伍,才使俄罗斯的各级各类教育在举步维艰的情况下,能够相对稳定地正常运转并有所发展。因此,正如俄罗斯教育部长在强调连续师范教育体系的意义时所指出的:"未来的罗蒙诺索夫,门捷列夫,柴可夫斯基,普希金,加加林就坐在我们今天的课桌旁。国家和政府对学校,对教师,对师范教育体系的关注态度,决定着我们社会的精神和物质财富,振兴国家的真正的、不枯竭的财富源泉不在银行,而是在今天的学校里。"[10]

参考文献:

［1］Р о ссийскаяпедагогическаяэнциклопедия［М］．Москва， 1999. Т. 2，129.

［2］［6］БюллетеньМинистерстваобразоыанияРоссийскойФедера ции［Z］. 2001，（8）:16.

［3］ВысшееисреднеепрофессиональноеобразованиевРоссийскойФ едерации: Статистическийсправочник［Z］．Москва，2001.

［4］Россиявцифрах2002［Z］．Москва，2002.

［5］［7］［8］［9］［10］В. Л. Матросов:Педагогическоеобразование: состаяние，проблемы，перспективы［М］．Москва，2001.31，35，38，38，39.

（本文发表于《比较教育研究》2003 年第 4 期。作者肖甦,时属单位为教育部人文社会科学重点研究基地北京师范大学比较教育研究中心、北京师范大学国际与比较教育研究所）

三、试论师范教育体制改革的国际趋势

人类社会即将进入到 21 世纪,世界各国将先后进入到信息社会和知识经济时代,科技已成为经济的核心要素和经济发展的根本动力。也就是说,经济的发展有赖于科技的发展和相应的文化发展,而科技和相应的文化发展又有赖于高养人才的培养,即教育的发展。教育正面临着前所未有的挑战和机遇作为教育"工作母机"的中枢部位—师范教育体制成为攸关人才培养和教育质量提高的关键。由于不同的时代对教育和教师有不同的要求,教师的养成也就有了不同的方式,在这样一个科技、经济和社会变革时期,教师的培养方式即师范教育体制或机构也将做出相应的变革。实际上,国际师范教育体制已经出现了变革的端倪,形成了一些共同的国际师范教育体制改革的趋势。本文从教师培养机构和方式的发展阶段认识出发,总结了国际师范教育体制改革的几种趋势。

(一) 教师培养机构和方式的发展阶段

1. 教师培养机构的三个历史发展阶段

师范教育培养机构是现代国民教育制度的产物,它的整个发展轨迹经历了如下三个阶段:师范学校时期,师范(教育)学院时期和综合大学中的教育学院、研究生院时期。最初的师范教育机构发端于教师短训班,只是一种有目的的短期培养,即培养小学教师,它是为了满足早期的普及初等教育的需要。随着初等教育的普及,中等教育也提出了普及的需求,于是建立师范(教育)学院就成为中等教育师资机构的需要。师范学院招收高中毕业生,学制为 4 年,担负培养中学和小学教师的双重任务。教师培养机构发展到第三阶段是综合大学中的教育学院研究生院时期。20 世纪中期,第三次技术革命的出现,使工业社会开始信息化和智能化,各国对师资的培养提出了更高的要求要求各级教师不仅要有娴熟的教育教学的知识和技能,还应有高深的学科专业知识和广博的科学文化知识。而师范学院课程建设、师资条件、经费设备等都不能与文理学院和综合大学相比也满足不了这种需求,于是作为教师培养机构的师范学院自身也就面临如何适应新形势的生存需要的问题,即如何提高自己的学术水平和学历水平的问题。这样就出现了大规模的教师培养机构的升级运动,即高等师范学院升格为或归并于综合大学,成为综合大学或综合大学的一个组成部分。普遍要求未来教师先在文理学院接受 4 年的文化基础教育或科学教育,而后在教育学院进行一年或一年以上的研究生班专业训练使之达到硕士水平,有志深造者经过一段时间的教育实践后还可继续攻读博士学位。20 世纪 60 年代以后,绝大多数的师范学院已经演变为综合大学的师范学院或教育学院,许多综合大学又相继建立了教育研究生院,培养高级教育专门人才,教育管理人才和教育学科教学和研究人才,并承担在职教师进修和培训的任务。

2. 教师养成方式的三个阶段

第一阶段是模仿阶段,即有一定文化知识的人在教育实践中模仿前辈(师傅)而习得的阶段。这时还没有培养教师的专门机构。第二个阶段是教师职业专门培训阶段,即教师干部训练—师范教育阶段,这个阶段的教师主要是对有一定文化基础的人通过师范教育的专门职业训练培养出来的。现代学校的教师主要是通过这种方式培养出来的。培养教师的师范教育方式是市场经济的大发展和工业革命推动下的普及教育对大量合乎教师职业规范人才的社会需求的产物。市场经济和现代工业的发展以及现代国家的形成是普及教育的社会动力,而普及教育则是师范教育发展的直接社会动力:普及初等教育推动了中等师范教育的产生和发展,普及中等教育推动了高等师范教育的产生和发展。第三个阶段是教师职业证书阶段,这个阶段培养的教师大多具有大学本科或本科以上的学历,在大学本科阶段,大多是在大学文理学院学习相应的科学文化知识,而后再修习相应的教育课程,习得相应理论的和实践的教育知识和教育技能,通过教师职业证书考试,而后成为教师。当代发达国家的教师培训工作已进入或正在进入这个阶段。发达国家师范教育发展的这个阶段具有以下特点:一是提高和加深未来教师的自然科学和人文社会科学的学术水平;二是加强和加深教育理论的学习和教育实践能力的训练,并把这些培训提高到大学后的水平。其基本培养模式是,文理学科的科学文化素养的教育改为主要由大学负责,教育理论和教育实践能力的培养仍主要由师范学院或大学教育系负责。看来,高师教育机构让出了文理学科的培养职能,退守小学教师和幼儿教师的培养职能以及其他各级教育教师的教育理论和教育实践能力的培养职能。学习者在完成这两部分课程的学习之后,通过考试取得教师职业证书。

3. 师范教育的发展历史是师范性和学术性从分离走向整合的发展轨迹[1]

师范教育和学术教育从分离走向整合的起点是高等师范教育的产生。这种整合含有两种形式,一种是形式上的,主要体现在师范教育由中等教育升格为高等教育,其原因首先是第二次工业技术革命对劳动力及其教师的素质提出了更高的要求,普及教育延长到高中;其次是实行的双轨制教育制度由于民主思潮和社会发展以及劳动人民的斗争开始由单轨制所取代,并轨的趋势使教师的培养有了统一的和更高的要求;再次是由于教育科学和心理科学获得了长足的发展,教育学的学术地位得到了提高,要求教育必须掌握教育理论和教学方法,教育科学进入了学术殿堂,学术性大学纷纷建立教育专业机构,培养合格的教师。实质上的整合始于本世纪中期,原因在于第三次技术革命,工业社会开始信息化和智能化,社会、经济、文化、科技发展迅速,对人及其教育提出了前所未有的新要求,各国不但延长义务教育的年限不断扩充中学后教育大力发展高等教育和职业教育,大学改变了过去狭隘的专业训练,要求理工科的学生也要了解人文和社会科学知识,对文科学生则要求他们加强自然科学知识的学习,即对文理科学生实行综合性的教学,授以广博的知识,提高他们的社会适应性,于是各国对师资培养提出了更高的要求,要求各级教师不仅要有娴熟的教育学识与技能,还应有高深的学科专业知识和广博的科学文化知识。

(二) 国际师范教育体制改革的趋势

从上面的发展阶段的认识,我们可以看到以下几个国际师范教育体制改革的趋势:

1. 学术性和师范性整合的国际师范教育改革趋势

目前认识这种趋势的模式有三种,一是学术性和师范性认识;二是定向型和非定向型的认识;三是封闭型和开放型的认识。它们是认识师范教育的基本的两维认识模式。其基本含义是一致的,它有两种整合培养模式,一是像美国要求未来教师先在文理学院进行四年的文化基础教育和科学教育,而后在教育学院进行一年或一年以上的研究生班专业训练,使之达到硕士水平,有志深造者经过一段时间的教育实践后还可继续攻读博士学位;联邦德国要求未来教师首先要在大学接受三到四年甚至四年以上的学科教育,第二阶段再到见习院进行一年半到二年半的教育理论和实践的培训。这种模式的师资培训主要依托综合院校和文理学院来实施。

二是采用大学和高师使用的培养方式,大学主要是进行学术科目的培训,高师主要进行教育专业的培训,像法国,未来教育培养的第一阶段是在大学接受两年的基本专业基础知识和教育基础知识的教学以及学习方法的训练第二阶段由大学和师范学校共同对他们进行为期两年的科学和教育的加深培训,未来的高级教师则由大学和师范学校对他们实施更深入的科学和教育训练,最终达到博士水平。

2. 师范教育制度的多层次化趋势

俄罗斯为适应市场经济发展的需要,打破原有的单一、僵化的高师教育体制,建立灵活、多层的教育结构,建立多层次高师教育制度:第一层次是招收中学毕业生,修业 3 年,培养九年制普通学校教师,授予基础教育教师证书;第二层次是在完成第一层次学业基础上继续修业 2 年,培养高中教师,授予学士学位;第三层次在第二层次基础上继续学习,修业年限为 1~2 年,培养高中、中专、古典中学、专业学校教师和大学助教,授予教师一研究者专门技能证书,第三层次的学生还可确定职业及研究方向,进行硕士学位的论文答辩。这几个层次有机连续又相对独立,这种多层次新的教师培养模式旨在构建合理的学术培养过程,依据各类型教师的具体培养任务,使基础的和专业的知识有机地结合在一起。奥地利目前各种学校的教师在不同机构接受不同的培训,学习年限各不相同,也表现出多层次性趋势,它存在八种类型的职前师范教育;培养机构彼此分离(师范学院、职业师范学院、综合性大学、教育学院):师资培养层次不同(高中层次、中学后层次、高等教育层次);以不同的理论为指导(定向培养、非定向培养)。奥地利的职前师范教育主要在师范学院和综合性大学进行。师范学院主要培养义务教育师资。在综合大学进行文法学校师资和商业技术学校普通学科师资培养采取两阶段的培养模式,第一阶段是学位教育,它有两个部分,前四学期学习两门学术课程,结束时可参加初级学位考试,愿意从事教育工作的学生必须参加专门举办的职业定向研讨班;后五个学期的学术课程的学习主要是为了满足师资培训和学科教学的需要,另外还学习学科教学论、教育科学和进行教学实习。在综合性大学学习成绩合格者可获得硕士学位。目前奥地利采取了进一步的改革措施:把师范学院纳入高等教育系统之中并保存其独立地位;增强各培养计划之间及与综合性大学的互通性;课程设置上注重核心素质内容;承担一定的研究和发展项目,承办一定的在职师资培训和教师进修。

3. 师资培养制度的多元化趋势——师资培养渠道的非师范化国际趋势

师资培养渠道的非师范化是指打破原有的由单一的师范院校培养模式,使非师范类院校也能培养师资。即是说,师资培养出现了多元化的局面,而且综合性大学可以设立教育学院、系等师资培养机构,同时还可开设教育讲习班、学位课程等特殊形式的师资培养方式。实际上,师范教育机构和形式发展的第三阶段在某种意义上就是师资培养的非师范化倾向。例如,中国的台湾地区师资培养走向多元化,1994年颁行新的"师范教育法",即"师资培育法"规定,除原有的师范院校外,其他一般大学均可申请设立教育院、系、所或开设教育学课程,共同参与师资培养工作,从而打破了师资培养由师范院校垄断的情形。目前,台湾共有师资培养机构47所,其中师范院校12所,设有教育院、系、所的大学5所,设有教育学程的大学30所。

4. 师范教育课程的通识化国际趋势

由于受到学术性和师范性整合的制约,师范教育课程呈现出通识化趋势。俄罗斯多层次的师范教育体制中各层次的教学内容均包括三个环节,即一般文化的课程、心理学、教育学课程和专业课的课程。第一环节是要加深学生对人、社会和自然的认识,发展学生一般文化的世界观,其中重要的是物质的和精神的文化历史和哲学学说的历史,这是未来教师完成自己的任务所不可缺少的知识结构;第二环节中有心理学、教育学的强化课程,加强培养学生研究教育的历史和社会教育学的问题的能力以及实践的能力,还有各专业的普通教学法;第三环节根据课程内容确定方向,进一步掌握专门学科的科学体系及教学与研究的工艺特点。台湾的师范院校的课程结构由三部分组成,即通识课程、专门课程和专业课程。通识课程是指作为一个大学生应该具备的共同的基本素养;专门课程是指师范生未来任教科目的相关课程;专业课程是指担任教师所应具备的教育教学技能的相关课程。

5. 教师资格认可机制的三级制国际趋势

教师资格认可机制涉及到教育聘任制度。它包括两个方面,一是对师范生的教师资格认可;二是对志愿当教师的非师范院校的毕业生的认可。日本教师的聘任标准包括三个方面的条件:一是必须持有相应的教师资格证书;二是必须参加国家考试并合格者。师范生首先参加由都、道、府、县教育委员会组织的"教师聘任选拔考试",然后接受能力、学业、身体等各方面的审查,才能走上讲台,经过一年的实习试用期被有关行政部门认可之后才能被聘为正式教师。国际上流行的做法是,必须四年毕业并修习规定的课程,经教师资格初检合格后先担任实习教师。实习一年期满,经复检合格者,才能取得合格教师证书。对非师范类院校毕业生的认可,日本实行教师检定制度,每年经文部省委托几所大学进行考试,报考小学教师的必须具备短期大学程度或同等学历,报考中学教师则要求具有大学程度,经考试合格,发给教师资格证书。目前,日本提高了教师聘任的学历水平,增设以"硕士"学位为基本资格的资格证,这样把教师的学历水平提高到硕士程度。

6. 教师专业化的国际趋势

教师专业化是当前世界师范教育所面临的一个问题。它是师范教育改革的核心问题。从观念上应把教师从一种职业转变为一种专业。1996年世界教育大会上通过了九项建议,其中有一条是关于教师专业化的,它界定为是作为一种改善教师地位和工作条件的策略。美国的《国家为培养21世纪的教师做准备》和《明天的教师》等报告中主张尽快形成"教学专业"(Teaching Profession),要求高等教育像培养医生、律师、经济学家那样为未来教师提供同样优秀的专业教育。奥地利的师范教育以"求同"战略为指导,以"专业化"思想为主导,以提高质量为目的,进行了一系列的改革,在综合性大学进行的中学师资培训发展中注入了专业化成分。

教师专业化具有以下特点:系统知识在教学中占有重要地位;有效的教学取决于教师本身的技能、价值观以及教师对教学的设计和安排。在课堂教学中,为教师提供条件,使教师能最大限度地影响到教学实践的全过程;要改变传统的自上而下的官僚制度学校管理体系,为教师提供宽松的职业环境使教师获得更多的自治权,以充分发挥教师本身的专业潜能和创新能力。为此要给教师提供专业发展机会:建立教师集体责任制、提供以教师的业务知识和业务技能为基础的专业晋升机制,为教师创造能够进行知识结构更新的有效途径,为教师建立能与教育专家及同行经常沟通的联系网,为教师提供及时的信息资源等。

师范院校面对这种教师专业化的趋势显然要进行改革。

7. 大学参与实习试用期培训趋势——实施研究生教育证书和教育硕士证书制度

教育实习是综合大学教育系或师范院校重要的教学组织形式和活动方式,是教学计划的有机组成部分。实习试用期指学生在获得学士学位及教育证书之后,在普通中小学进行为期一年左右的再培训,学生完成培训之后可以获得研究生教育证书或教育硕士证书。这是国际师范教育发展的一个特点。职前师范教育和在职师范教育的界限日益模糊,重视实习试用期符合终生教育的发展趋势。

(1) 美国的芝加哥教师计划和马里兰州实习期师范教育计划:芝加哥教师计划的目的是为城市学校挑选、培训、挽留具有一定才能和奉献精神的教师,保证未来的教师获得相应的知识、技能、经验及证书。它是一个大学毕业生水平的教师预备计划,提出申请者至少必须持有学士文凭,并通过严格的面试。其具体过程是:由调查委员会所选择的这些申请者必须在几所相关的合作性学院或大学中的一所登记注册,在施行教育计划的第一个夏季,选修部分时间制的课程,在完成该课程的论文之后,在公立学校开始为期两年的实习期,他们在有经验的辅导教师指导下工作。在最初两年的实习期及三个连续的暑假里,实习教师要完成教育证书所要求的论文,同时获得教育硕士文凭。

马里兰州实习期师范教育计划是由马里兰学院公园大学和蒙哥马利郡公立学校携手发起的,其目的是为了解决少数民族教师缺乏,吸引某些特殊学生和培养教师文化意识,保证教学效果的问题。参加者必须已获得学士学位,通过该计划的两年师范教育学习,就可获得硕士学位和教学证书。

(2) 英国的牛津实习期计划和莱斯特大学以中小学为基地的师资培训模式:牛津实习期计划是由牛津大学和牛津郡地方教育局和该郡的中学校长联合实施的计划。该计划有两个组成部分,一是课程计划(涉及班级教学的所有方面);其二是普通计划(涉及教学的其它方面,包括个性和社会教育、整个学校的问题和跨课程的问题)。课程计划的开展完全是以学科为基础。在每一个学科领域主要由有经验的教师——导师来负责以学校为基地的工作,每个导师指导两位实习生,以大学为基地的课程研究,是由课程指导教师来负责,他同时协调整个学科课程计划。它是一个大学和学校合作培养的实习计划。莱斯特大学的师资培训模式是莱斯特大学和莱斯特郡的中小学合作实施的以中小学为基地的研究教育证书的伙伴计划。其课程包括教学实习、学科课程和专业课程;学科课程包括不同的课程领域,如数学、物理等。专业课程包括教育理论科目,如教育原理、教育史等。师资培训计划有四种职能的指导教师:实习学校方面有学科指导教师和专业指导教师;大学教育学院方面有联络教师和主课指导教师。

从这两种模式中,我们看到在芝加哥教育教师计划中要求所有参加者必须修完师范定向课程并完成硕士论文的写作;在莱斯特大学的模式中,师范生要在教育学院中学习学科课程和专业课程,把在大学的教育理论学习同在实习基地的教学实践结合起来,看来,对教师学历要求普遍提高已成为发达国家的一个趋势。美国要求中小学教师必须持有学士学位,有的州还要求中学教师必须有硕士文凭。而这是大学教育学院或教师院校的一个新的培养领域。

另外,还出现了一些新趋向,如美国教师教育中案例方法的应用与研究。在本世纪,案例方法几乎成为美国所有的专业和职业教育中的一种主要方法。同样它在教师教育中有着重要的作用,这是教师专业化的要求。美国为了改变教师工资低,未能吸引有才华的学生报考师范院校,生源差导致学术水平和专业知识低,少数民族教师严重短缺的局面,一些州实施了"选择性教师证书"计划,它是指由美国各州倡导和规划,用以吸引并指导非教育专业大学毕业生或有相关经验但没有正规教师证书的人成为教师所采取的各种措施的总称。

参考文献:

[1]:袁锐锷.世界师范教育的过去和未来[J].高等师范教育研究,1997(1) 10—13.

(本文发表于《比较教育研究》2000 年第 4 期。作者朱旭东,时属单位为北京师范大学国际与比较教育研究所)

四、南非教师教育政策的变革和启示

种族隔离制度下南非教师教育在管理上高度分权。到 1994 年,有 19 个教育部门主管教师教育,大学和技术学院负责培养中学教师,在中央政府管辖之下;教育和培训学院负责培养小学教师,在省政府管辖之下。教师教育机构依照种族界限严格划分,[1] 资源分配不均衡,各个教师教育机构在资金、管理模式、行政能力、专业教师任命以及基础设施方面都存在着极大差异,课程和教师资格不统一,教育学院和大学缺乏合作。教师教育机构过多,效率低下,32 所大学和技术学院、120 所教育学院提供教师教育,教师教育学院师生比为 1：10,成本昂贵。民主政府成立后,南非高等教育改革势在必行,鉴于种族隔离制度所遗留的问题,如混乱、低效和不公平,教师教育成为南非高校改革的突破口。

(一)民主政府教师教育政策变革的主要特征

1997 年以来,有关教师教育的各种概念均在重新界定,南非教师教育改革全面铺开,主要包括基础教育课程改革、教师教育大学化、教师角色的重新定位、教师管理机构的设立、教师教育质量保障等。

1. 实施新国家课程,促进教师教育变革

1997 年民主政府制定以结果本位教育为理论基础的《2005 课程》,强调学习者应获得和表现出的知识、技能和价值观,以学习成果和评价标准清晰描述了每个学习者需要达到的目标和结果。《2005 课程》提倡从实证主义和行为主义课程观向建构主义和以学习者为中心课程观转变,标志着南非课程范式的转换。该课程改革打破传统的学科界限,将学科整合为 8 个学习领域(Learning

Area);[2]提出教与学是一个互动过程的观点,要求教师发挥促进者、协调者和支持者作用;重新界定评价概念,指出评价是一个利用多种技能从不同渠道收集学习证据的过程;新课程还提出培养教师关键性结果的要求。该课程改革试图缩小黑人教师和白人教师之间的差异,给予教师更多的自主空间,促进教师专业化发展,对教师和教师培训机构提出新要求,对教师教育产生重大影响,要求教师教育和培训内容及培训方式必须作出相应的变革,培养具有新课程理念、以学习者为中心的专业化教师。

2. 采取合并方式完成教师教育大学化

种族隔离制度下,教师教育管理的过分分权造成课程和教师资格多样、教师的供求缺乏全国统一规划、教师教育质量无法保障、教师教育成本存在巨大差异、中学某些学科如数学、科学和语言教师短缺。面对这种现状,南非政府作出教育学院合并到大学的改革措施,因为教师教育的大学化有利于降低教师教育成本,扩展学科领域,提高教师学历资格,促进科研的开展。1996年南非宪法就提出所有第三级教育都应属于"国家能力"的观点,1997年教育法案,明确要求教育学院或者作为独立机构存在,或者合并到大学或技术学院,教育学院的合并事宜被提上了日程。1998年教育部又发布《教育学院合并入高校:实施框架》,对独立的教育学院必须具备的条件作出了具体规定:(1)经济上独立;(2)入学人数最低达到2 000人。很多教育学院为成为独立高等教育机构而付出的努力都没有结果,因为教育学院的入学人数无法达到独立高校的标准;教师培训成本过于高昂;缺乏必要的管理能力;科研能力不足等。由于教育学院受各省管辖,首先在省一级通过解散、合并和合理化策略将教育学院的数量从120所减少到2001年的25所,这25所教育学院合并到大学或技术学院,2所远程教师教育学院合并到南非大学。教育学院合并到大学和技术学院后,教师教育从省的职能上升到政府或国家职能,实现了教师教育大学化。

3. 重新定位教师角色,重塑教师形象

种族隔离制度下,以种族为界限,教师身份被严格划分为"专业人员"或"工人",前者指那些在设施良好的学校里工作,收入可观,具备教师资格,加入专业教师组织的白人教师;后者指不合格或欠合格,受到歧视的黑人教师。民主政府成立后,经过一系列立法,如1993年《教育劳动关系法案》(Eduction Labour

Relations Act of 1993)，1996 年《国家教育政策法案》（National Education Policy Act of 1996)，教师身份渐趋明晰为"教育者"。2000 年 2 月教育部发布新的《教育从业者规范和标准》（the Norms and Standards for Educators，简称 NSE)，同年 9 月又发布《教育就业资格认证与评价标准》（Criteria for a Recognition and Evaluation of Qualifications for Employment in Educaion，简称 CREQ)对前者作了进一步补充，详尽描述了教师所应具备的能力，重塑了理想教师形象。教师规范和标准中对教师角色和能力进行了重新阐释和界定，规定了教育者的七种角色即学习协调者、学习项目和材料的解释者和设计者、领导者和管理者、研究者和终身学习者、评价者、社区成员和公民及牧师角色、学习领域/学科专家。同时指出教师成功履行这些角色，应具备哪些知识、技能和价值，这样，教师角色实现了从机械履行现成教学大纲的技术人员到自我反思和决策的专业人员的范式转换。

4. 加强教师管理，设立教师管理机构

行业教育培训局（Sector Education Training Authority，简称 SETA)和南非教育从业者委员会（South African Council of Educators，简称 SACE)是南非教育部主管的两个法定教师管理机构。南非共有 25 个专业委员会监管本行业的教育和培训，教育行业有独立的 SETA 即教育、培训和发展实践（ETDP-SETA)。南非教育从业者委员会成立于 1996 年，主要负责教师注册、行为规范和专业发展，所有教师必须在南非教育从业者委员会注册才能在公立学校任职，委员会保证所有教师遵守委员会所制定的职业道德规范（Code of Professional Ethics)，对违反行为准则的教师强制执行惩罚，取消其注册资格，南非教育者委员会还担负着促进教师专业发展的责任，特别是专业发展的道德维度，南非教育者委员会的成立标志着对教师专业化的承认。

5. 实施国家评估，保障教师教育质量

南非政府构建了由南非质量局、国家资格框架和高等教育质量委员会组成的统一的高等教育质量保障体系，高校必须在国家资格框架内注册其授予的学术资格，高等教育质量委员会行使项目认证、院校审核、自行评审和国家评估的职能，其中国家评估是对一些特定教学项目的再认证，教师教育项目即在国家评估范围之内。高等教育质量委员会目前已经完成了教育硕士学位项目

(Med)、职前教育学士学位项目(Bed)、教育高级证书项目(ACE)、教育研究生证书项目(PGCE)的再认证,有效地促进了教师教育项目质量的提高。另外,从教师专业化发展的视角,南非教育从业者委员会制定《行为准则》规范教师专业伦理;教育劳动关系委员会开发《发展性评价指南》(Manual for Developmental Appraisal)对教师进行绩效评估。

(二)教师教育政策实施中存在的问题及新的国家政策框架

1. 教师教育政策实施中存在的问题

1994年以来南非教师教育变革是复杂而急剧的,教师教育处于一个多变和不稳定的环境中,多项政策措施直接影响教师教育。教师教育机构和教师个人面对变革都表现出一定程度的不适,很难在短期内作出适当反应。概括来说,后种族时期的教师教育政策对教师工作的影响是矛盾的,政策框架本意鼓励教师专业发展,教师的专业地位在很多政策中得到承认,但实际执行却与专业化相抵触,政府当局对教师独立工作采取不信任态度,没有给教师提供广泛的支持和发展空间,而是对教师实行更多的控制和监管。政策过多加重了教师的工作负担,使教师失去自我发展空间,导致教师们的迷惘、政策疲劳,这也是造成南非教师短缺、高流失率的主要原因之一。

首先,《教育从业者规范和标准》对教师提出了过高的期望,对种族制度所遗留下来的教师能力和不平等状况没有充分的认识,提出的教师角色过于理想化,缺乏现实基础。事实上,很多教师没有接受过良好训练,无法承担这些理想角色,造成教师压力过大。

其次,《2005课程》的实施遇到一些困难和障碍,课程要求教师成为学生学习的促进者,开发学习项目,开展形成性评价,这些要求超出了很多教师的能力范围。仅仅几年后,就清楚表明《2005课程》和新的评估方式给教师造成极大的工作负担,[3]有研究显示南非25%的教师是欠合格的,大多数教师对实行新课程和新评估方式准备不足;学习领域的整合性使得很多教师不得不在没有接受过训练的学习领域教学,而国家却未能为教师提供及时有效的在职培训来减轻教师的负担。因此,如何实行教师职前及在职教育和培训以促进新国家课程的有效实施成为南非教师教育所面临的严峻挑战。

最后,教师教育学院合并到大学未完全达到预期的效果,并出现了一些问题。由于预算的复杂性和成本差异,教育学院的教职员工尚未完全合并进大学系统;与教育学院相比,大学教育的重理论性使之与基础教育的实际相脱节,造成理论和实际的脱离。有研究者对 3 所合并到大学的教育学院进行典型案例研究,发现合并的成功有效与否受很多因素影响,合作是政府宏观政策与院校政策互动的过程,一个强有力的院校领导会促成其员工、学生和课程等资源的最佳安置;相反弱的领导则会因合并失去领导权和话语权。

2. 南非新的教师教育国家政策框架

2003 年 2 月教育部专门设立了教师教育委员会开发教师教育国家框架,以期协调教师教育的现有各项政策,重点解决欠合格教师培训和教师短缺的问题。2006 年南非师范毕业生大约 6 000 人,然而每年流失的教师多达 2 万人,大学培养的教师数量不足以满足对新教师的需求,并且 6 000 名毕业生中不足500 人能够用非洲语言授课。非洲裔师范学生的低入学率造成小学阶段能够用非洲语言授课的教师短缺。《教育从业者供求报告》(The Educator Supply and Demand)指出,根据对入学人数和师生比的推测,到 2008 年南非将有大约15 000 名教师短缺。大量欠合格教师的存在也是南非当局要迫切解决的一个问题,很多教师缺乏概念性知识、学科知识和教学法知识,教学技巧需要提高,尤其是特殊领域的专门技能,如健康和体育、残疾儿童教学、艾滋病援助等领域。

2007 年在部委员会报告的基础上,南非教育部发布《南非教师教育和教师发展国家政策框架》,该政策框架分析了南非教师和教师教育现状,详述了教育专业发展的两条路径——教师职前专业教育和教师继续专业发展并构建了教师教育和发展的支持体系,以实现"更多教师"和"更好教师"的目标。

(1)教师职前专业教育

南非政府为拓宽教师培养路径,加速师范生的培养,缓解教师短缺的严重局面,规定了获得教师专业资格的两种途径,一是修习 480 个学分教育学士学位,其中必须包括一年的教育实习;二是获得其他专业 360 个学分的初级学位,再加上 120 个学分的教育高级文凭(Advanced Diploma in Education,简称ADE),为保持同高等教育资格框架(Higher Education Quality Frame,简称HEQF)的一致,教育高级文凭等同于教育研究生证书(Postgraduate

Certificate in Education,简称 PGCE)、教育高等文凭(Higher Diploma in Education)和特殊教育研究生文凭。教育学士学位的修习方式相当灵活,可以是全日制或部分时间制、面授或远程学习。各省教育部将同大学密切合作确保安置准教师的实习,安排指导教师。

（2）教师继续专业发展

为了加强教师在职培训,提高教师专业素养,2000 年教育部设立了国家教育专业文凭(National Professional Diploma in Education,简称 NPDE),其目的旨在提高那些不合格教师的专业能力,促进不合格教师的专业发展,达到教师规范和标准所要求的教学能力,提供基本原理学习、学科内容学习、教学过程、专业化、结果本位教学等培训内容,教师可以采取远程学习、假期和周末学习等灵活的学习方式来修习此文凭。除国家教育专业文凭外,为满足教师继续教育需要,南非政府在各个层面开展很多新的教师继续专业发展项目,包括学校组织的项目、雇主组织的项目、资格项目、由非政府组织、教师工会、社区和宗教团体等提供的项目及教师自我选择的一些活动,通过参加这些项目,教师可获得专业发展点(PD Point)。教师继续专业发展的目的在于提升教师的专业地位,提高实际教学质量,促进教师专业化发展,南非教育者委员会同高等教育质量委员会等质量保障机构负责教师继续专业发展项目的质量保障。

（3）教师教育和专业发展的支持体系

首先,南非教育部是教师教育的最大责任者,[4]负责教师教育政策的开发、教师教育的规划、监督和拨款,同时协调教师教育各相关团体和机构的活动。其次,南非教育部和南非教育从业者委员会、省和地方教育机构在相互理解和信任的基础上密切合作,促进教师教育国家政策框架的实施。再次,省教育厅在南非教育部的支持下,有责任保障教师的服务条件、工作条件、事业发展机会。最后,南非将成立国家教育评估和发展部(National Education Evaluation and Development Unit,简称 NEEDU)对全学校评估政策(Whole School Evaluation,简称 WSE)和综合质量管理体系(Integrated Quality Management Systems,简称 IQMS)[5]的实施提供必要的缓冲。

（三）南非教师教育改革的启示

首先,从政策决策的角度来看,教师教育国家规划必须直接针对一些核心问题,如教师供求、质量、课程等,必须在充分调查的基础上制定中长期政策,政策目标、途径、成本、时间跨度等因素必须充分考量。在制定政策时,考虑以下关键问题,如教师需达到何种技能和能力要求;如何使之达到这些要求;需要哪些资源配置;需要多久能达到政策目标等,这样可以实现各种政策目的的一致性,保证政策实施的可行性。各国在制定教师教育政策时必须立足于本国的国情和现实,以南非为例,南非教师教育处于高等教育重组、民主化的进程中,公平、效率、民主是其基本原则,学校教育制度的改革带来学生构成的多样化和多元文化是教师教育所面对的重要挑战,艾滋病的蔓延造成教师的高流失,对教师教育产出和教师士气均造成一定影响,这些复杂的因素是南非教师教育政策的现实基础。

其次,从教师专业发展的角度看,20 世纪 80 年代以来,教师专业化成为各国教师教育改革的逻辑起点,纷纷开展各种旨在促进教师专业化发展的举措,但在各国不同语境之下,对教师专业化的理解却不尽相同,存在一些争论。有研究者提出教师专业化有两种模式,一种是民主型,一种是管理型。管理型专业化,受外部需求所驱动,意味着对教师工作的政治控制,教师享有有限的自主,政府将教师专业化作为"间接统治"的手段。而民主型专业化的内在逻辑是保护教师自主,教师被看作具有较高技能和学识,能够作出专业判断的个体。由此可见,教师专业化过程要实现从管理主义向民主主义过渡,重点是处理好自主和问责之间的关系,专业问责应以知识为专业决策的基础,自主、问责、知识、专业伦理是教师专业化的核心特征。从南非教师教育改革经验来看,国家政策必须充分考虑本国教师和教师教育的实际,采取渐进式的变革方式,每一次新政策的出台必须伴随对教师的支持和培训,在强调问责的同时,应为教师专业自主决策留有充分的空间,促进教师的自我反思,真正实现教师专业化发展。

最后,从教师教育大学化来看,在综合性大学培养中小学教师已经成为当今世界潮流,综合性大学能提供更广泛的通识课程,更好的学习资源,提高准教师的科研能力等,学界为此提出了大量理论上的依据和大学化的途径,然而南非改革的现实告诉我们,教师教育学院的消亡和合并也存在一些不利,给国家带来一定的损失,一些具有特色、质量良好的院校,如基雅尼教育学院(Giyani College of Education)的解散;服务于弱势群体的教师教育机构仍然资源短缺;从减少培养成本的效率出发的教师教育合并忽略了公平的原则,造成公平与效率之间的两难困境;大学教育的学术至上在某种程度上造成理论与中小学教学实际的脱节;大学教师缺乏中小学教学经验,教师培训和教育实习针对性不强。因此,教师教育的大学化仍然值得深入探讨和思考,不能完全照搬西方模式。

参考文献:

[1] Jansen. Imaging Teachers: Policy Images and Teacher Identity in South African Classrooms. In K. Lewin, M. Samuel and Y. Sayed (Eds.). Changing Patterns of Teacher Education in South Africa [M]. Sandown: Heinemann PuЬ\ishersLtd. 2003,118—129.

[2] Jansen. Autonomy and Accountahility in the Regulation of the Teaching Profession: a South African Case Study [J]. Research Papers in Education, March 2004, 19(1):51—66.

[3] Wilmot, Di. Emerging Models of Teacher Training: the Case of South Africa [J]. Intemational Research in Geographical and Environment Education, 2004,13(2): 153—158.

[4] Sehoole, M. T. C.. The Politics of Mergers in Higher Education in South Africa[J]. Higher Education. 2005,50:159—179.

[5][6] Department of Education. TheNational Policy Frame work for Teacher Education and Development in South Africa [Z]. Govemment Gazette, No. 29832,2007,Pretoria.

[7] Sachs, Teacher Professional Identity: Competing Discourses, Competing outcomes[J]. Joumal of Education Policy,2001,16(2): 149—161.

(本文发表于《比较教育研究》2008 年第 6 期。作者顾建新、牛长松,时属单位为浙江师范大学非洲研究院)

五、美国州政府的农村教师保障政策研究

（一）背景介绍

美国农村有超过 800 万的学龄儿童，占所有公立学校学生人数的 21%；美国农村有 24 123 所公立中小学，占所有公立中小学的 31%；超过 40 万的教师在农村中小学任教，占美国所有公立中小学教师的 31%。[1]招募不到足够的合格教师且教师流动率高，进而导致农村教育质量相对较低，是当前美国农村教育面临的主要问题。例如，美国全国教师的平均流动率是 10%，但是农村地区的流动率为 15%，在科罗拉多州农村学校教师的流动率为 23%，而阿拉斯加农村学校教师的流动率则高达 24%。[2]造成这些问题的主要原因有以下几个方面。

1. 工资低。美国教育研究服务中心 2004 年的调查显示：美国农村地区任何一所公立学校的教师工资都比城市教师要低。2003—2004 学年，美国农村教师平均年收入为 41 131 美元，城镇教师为 43 460 美元，而市郊教师的收入则为 50 844 美元（市郊学校是农村学校招聘教师资源的最大竞争对手）。农村新进教师的工资比城市和郊区的教师工资要低 13.3%，农村教师的平均工资比城市教师工资要低 14%，美国有 43 个州的农村教师工资均低于城市与郊区的教师工资。[3]

2. 工作条件艰苦且负担重。地理位置在农村的学校能否吸引和留住教师上发挥了十分重要的作用，地理越偏远，越难招到和留住教师。与社会的隔离是农村年轻教师、刚刚入校工作的新教师所充分感受的体会，这也是他们在农村工作了一段时间之后迅速离开农村往城市或靠近城市的市郊学校流动的主

要原因。[4]地理与社会的隔离所带来的基本资源与物质的匮乏、学校基础设施与软硬件建设的薄弱等,也是很多教师离开农村学校的重要因素。同时,因为收入低、条件艰苦等导致了农村学校教师人数不足,很多农村教师工作负担重,除了要教自己本学科的课程以外,还要负担其他多个学科,而这些课程又并非他们自己本领域和自己所擅长的,所需要花费的时间和精力更多。而且,美国农村学校班级规模都较大,这使得农村教师的负担更重。除此之外,农村学校教师专业发展和接受培训的机会少,农村学校领导、管理、学科的无效率也是导致农村教师流动的重要原因。[5]

(二)美国各州政府采取的农村教师保障政策

1. 家乡教师项目

所谓家乡教师项目(Grow-Your-Own),指的是各州从农村地区选拔学生到当地的高等教育机构、教师教育机构学习,学生毕业之后回到自己家乡的农村学校任教的项目。这是一个典型的从职前开始着手培养并保障农村教师的数量与质量的项目。美国几乎每个州都组织与实施了该项目,只是各个州的组织与实施方式不一样。如怀俄明州就直接在教师需求度高的农村地区设立了3所专业发展学校(1所大学、1所社区学院和1所地区学校)。佐治亚州则在该州萨凡纳地区的阿姆斯特朗州立大学设立了"专业人员的职前培养项目",自1993年以来该项目成功地为条件艰苦的农村培养了65名合格教师,且这些教师的保留率高达94%。在亚利桑那州,农村地区与两所州立大学建立了伙伴关系,该州在这些农村地区选拔学生,将他们派往这两所大学学习,毕业后直接回当地任教。另外,还有如内布拉斯加州的"东北部准教师职业项目"、科罗拉多州的"农村教育机会"项目、堪萨斯州的"联合教师培养计划",等等。在家乡教师项目的具体操作上,以弗吉尼亚州为例,弗吉尼亚州自20世纪90年代开始就在其格雷松(Grayson)县(该州最贫困的县)实施了阿巴拉契亚模范教学项目(Appalachian Model Teaching Consortium)。该项目组织格雷松县与该州的威斯维尔社区学院和拉得福大学合作,面向该县所有有兴趣成为农村教师的高中生。在高一,经过双向选择,确定参加该项目的学生。在高二和高三,威斯维尔社区学院将其教育心理学等课程(共32个学分)纳入到该县的高中课程。这些课程除了包含对高中学生的学习指导与建议以外,还包含了教育教学的基础知识,另外还组织学生参与实践,如听课或充当农村中小学校长或教师的助手等。在学生高中毕业,进入大学阶段后,即到威斯维尔社区学院学习 2 年,再到拉得福大学学习 2 年。大学第 4 年是专业学年,第 1 学期在农村公立学校实习,如听课、上课等;第 2 学期,与传统学生不一样的是他们要回到该县的农村学校直接从事教学工作。半年的教学工作考核合格和顺利完成大学的所有学分,学生即可以回到该项目所指定的农村学校任教(项目规定是毕业后至少回当地农村学校工作 3 年以上)。参与该项目的学生除了可以获得减免学费、住宿费、生活费等资助以外,还可以获得各种奖学金。而且,在社区学院和大学学习时,学校会给参加该项目的学生开设更多关于农村教育、农村文化等课程以及更多元的体验,除了确保他们将来能胜任农村教师这一工作以外,还极力让他们感受到从事农村教师工作的荣誉感和责任感。[6]

2. 经济保障政策

美国不少州在制定政策、促进农村教师的招募与保留时,发现要有指向性、有针对性地对那些愿意去农村工作的教师采取相应的刺激措施。但纯粹的经济刺激不一定有效。以怀俄明州为例,在 2001—2002 学年,该州为农村教师提高工资,使该州农村教师的工资为全国农村教师工资之最,但始终还是没有阻挡住该州西部农村教师往城市流动的步伐。其他各州也进行了一些尝试与改革,其中比较成功的是密西西比州。该州实施了一个雇主帮助教师住房的项目(The Employer-Assisted Housing Teacher Program)。该项目为那些在密西西比州农村地区,特别是教师严重缺乏的农村地区已经工作或准备工作 3 年以上的教师提供住房资助,每年最高资助金额为 6 000 美元。这些钱可以用于预付订金、手续费等任何与房子相关的事情。[7]另外,该州还给那些去农村担任教师的学生提供贷款支付项目,即帮他们还清在大学期间所欠的贷款。美国其他各州也展开了各式各样的努力。如北卡罗来纳州给那些在偏远的农村地区从事数学、科学教学或特殊教育的中学教师,提供每年额外 1 800 美元的奖金;对有工作经验、愿意到农村地区任教的教师提供住房和每月 400～600 美元的生活补助;还提供燃气补助和交通补贴等。在路易斯安那州,愿意在教育质量相对较低的农村学区工作的有经验的教师每年会有 2 500 美元的额外奖金和 125

个小时的职业发展时间。[8]加利福尼亚州为在农村偏远学区、贫困学区工作的教师提供每年高达 19 000 美元的资助,以帮他们偿还各项贷款。印第安那州为那些在农村地区任教 5 年以上的教师提供偿还贷款项目,特别是那些教授特殊学科的老师,如数学、科学、西班牙语和特殊教育。在阿肯色州,如果一个教师愿意去贫困地区任教,每年将获得 4 000 美元的额外签约金。[9]犹他州为农村教师提供租房资助等。

3. 教师培训政策

美国各州政府在农村教师培训上的政策与措施可以归纳和概括如下。

(1) 新教师指导项目。美国学者的调查表明,要留住农村教师,关键就是留住新进教师,特别是他们工作的第 1 年。所以,很多州采取了新教师指导项目,如密歇根州 92.8%的农村学区、印第安那州 83.7%的农村学区、俄亥俄州 92.1%的农村学区、加利福尼亚州等。新教师项目包括简化教案、提供精心安排的进修、定期安排听课、加强新教师与其他教师的交流等内容。[10]研究表明,这些项目对新进教师产生了积极的影响,并且提高了农村教师保留率。[11]

(2) 同事帮助项目。北卡罗来纳州给农村教师提供同事帮助项目,组织农村教师之间相互讨论有效的教学实践与心得,固定每月召开一次集体讨论会议。另外,该州的农村社区还为教师提供教学发展上的帮助,建立资助网络,减轻教师来自教学上的工作压力等。

(3) 其他培训项目。如密苏里州推行的密苏里州教育更新计划,通过该州的高校,如密苏里州州立大学、中部卫理公学院、林恩州立技术学院等与农村学校和社区、相关技术组织等合作,依托高校的课程、教学、师资等优势为农村学校培养教师,同时,还特别为农村教师设计和安排各式各样符合他们学习与发展需要的培训与进修项目与机会。

4. 技术与制度上的努力

(1) 技术上的努力。计算机、多媒体等技术在帮助农村教师填补与克服如地理与社会的隔离、资源的匮乏等方面的缺陷能起到一定的作用,有助于农村教师的招募与保留,也有利于他们自身的学习与发展。如,加里福尼亚州用网络为农村教师搭建与外界,如大学、教育管理机构之间的平台,帮助他们克服在农村地区所遇到的沟通障碍。蒙大拿州教育发展中心的在线专业发展中心则为农村教师提供了在线的工作坊,以帮助全州的农村教师讨论问题和发展各方面的技能。田纳西州的教育部门提供了在线的专业发展项目,如阅读项目,以促进农村教师的专业发展,2004 年有超过 1 800 名教师参与了该项目。[12]

(2)制度上的努力。这里的制度指的是有关教师招募与保留等方面的行政制度。如加里福尼亚州为农村学区设立专门的教师招募网络,将该网络作为招募教师的最初工具。在网络上给那些有志于农村教师工作的应聘者提供综合全面的信息,帮助他们做出正式的决定。北卡罗来纳州、宾夕法尼亚州和南卡罗来纳州等一些州在中学阶段便进行一些招募活动,以了解和增加那些可能的、潜在的农村教师。阿拉斯加州则建立了一个全州内的教师简历数据库,可以保证教师调度上的自由与灵活。另外,还有一些州简化了农村教师的招募程序。

(三)美国州政府农村教师保障政策的特点

1. 根据农村教师和农村教育的实际需要,在全面了解实际情况的基础上开展活动

美国各州政府的农村教师保障政策是建立在大量调查的基础之上的。如在家乡教师项目实施之前,州政府会详细地了解本州农村教育情况和教师情况,如教师数量、学科结构、工资福利等,并在第一时间更新农村教师数据,以便决策者了解本州农村教师的短缺情况、流失率等。各州政府据本州或本地区农村教师的短缺数据等这些最新、最准确的数据,来决定家乡教师项目的培养规模。在决定提供经济保障政策之前,各级州政府也会根据本州农村教师的收入情况和物质需求等,决定实施什么样的经济保障政策。如,如果本州农村教师住房问题明显,那么州政府会在财政许可的前提下提供住房方面的福利保障。

2. 保障从职前展开,确保源头的数量与质量

我们习惯性地将保障局限于职后,例如保障教师职后的生活质量、收入、发展等,但事实上职后的流失是与职前教育紧密联系在一起的。美国各州政府注意到了这些问题,所以它们采取家乡教师项目等从职前教育入手,保障到农村学校工作的教师数量与质量。通过从大学甚至高中阶段就开始的家乡教师项目,不仅保证了有毕业生到农村学校工作,而且还使他们在高中和大学阶段能

够接受到有针对性的优质教育,从而保证了这些未来的农村教师的质量。

3. 注重农村教师的物质需要,保障形式多样,且重视实际成效

从前面的内容中不难发现,美国各州政府很重视农村教师的物质需求,并采用了各式各样的方法与措施来改善农村教师的实际生活。各州政府不仅注重这些保障措施是否真的帮助到了农村教师,而且注重依托这些保障政策来改善与推进农村教育,即有针对性、指向性和目的性。如,利用这些政策来确保有教师,且有高质量的教师愿意在农村学校工作和愿意在农村学校长期工作,确保农村地区的特殊教育和重点学科的教育,进而提高农村学校的教育质量。

4. 充分利用各方资源,特别是地方高校

在具体的保障过程中,美国州政府重视对各资源的利用,如地方高校、计算机技术、行政制度等。其中,地方高校除了可以从职前保证农村教师的数量和质量以外,还可以在职后提供各式各样的培训项目来为农村教师提供学习与发展的机会,同时还可以将自己的课程等通过网络等形式传递给农村教师。纵观美国各州政府的农村教师保障政策,不难发现,高校,特别是地方高校始终发挥着十分重要的作用。

(四) 启示

1. 建立专门的农村教师数据库,确保任何形式的保障政策都切实地建立在农村教育真实情况与农村教师真实需求的基础之上

制定和实施各项保障政策的根本目的在于改善农村教师生存与发展状况、促进农村教育事业的发展和提高农村教育质量。以此为出发点,要让各项保障政策真正发挥实际功效,并能达成上述目的,那么这些政策一定是要建立在农村教育和农村教师的真实现状以及农村教师真实需要的基础之上的,否则,所有的保障政策都没有意义与价值,甚至只是在浪费人力、物力与财力。基于此,切切实实地做好关于农村教师生存与发展现状的调查与统计工作,应是制定有效的保障政策的第一步。在此基础上,建立专门的农村教师数据库,并及时更新,确保数据库能在任何时候都能提供关于全国、各省和各地区农村教师现状的最新、最准确的数据。专门的农村教师数据库应包括如农村教师的年龄结构、教龄情况、性别比例、收入情况、学科构成、学历结构、生活状况、培训状况、

流动情况等基本数据,并且还应与其他数据库,如城市教师、农村教育整体状况等数据库相契合,确保比较的方便,从而切实保证各项保障政策的质量。

2. 充分发挥地方高校在农村教师保障上的作用

地方高校地处各省或各县市,不仅熟知当地的文化传统与经济政治等社会状况,而且对当地农村教师的学习与发展、需求与保障最为了解,最能"感同身受"与客观准确地参与到农村教师的保障事务中。地方高校与地方教育行政部门合作,定点培养当地所需要的农村教师,在学生来源上可以倾向于当地的高中毕业生;并且在他们所接受的高等教育和教师教育中增加与当地文化、当代教育、当地农村学校和农村学生等相关的背景知识,培养责任感与荣誉感等。事实上,在农村教师的招募与保留等保障事务上,经济原因只是众多因素之一,教师个人的素质(如价值观、人生观)、农村学校的管理与氛围、农村学校的校长、农村教师队伍的整体状况等均是不可忽视的因素。而无论是农村教师个人、还是校长,抑或是学校的管理层和整体的教师队伍,都是要接受职前教育和职后培训的个体,通过地方高校加强对他们的职前教育(专业技能、职业素养、道德素质等)不仅可以从源头上保障质量与数量,而且还可以为他们的职后培训等保障事务提供更好的基础与空间。

3. 分层分级地保障农村教师的物质与生活需求,在满足的基础上注重经济保障政策的实际成效

所谓分层指的是农村教师的物质与生活是分层的,例如从满足到改善,再到提高等;分级则指的是保障主体上的分级,从中央政府到省政府再到地方政府等。具体来讲,主要指的是国家财本相当(至于基本相当的标准,则要依据国家整体经济政治等情况来制定)的生活质量,确保教师的基本物质与生活需求能满足。在满足的基础上,改善与提高农村教师的生活水平,应由地方财政来承担(国家财政条件允许的话,也可以由国家完全或部分承担)。但是,用于改善与提高的经济保障政策,应有针对性、指向性、目的性和实效性,即应附带相应且明确的责任与条件。例如,用于奖励优秀的农村教师、用于鼓励农村基础学科与重点学科的发展、用于发展特殊教育、用于发展学前教育等,这些经济保障政策应以提高农村教育质量为根本目的。另外,因为各省经济状况不一,在分层分级上还应该依据实际经济水平有所倾向与照顾。

参考文献：

[1] 110THCongress1STSessionS. 583〔EB/OL〕. http：//frwebgate. access. gpo. gov/cgi－bin/getdoc. cgi? dbname＝110_cong_bills&docid＝f：s583is. txt. pdf,2010-11-01.

[2][8]丁慧.美国农村学区吸引和挽留教师的对策及其启示[J].教育导刊,20070(1):51.

[3] Camilla A. Mahan. Home-Grown Teachers：Will their Rural Roots Keep Them in Virginia's Rural Schools〔M〕. Virginia Commonwealth University,2010. 38.

[4][5][11][12]Patricia CahapeHammer. Rural Teacher Recruitment and Retention Practices：A Review of the Research Literature,National Survey of Rural Superintendents, and Case Studies of Programs in Virginia〔M〕. Appalachia Educational Laboratory,2005. 4. 4. 9. 10.

[6] Alvin C. Proffit;R. PaulSale;AnnE. Alexander;RuthS. Amdrew. The Appalachian Model Teaching Consortium：Preparing Teachers for Rural Appalachia[J]. The Rural Educator,2004. 24—29.

[7] Mississippi Code〔EB/OL〕. http://www. mscode. com/ free/ statutes/37/159/0011. htm. 2010-10-18.

[9]韩娇. 美国 21 世纪初农村教师招募和保留对策研究[D].东北师范大学,2009(8).

[10]李祖祥.美国农村教师职后教育的新动向[J].外国教育研究,2010(1):87.

（本文发表于《比较教育研究》2012 年第 2 期。作者付淑琼,时属单位为杭州师范大学教师发展研究中心）

六、提升职业吸引力、提高职前教育质量

——英国教师教育改革最新趋势

教育质量的高低关键取决于教师队伍的质量。为了创办世界一流教育和提升教师的素质,英国教育部在 2010 年和 2011 年先后颁布了《教学的重要性:学校白皮书》(The Importance of Teaching:School White Paper)与《培训下一代优秀教师》(Training Our Next Generation of Outstanding Teachers)政策法案或蓝本,针对目前中小学教师队伍状况与教师教育中存在的问题,提出了一系列新的改革措施。

(一)吸引优秀人才加入教师队伍

在《培训下一代优秀教师》白皮书中,英国政府意识到,在影响学生学业成就的所有因素中,教师的质量是最重要的。一些教育质量最好的国家,如芬兰和韩国,所招收的教师来自大学毕业生中最优秀的 10%。目前,英国教师职前培训学习者学历水平总体上有所提高,但还没有达到这一标准,在一些重要的学科,如科学和数学,受训者的成绩水平反而有所下降。因此白皮书提出,英国必须使未来的教师质量达到世界教育质量最好国家的教师水平,其目标是借鉴最优秀国家的做法,一开始就严格甄选,确保进入职前培训的是最有潜力且最乐于从教的学生。[1]

156

1. 提高职前教师教育准入标准

英国的职前教师教育从两方面提高了受训教师的选择标准。第一,提高对师范生候选人学业成就的要求。从 2012 年 9 月起,只有取得二级及以上学位证书Ⅰ的学习者才能进入教师教育学习,有资格获得政府提供的助学金。不接受学位水平为三级及以下的学生进入教师教育学习。[2]第二,通过技能测试对申请职前教师教育的候选人进行择优录取,只有在语文和数学能力测试中达到较高标准的申请者才能进入职前教师教育的学习。从 2013 年 9 月开始,英国将对候选人实行技能测试,并提高及格分数要求。目前,英国虽然已有对学习者语文、数学和计算机(IT)能力的相关测试,但是这些测试是在培训之后,在获得"合格教师资格"(Qualified Teacher Status,QTS)之前进行的,不利于淘汰不合格的候选人员。此外,由于如今的受训者基本都具有较强的 IT 能力,因此新的选拔测试将取消 IT 能力测试,将重点放在对申请者语文与数学能力的测试上。

2. 加大对职前教师教育学习者的支持,提高学习者的积极性

英国中小学在数学和科学等关键学科领域已经连续多年出现教师缺乏的状况。2010 年,英国中小学 16％的数学课由非专业教师教授。而科学教师中取得化学和物理学学位的专业教师分别占 22％和 14％。[3]目前,英国政府每年对教师职前教育的投入约为 5 亿英镑,这一数字并不足以解决部分学科教师不足的问题。为此,2011 年白皮书指出,要加大对教师培训的支持力度,吸引更多的优秀人才加入教师行列。

在英国,师范生在教师职前培训学习者中的比例超过了80％。《2002 年教育法》规定通过助学金的形式对师范生进行资助。学生贷款公司(Student Loans Company)为所有的研究生和本科生、师范生提供学费和生活费用贷款支持。2011 年白皮书规定,今后所有师范生都不再需要提前支付学费,并且贫困学生将获得最大额度的资助。同时,为了吸引更多的优秀学生进入职前教师教育学习,从 2012/2013 学年开始,政府将加大对师范生提供助学金的力度,尤其是教师短缺的学科。助学金的金额与学生受训的科目以及学生的学位水平

相关,并且会进一步提高最优秀的学生助学金额度,详见下表。

职前教育学生助学金一览表(单位:英磅)

培训助学金	学生学位水平	物理、数学、化学、外语学科	其他中学和小学优先学科*
	一级(1st)	20,000	9,000
	二级甲等(2.1)	15,000	5,000
	二级乙等(2.2)	12,000	0

　　* 优先学科指艺术与设计、设计与技术、经济、工程、英语、舞蹈、地理、历史、信息与交流技术、计算机科学、古典学科、音乐、生物、体育和宗教教育等。资料来源:《培养下一代优秀教师:实施计划》(Training Our Next Generation of OutstandingTeachers:Implementation Plan)Nov. 2011.

　　3. 以多种培养途径吸纳各方人才

　　在英国,取得"合格教师资格"证书通常主要有三种途径:(1) 通过本科课程学习途径获得教育学士学位(BED),主要实施机构为大学和高等教育学院,这类学生占总申请人数的 20%,其中 84% 为小学教育,16% 为中学教育。(2) 研究生课程途径是在三年本科毕业后再读一年的研究生教师资格课程(PGCE),这是最受学生欢迎的途径,占申请人数的 66%。它每年提供作为骨干的 78% 的中学实习生和 56% 的小学实习生。这一途径一般由大学提供,但与中小学合作,采取以校本教育为中心的培养模式。(3) 在职人员学习途径。

　　近年来,为了吸引更多优秀的大学生进入教师队伍,英国在获取合格教师资格的途径上进行了改革与创新,增加了两种新的途径。

　　(1)"毕业生教师证书培训项目"(Graduate Teacher Programme,GTP)。这一项目主要针对还没有拿到合格教师证书但已开始任教的大学毕业生。这些学生可以作为"准教师"(unqualified teacher)在学校工作一年的同时,通过学习获得合格教师资格(QTS),进而取得教师资格的培养模式,这是一种边工作边参加大学教师教育课程学习。这一培训由"以就业为基础的职前教师培训机构"(Employment Based Initial Teacher Training Providers)负责提供,与中小学有认可的伙伴关系,通常由大学来领导或有大学的参与合作。政府希望对其加大投入,扩大 GTP 的范围,吸引更多的其他行业优秀人才加入教师行业,如银行家、律师和管理者等。同时,政府为边工作、边培训的"准教师"提供工资。

(2)"教学优先计划"(Teach First)。"教学优先计划"是一项吸引优秀大学毕业生从事教学工作的教师职前培养计划。这些学生在大学毕业的前两年从事一段时间的教学,两年教学培训结束后,或继续担任中学教师,或转向其他行业工作岗位。该计划的目的是吸引优秀的大学毕业生到城市中学从事两年教学工作,一方面帮助城市中学解决"教育劣势"问题,另一方面把这些大学毕业生培养成优秀的教师或其他行业的领导者,两者相辅相成。[4]

"教学优先计划"吸引优秀大学生的三个原因是:(1)学员能在富有挑战性的中学里接受严峻的挑战和艰苦的锻炼,为解决弱势群体教育问题和实现教育公平做出自己的贡献;(2)学员在获得"合格教师资格"的同时,也在领导和管理能力上得到培训,课程结束后,既可继续从教,也可从事其他行业的管理和领导工作,具有广阔的职业选择前景;(3)"教学优先计划"组织宣称,在该方案的培养下,不少学员将有望成为未来的领导者或企业家。[5]

"教学优先计划"于 2002 年开始在伦敦实施,其做法很快得到社会各界的广泛赞誉与支持,之后在英国扩展开来。由于成效显著,《培养下一代优秀教师》白皮书提出要进一步扩大该计划。目前,每年参加该计划的人数占所有教师教育学生的 1%。新的计划将使这一比例扩大到 3%,使更多处境不利的学校从中受益。同时,白皮书还提出在吸引大学毕业生的同时,教师教育也向其他领域的在职人员开放。

(二) 提高职前教师教育质量

1. 推进职前教师教育伙伴关系

实践性的校本培训是英国职前教师教育的重要特点。目前,英国的职前教育培养模式有两种。一是以大学为主导的培养计划。例如,"教育学士计划"(BED)和"研究生教育证书计划"(PGCE)。二是以学校为主导的培养计划。例如,"毕业生教师计划"(Graduate Teacher Programme,GTP),"以中小学为中心的教师职前培训"(School-centered Initial Teacher Training,SCITT)和

"教学优先计划"。但是无论哪种培养模式，都要求大学与中小学在教师培养中建立很好的合作伙伴关系。前者要保证学习者在大学学习相关理论课程的同时，要有相当多的时间在中小学进行实践，而后者要保证学员在学校教学的同时，有时间到大学学习相应的课程。

研究表明，许多接受以大学为主导培训的学员认为，他们直接从大学学习的课程没有与中小学校的教学实践很好地衔接。一些学员反映大学的课程理论性太强。在一项调查中，45％的教育学士学生、33％的小学教师研究生教育证书课程的学生和 19％的中学教师研究生教育证书课程的学生都认为如此。而接受以学校为主导培训的学员则认为，他们的培训提供了与所教学科相关的知识、技能和理解，使他们在课堂和行为管理中有更好的准备。[6]

鉴于此，白皮书提出，学校应该在教师培训中承担更大的责任。作为新教师的雇佣者，学校在保证新教师具有更高质量和为教学做好准备方面具有关键影响。因此，2011 年白皮书提出应该吸引和鼓励更多的优质学校加入教师培训。具体措施包括：一所学校或几所学校共同申请成为培训学校，得到认证后可以公开招聘学员。根据学员情况，政府将资助拨给学校管理，学校也可以向学员收取一定的学费。根据与合作大学达成的协议，大学可以向学校提供一定的费用，用于招聘、遴选和培训。一旦学员完成培训获得合格教师资格后，学校就可以雇用该学员。

对于大学，白皮书强调政府希望大学与学校建立更加紧密的关系，并且以伙伴关系的质量作为学额分配的依据，伙伴关系质量高的大学将获得最多的学额。评价伙伴关系的质量主要依据三个标准：（1）保证学员具有高质量的教学实习，特别是在优质学校进行，实习的导师是很出色的教师，教研室是很出色的教研室；（2）大学与中小学教师共享；（3）大学参与中小学董事会或委员会的管理。

同时，政府鼓励最好的大学借鉴芬兰模式，建立自己的大学培训学校（University Training Schools），大学培训学校既是中小学教学单位，同时又是教师培训和科研的基地。

2. 加强职前教师教育质量保障

英国国家教育督导制度的职责范围并不涉及大学和高等教育机构，但是由于教师教育质量直接关系到基础教育的质量,大学和高等教育机构所提供的职前教师教育一直以来都置于国家教育督导制度的监督之下,教育标准局在职前教师教育质量保证中发挥着关键作用。[7]从2012/2013学年起,新的政策提出,教育标准局对于职前教师教育机构的评估结果将成为决定其获得学额数量的关键因素。在新的机制下,职前教师教育机构将以竞标的方式获取学额。学校培训与发展署(Training and Development Agency for Schools-TDA)根据教育标准局对职前教师教育机构的督导结果以及各机构学员的入职率等因素,决定每个培训机构的学额分配。同时,政府还将增加对高质量职前教师教育机构的投入,希望通过优胜劣汰的激励机制,减少低质量教师培训机构的数量,提高学习者的入职率。此外,英国教育部将采取措施促进入职率相关数据的公布,以帮助学生选择培训机构。

为了配合新的教师教育政策的实行,教育标准局将从2012年9月开始实行新的"职前教师教育督导框架"。新的督导框架将重点督导培训机构选拔高质量学员的程序,对于培训机构整体效能的评价主要围绕以下指标:(1)学员的学习结果;(2)培训中各合作伙伴的质量;(3)对于合作伙伴关系的管理与领导质量,其中对于学员的培训结果将重点评价:学员在学习结束时的教学水平;按时并且成功完成学业的比例;就业率;教师职业的巩固率。对于合作伙伴质量的评价主要围绕以下指标:(1)新学员的选拔;(2)培训与考核质量;(3)各合作伙伴关系的质量;(4)资源利用的效率与效果;(5)促进公平和多样性。[8]

(三)提高教师待遇,稳定教师队伍

英国中小学教师队伍不稳定主要体现在以下几方面:① 目前,英国许多职前教师教育学习者在接受培训后很短时间内选择离开教师岗位。调查数据显示,约10%的学习者在接受"教育学研究生毕业证书"(PGCE)培训后拒绝在学校工作,此外,几乎同样数量的教师在入职仅1年后就选择离职。② 教师流动量中外流量(离开教师岗位)高于内流量(教师行业内流动)。如小学教师流动率为14.7%,其中10个百分点为流失率(离开教师岗位);中学教师流动率为12.5%,其中7.2%为流失率。③ 薄弱学校(以学业成绩差、贫困生和特教生

多为主要特征)的教师流动量高过优质学校。④ 绝大多数的流动教师为合格的专职教师,如在离开小学的教师中约 80%、在离开中学的教师中约 85%有专职任教合同。⑤ 30 岁以下和 50 岁以上的教师流动率高于其他年龄段的教师。[9]

影响教师流失的因素很多,其中包括教师工资待遇和社会地位。为此,英国政府在教师工资待遇上采取了一系列措施。

1. 实行以绩效考核为基础的职称工资制

英国实行以"职称"为主确定中小学教师工资的制度,教师的职称反映了教师的教学水平和工作能力。英国中小学教师职称由低到高有 5 个级别,分别为准合格教师(Unqualified Teacher)、普通教师(Main Scale Teacher)、资深教师(Post Threshold Teacher/Upper Pay Scale Teacher)、优秀教师(ExcellentTeacher)、高级教师(Advanced Skills Teacher)。[10]每个级别又分为 2~6 个等级。最低工资大约年薪 2 万英镑,高级教师最高工资年薪能达到 6.5 万英镑,教师的工资水平基本与公务员工资水平保持一致。近年来,尽管英国受到金融危机的影响,但是与 2008 年相比,2011 年教师每个级别的工资平均增加了 8%左右。[11]

英国教师的职称与其工作年限和绩效相关,绩效工资制度主要以年度评估为基础,通过对教师专业品性、专业知识和理解、专业技能的衡量(确定教师专业标准)和所教学生的学业成绩及达到的水平来确定教师的工资。如果通过了评定,就意味着教师迈向了更高的专业水准,月薪可立即增加 10%,并有可能获得更高的薪酬。

2. 多种津贴激励教师

英国教师的绩效工资制除了有以"职称"为主线的工资等级外,还设有多种津贴,体现多劳多得。据《教师工资法》(2011 年)的规定,英国中小学教育阶段所有等级的教师根据自己在课堂、教学各方面的表现以及承担职务的大小获得相应的津贴、补助。主要的津贴类型有如下几种:[12]

(1) 教学责任津贴(Teaching and Learning Responsibility,TLR)。在英国,中小学各职级教师都有机会获得教学责任津贴。教学责任津贴发放给那些承担了更多责任的教师,这些责任包括:领导、管理并发展某一学科或课程领域的教学和学生的发展;对学生的进步有着重要的影响;促进其他教师教学实践的深化。学校管理委员会鼓励教师承担更多的责任,根据教师承担责任的大小和完成的质量给教师确定津贴等级。另外,《教师工资法》每年还会根据经济发展和物价水平的变化,相应调整津贴的额度。

(2)特殊教育需要津贴(Special Education Need,SEN)。在特殊学校工作的教师,或是在学校教授学生特定特殊课程的教师可以获得此津贴。特殊教育需要津贴分为两个等级。

(3)执行津贴(acting allowance)。教师在被指派执行领导任务(如校长、副校长、校长助理)时可获得的津贴,代理时间通常限为4周内。

(4)参加校外持续专业发展(Continuing Professional Development,CPD)津贴。该项津贴设置的目的是鼓励教师参加有利于自身专业发展的研讨、课题研究等活动,由学校管理委员会自行设置该项津贴的奖励办法。

(5)指导新教师津贴。该项津贴设置的目的是鼓励中小学教师主动加入到帮助新教师适应教师角色的行列中。指导新教师的行为主要包括观察新教师课堂表现,给新教师提出反馈信息等。

(6)准合格教师津贴。学校管理委员会在既定的工资预算和教师结构的基础上,给那些拥有某种资质或经验可以为目前所承担的角色带来额外贡献的准合格教师发放津贴。[13]

(四)对我国的启示

英国多种途径培养教师的做法值得我们借鉴,特别是边工作边培训的途径对于我们逐步给予农村代课教师公办教师地位具有启发意义。在职前教师教育培养模式方面,英国注重教学实践的理念与做法值得我们借鉴。我国的教师培养脱离中小学教学实践,有限的实习也是流于形式,特别需要建立相关机制,加强大学与中小学的合作伙伴关系,发挥优质中小学在教师培养方面的作用,为学习者创造更多的教育实习机会,真正改变在培训过程中大学与中小学相互隔绝的情况。此外,英国为吸引更多的优秀人才加入教师队伍和稳定教师队伍,提高了师范生的入学标准,提高了教师工资待遇,提供教师各种津贴,这些举措也值得我国参照。

参考文献：

[1][6] Department of Education, Training Our Next Generation of Outstanding Teachers, Implementation Plan[Z]. Nov. London: HMSO, 2011.

[2] Students 'Need Good Degrees' to Train as Teachers. The Telegraph [EB/OL]. http://www. telegraph. co. uk/education/educationnews/ 8459011/Students－need－good－degrees－to train－as－teachers. html. 2011—04—18.

[3] School Workforce Census [EB/OL]. http://www. education. gov. uk/rsgateway/DB/ SFR /s000997/index. shtml. 2010—11—01.

[4][5] 倪娜,洪明.英国职前教师教育的变革与创新—"教学优先方案"的历程、模式和功过探析[J].外国教育研究,2009(11):72.

[7] 王璐.英国教育督导与评价:制度、理念与发展[M].2010,高等教育出版社:259.

[8] Ofsted（2012）Framework for the Inspection of Initial Teacher Education:8—10.

[9] 方彤、王芳芳.英国的教师流动:问题、对策及启示[J].湖南师范大学教育科学学报,2011,(7):10.

[10] 孙珂,马健生.促进教师的专业发展:英国教师教育标准述评[J].比较教育研究,2011(8):30.

[11] 毕妍、齐海涵.英国教师绩效工资制:综述、特点及启示[J].现代教育管理,2012(1):15.

（本文发表于《比较教育研究》2012年第8期。作者王璐,时属单位为教育部人文社会科学重点研究基地北京师范大学比较教育研究中心、北京师范大学国际与比较教育研究所）

七、欧盟教师国家间流动的特点
及相关政策研究

教师流动问题是各个国家都需面临的一个现实问题。欧盟自其依据《罗马条约》建立肇始，其政策一贯强调经济合作和劳动力的自由流动。2010 年 3 月欧盟公布的《欧洲 2020 战略》更是将"建设流动欧洲"作为其四个优先发展的领域之一，将"鼓励人员，特别是年轻人自由流动"作为保证未来十年可持续发展的社会市场经济的重要手段。[1]因此，教师流动，特别是教师的国家间流动，在欧盟及其成员国的教育政策中具有独特的意义和地位。在以上背景下，本文拟对欧盟中存在的教师国家间流动的现状及其制定的相关政策两个方面进行分析，以期为我国实现教师合理有序的流动提供借鉴。

（一）欧盟教师流动与教师国家间流动的含义

欧盟倡导的教师流动包括各个层级（从学前到高等教育）和各领域（普通教育和继续教育）的教师在整个欧盟范围内的自由流动，其教师流动形式较为多样。总体上，欧盟"教师流动"可以从 3 个维度上进行划分：一是，按照流动范围可以划分为工作间流动（Job Mobility）和地区间流动（Geographical Mobility），是欧盟政策中最常使用的一种划分方法；二是，按照流动方向可划分为向外流动和内部流动；三是，按照流动的时间长短可划分为长期流动（Long-term Mobility）与短期交流（Short-term Exchange）。不同维度交叠在一起就形成了各种不同的教师流动类型。

其中，教师的地区间流动是欧盟最为关注的。地区间流动按照流动方向可以划分为：欧盟成员国家间流动（International Geographical Mobility）和本国内流动（Intracountry Geographical Mobility）。欧盟组织的教育政策主要针对的是教师在欧盟成员国家之间的流动。合理的国家间流动除了可以解决教师资源空间分布的不均衡问题外，对欧盟的教育一体化和政治、文化一体化也具有特殊意义。因而，教师的国家间流动是欧盟教育政策中最受关注的问题之一，本文也将集中探究欧盟教师独特的国家间流动现象。

（二）欧盟教师国家间流动的现状与特点

第一，在流动的原因上，欧盟教师的国家间流动具有特殊的政治原因。欧盟教师的国家间流动其内在动因很多。一方面，欧盟的教师流动和其他地区一样，具有按照师资需求调配教师资源的作用，因而，其动因包括：各国存在经济状况与教师工作环境的差异、各国教师供需情况和各国移民人群教育需求等因素；另一方面，欧盟教师的国家间流动对欧盟的政治、文化一体化和"欧洲维度"的形成具有重要意义。随着欧洲一体化程度的逐步加深，欧盟从过去单纯注重经济一体化逐步扩展到政治和各项社会事务领域。在 1976 年的欧洲教育部长委员会决议中，首次提出了"教育的欧洲维度"（European Dimension of Education），将教育纳入了"欧洲维度"的范畴。[2]这意味着教育担负起了帮助学生形成欧洲身份认同和欧洲归属感的任务。1993 年欧盟委员会发布了《关于教育的欧洲维度绿皮书》，[3]其中将"通过促进流动和交流来促进合作"作为实现教育的欧洲维度的首个策略。值得注意的是：当时的流动更倾向于学生流动，而非教师流动。其后，针对学生流动存在的一些问题，一些研究者指出，教师流动比学生流动在促进交流上更加有效。如：英国学者波扎利（Pozzilli）等曾针对医学专业学生交流存在的教育体制不相容问题，提出教师流动较学生流动更加简易、有效。随着政策的发展，教师的流动和交流得到了越来越多的政策支持。调查数据表明，1997 年至 2006 年，"伊拉斯谟计划"（Erusmus Programme）中的教师流动数目稳步提高。[4]第二，在流动过程上，欧盟教师国家间流动的过程较为开放和规范。欧盟及其成员国的相关教育政策和计划为欧盟各层级教师流动提供了选择多样且较开放、明确的申请流程，并在核心问题上得到了相应的立法支持。

第三,在流动的方向上,教师国家间流动的方向较为多元。在欧盟及其成员国的调控下,教师流动可达到优化教师资源配置和融合欧洲文化的目的。但是,欧盟的教师自由流动也存在一些不合理的流向。首先,由经济原因导致的单向流动,特别是由东欧流向西欧的"向上流动"不利于师资的均衡配置。由于多数东欧国家为教师提供的工作环境远不如西欧国家,一些东欧教师,特别是马其顿和保加利亚的教师希望到收入、社会福利和生活水平更好的国家工作。而经济相对不发达的国家却很难吸引外来教师。这就导致发达国家的师资过剩和一些东欧国家的师资匮乏。另外,相关研究表明:由于语言障碍是教师跨国流动的主要障碍,因而教师更倾向于流向和本国使用相同语言的国家。[5]但是,教师在语言文化趋同的国家间流动不能达到融合多元文化的目的。

第四,在流动的规模上,虽然欧盟一直倡导教师在国家间进行流动,但其教师的国家间流动状况并不理想。一方面,GHK的研究结果表明教师在欧盟国家间的流动水平较低。[6]若以外来教师数量与该国教师总数的比例作为衡量标准,欧盟各国的比例均偏低。其中,最低的比例是法国的0.45%,最高比例为比利时,也仅为3.77%。[7]另一方面,教师国家间流动的未来情况也并不乐观。研究显示:在2004—2005年间参加"伊拉斯谟计划"的144 037名学生中,仅有4 626名参加教师培训项目,在所有16类项目中人数排名为第12位。[8]这在一定程度上可以预见欧洲未来的教师并不倾向于这种国家间流动。

(三)欧盟及其成员国关于教师国家间流动的相关举措

1. 欧盟的相关举措

欧盟的教育政策是通过项目计划的形式,以法律为指导,采取辅助性原则,为各成员国教育和发展提供支持和补充。

(1)欧盟立法的支持与保障

欧州委员会于2005年制定的《欧洲教师能力与资格共同原则》提出:流动性特征是教师职业的四个重要特征之一。2007年的《提高教师教育的质量》再次重申:"流动是教师的初始训练和后继职业培训的一个核心组成部分,应鼓励教师到其他欧洲国家学习、进修和工作,以谋求职业发展。"[9]这些政策强调指出:促进在职教师、师范生和师范教育者流动的项目意义重大,可以加深他们对于文化差异和教育的欧洲维度的理解,促进教师的学习和职业生涯发展。这些政策为教师流动提供了必要的政策支持。

欧盟除了发布倡导"教师流动"的指导性政策外,还提供立法保障。首先,欧盟的经济和社会政策的核心便是"商品、服务、资本和劳动力的自由流动"。《罗马条约》、《欧洲单一法案》和《欧洲联盟条约》等欧盟基本条约都规定了欧盟公民及其家庭具有在欧盟(或欧共体)内自由流动的权利。这对于欧盟教师意味着:在仅持有本国国籍的情况下,教师可自由侨居到其他成员国工作。这些法规为欧盟教师的国家间流动提供了根本法律保障。另外,欧盟通过专门法律扫清了教师国家间流动中存在的重大障碍。1989 年,世界教师组织联合会发表的报告《欧洲的教师流动》[10]指出:欧洲国家的教师联盟都明确支持教师流动,以促进教师对于他国文化的了解,但是这些机构却没有对欧洲不同国家的教育体系、国家教师资格认证、教师的工资与工作环境进行整合和控制,也没有解决教师分布的过剩与不足问题。该报告总结了欧盟"教师流动"存在的核心问题。对此,自 1992 年的《欧洲联盟条约》开始,欧盟便逐步通过立法来解决上述问题。《欧洲联盟条约》[11]中的第 126 条,将"通过鼓励,特别是证书和学习期限的认定,来促进学生和教师的流动"作为教育政策的重要目标,并且该目标在《里斯本条约》[12]中得以重申。另外,欧盟除了通过指导方针性的立法支持外,还于 2005 年发布了《关于承认职业资格的指示》,为教师职业资格的认定提供了执行标准。

(2) 欧盟具体教育方案的推动

推行具体的教育计划(Mobility Schemes)是欧盟教育政策得以实施的重要途径。欧盟推出的教育计划中很多都涉及到促进教师流动问题,而大部分欧盟成员国也充分利用这些教育计划来促进教师的国家间流动。1976 年,欧共体正式出台的最早的"联合学习计划"(Joint Study Programmes),曾以促进各高等院校教师的短期流动为目标。而欧盟最新实施的"2007—2013 年终身学习整体行动计划"更是增加了对教师流动和教师教育机构间跨国合作的支持力度。

欧盟教育计划在推动"教师流动"方面具有两个特点。第一是全面性,在各层面的教育计划中,都确立了推动教师或培训者流动的具体举措。例如:面向基础教育的"夸美纽斯计划"(Comenius Programme)为教师跨国工作提供了专用津贴;面向高等教育和高等职业教育的"伊拉斯谟计划"(Erasmus Mundus Programme),为高校教师在欧洲他国的合作大学开设短期课程提供支持;面向除高等职业教育以外的各类职业教育和培训的"达·芬奇计划"(Leonardo da Vinci Programme),通过职业部门提供的语言和文化准备项目来协助劳动力的跨境流动;而面向成人教育和终生教育的"格兰特威格项目"(Grundtvig Programme)通过给一些交流实践经验的项目提供支持,来帮助培训者获得到其他国家的学习经验。第二,欧盟的教育计划多采用"教师短期交流"(Short-term Exchange)的办法来推动"教师流动"。以"伊拉斯谟计划"为例,该项目为高等教育或研究机构中的教师提供到其他国家的合作学校任教的机会。该项目的流动时间一般为短期,平均只有 1 周,最长的为 6 周。

2. 欧盟成员国的相关举措

欧盟各成员国也以促进文化交流和提高师资质量为目标,采取了多种举措来支持促进教师和实习教师的国家间流动。一些国家还制定了专门的政策来调控教师流动,以解决教师分布的过剩与不足并存问题。

(1) 促进国家间流动的方案。欧盟各国对于教师的国家间流动都持鼓励促进的态度。各国一方面大力支持本国的教师参与欧盟的相关教育计划,同时又开展本国的教师流动计划。德国教师除了可以通过欧盟"苏格拉底计划"下的"德国学术交流"(DAAD)方案获得跨国交流机会外,也可以通过各州文教部长联席会议秘书处(KMK)下属的"教学交流服务"(PAD)项目来参与跨国交流。希腊教育部每年向教师提供 200 个到欧洲其他国家修习硕士研究生的奖学金名额。而冰岛、挪威和瑞士则致力于推动教师和实习生教师(student teachers)的共同流动。多数的教师国家间流动方案都是由教师本人申请参与的自愿流动,而一些国家也存在一些强制性政策。德国、立陶宛等国规定教师在他们教师职业发展中,必须完成到国外开展短期教学的环节。

另外,欧盟国家还有一些独具特色的非国家层面的方案。其中的"岗对岗"(Post-to-post)教师交流项目是比较典型的跨国教育组织或机构层面的项目。它不是由某一国家组织实施的,而是通过欧洲在职培训和欧盟学校合作伙伴关系等形式展开教师流动的。参与的国家之间达成双边协议,同时每个国家可根据本国和目标国的具体情况制定具体规定。这是一种中期交流,一般持续数月到 1 年。除此之外,一些欧盟特定国家间还签署了旨在促进相互间教师交流与流动的双边或多边流动协定。双边或多边教育协定的目的并非在于教师在他国从事较长时间的跨国工作,而是更强调教师学习和了解对方国家的教育系统与文化,北欧国家间的多边协定是其中的典型代表。

(2)调控国家间流动的举措。为了解决师资分布的地区不平衡和供求不平衡问题,欧盟成员国也使用了一些调控举措。虽然各国的调控政策主要针对教师的"本国内流动",但也同时对国家间流动产生作用。这些调控主要通过以下四种途径:

第一,财政激励。罗马尼亚为了吸引教师到乡村或偏远地区工作,教育机构根据地区的特点为流动教师提供奖金,而奖金的金额相当于教师薪资 5% 到 80% 不等。同时,政府每年都会重新评审这些地区的工资涨幅。第二,其他激励措施。除去财政激励,一些国家还采用了更为广泛的激励措施来吸引教师去那些很难招募到新教师的地区。捷克的某些自治州当局为流动到该地区任教的教师提供住房。英国提出一个所谓"关键员工生存计划"(Key Worker Living Programme)。该计划适用的关键员工包括中学教师和继续教育学院(预科学院)的教师。英国的东南部和东部高昂的住房消费影响了教师的流动,该计划通过保证教师购买住所或提供廉租房屋来解决高水平生活消费给教师流动带来的负面影响。第三,增加流动灵活性。一些欧盟国家寻求不使用某一特定激励措施,而是结合诸如借调、固定配额和丰富的培训计划等细微措施增加流动的灵活性。第四,采用访学与短期交流。如"岗对岗"教师交流项目中保持教师的原有待遇,这意味着交换到经济状况欠佳国家反而具有了高工资而低消费的优势。而对于交换到高消费地区的教师则提供额外补贴,解决住房等,帮助教师流动扫清障碍。总体而言,调控国家间教师资源分布不均本身是十分复杂的,需要欧盟和各个成员国之间的协调。因此,解决国家间教师资源分布不均的调控政策的制定是欧盟将继续面临的一个重要难题。

(四) 结语

虽然欧盟的教师流动与我国教师流动具有一些本质差异,但教师流动的现

象中也存在很多相似之处。因此,欧盟相关举措为我国教师流动政策提供了以下可借鉴之处:

第一,通过立法保障、政策指导和具体方案推动等多层面举措来切实促进和调控教师流动。教师流动首先需要立法的支持与保障,而我国的《教育法》和《教师法》中没有关于"教师流动"的明确规定。其次,确立教师职业资格的统一认定标准是规范教师自由流动的重要途径。另外,具体流动方案能够更加有效地推动和调控教师流动。

第二,"教师为本"使得教师流动更加有效和更加人性化。欧盟的政策一方面关注流动中教师的切实需要,在制定政策和方案时充分考虑到教师在流动中存在的经济、生活、语言文化等方面的现实问题,并通过具体举措扫清阻止教师合理流动的阻碍;另一方面,教师流动的过程开放透明,体现了教师的自主性。欧盟政策指引下的教师流动不是自由流动,也不是简单的强制性流动,这些流动具有明确、公开的申请流程,且由教师自主申请。

第三,教师流动的方式和对象多样灵活。欧盟的教师流动不局限于现任教学人员,同时针对师范生、非教学人员等不同人群,这使得交流更加深入,而师范生的流动也为教师流动带来了更大的活力。

参考文献:

[1] European Commission (2010). EUROPE 2020:A Strategy for Smart, Sustainable and Inclusive Growth. COM(2010)2020[Z]. Brussels.

[2] Resolution of the Council and of the Ministers of Education,Meeting within the Council, of 9 February 1976 Comprising an Action Programme in the Field of Education[Z]. Official Journal C 038,19/02/1976,pp. 1—5.

[3] Commission of the European Communities(1993). Green Paper on the European Dimension of Education. COM(93)457 final[Z].Brussels,p. 9.

[4] European Commission (2008). Erasmus:Mobility Creates Opportunities European Success Stories[R]. Luxembourg.

[5]—[8] European Commission DG EAC (2006). Mobility of Teachers

and Trainers(Final Reports)，In"Study on key Education Indicators on Social Inclusion and Efficiency，Mobility，Adult Skill and Active Citizenship"[R]. 2005－4682/001－001 EDU ETU. p. 96，p. 96，p. 6，p. 96，p. 108.

[9] Commission of the European Communities (2007). Communication from the Commission to the Council and the European Parliament，Improving the Quality of Teacher Education，COM(2007)392 final[R]. Brussels，p. 12.

[10] Smith，J. (1992). The European Teaching Force：Conditions，Mobility and Qualifications[J]. International Review of Education，Vol. 38，No. 6，pp. 641—657.

[11] Council of the European Union (1992). Treaty on European Union. http：//eur－lex. europa. eu/en/treaties/dat/－11992M/htm/11992M. html (2010—03—27).

[12] Council of the European Union(2008). Conso-lidated Versions of the Treaty on the Functioning of the European Union[Z]. Brussels.

（本文发表于《比较教育研究》2012 年第 9 期。作者梁珊珊，时属单位为唐山师范学院教育学院）

八、英国教师教育政策变革走向
——基于《教学的重要性》报告分析

教育的每一次变革必然要影响和落实到教师层面,学校教育政策的变革直接预示着教师教育变革的走向。2010 年底,英国政府颁布了《教学的重要性》(The Importance of Teaching)学校白皮书,明确表示以教与学为核心统整变革框架,将教师、教学质量和教师专业改进置于教育改革的核心地位,显示出英国教师教育政策变革的实践图景和未来趋势。

(一)学校变革背景下英国教师教育政策的转向

20 世纪 80 年代以来,英国学校教育变革一直是在中央集权与教育市场两种机制的相互牵引下,在各方利益的平衡点上寻找改革的突破口。改革主要围绕学校质量指标和基准运用、学校利益相关者满意度、家长和社区介入等方面展开,强调学校对公众的责任及追求学校对外界的效能。实践中,统一的课程、标准化的测试和无止尽的绩效管理成为学校变革的主要手段。与追求学校"市场效能"的改革相呼应,在 20 世纪 90 年代一系列教育改革报告的直接推动下,英国教师教育政策改革把对教师的能力要求强化为详细的标准。1992 年,英国政府确立了"质量、多样、家长选择、学校自主和绩效责任"为教育的五大主题,提出在此框架内通过教学专业委员会(GTC)和教育标准局(Ofsted)等机构的合作重新构建教师专业标准框架;1997 年《追求卓越的学校》(Excellence in

Schools)白皮书提出,教师培养途径应多元化且更有弹性,并规划提升初任教师的专业发展标准;其后,厚达 148 页的培训标准手册《教学:高地位,高标准—教师职前培训课程要求》(Teaching：High Status, High Standard—Requirement for Courses of Initial Teacher Training)出版,要求所有教师教育机构必须明确目前已达到的标准水平。这一时期,政府设立了许多标准,如初任标准、实习标准、获得教师执照推荐标准等,教师教育政策的趋向是以教师质量保障标准化确保教育目标达成,通过外在标准厘定教师素质,以期待教育质量能拾级而上。

　　进入 21 世纪,英国学校教育加强了对学生学业表现的关注,把学业成就作为教学有效性的客观证据,强调课堂教学效能。这些做法促使教师教育机构开始思考如何使教师教育更好地为学生学习服务,如何通过这两者之间的联系来证明自身培养计划及毕业生的质量。教师教育政策开始从关注教师进入教学领域时各种资格的具备情况,转向是否改善了学生的学业成就这一核心问题。2001 年《学校:实现成功》(Schools：Achieving Success)白皮书以学习与教学的重要性为切入点,把教师专业发展置于学校改进的中心地位;2005 年《为了全体学生的更高标准和更好学校:家长和学生的更多选择》(Higher Standards Better Schools for All：More Choice for Parents and Pupils)白皮书在提倡一致性、标准更高的教师认证制度的同时,将学生学业成就与教师教学成效作为教育改革的重要指标。

　　2009 年,英国儿童、学校与家庭部在教育白皮书中提出,从教师的专业特性和学生的学业进步层面判断教师的教学能力与水平。教师教育与学校教育之间形成这样一种逻辑线索:我们可能需要培养怎样的学生—这样的学生需要怎样的教学—这样的教学需要怎样的教师—这样的教师需要怎样的培训。教师教育质量就等于教学质量,教师素质与学生成就表现划上等号。时至今日,面对英国在最新 PISA 测试中的落后表现,英国政府认为教育的落后在于教师的落后"很多其他国家正在努力地改进他们的学校教育,这些表现最好的学校都注重严格的标准并缩小学业成就差异及强化教学课程,而这些国家学生的出色表现主要是取决于教师的品质"。[1] 2010 年底,英国新政府颁布了《教学的重要性》(The Importance of Teaching)学校白皮书,这预示着一个对学校教育变革反思、突破阶段的到来,也拉开了新一轮教师教育变革的序幕。

(二)标准·校本·赋权:教师教育的变革框架

《教学的重要性》白皮书主要从三个角度构建教师教育的变革框架:提高教师选拔的标准;关注校本教师培训途径;赋权教师以提升课堂控制能力。

1. 提高标准,拓展选拔维度

教师的招聘和选择是提升教师专业性的关键一步。世界上很多国家都把最优秀的毕业生招聘到教学专业领域中,如韩国选拔前5%的大学毕业生,芬兰选拔前10%的大学毕业生。但在英国,一流的"罗素集团"(The Russell Group)的毕业生中,只有2%会选择毕业后参加培训进入教师职业。白皮书规定:① 自2012年9月后,对选择进入"学士后师资培训课程"(PGCE)的学生,毕业学历未能达到英国本科二级学位乙等(2∶2 Degree)的不能参与教育部资助的教师培训计划;② 实施多年的"合格教师基本读写及科技能力测验"(QTS Skills Tests)从现行的培训后能力评定形式改为师资培训前的关卡能力测试;③ 拓展"教学第一"(Teach First)项目,招募更多来自剑桥、牛津等大学的毕业生到最具挑战性的教学环境任教至少两年;④ 增设"接下来教"(Teacher Next)培养计划,通过招募具有优秀学业成绩和良好人际交流技巧的职业转换人员加入到教师行业;⑤ 实施"从军人到教师"(Troops to Teachers)培训计划,鼓励从军队退役的优秀人员进入学校进行教学。同时,对于进入教师队伍的优秀人员,英国政府也给予大力支持,如提供高达2万英镑奖金吸引优秀毕业生;协助优良的中小学与大学合作开设师资培养课程;投入200万英镑帮助在职教师进修等。[2]

白皮书在提高教师准入标准的同时,增加了"能力倾向、人格和韧力"(Aptitude,Personality and Resilience)测验。据统计,2008—2009年间,英国申请接受师资职前培训的人数较以往增长27%,但每年约有13%的师资培训课程候选人放弃学业,即便一部分坚持完学业,在入职教学中也表现出不适应,在任职1~2年内快速退出。[3]这一测试强调培养师范生适合教育工作的人格特征和基本能力,如心灵的敏感性、交流沟通的意愿、对教育工作的兴趣等人格特质和语言表达能力、人际关系能力、逻辑思维能力等基本能力在内的职业品质。

2. 基于学校，关注教师发展

中小学是教师发展的重要场所，教师可以从中得到直接的教学实践经验，还可以观察有效的教学方法。据调查显示，英格兰大多数教师专业发展计划多采取自上而下的设计，只有约 25% 的教师能够定期参与课堂观察活动，而近 2/3 教师的专业发展活动都是"被动学习"。白皮书建议着重提升教师教学技能、课堂管理技能等核心能力，关注基于学校的教师培训，提出在全国范围内建立"教学学校国家网络"(National Network of Teaching Schools)，力图取代政府干预，成为协助学校与教师专业发展的主要力量。随着已有的"以学校为中心的初任教师培训"计划(SCITT)和"学士后教师培养项目"(GTP)的扩大，近年来，在伦敦和曼彻斯特地区"教学学校"这一模式不断发展。教师通过"教学学校"的实践教学进行学习和提高，提升关键的教学技能。教学学校联盟旨在强调由中小学引领教师专业发展，促进教师培训、持续专业发展、领导发展和人才管理、指导机构之间的通力合作。具体包括：由一部分优质中小学领头，为所在地区教师提供优质培训；鼓励学校间合作，优质中小学起引领作用；强调提升教师的教学技能；增加职前教师在中小学的实践机会。

3. 赋权教师，增强课堂秩序

学生不良行为表现和频繁的破坏性攻击事件是影响当前英国学校教育质量的重要因素之一。据统计，仅 2007 年就有 1.8 万名中小学生因攻击教师而被开除。[4]英国教师与讲师协会(ATL)最近进行的调查也显示，近 5 年来无论男女学生，有 56.5% 行为表现日益不佳，课堂中面对教师表现出带有攻击性的动作和言语。[5]白皮书赋予教师在课堂上依据专业评判标准采取适当措施惩罚学生过激行为的权力。① 规定教师拥有收缴学生手机、MP3 及其他电子产品的权力。以往，教师只能搜查学生身上的武器、毒品、酒和偷窃物品。② 给予教师将捣乱学生清除出教室的权力。教师具有在学生违纪当天对其实施禁闭处罚的权力，取消了提前 24 小时给家长通报的规定。白皮书还强调，对学生指控教师事件的调查必须做到及时、公正、高效，以便更好地保护教师免受错误指控。白皮书还赋予校长开除学生的最终决定权，并打消他们对遭受打击报复的疑虑。为此，白皮书计划启动新的开除形式，即学校开除学生后，校长负责将被开除学生安置到另类教育机构接受全日制教育,并向其提供必要的资金支持。

(三)英国教师教育政策的发展趋势

目前,英国教师教育主要在两股推动力作用下展开:一是愈加认识到根植于教学实践的重要性,认为教师需要在实践中学习和向实践学习;二是保持对教学和教师教育更强的外部控制,强调由政府建立一套保证质量的绩效责任制度。教师教育在政策层面上呈现出三个维度的发展趋势:以标准为导向为教师专业表现确立目标;以学校为中心关注教学实践变革;以赋权为指引满足教师的发展环境与学习需求。

1. 以标准为导向强调教与学

"没有任何东西能比给每个孩子获得最好的教学更有价值的东西,我们坚信教学的重要性"。[6]没有教师的质量,就没有教学的质量。从历史角度来看,尽管每次英国教师教育改革都一再强调把提升教学作为首要位置,但只是在理念和政策层面将其看作是潜在的、不言自明的目标,而未真正把其看作改革的突破口和核心。如在 33 项为取得合格教师地位(QTS)所需要达到的标准中,仅有 1 项聚焦于教与学;总数达 102 项的标准中仅有 2 项是确保教师拥有优良的学科与课程知识。[7]据英国教育部官方网站调查,有超过 33%的教师认为现行教师准则未能具体定义并提供成为一位合格教师应有的教学能力;有 41%的教师认为现行专业准则与课堂教学并无直接相关。[8]

英国政府仍认为与课堂实践相关的、清晰而明确的教师标准是提升教学的关键,为教师理解"什么是更有效的教学"提供有力的牵引机制。2011 年 7 月,《教师标准检讨》(Reviewof Teachers' Standards)发表且获得认可,并于 2012 年在英格兰地区正式取代现有的合格教师地位标准与核心专业标准。"新的教师标准重点关注与教学事务直接相关的关键能力展现,包括学科知识、学生行为管理、辅导特殊需求儿童等。明确指出每一位教师应具有展现的教学技能以及相关的期待,专注于教师课堂实践中最核心的教学技能"。[9]新标准目前已作为明确的教学行为与考核依据提供给所有教师。

2. 以学校为中心关注教学实践

英国教师教育一直存在注重教学实践的倾向,强调在实践中训练教师。新政府再次强调把教师教育还原为一种实践型专业的改革思路,将教师重新打造成像医生那样基于实践的职业,强调只有关注以学校为中心的教师学习,使教师在真实的情境脉络中才能建构新的知识和能力。2010 年,英国政府针对初任教师的发展,专门制定了"教学专业硕士"(Masters in Teaching and Learning)方案,这是一项以学校和教学实践经验为主要考量的硕士概念,强调基于课堂、关注实践,旨在提高教师的教学技能。2011 年教育部教育政策咨询意见稿《培训下一代卓越教师》(Training Our Next Generation of Outstanding Teachers)进一步表示,"我们将会对教师的培训制度实行大幅度调整,现在的培训模式是大学与中小学建立合作伙伴关系,今后将更多转变为以中小学为基地的模式"。[10]

　　一份由英国学校培训与发展司(TDA)进行的关于英国教师培训供给与需求分析研究发现,有 78% 及 75% 分别在中小学培训(School-based Training)及采用雇用方式(Employment-based Route)的教师在取得教师资格后能继续留在中小学任教;而由院校机构培养(University-based Training)的教师中,却只有 70% 的合格师资留校任教。[11]这一结果也从侧面支持了政府将教师培训任务重心由大学转移至中小学的做法。2012 年,英国教育部又推出"教师引领计划"(School Direct Programme),明确规定中小学可申请认证成为培训机构,与其他学校一起和一所大学共同合作,鼓励中小学成为教师培训的领导者。"预计到 2015 年,一半以上的培训将转移到学校,未来教师在真实的中小学教室中学习如何教学以及接受培训的比重会愈来愈高"。[12]

　　3. 以赋权为保障提供充分教学机会

　　为教师提供充分的教学机会具有两层含义:提供发展个人素质、责任感和自我理解的机会;创设一种自主的工作环境。落实到学校现场,教学机会获得的前提是使教师在教什么、怎么教等方面拥有更大的权力。英国首相戴维·卡梅伦(David Cameron)表示:"给予教师在教学上所需的自由度及授权用以实现提升学生成绩、改善行为规范及提供一流教育水准的雄心。因此,教师有权采取创新及改善教学课程和方法的机会。"[13]政府当前力推的"自由学校"(Free School)政策,目的之一就在通过扩大学校办学的自主权和自由度,实现教师课堂的控制权,进而促进教学水平的提升和教学质量的飞跃。现行的学校视导项目也由原来的 27 项缩减到 4 个核心项目,视导的重点主要放在教学项目上。

在给予教师更大的教育教学自主权、鼓励教师实施更有激发性教学的同时,减少中央政府及官僚机构对他们的控制及为教师教学提供更好的纪律,这些对于促使教学质量的提升也很重要。英国政府颁布"教师保障计划"(Teachers' Guarantee)承诺将支持教师做好本职工作——教学,并保证让他们专注于教学和个人职业发展,不再为行政事务所扰。2011 年初颁布的最新教育法案再次赋予教师在特定情况下对难以管制的学生采取强制性措施的权力,强调教师必须拥有相应的权力,让他们能适当处理学校事务,特别是学生的行为问题。紧随其后,英国教育部公布最新且详尽的校园规范版本,核心也是赋予教师在教室里更多的权力,确保教师能有更多时间做他们最需要做好的事情——教学。

(四) 结语

英国教师教育政策改革力图在重实践、重绩效的理念下,从围绕教师到转向学生,从关注教师质量到关注教学质量,着力于改进和完善教师的教学方式,把学生作为教师发展的核心理念,将提升学生学业表现作为教师教育的变革重心,从而实现英国建立世界一流教育的目标。尽管新一轮的教师教育政策仍然存在一些争议,如实践层面有将"教与学"等同于教师的教学绩效和学生的学业成就的趋势,这种"效能取向"的政策是否会让教师在教育视野的拓展、研究能力的培养上受到限制。绩效责任引领下的教师教育过多关注怎么教而忽视教什么,是否会走向一种更为狭窄的、更具功利色彩的教师专业主义政策实施模式。

从理念和制度层面关注教学,到真正引起教与学的变化,这是一条漫长的变革之路。尤其在实施中,转向教与学并不是一个线性的过程,这需要对教师的招聘、选拔、身份、薪酬与奖金、教师教育的设计和入职引导、持续的教师专业发展、教师专业工作的标准与激励以及教师日常工作环境的改善等方面进行变革,进而形成一个整体化、连贯性的设计蓝图。这些问题是世界许多国家教师教育改革中都必然面对和必将面临的问题,英国这场改革可以为世界教师教育改革提供一个观察与借鉴的窗口。

参考文献：

[1] Sean Coughlan. UKSchools Fall in Global Ranking[EB/0L]. http://www. bbc. co. uk/news/education-11929277. 2010—12—07.

[2] Government Sets out Plans to Attract the Best Graduatesinto Teaching[EB/0L]. http://www. education. gov. uk/inthenews/inthenews/a0078044/government—sets—out—plansto—attract—the—best—graduates—into—teaching. 2011—06—27.

[3] Maddern, K. Personality Test Set to Weed out Weak Teachers[EB/0L]. http://www. tes. co. uk/article. aspx? storycode＝6015990. 2009—06—26.

[4][6]DfE. The Importance of Teaching[EB/0L]. https://portal. ioe. ac. uk/http/publications. education. gov. uk/eOrdering—Download/CM—7980. pdf.

[5] Nick Collins. Behavior Not Good Enough at One in Five Secondaries[EB/0L]. http://www. telegraph. co. uk/education/educationnews/8480590/behaviour—not—good—enough—atone—in—five—secondaries. html. 2011—05—28.

[7] Major Overhaul of Qualifications to Raise the Standard of Teaching[EB/0L]. http://www. education. gov. uk/inthenews/inthenews/a0075465/major—overhaul—of—qualifications—toraise—the—standard—of—teaching. 2011—03—11.

[8] Gove Puts Focus on Traditional School Values[EB/OL]. http://www. bbc. co. uk/news/education— 11822208. 2010—11— 24.

[9] NewStandards for Teachers Include Tolerance and Respect[EB/OL]. http://www. bbc. co. uk/news/education—14160628. 2011—07—14.

[10] DfE. Training our Next Generation of Outstanding Teachers: an Improvement Strategy for Discuss[EB/0L]. http://media. education. gov. uk/

assets/files/pdf/i/itt％20strategy％20consultation％20report％20november％202011. pdf. 2011—11.

[11] Too Few Trainee Teachers End up in Schools，Says Report［EB/0L］. http：//www. bbc. co. uk/news/education— 14461935. 2011—08—11.

[12] NewSchool-led Teacher Training Programme Announced［EB/0L］. http：//www. education. gov. uk/inthenews/inthenews/a00210288/new — school— led— teacher— training— programme—announced. 2012— 06— 19.

[13] Stephen Exley. OfstedFocusFailstoAssuageCritics［EB/0L］. http：//www. tes. co. uk/article. aspx? storycode＝6080511. 2011-05-06.

（本文发表于《比较教育研究》2012 年第 12 期。作者段晓明，时属单位为河南大学教育科学学院）

九、奥巴马政府首任内的教师教育政策评析

作为美国有史以来第一任黑人总统,奥巴马的当选和连任开启了美国政治的新篇章。在教育政策方面,从 2008 年首个任期开始,奥巴马政府提出了教育政策的"四大支柱",其中,教师教育被看作是奥巴马政府带领美国人民追求全球教育领导力的重要支柱之一。也正是基于对教师教育的重要性和迫切性的清醒认识,在这场以深刻的金融危机为背景的教育改革运动中,美国政府前所未有地提出了一系列教师教育政策,旨在通过教师教育的改革提高教师队伍质量,从而成为提升美国基础教育质量的发动机。

奥巴马政府首任期内的教师教育改革引起了我国学者的广泛关注,特别是教师教育从教育改革的配套和保障措施逐渐走向教育改革的"视域中心",引起了学界的研究兴趣。在奥巴马政府连任之际,梳理其上一任期的教师教育改革措施,总结其走向和变化,对于深刻认识美国教师教育体系发展的未来趋势具有重要意义。

(一) 奥巴马政府首任期内教师教育政策的背景分析

奥巴马政府教师教育政策是在复杂的国际、国内等背景下出台的。首先是近几年国际成绩测验的结果给美国基础教育带来的巨大压力。2009 年,三年一度的国际学生评估项目(PISA)公布的全球学业成绩评估结果,继 2006 年后又一次令美国的基础教育受到社会的强烈抨击。在教育投入占 GDP 总额超过 7％的条件下,[1]美国民众认为,美国的基础教育并没有取得与国家地位和经费投入相称的成就。小布什时代颁布的以绩效责任为核心的《不让一个孩子掉

队》(NCLB)法案,提出了一系列高风险测验的要求,并以测验成绩作为学校绩效的考核指标,但这些测验本身却不能有力地支持学生的学习,只能是考察学生低水平的重复和背诵能力。"美国的学校课程还停留在1893年'十人委员会'课程建议的水平上,课程主题宽泛却流于肤浅;教学评价方式仍然以20世纪50年代教育现代化创新时代的多项选择为主"。[2]这样的教育质量在奥巴马政府看来是无法容忍的。正如奥巴马在初次竞选期间阐述其教育主张时所强调的:"在信息时代,教育的成功不再是个体取得成功的途径,而是走向成功的先决条件,在这样的经济环境下,今天让我们在教育上落伍的国家明天就会在竞争中击败我们。"[3]

其次,美国国内教师教育实践中长期存在的问题已成为影响美国基础教育质量公平的掣肘,引起了联邦政府和社会公众的普遍焦虑。教师教育所存在的困难和问题突出地表现在三个方面:一是城市薄弱校和边远地区学校教师短缺和质量低下的状况没有得到根本改善。2009—2010年纽约城四年级阅读测验中,72%的学生没有达到"熟练"(Proficient)水平,黑人男生的高中毕业率仅为35%左右。[4]薄弱学校的师资队伍中,达到《不让一个孩子掉队》法案要求的"高质量"教师比例低于非薄弱校,并且在薄弱学校任教的"高质量教师"多为新入职教师。[5]二是教师培养的总体质量广受质疑。民众普遍怀疑现在的教师队伍能否帮助学生发展在21世纪最为重要的创新思维能力、科学研究能力和解决实际问题的能力,而不仅仅是训练学生重复和记诵这样的低水平技能。三是传统的教师教育的制度环境——大学教育学院及其中的教师培养项目(Teacher Education Program)受到了来自外部的强有力挑战。非制度化的可选择教师教育项目(Alternative Teacher Education Program)正在动摇教师教育的制度根基:美国是否仍然需要专门的教师教育项目? 教师教育有必要形成类似法学和医学的专业教育体系吗? 有必要通过大学教育学院去培养教师吗? 从某种意义上说,传统的美国教师教育体系正面临着一场"合法性危机"。[6]

最后,2008年奥巴马上台之际,正是美国经受自20世纪20年代的大萧条之后最为严峻的金融危机之时,联邦政府投入巨额资金刺激经济发展的同时,更加关注提升美国经济的内在竞争力,以便未来获得更为健康的经济增长方式。从根本上提高人才培养的质量,在奥巴马政府看来是投资于未来的重要举措。也正因此,在奥巴马政府提出的经济刺激方案中,将近一半的资金投向了教育,以维护和改善州和地方学区的经济运营状况。奥巴马政府也得以在充裕资金的保障下,对教育改革的核心要素——教师教育进行具有强烈导向性的、大刀阔斧的改革。

(二)奥巴马政府首任期内教师教育政策的具体内容

为实现提升基础教育质量的政策愿景,从 2009 年到 2012 年,奥巴马政府从提高教师培养项目质量、吸引优秀人才进入教师培养项目、保障教师职业稳定和强化教师教育对基础教育的绩效责任四个方面提出了教师教育政策方案。具体表现在教师质量评估和报告政策、教师培养政策和师范生资助政策三个方面。

1. 以绩效责任为核心的教师队伍质量评估和报告政策

自 1998 年美国高等教育法再授权之后,根据高等教育法第二款之规定(HEA Title Ⅱ),从 2001 年起,大学和学院需向所在州报告教师教育项目的质量,并由州向公众及美国教育部报告。同时该法还规定,以毕业生通过教师资格证书考试的通过率作为评估教师培养项目的绩效责任指标。此外,2001 年初等和中等教育法再授权(即 NCLB 法案)后,也对教师质量提出了要求。NCLB 法案要求教师应具有所教学科的主修或副修学位。根据上述法案要求,各州普遍建立了对教师教育项目的绩效评估标准,其中最普遍的做法就是以毕业生参加州教师资格证书考试的通过率为指标,评估教师教育项目的质量。[7]截至 2010 年,共有 32 个州将教师资格考试的通过率作为评估教师教育项目的绩效责任指标。[8]

然而,以教师资格证书通过率为绩效责任标准在实践中遇到了明显的困难。首先,总体来看,当前美国各州的教师资格考试数量众多、差异极大。据统计,目前美国各州所采用的教师资格证书考试约有 1 000 多种,测验的领域包括基本技能测试、专业知识和教学知识测验、基本学科领域知识测验,等等。[9]各州不仅有权自己选择资格证书考试,而且自行决定通过资格证书考试的分数线。因此,以资格证书通过率为评估标准的绩效责任制不能反映各个州教师教育项目质量的差异。其次,尽管存在 1 000 余种教师资格证书考试,但这些考试的整体难度不大,并且允许申请者重复考试。因而,从各州的统计数据来看,通过率均在95％以上。[10]结果自2001年到2009年,全美报告的质量低下的教师教育项目还不到全部教师教育项目的2％。[11]这与现实中大量质量不佳的新教师涌入教师队伍的现状完全不符。[12]最后,一些开设教师教育课程的院校合理地运用了当前美国教师教育治理中存在的漏洞规避评估风险。2001年,绩效责任报告制度要求以教师资格证书通过率来评价教师培养项目,之后大批教师教育机构加入到以美国教师教育学院协会(AACTE)和全美教师教育评估委员会(NCATE)为代表的教师教育专业组织和认证组织中,以其认证政策为保护,要求学生必须通过州教师资格证书考试后方可实习或毕业。[13]这样一来,所有教师教育项目的毕业生都100％通过了教师资格证书考试,以教师资格证书考试通过率为标准的绩效考核制度实质上已形同虚设。

2009年,美国联邦教育部明确提出要改革对教师培养项目质量进行评估的绩效责任制,将以"输入"为主的评估指标转换为以"结果"为导向的绩效责任指标。以奥巴马政府资助金额最高的竞争性拨款项目"力争上游"(Race To The Top)计划为例,该计划要求州从学生的学业标准与评价手段、师资队伍和校长质量提高、建立学生发展数据监控系统和改进薄弱校四个方面开展教育改革。其中,师资队伍和校长质量提高的核心就是鼓励各州重新建立或修改教师评价制度,增加学生学业成绩在教师评价中的比例。具体做法是,借鉴路易斯安纳州的增值(Value-add)评估模式,要求各州以教师培养项目毕业生走上教学岗位后,其所教学生的学业成绩进步幅度作为教师培养项目的绩效考核的核心指标。具体收集以下三个方面的数据:第一,教师培养项目毕业生所教的中小学生的学业成绩的数据;第二,收集教师培养项目毕业生就业和保留率的数据,特别是在教师短缺地区任教的比例和多年从教的比例;第三,通过对教师培养项目毕业生及其主管中小学校长的调查,收集有关教师培养项目提升自身质量的质性资料。[14]2010年,全美有28个州报告说,在教师教育项目的评估中,增加了中小学生学业成绩进步标准。[15]

就绩效评估政策而言,当前联邦政府对教师培养项目的绩效责任提出了比历史上任何时期都更为严厉的措施。但正如学者指出的那样,增值评价需要有严格实施条件,应收集至少3年的学生数据,而且从经济效率来讲,其所需资金未必比其他的评估方式要少，[16]因此，增值评价为核心的绩效评估和报告政策的实际效果还有待进一步的检验。

2. 支持"驻校"教师培养模式的教师培养政策

为提高教师培养质量，2009 年联邦教育部为教师教育项目设立了"教师质量伙伴项目"（Teacher Quality Partnership）专项资助资金，由教师培养项目以相互竞争的方式来获得这项总额高达 29 亿美元的资助。

教师质量伙伴项目的资金支持主要面向两类教师教育项目：一是传统的大学教师教育项目的改革计划；二是由教师教育项目、地方教育部门和社会力量共同参与的"驻校"教师教育项目。从教师质量伙伴项目的执行情况来看，2009 年和 2010 年，共 40 个教师培养项目从竞争中脱颖而出，赢得了美国教育部的资助。40 个获资助项目包括 9 个改革大学传统教师教育课程的项目，19 个驻校教师培养项目（Teaching Residency Program），7 个传统教师教育项目向"驻校"教师教育项目过渡的改革项目，5 个学校管理者和教育领导者培养项目。在 5 年之内，"教师质量伙伴"项目的总资助额将达到 29 亿美元。[17]教师质量伙伴项目的资助对象是本科或研究生层次的教师教育项目，经费主要用于强化四年制或五年制的教师培养项目，或是用于支持取得学士学位之后的一年期的驻校教师培养项目，并且受资助的驻校教师培养项目毕业书。[18]有些驻校教师培养项目还在学生毕业从教后，为学生提供不少于 3 年的专业发展支持。

从成功竞得资金支持的项目来看，驻校教师教育项目获得了大量的资金支持，这反映了奥巴马政府对驻校教师教育模式的认可与支持，也释放出了联邦政府支持多种力量共同参与教师培养的政策信号。驻校教师教育模式是近年来美国发展最快的教师培养方式。这种教师培养模式主要是在两项教育改革措施的影响下发展起来的，一是始于 20 世纪 80 年代的专业发展学校教师教育模式；二是由一批关注高等教育机构和中小学合作培养教师的研究和实践项目发展而来。如著名教育学家古德莱德（John Goodlad）领导创建国家教育革新网络（National Network for Educational Renewal）项目时，以招标的形式在全美上百个申请项目中选择了 8 个中小学与高等教育机构合作项目，进入到其麾下"民主中的教育进程"项目，成为首批加入国家教育革新网络的示范项目。经过 30 多年的发展，专业发展学校的思想基础、组织形式与合作伦理都逐步走向成熟,高等教育机构与中小学的合作也愈发顺畅、高效,最终发展出了以教师教育机构和中小学共同合作培养教师为核心特征的驻校教师培养模式。

驻校教师培养模式所吸引的社会力量十分广泛。有的驻校教师教育模式是大学教育学院通过与中小学建立伙伴关系而创建的,其前身多为最初的专业发展学校;有的驻校教师教育模式则是由可选择性教师教育项目发展而来,如波士顿驻校教师项目;还有的驻校教师教育模式是在本州高等教育法律的框架内新设立的。如,纽约州的驻校教师培养项目就包括两种模式:第一种是教师候选人与在薄弱校工作的正式教师共同工作。

第二种是教师候选人持有特定类型的临时教师资格证书,以正式教师的身份在薄弱校工作。在工作的同时,教师候选人在州认可的文化和研究机构,如图书馆、研究中心(必须为非高等教育机构)学习,4 年以后经认定合格,教师候选人可获得硕士学位和相应的教师资格证书。尽管是在州的法律框架内新设立的项目,但从其特征来看,仍然是可选择性教师教育项目。[19]因此,从伙伴关系的建立到开展教师培养工作的组织、机构等各个方面来看,驻校教师教育模式都对传统的以大学教育学院为主的教师培养模式提出了极大的挑战。联邦政府提出的"教师质量伙伴项目"是一项竞争性项目,即不同的教师教育项目根据美国教育部的要求提交相关材料,阐明自身的教师培养特色和实际的教师培养效果,如教师的就业范围、保持率、执教状况等,美国教育部根据相关材料进行审核,给予其中的优秀项目资金支持,对于教师培养项目的提供者则不做限定。也就是说,传统的大学教师教育项目和可选择性教师教育项目在相同的平台和起点上通过相互竞争来争取相应的资助。由于城市学区基础教育的薄弱状况很难吸引到优质师资,因此传统上成功的可选择教师教育项目多以为薄弱校培养师资力量而闻名,如影响最大的项目——"为美国而教"(Teach for America,现已更名为 Teach for All)即是如此。美国教育部在审核项目时,也将质量伙伴项目资金向为城市薄弱学区培养教师并且教师保持率高的项目倾斜。这样一来,尽管不同的教师教育项目均可公平竞争教育部的资源支持,但美国教育部的政策导向使可选择性教师教育项目处于更为有利的地位,客观上推动了大学教育学院与可选择性教师教育项目之间的竞争。

　　3. 吸引优秀学生从教的教师教育学生资助政策

　　2007 年,美国国会通过了《美国大学学费减免与入学法案(2007)》(College Cost Reduction and Access Act of 2007)。在该法案中,首次提到教师教育资助项目(Teacher Education Assistance for Collegeand Higher Education Grants,简称 TEACH 资助项目)。TEACH 资助项目的主要内容是,在达到一定学术标准(平均绩点不少于 3.25)的前提下,来自贫困家庭的教师教育专业本科生或研究生可申请一年不高于 4 000 美元的资助,本科生接受资助总额不超过 16 000 美元,研究生不超过 8 000 美元。学生与美国教育部签署协议,在毕业后 8 年内,须在美国教育部认定的薄弱学校或薄弱学科领域专职任教至少 4 年。如学生毕业后未能履约,该项资助将转为学生贷款,根据学生贷款的权利和义务要求在规定的年限内偿还本息。同时,该项资助政策还对学生毕业后的教学提出了具体要求,要求毕业生的教学必须达到 NCLB 法案所定义的"高质量教师"水平。然而,在实际运行中,TEACH 项目的效果却并不好。首先,大多数接受资助的学生后来选择了以偿还贷款的方式离开薄弱学校或薄弱学科,或者干脆离开教师工作;其次,对教师培养项目的质量没有做出明确要求,使得进入低质量教师教育项目的师范生与高质量教师教育项目的师范生具有同样的机会申请资助,不能很好地发挥资金使用的效益,培养高质量的教师。2010 年的教师质量报告显示,新认定的 38 个低质量或接近不合格的教师教育项目中,有 21 个是由加入 TEACH 项目的教师教育机构提供的。[20] 2012 年,联邦教育部决定将 TEACH 项目更名为"总统教学奖学金"(Presidential Teaching Fellows)并改革对师范生的资助方式。总统教学奖学金对 TEACH 资助项目的改革主要从以下方面进行:第一,扩大资金总量。在原有的 11 000 万美元基础上增加到 2012 年的 18 500 万美元。第二,将师范生资助与敦促各州提高教师教育项目质量结合起来。改革后的总统教学奖学金分为三个部分:全部资金的 20%用于为各州提供公式拨款,5%用来鼓励各州合作建立"专家教师"提名制度,其余的 75%作为面向学生的教师教育奖学金。第三,改变师范生奖学金的发放方式。由原有的 4 年资助变为最后一年资助,并仅限于质量最好的教师教育项目的毕业生。学生获得的资助最高可达 1 万美元,受资助毕业生必须在薄弱校的薄弱学科任教至少 3 年。[21] 值得一提的是,美国联邦教育部于 2012 年公布了长达 137 页的各州薄弱学科清单,接受总统教学奖学金资助的师范毕业生,所教学科原则上必须在这份经各州统计提交的清单范围内。[22]

(三)奥巴马政府首任期内教师教育政策对美国教师教育管理的影响

奥巴马政府教师教育政策的提出和实践对美国教师教育的发展和变革产生了深刻的影响,特别是在教师教育的管理体制上。首个任期内,奥巴马政府的教师教育政策改变了联邦政府干预教师教育的方式,并极大地扩展了联邦政府干预教师教育的范围和力度,推动了当代美国教师教育的"二元"管理模式的形成和完善。具体表现在:

首先,形成了以"增值评价"为核心的教师教育评估政策导向,强化了联邦政府问责。奥巴马政府提出的以"增值评价"为核心的教师教育绩效责任制度继小布什时代之后,进一步强化了美国联邦政府对教师教育的直接干预。美国联邦政府对教师教育的干预起源于 20 世纪 50 年代的《国防教育法》。然而,自1950 年代起一直到 1998 年美国《高等教育法》第二修正案的颁布,联邦政府对教师教育的干预仅仅局限于设立和资助少数教师专业发展项目,与联邦政府对高等教育的大规模支持和干预相比,对教师教育的干预仅处于零散状态。1998年《高等教育法》第二修正案授权联邦政府,要求高等教育机构报告师范生的学科测验通过率以及其他数据,每年向国会提交年度报告。在这一规定下,各州政府必须要求教师教育机构提交有关本机构教师培养质量的数据。2008 年奥巴马政府上台后,更加强化了联邦政府对教师教育项目和各州的评估和问责。联邦教育部先是严厉地批评了各州教师培养项目评估措施不力,甄别出的低质量教师培养项目数量和基础教育的现状差距甚远,甚至是已经甄别出的不合格教师教育项目仍然在培养教师。接着,联邦教育部要求各州对教师培养项目的质量必须实施"增值性"评价,将教师培养质量评估同基础教育质量评估结合起来,并为此设立专项资金,支持各州改革教师教育项目的评估理念、措施和方法。除此之外,奥巴马政府还拨款支持各州在教师资格证书考试中减少纸笔测验的比重,加强表现性评价方式。此举使州政府对教师培养项目的问责权限和评估能力得到了切实的提高,加强了政府对教师教育的管理力度。

其次,通过大力支持驻校教师培养项目直接干预教师教育实践。与小布什时代相比,奥巴马政府对教师教育的干预更为具体,并且在宏观政策导向之外,将联邦政府的干预直接深入到了教师培养的实践当中。具体表现在对教师培养项目乃至教师培养方式的干预上,奥巴马政府通过"教师质量合作伙伴项目",大规模支持改革传统的教师培养方式,支持将教师的培养与本地薄弱学区和薄弱学校的需求结合起来;将理论学习和学校实践结合起来;将职前培养与入职培养及专业发展支持结合起来。此举极大地鼓舞和支持了教师培养模式的改革,促使教师教育机构寻找和反思当前教师培养实践中存在的问题,推动教师培养质量得到实质性的提升。同时,也反映了联邦政府试图在不干涉教师教育机构日常运营的前提下,运用政策工具树立相关机构的业务发展导向。

最后,通过改造师范生资助政策,加大教师教育问责对教师教育机构的影响,进一步淘汰质量低下的教师教育项目,推动各州平衡教师培养质量。从观念上,奥巴马政府对 TEACH 资助政策的改造发生了根本性的转变。奥巴马政府不仅将师范生资助看做是对学生个体的资助,还将其作为教师教育机构获得联邦政府资助的一种形式。在这样的观念指导下,联邦政府更看重资金的流向。因此,总统教学奖学金规定,只有在绩效评估中的"高质量"教师教育项目中学习的师范生方可获得资助。这样就避免了联邦政府资金流向质量低下的教师教育项目。此外,总统教学奖学金拿出 1/4 的专门资金来支持各州资助教师教育项目、研究各州通用的优秀教师标准,对于实现教师培养质量的州际均衡发挥了一定的导向作用。

参考文献:

[1] U. S. Department of Education. The Condition of Education,2012 [EB/OL]. http://nces. ed. gov/pubsearch,2012—11—04.

[2][3] Darling-Hammond, L. President Obamaand Education: the Posibility for Dramatic Improvement sinTeaching and Learning [J]. HarvardEducationReview,2009,79(2):210—223.

[4][19]Darling — Hammond, VanDempsey, S. D. United We Stand: Devided We Fail Our Communities and Hence the Public Good. In P. M. Earley;D. G. Imig and N. M. Michelli.

Teacher Education Policy in the United States:Issues and Tensionsinan

Era of Evolving Expectations[M]. NewYork:Routledge,Taylor&

Francis Group,2011:155~181.

[5] U. S. DepartmentofEducation. State and Local Implementation of the No Child Left Behind Act VolumeVIII-Teacher Quality Under NCLB: final report. 2009. 51[EB/OL].

www. ed. gov/about/offices/list/opepd/ppss/reports. html # tq, 2011— 11—21.

[6] Grossman, P. (2008). Respondingtoour Crisis: From Crisis to Opportunity in Researchon Teacher Education [J]. Journal of Teacher Education,59(1) ,10~23.

[7][11]AldemanC,CareyK,DillonE. A Measured Approach to Improving Teacher Preparation[R]. Education Sector,2011.

[8] ZeichnerK. Assessing State and Federal Policieson Evaluate the

Quality of Teacher Preparation Programs. InP. M. Earley, D. G. Imig and N. M. Michelli. Teacher Education Policy in the United States: Issues and Tensionsinan Era of Evolving Expectations [M]. New York: Routledge, Taylor&FrancisGroup,2011:76~102.

[9][13]Crowe E. Measuring What Matters: a Stronger Accountability Model for Teacher Education[R]. The Center for American Progress,2010.

[10][15][20]U. S. Department of Education. Preparing and Credentialing the Nation's Teachers: the Secretary's Eighth Report on Teacher Quality Basedon Data Provided for 2008,2009 and 2010[DB/OL]. 2011. http://www. edgov/about/reports/annual/teach   prep/2011—title2report.   pdf,   2012— 05—10.

[20] DuncanA. A New Approach to Teacher Education Reformand

Improvement：Secretary Arne Duncan's Remarkat the Education Sector Forum 2011[DB/OL]. http：//www. ed. gov/news/speeches/new- approach-teacher-educationreform-and-improvement,2011—11—10.

［14］［21］U. S. Department of Education. Our Future，Our Teachers：the Obama Administration's Plan for Teacher Education Reformand Improvement 2011[DB/OL]. http：//www. 2ed. gov/inits/ed/index/html,2012—05—10.

［16］ Harris D, Macaffrey D. Value Added：Assessing Teachers' Contributions to Student Achievement. In Kennedy M. Teacher Assessment and the Quest for Teacher Quality[M]. SanFrancisco：Jossey—Bass,2010. 251 ~283.

［17］ U. S. Department of Education. Education Secretary Duncan Announces $ 43 Millionin Grants to Improve Teaching in High—NeedSchools [DB/OL]. 2009. http：//www2.

［18］ U. S. Department of Education. Guide to U. S. Department of Education Programs 2011 [DB/OL]. http：//www. ed. gov/programs/gtep. pdf2012—04—02.

［22］ U. S. Department of Education. (2012) Teacher Short age Areas Nation wide Listing[DB/OL]. http：//www2. ed. gov/about/offices/list/ope/pol/tsa. doc,2012—08—10.

（本文发表于《比较教育研究》2013 年第 3 期。作者赵萍,时属单位为北京师范大学国际与比较教育研究所）

十、南非教师教育机构改革：动因、路径及成效

1994 年南非民主政府成立后，进行了规模宏大的教育改革，教师教育机构改革则在其中扮演着十分重要的角色。在 1994 年以前的种族隔离期间，南非有 120 所独立教育学院和 32 所大学开展教育。[1]而在新政府成立后，教师教育机构经历了一系列的重组、合并和兼并。到 2000 年末，独立的教育学院已不复存在，目前开展教师教育的独立机构只剩下 21 所大学。[2]南非这种暴风骤雨式的激进改革其动力因和路径是什么？对南非的教师教育又产生了什么样的影响？本文通过文献分析的方法，对以上问题进行分析。

（一）南非教师教育机构改革的动因

1. 改变教师教育种族隔离现状的政治诉求

南非最早的正规师资培训机构于 1838 年在英属开普敦殖民地的吉伦顿戴尔（Genadendal）建立，由当地的教会组织为培养非白人教师而创建，旨在促进基督教在南非地区的教播。1883 年，当时的德瓦士兰地区建立了第一所白人师资培训机构。1953 年出台的《班图教育法》将黑人的教师教育权从教会收归到联邦政府教育部，[3]1959 年颁布的《扩充大学教育法》规定，由政府专门建立面向非白人的高等教育机构为非白人提供中等教育师资。[4]可见，南非的教师教育技工从诞生之日便打上了种族主义的烙印，《班图教育法》和《扩充大学教育法》的颁布，使得种族隔离的教师教育系统化、制度化。在宗族隔离制度下，不同种族间教师教育的质量存在霄壤之别，不同族裔的种族只能进入各自的教师教育机构。黑人无法享受白人优质的教师教育资源，黑人学校教育质量低下。新政府成立后，公平和发展无疑成为社会的主题，非白人族裔要求废除歧

视政策的诉求强烈,教师教育机构改革势在必行。

2. 克服教师教育效率低下痼疾的内在要求

《1909 年南非法案》规定除了高等教育以外,其他层级教育的相关法律法规,各省有权自行制定。[5]由此形成了教师教育的中央与地方二元管理体制,即初等教育师资由各省管理的独立教育学院负责,中等教育师资则由联邦中央政府教育部管理的大学负责。除了二元管理体制之外各个种族的教师教育又分归不同的教育部门管理。除了协调与各种族教育事务有关的全国教育部外,白人教师教育由白人议会领导的"教育与文化部"主管,白人地区的黑人教师教育由"教育与培训部"主管,有色人教师教育由有色人议会领导的"教育与文化部"主管,亚洲裔教师教育由亚洲裔议会领导的"教育与文化部"主管。另外南非还有若干个"黑人家园"也各有自己的教育部。据统计,1994 年之前南非共有 19 个教育部门主管教师教育事业,[6]而且不同种族和部族的教师教育制度各不相同。显然种族隔离制度使得中央与地方、各种族教师教育机构以及各类型教师教育机构之间几乎没有沟通渠道,各方协调合作进行全国统一规划根本没有可能性。更为重要的是,繁冗的教师教育管理机构不仅大大增加了管理成本,更造成了教师教育机构设置重复,资源配置分散办学效率低下。很多黑人的独立教育学院在校生人数不足 400 人,独立教育学院总体生师比只有 10∶1,生均成本高达 4 万兰特。[7]对于刚刚转型且百废待兴的南非而言,整合现有的教师教育资源,降低教师教育的经济成本,提高教师教育的办学效率显然迫在眉睫。

3. 解决教师培养供求失衡问题的客观需求

虽然《班图教育法》的颁布在主观上是为了维护种族隔离制度但是客观上也刺激了黑人独立教育学院的兴起。因为一方面从事教师职业是南非黑人为数不多的能够接受更高层次教育的机会之一,另一方面各"黑人家园"领导人将快速兴起的独立教育学院作为彰显自身实力的政治砝码。20 世纪 50 年代后,南非的黑人独立教育学院如雨后春笋,1981 年已达 37 所,到 1994 年更是达到了 100 所以上。[8]在此过程中,教师供求失衡的矛盾不断凸显,这种失衡主要表现在:其一是总体供大于求。据统计 1994,年大约有 116 796 名师范生在公立教师教育机构中学习,[9]虽然人数众多,但绝大多数黑人教育学院培养质量低下。仅从数量上看,南非的中小学校根本无法吸收如此庞大的师范毕业生,于是减少机构数量成为解决师范生就业难的捷径；其二是学科间的失衡。黑人独立教育学院所开设的大多为宗教、历史、文学和语言等学科，开设数学、科学等学科专业的学院极少。样不仅削弱了黑人的就业竞争力，而且将黑人禁锢在不断循环的种族隔离的樊篱之中。在此背景下，精简教师教育机构、平衡教师供求关系、提升教师培养质量成为教育改革的重要议题。

4. 顺应教师教育大学化浪潮的时代需要

20世纪50、60年代，美国率先完成教师教育大学化，诸多发达国家也随后跟进。到20世纪80年代，大学专业教育学院开展教师教育已经成为世界性的潮流与趋势。英国的教师教育大学化起始于20世纪20年代在经历了半个多世纪的渐进式改革后，到20世纪80年代中期学科单一的地方教育学院开始在英国师范教育体系中消失，中小学教师由大学教育学院和多科性高等教育学院负责培养，实现了教师教育大学化。南非曾长期受英国的殖民统治，英国的教师教育进程无疑会对南非的教育改革产生重要影响。1994年民主政府成立后，英国等发达国家解除了在南非种族隔离时期对其设置的诸多制裁政策，南非也积极寻求重回世界的新步伐。在新政府成立之前虽然南非的许多大学也设有教育院系，但教师培养主要还是由独立教育学院承担，而在当时教育学院并不属于高等教育范畴。因此，在新政府寻求教师教育改革的良方之际，借鉴英、美等国的教师教育改革经验、顺应世界教师教育大学化的浪潮无疑成为南非教育改革的必然选择。

（二）南非教师教育机构改革的路径

民主政府成立后种族隔离制度的废除，为教师教育机构改革打破了制度性瓶颈，随着国家教育部开始统筹管理全国的教师教育事业南非迈向大学化的教师教育机构改革最终成为可能。这一过程经历了两个阶段。

1. 教师教育机构的优化重组：独立教育学院的合并与关闭

1995年，南非根据《教育与培训白皮书》的要求对全国的教师教育做了一项普查，结果显示独立教育学院大多学生数少、经费拮据、质量低下。[10]这份报告为各省教育部门重组教育学院提供了实施依据。1997年8月，教育部发布《教育白皮书3—高等教育变革计划》(Education White Paper 3-A Programme for Higher Education Transformation）。该白皮书认为,依据南非共和国宪法提出所有第三级教育应属于"国家能力"的观点,所有教育学院都应归属于国家教育部管辖。从此,教育学院被纳入高等教育范畴。1998 年,教育部发布《教育学院并入高等教育部门:实施框架》,这一框架对公立教育学院的存续作了明确的规定:一是经济上独立,二是注册的全日制在校生人数不得少于 2 000人。[11]对于达到或超过 2 000 名学生数的学院可以选择继续存在或者并入大学的教育院系,而未达到规定学生数限额的学院则须合并或者关闭。之后,省政府部门为了推进教育学院合并重组进程,采取了对教育学院减少资金投入、限制招生人数等政策,于是公立教育学院越来越难以维系,不得不选择合并重组。

经过合并重组,公立独立教育学院从 1994 年之前的 93 所(不包括 8 所远程教育学院)锐减至 2000 年末的 23 所(不包括 2 所远程学院)。[12]合并重组遗留下来的教育学院场地被用作当地中等学校、地方政府部门、教育资源中心、教师发展中心、社区广播站等,也还有相当一部分最后被废置。

在合并重组阶段,由于中央及各省教育管理部门提前认识到独立教育学院的合并涉及面广、阻力大等问题,所以并没有直接采取强制手段,而是通过由省级政府出面,以政策法规引导,以经费、招生限制等方式促使独立教育学院做出教育管理部门所希望的选择。事实上,绝大部分教育学院并不希望被重组合并。与此相反,很多教育学院纷纷做出努力以确保其成为一个独立的高等教育机构,只不过是由于难以达到有关独立条件而被迫合并或关闭。一些农村地区教育学院或者黑人教育学院希望独立的心态尤其强烈。这些学院认为,自身在种族隔离时期所受到的不公平待遇理应在民主政府时期得到补偿,而非更加不公平地将其关闭。同时,这些学院的教师和学生对脱离已经熟悉的教学环境、进度、制度以及文化等方面感到担忧。不过,虽然教育学院的合并重组遭到一些学院的消极抵抗,但总体上重组的过程还是较为平稳的。客观上来说,独立教育学院的合并重组为随后的教师教育大学化进程提供了宝贵的改革经验与实践基础。

2. 教师教育机构的大学化:独立教育学院并入大学

2000 年后,教师教育机构在经历了前期由省级教育部门主导的合并重组后,进入了由南非国家教育部主导的教师教育大学化改革进程。

2000 年 10 月发布的《南非高等教育法案》第 1383 号公告——"教育学院作为大学和技术学院的分支"规定,所有的 25 所教育学院(包括 2 所远程教育学院)全部并入当时的 17 所大学。[13]独立教师教育机构间的整合,这以南非教师教育学院并入南非大学教育学院为代表;二是实力较强的独立教育学院并入相对较弱的大学,这以约翰内斯堡教育学院并入金山大学教育系为代表;三是农村黑人教师教育机构的地区性整合,这以基雅尼教育学院并入文达大学教育系为代表。[14]

在合并过程中,由于学校的发展战略有所差异,教育院系所受到的重视程度也不同,有的教育学院被并入人文学院成为二级学院下的一个系,比如夸祖鲁-纳塔尔大学;有的教育学院并入大学后成为大学的一个二级教育学院,比如福特海尔大学。

需要指出的是,在教育学院并入大学的合并工作刚开展不久,南非即启动了全国性的合并运动。2002 年南非出台了《改革与重建——高等教育机构新框架》,据此框架精神,南非的公立大学从原有的 31 所减少至 22 所。经过 3 年的合并工作,到 2005 年南非最终保留 23 所大学,同时新建了两个高等教育中心。[15]大学的进程是伴随着高校合并而进行的,到 2005 年,当高校合并工作基本完成后,南非也基本完成了教师教育的大学化。

可以想象,这种有政府主导、行政性干预的改革必然会引起相关方面的抵制。接收高校普遍感到不满,认为这种改革是对大学自治精神的践踏,尤其当原来的国家对教育学院的拨款并未因教育学院的并入而拨给接收大学时,大学对合并工作的配合就更为消极。而教育学院对于并入大学更是顾虑重重,担心合并后教职员工不能被合理安置、担心在大学的学术传统中无法获得身份认同、担心教育学院原有重视实践性的教学优势被丢弃,等等。对接收大学和教育学院的消极抵制,南非政府也有着充分的心理准备。一方面南非教育部充分吸取之前在优化重组阶段的经验教训,重视与相关高校进行协商,不断听取各当事高校的意见和建议,在改革的推动过程中,采取了宏观上以自上而下为主导、微观上以自下而上为辅助的策略;[16]一方面,政府以"高校(包括教育学院)不得从狭隘的自身利益出发阻碍任何可能导致其面临合并或关闭的改革措施"[17]的强硬态度推进合并,最终在短短的几年时间内便完成了教师教育大学化的进程。

（三）南非教师教育机构改革的效果

南非的教师教育机构改革显然是一种由政府主导、自上而下的教育改革，这种强制性、激进型改革对南非教育所产生的影响无疑是深远的。

1. 取得的成效

（1）构建了教师教育的公平体系。南非的教师教育机构改革是一场彻底的教育改革，它完全废除了制度上的种族不平等，为南非所有的公民享有平等的教师教育资源做出了巨大的贡献。南非的师范生，尤其是非白人学生不必再囿于种族隔离制度的束缚，不再只能选择进入本种族独立教育学院或者种族大学接收教师教育。同时，师范专业毕业生也不再只能选择固定的毕业流向，他们可以选则在不同的地区和学校任教。

（2）在教师教育机构改革之前，南非的初等教育师资绝大多数由各省的教育学院负责培养，而各省各种族的教育学院的师资力量薄弱、基础设施落后，因此培养层次不高、培养质量低下。而教师教育机构改革后，在统一的教师资格框架下，南非的教师教育打破了种族隔离时期各种族差别式培养的束缚，提高了非白人族裔教师的素质。另外，机构改革前学生在教育学院通过 3 年或 4 年的学习（一些原来的白人教育学院如艾奇伍德教育学院为四年学制），获得的最高证书只能是高级教育文凭（Higher Diploma of Education），独立教育学院并不能授予学士学位。改革后，包括初等教育师资在内的教师教育任务全部交由大学负责，师范生在大学通过 4 年学习后不仅可以获得学士学位，还可以选择在大学继续深造，申请多样化的研究生学位和文凭，如研究生教育证书、荣誉学士学位（介于学士学位和硕士学位之间的过渡性学位）、教育硕士学位，甚至博士学位。显然南非通过教师教育机构改革，实现了教师教育大学化，在较短的时间内有效地提升了教师教育的整体办学层次。

2. 面临的问题

（1）教师供求反向失衡

教师的供求失衡由改革前的供过于求变为供小于求。教师教育机构改革后，由于教育学院数量大幅下降，师范毕业生人数也逐年锐减。据前南非（教育)学院院长委员会(Committee of College Rectors of South Africa)2000 年 1 月份的报告显示,独立教育学院优化重组后,面授型独立教育学院的注册在校生人数从 1994 年的 70 731 人大幅下降到 2000 年的 10 153 人;[18]独立教育学院并入大学后师范毕业生人数虽有一定增长,但是从总体上看,自 2001 年至今,南非所有大学每年的师范毕业生数基本维持在 6 000 人左右,这较教师教育机构改革前新教师的产出量大幅下降。另外,英国、澳大利亚等英语国家教师严重短缺,吸引了南非部分师资;部分白人教师对黑人政府的不信任也使南非部分优质教师资源流失。中小学教师居高不下的流失率以及推行小班化教学导致的教师需求量增加,更是加剧了南非中小学教师的供求矛盾。南非每年的新教师需求量大概在 12 000～16 000 名之间,教师教育机构的新教师产出能力却无法满足需求,教师短缺加剧了南非教师教育质量提升的难度。

(2) 重视实践的"专业性"传统逐渐式微

大学化改革之后,教师教育专业在大学中不受关注,人们认为教育专业并没有太多的学术性,教育成为大学中的一门边缘学科。而且,大学作为自治的学术机构,强调理论知识学习,忽视实践能力培养,对独立教育学院在长期实践中累积的"专业性"与"实践性"教师教育经验并不重视,提供的实践教学机会远没有独立教育学院多,重视实践的"专业性"传统逐渐丧失。因此,虽然改革后师范毕业生的层次提高了,但实践教学能力却没有相应提高,甚至出现了实践教学能力下降的现象。

综观世界教师教育大学化的历史,教师教育大学化后传统教师教育注重专业实践能力提高的优势被削弱似乎是一种普遍的现象,但对南非来说,这种现象尤其值得注意。很多国家(如中国、美国)其教师教育大学化有多种路径,由原师范学院(教育学院)改造为综合性大学则是路径之一。在这种路径中,被改造后的师范学院(教育学院)虽然不在定位于专门教师教育培养而成为综合性大学,但毕竟不会放弃其传统而将教师教育边缘化。南非教师教育大学化的唯一路径是将所有独立教育学院并入综合性大学,这种情况下教师教育原有传统被遗弃的现象就更容易发生。

(3) 合并后的深入融合遭遇困境

独立教育学院并入大学后,后合并时代的深入融合困难重重。一方面,合并后形成的新机构蕴藏着复杂的内部冲突。大学和独立教育学院有其各自独特的机构文化,独立教育学院并入大学后,不同文化在同一机构中不断摩擦,生成了复杂的文化冲突,它既包含不同类型的文化冲突,也包含不同种族机构的文化冲突。另一方面,教育学院并入大学后,由于身处"外来户"的尴尬处境,原独立教育学院的教师面临身份认同危机,大学的学术传统使得大学教授们对知识和知趣的偏爱远胜于对专业实践技能的探索。对此,原独立教育学院的教师们有的感到无所适从,有的则被逐渐同化。更为重要的是,种族隔离时期,各种族教师教育机构的课程也因种族而异。教师教育机构改革之后,教师教育课程的种族色彩被抹除,但是由此带来的师范生适应性问题却不断加大了教学的难度,削弱了课程的有效性。虽然黑人有权享受原白人教师教育的优质课程资源,但是由于基础薄弱,课程的难度使得很多黑人师范生陷入"学习障碍"之中。即使教师教育机构意识到了课程的适切性不足,但在短时间内又无力编制出适合各种族学生的教师教育新课程。上述种种,都给南非大学教育院系的办学带来了诸多影响。

(四) 结语

在废除种族隔离制度的政治大背景下,南非以教师教育大学化为目标的教师教育机构改革模式显然与其他国家有所不同。其特点表现为:① 政府强制;② 路径单一;③ 进程短暂。不可否认,南非的教师教育机构改革在废除种族隔离制度、建立公平教师教育体系、提升教师教育层次和质量、提高办学效益和优化资源配置等方面都取得了巨大成效,但这种强制性、激进型且路径单一的改革也给南非的教师教育带来了许多消极影响。教师供给在短短的几年时间内反向失衡,原独立教育学院长期累积的重视实践的"专业性"传统逐渐式微,教师教育机构内部融合遭遇困境。正因为此,南非国内对这场政府主导的改革褒贬不一。但无论如何争论,南非的教师教育大学化已经不可逆转,在未来一段时间内如何消除教师教育机构改革带来的各种消极影响,破解供求失衡、质量提升困难等困境,是南非当局所需解决的重要问题。南非当局也对此做出了反应,在去年出台的重开少量教育学院的规划中,[19]我们可以发现南非对前期激进式改革进行反思和适时调整的端倪。

参考文献：

[1][2][5]Department of Higher Education and Training. In-tegrated Strategic Planning Framework for Teacher Educa-tion and Development in South Africa[R]. 2011—2025 (Technical Report)，2011：19.21.18.

[3][8]Wolhuter，C. C. Teacher Training in South Africa：Past，Present and Future[J]. Education Research and Perspectives，2006,33(2)：126—128.128—129.

[4] Union of South Africa. The Extension of University Education Act. http：//www. nelsonmandela. org/omalley/index. php/ site / q / 031vO 1538 / 041vO 1828 / 051vO 1829 / 061vO 1898. htm. 2013—07—14.

[6] Sayed,Y. Changing Forms of Teacher Education in South Africa：a Case Study of Policy Change [J]. International Journal of Educational Development，2002,22(3—4)：382.

[7] Lewin，K.，Samuel，M. and Sayed，Y. (eds). Changing Pat-terns of Teacher Education in South Africa[M]. Sandown：Heinemann Publishers Ltd.，2003：91—107.

[9] Kruss，G. Teacher Education and Institutional Change in South Africa[M]. Pretoria：HSRC Press，2008：1.1.25.1.

[10] Hofmeyr，J&Hall，G. The National Teacher Education Au-dit. Synthesis Report[R].Johannesburg：Edupol，1995.

[11] Department of Education. The Incorporation of Colleges of Education into the Higher Education Sector：A Framework for Implementation[Z].Pretoria：DoE，1998.

[13] Department of Education. Declaration of Colleges of Edu— cation as Subdivision of Universities and Technikons[Z]. Gov— emment Gazette, 2000 —10—15. Pretoria ：DoE.

[14] Sehoole，M. T. C. The Politics of Mergers in Higher Education in

South Africa[J]. Higher Education，2005,50:159—179.

[15] 王林璞.南非高校合并研究[D].金华:浙江师范大学,2008:39—40.

[16] Department of Education. Education White Paper 3-A Programme for Higher Education Transformation[Z] . Pretoria: Government Publishing, 1997:25.

[17] Paterson, A. , Arends,F. Teacher Graduate Production in South Mrica[M]. Cape Town : HSRC Press, 2009.

[18] Department of Higher Education and Training. Integrated Strategic Planning Framework for Teacher Education and Development in South Africa [Z]. 2011—2025 (Full Vision)，2011:11.

[19] South Africa. info. SA to Reopen Teacher Training Colleges. http://www. southafrica. info/about/education/teachers-2504 12. htm. 2012—07—06.

（本文发表于《比较教育研究》2013 年第 11 期。作者徐今雅、甘杰,时属单位为浙江师范大学非洲研究院）

十一、欧盟教师教育政策及其发展走向

由于教师教育这一领域关涉到欧盟各国教育主权的程度较高,所以自 20
世纪中期欧共体成立以来,该组织对教师教育政策的关注力度相对较低,由此
在该领域制定的政策在 2000 年前屈指可数。但自 2000 年,特别是 2005 年以
来,伴随全球化进程的加快,欧盟及其成员国日益认识到本国、本地区的竞争力
有赖于各国人力资源素质的提高,所以逐渐加大了对教师教育领域政策的关注
力度,并出台了一系列教师教育政策。这些政策的实施对于欧盟各国教师教育
的改革和发展起到了积极作用。

(一) 欧盟教师教育政策的主要内容

政策内容可概括为:共同的教师标准,为欧盟各国教师能力与资格的制定
提供了标准化参考;提升教师教育质量,凸显了欧盟及其成员国对高质量教师
教育的诉求;促进教师专业发展,体现出欧盟及其成员国对教师职业生涯发展
的认识;完善教师队伍建设机制,为欧盟及其成员国教育事业的发展提供了源
源不断的动力。

1. 构建共同的教师标准

为了保证欧洲教师能力及资格的可比性,欧洲委员会于 2005 年就教师能
力及资格发布了《欧洲教师能力及资格的共同准则》(Common European
Principles for Teacher Competences and Qualifications)(以下简称《欧洲准
则》),对欧洲各国教师需具备的共同能力以及资格进行阐述。《欧洲准则》主要
由共同原则、关键能力及政策建议三部分内容组成。共同原则包含高素质的教
师队伍、终身学习的职业、流动的职业、合作的职业;关键能力包含与他人协作

的能力、掌控知识、技能与信息的能力、融入社会的能力;政策建议提出教师队伍应该是高素质的队伍,教师的发展应该涵盖职前、入职与在职专业发展这一连贯的阶段,需鼓励教师队伍的流动,应注重教师培养过程中各方利益相关者的参与等。[1]原则方面,高素质的教师队伍指教师都必须由高等教育机构来培养。教师不仅需要拥有广泛的学科知识,还应该具备丰富的教与学知识、引导学生学习的能力和理解教育事业其社会与文化维度的能力。终身学习的职业指各机构要重视终身学习理念在教师职业里的贯彻,为教师的在职专业发展提供机会。同时,应鼓励教师参与创造性活动与科研活动,以确保知识更新的步伐与社会发展的步伐接轨。流动的职业指鼓励职前教师教育阶段和在职专业发展阶段的教师应积极参与相关的欧洲项目,这些项目为教师在别国工作和学习提供了机会,以此提升教师教育的质量和实现在职专业发展。合作的职业指在教师的培养过程中,如在职前教师教育阶段,高等教育机构需要通过与各利益相关伙伴合作,以确保教师培养的高质量,如高等教育机构与中小学、地方政府、实习部门及其他相关机构的合作。在关键能力方面,与他人协作的能力中,"人"主要指教育环境下的其他主体,如学生个体及群体、教师个体及群体。强调教师与他人协作的能力可以开发学习者的潜力,帮助学习者习得与他人协作的能力。掌控知识、技能与信息的能力主要指加强教师对知识的获取、分析、反思与转化方面能力的教育。融入社会的能力主要指教师在培养学习者的社会融合意识方面有着重要的作用。如教师通过促进欧洲各国之间的教育流动与跨文化理解,帮助学生培养欧洲公民的意识与全球公民的意识,同时也帮助学生了解文化的多元性。此外,教师本身也要具备一定的融入社会并与地方社区教师教育机构、家长等进行合作的能力。

　　2. 提升教师教育质量

　　欧盟认识到教学质量的高低不仅影响教育质量的高低,而且对欧洲长期竞争力的提升及里斯本目标的最终实现将产生重要影响。而教师的质量及教师教育的质量又是其中起决定性作用的一环,所以欧盟加大了对教师教育的关注力度。随着时代的变迁,教师已不仅仅是传播知识和技能的专业人员,而是帮助学生发挥潜力、发展各方面能力以成为社会合格公民的引路人。因此,原有的教师教育需要改革,改革的重点体现在提升教师教育的质量方面。2007 年

12 月 12 日,欧盟正式就提升教师教育的质量问题发布了《欧盟理事会及成员国政府代表就 2007 年 11 月 15 日举行的提升教师教育质量会议的决议》(Conclusions of the Council of the Representatives of the Governments of the Member Statesmeetingwith in the Council of 15November2007, on IMPROVING THE QUALITY OF TEACHEREDUCATION),以确保政策的合法性及其实施的有效性。该文件主要围绕欧盟成员国的教师教育质量问题,针对现阶段成员国教师教育存在的质量问题提出政策建议。[2]达成的有关教师教育质量提升的政策共识包含:确保教师教育的大学化,确保教育理论与教学实践在职前教师教育课程中的合理比重,确保教师知识结构中教育学技能与专门学科知识的平衡,对新入职教师提供入职教育,促进教师连贯的专业发展;同时,发展教师的领导与管理能力,保障职前教师教育与教师在职专业发展活动的质量,加强教师培养各参与主体之间的联系,以形成"学习社区"(Learning Communities),为教师教育机构及教师教育者提供专业支持,促进各阶段教师的流动,以强化欧洲维度在教师教育及教学活动中的影响等等。

3. 促进教师在职专业发展

由于职前教师教育较多地涉及欧盟各成员国的教育主权,所以欧盟所制定的教师教育政策中有较大一部分政策主要面向职后教师。现阶段,欧盟层面致力于在职教师专业发展的平台已逐渐建立,如"夸美纽斯基础教育在职教师流动计划"和"在职教师专业发展计划伊拉斯谟高等教育在职教师流动计划"等。通过鼓励教师参与"夸美纽斯基础教育在职教师流动计划"不仅能使教师学习到新的教学方法与知识,促进其专业发展,而且也能够为各中小学的整体机构和组织发展拓展可能。"夸美纽斯基础教育在职教师专业发展计划"主要采取现代化信息技术手段,运用网络平台的方式构建教师在职专业发展的虚拟社区,教师通过参与该虚拟社区的各类活动实现在职专业发展。为了进一步确保成员国对教师专业发展活动的重视程度,保证各国制定相应的教师专业发展政策,欧盟理事会(Council of the European Union)于 2009 年 6 月专门就教师及学校领导人员的专业发展问题发布了政策文件,对成员国及欧盟层面致力于教师和学校领导的发展活动做出了明确规定。文件《理事会就教师和学校领导专业发展活动开展的决议》(Council Conclusions of 26 November 2009 on the

Professional Development of Teachers and School Leaders）是欧盟出台的教师专业发展方面的重要政策文本。该文件指出,当前各国给教师提供的在职专业发展项目数量有限,而且这些项目并不能根据教师的个体需求及他们所面临的问题来开展,所以其实效性较差。因此,各成员国需增加教师在职专业发展项目的数量,同时确保在职专业发展的内容与教师的需求相挂钩,充分联系教学实践,并采取措施保证教师在职专业发展项目的质量。同时,该文件也鼓励教师参与高级专业培训活动(Advanced Professional Training),参与教学研究项目,并充分利用机会增加对其他专业的了解。[3]除了对教师及学校领导的专业发展活动的开展进行阐述之外,还分别从欧盟及成员国两个层面提出了开展教师及学校领导专业发展活动的具体建议。具体而言,理事会指出教师及学校领导的知识(knowledge)、技能(skills)以及能力(competence)是影响教育质量的最重要因素,良好的教学质量与教学能力能够帮助青少年最大程度地开发其发展潜力与实现未来的发展,而教师及学校领导的发展并不是一劳永逸的。因此,欧盟及其成员国都需要从终身发展及专业发展的视角出发,对教师及学校领导的专业发展问题给予重视。

4. 完善教师队伍建设机制

鉴于当前欧盟各国教师队伍数量短缺、教师职业吸引力不足、毕业生从事教育事业工作的意愿不高等现状,欧盟委员会在 2012 年 11 月发布了一份名为《反思教育:为更好的社会经济结果而投资》(Rethinking Education : Investing in Skills for Better Socio-economic Outcomes)的工作报告,对教师队伍建设问题进行了深入探讨。报告指出世界各国教育体系的水平与教师队伍的素质有重要关系,如果教师队伍中来自高水平的学生越多,则教育体系的水平也会相应提升。[4]基于此,欧盟委员会提出了一些政策建议以提升教师职业的吸引力,以便使教师队伍的建设机制逐渐完善。这些建议包括:确保教师职业的地位、明确教师作为专业人员的共识、提升教师职业的待遇、严格教师选拔及准入标准、拓宽教师的职业发展前景、赋予教师更多的自主权、扩展教师的角色等。确保教师的职业地位指从职业的稳定性等角度出发,保障教师的职业权利如部分欧盟国家明确教师为"国家公务员"(Civilservant)的身份有助于确保教师的职业地位及该职业地位所附加的各项权利,如稳定的工作、较好的福利待遇等,以此来提升教师职业的吸引力。此外,在部分欧盟国家教师这一职业通常不被认为具备较强专业性,因此导致教师的职业地位不高,进而使得许多高素质人才不愿意选择教师作为其职业。有鉴于此,欧盟委员会提出需深刻认识到教师职业的专业性,对教师职业给予专业性的认定,促进教师职业专业化。提升教师职业的待遇主要指从经济角度出发,为教师提供较为丰厚的待遇。当前,许多欧盟国家教师工资待遇相对较低。严格教师选拔与准入机制指通过提升教师的选拔与准入机制来选拔高素质的人才。拓宽教师的职业发展前景指为教师提供多样化的发展前景,如多样化的教学资格证书、多样化的在职专业发展项目、攻读硕士及博士学位的机会等。赋予教师更多的自主权指在教学及管理事务中为高素质人才创造更多的空间,使其拥有更多的时间用于教学,同时能够自主安排其教学活动,提升教师的主体意识与创造性。扩展教师的角色指充分认识到教师的能力,为教师发挥其能动性创造机会,如让教师承担培训新教师的任务以及教师在职专业项目、学校自主项目(如教学、科研)等,以此充分调动教师的积极性,扩展教师角色,提升教师职业的吸引力。

(二)欧盟教师教育政策的发展走向

当前欧盟教师教育政策已包含了较为丰富的内容,如构建共同的教师标准,提升教师教育质量,促进教师的职业发展和完善教师队伍建设机制等。但是,在欧盟及其成员国致力于欧洲一体化的诉求推动下和世界教师教育事业发展潮流的影响下,欧盟及其成员国对教师教育领域事务的关注和干预力度也在不断加大,在深化教师教育政策对话机制、实现教师教育一体化、构建教师教育指标体系、制定教师教育者能力标准等方面呈现出新的走向。

1. 深化教师教育政策对话机制

欧盟及其成员国在认识到教师教育对整个教育事业的发展乃至整个国家、区域发展的重大影响后,开始关注教师教育领域的政策问题。但由于先前的合作主要集中在职业教育与培训、高等教育领域,各国在教师教育政策领域的话语多样,因此,欧盟采取了"开放协调法"(The Open Method of Coordination),通过同行学习活动来加强欧盟与其成员国及各成员国之间对话与合作,以构建教师教育政策的对话机制。"开放协调法"作为一种实现各成员国之间政策合作与对话的机制,并不仅仅限于教师教育政策,但是通过这一合作机制,欧盟各成员国就教师教育政策的对话与合作切实得到了深化。自 2005 年以来,教师教育政策领域同行学习活动的主题涵盖了教师入职教育政策、职前教师教育中的课堂实践培训政策、教师与培训者的在职专业发展政策等广泛的领域。虽然欧盟委员会并不强制要求各国在教师教育政策方面达成严格的一致,也不强制要求各国实施其教师教育政策,但是通过开展以上教师教育政策的对话活动,各成员国之间在一定程度上就教师教育政策增进了理解,达成了共识。这种共识可以给各国提供多样的政策选择,这种政策选择在客观上影响了欧盟各国的教育政策及教育改革。

　　2. 实现教师教育一体化

　　欧盟逐渐认识到职前教师教育、入职教育及在职专业发展这三个阶段的割裂是不利于教师的职业生涯发展的。所以,欧盟开始倡导教师教育一体化,并发布相应政策决议,以落实这一理念。如《理事会就教师和学校领导专业发展活动开展的决议》(Council Conclusions on the Professional Dvelopment of Teachers and School Leaders)指出,教师的专业发展涵盖职前教师教育、入职教育及在职专业发展这一连贯的过程。其中,职前教师教育应该包含理论学习与教学实践两大组成部分,以确保职前教师培养的高质量;而入职教育则需要起到衔接职前教育与在职专业发展的重要作用。加强入职教育在帮助新教师尽快适应新的工作环境的同时,也能起到降低教师入职阶段流失率及帮助重回教师岗位、教师顺利入职的作用;在职专业发展活动的目的则在于帮助教师更新知识、技能与观念,使其与社会变革的步伐相适应。欧盟在另一份有关中小学欧洲合作的决议文件中也强调,要加强职前教师教育、入职教育及在职专业发展这三个阶段的衔接,以实现教师教育一体化。入职教育是教师教育一体化中较为关键同时也较为薄弱的一个环节,为了加强入职教育实现教师教育一体化,欧盟也发布了《为入职教师提供连贯和系统的入职教育:政策建议指南》,对当前欧盟各国入职教育的现状、入职教育政策制定的目标、入职教育项目的设计及实施等内容进行详细论述。为了在最大程度上落实教师教育一体化政策,欧盟理事会分别从欧盟及成员国两个层面提出了政策建议。欧盟层面的建议是加大欧盟在职前教师教育、入职教育及在职专业发展等领域的政策支持与影响力,如为政策制定者、教师、学校领导构建交流的平台和同行学习的活动等。对各成员国的建议包含为新教师在入职的第一年提供专业发展与个人发展支持,通过教师自我评价与外部评价两种方式来确定教师专业发展的需求,同时为教师提供充足的专业发展机会等。

3. 构建教师教育指标体系

教师教育质量的监控与评价问题已成为制约欧盟教师教育发展的一大瓶颈。构建教师教育指标体系这一政策建议即来自《未来具体目标与前景》(The Concrete Future Objectives of Education Systems)。具体而言,该文件包含三大类目标 13 个子目标,其中三大类目标分别为:改进欧盟及其成员国教育与培训系统的质量与效率;扩展教育与培训系统的实现路径;面向全世界开放欧盟及其成员国的教育与培训系统。其中,第一大类目标的第一个子目标对教师及培训人员的教育与培训进行了特别的强调,明确了需关注的重要问题与衡量教师及培训人员的教育与培训情况的指标(indicators)。其中,需要关注的重要问题为:明确教师及培训人员在知识社会必备的基本技能;为教师及培训人员提供高质量的职前教育与在职专业发展机会,以此实现终身学习;提升教师职业的吸引力确保教师职业准入标准,吸引其他行业优秀人员转向教育行业。衡量教师及培训人员的教育与培训情况的指标则包含:劳动力市场合格教师与培训人员的供求情况;申请教师教育专业的人数变迁情况;参加继续专业发展的教师及培训人员的比重。此外,该子目标还对成员国需要就教师教育事宜进行经验交流的领域进行了说明,如教师及培训人员培养项目的评估工作、教师及培训人员的资格准入标准、现代化信息技术、外语及欧洲维度教育等内容纳入到学科教学中的问题、教师职业生涯发展的晋升体系以及教师工作环境的改善等。《理事会就教师和学校领导专业发展活动开展的决议》也提出,对有关改进教师教育质量和教师及学校领导专业发展问题政策在各成员国的实施情况进行监控与汇报等。

4. 制定教师教育者能力标准

欧盟委员会在《理事会就教师和学校领导专业发展活动开展的决议》中明确指出,教师教育项目必须保持高质量、高水准,并且与教师的需求接轨,教师教育项目不仅仅需面向教师,也需要面向教师教育者,因为只有高学术水准与具有丰富实践教学经验的人员才能切实保证教师教育项目质量的提升。因此各成员国需要加强对教师教育者的关注,对其选拔、准入资格及教师教育者的专业发展进行深入研究,同时启动有关成员国教师教育者遴选、培训的研究项目。为了落实有关"欧洲教师教育者"资格及能力的政策,促进教育培训者与教师的教育工作组于 2010 年 6 月在冰岛开展了一次名为"欧洲教师教育者职业"的同行学习活动(Peer Learning Activity),对欧洲教师教育者职业的相关政策进行了深入探讨,主要包含教师教育者的定义、类型、角色、职责、资格、能力等问题。此次同行学习活动有 9 个欧盟成员国和 1 个教师教育者资格和能力的关注力度不足,仅有葡萄牙、奥地利及荷兰等对教师教育者的能力、资格及专业标准做出了较为明确的规定。因此,为了规范欧洲教师教育者的资格及能力标准,该会议提由欧盟及其成员国共同商讨构建一个欧洲层面的教师教育者专业发展及评估框架,以此规范化与标准化欧洲层面的教师教育者资格及能力标准,从而为各成员国及其他欧洲国家提供参考标准和政策支持。欧盟委员会在 2012 年 11 月发布的《反思教育》的委员会工作报告中对欧洲教师教育者的资格、能力进行了再次强调。

总体而言,欧盟参与教师教育政策领域事务的时间相对较晚,与欧盟职业教育与培训政策、高等教育政策相比,欧盟在该领域体现出一定的不完善与不成熟之处。尽管如此,当前欧盟教师教育政策已包含了丰富的内容,同时也体现出了一系列政策发展走向。这些政策内容与政策走向与当前世界教师教育变革的主题及发展趋向不谋而合。与此同时,欧盟通过各类教育计划,为其政策的实施构建了多样化的实施路径,有效地确保了政策的落实,并由此对其成员国教师教育政策产生了一定的积极影响,为各成员国教师能力与资格标准的明确提供了参考标准,同时也构建了教师教育政策对话机制,并为在职教师提供了多样化的专业发展平台。

参考文献:

[1] European Commission. Common European Principle for Teacher Competences and Qualifications[Z]. 2005.

[2] Conclusion of the Council and of the Representatives of the

Governments of the Member States' Meeting within the Council of the Member States, Meeting Within the Council of 15 November 2007, on Improving the Quality of Teacher Education [J]. Official Journal of the European Union,2007—12—12:C300/6—C300/9.

[3] Council Conclusion of 26 November 2009 on the Professional Development of Teachers and School Leaders [J]. Official Journal of the European Union, 2009—12—12:C302/8.

[4] European Commission. Commission Staff Working Document Supporting the Teaching Professions for Better Learning Outcomes [R]. Strasbourg,2012:28.

[5] Council of The European Union. Council Conclusions on the Professional Development of Teachers and School Leaders[Z]. Brussels,2009 —12—06.

[6] Conclusions of the Council and of the Representatives of the Governments of the Member States, Meeting Within the Council of 21 November 2008 on Preparing Young People for the 21st Century: an Agenda for European Cooperation on Schools [J]. Official Journal of the European Union. 2008—12—13:C319/20.

[7] 许立新.博洛尼亚进程下欧盟教师教育的探索与创新[J]. 比较教育研究,2011(7):62.

[8] Council Conclusions of 26 November 2009 on the Professional Development of Teachers and School Leaders [J]. Official Journal of the European Union, 2009—12—12:C302/9.

[9] European Commission. the Profession of Teacher Educator in European. [Z/OL].

http://www. ksll. net/Documents/Teachers%20and%20trainers-PLA-June%202010. pdf,2013—07—06.

(本文发表于《比较教育研究》2013 年第 12 期。作者覃丽君、陈时见,时属单位为西南大学教育学部国际与比较教育研究所)

十二、国际视域下的教师培养政策及其发展走向

进入 21 世纪以来,"教师专业发展""教学专业化""提高教师质量"已成为全球范围教师培养及政策的中心议题。许多发达国家和新兴市场国家普遍认识到教师培养对提高全民教育质量的重要性,纷纷针对本国教师教育发展和教师培养给予不同类别、不同程度的政策支持。

(一) 教师培养政策的侧重点

当前,各国教育政策制定者几乎都将提升教师培养质量视为一种提高学生成绩的途径。无论是欧美发达国家,还是新兴市场国家,向学生提供优质师资、吸引卓越人才进入教师职业、为优秀教师提供支持、提高教师从业积极性和职业认同感,一直是教师培养政策改革的着力点。

1. 学生成绩与教师质量的关系

近些年,许多定期进行的国际性测评和区域性学业评估可以明确显示不同国家和地区的学生在不同年级和学科之间的成绩差异。国际教育成就评价协会(International Association for the Evaluation of Educational Achievement)早在 20 世纪就开始实施"国际数学和科学趋势研究"(TIMSS),对多国学生在数学和科学方面的学习成绩进行评价,现已成为当今世界参与国家最多、影响最广且最严格的一项国际教育比较评估项目。2003 年,TIMSS 对美国、芬兰、新加坡等 46 个国家和地区的 4 年级和 8 年级学生进行了相关测验和问卷调

查,分析结果表明,"教师质量越高的国家,学生的数学成绩也越高"。[1]

事实上,几乎没有国家会怀疑教师质量这一重要影响因子与学生学业成绩的相关性,很多国家甚至认为,教师质量是学生学业成绩和学校变革的决定性因素,通过比较学生的学业成绩来评判教师质量以及教师培养质量也就在情理之中。经济合作与发展组织(OECD)自 20 世纪末以来一直从事着"国际学生评估项目"(Programme for International Student Assessment,即 PISA),主要对参加国的 15 岁学生进行阅读、数学和科学等领域的测评。仅以本文所涉及的样本国为例,2012 年,它们在 PISA 上的排名依次为新加坡(第 2 名)、荷兰(第 10 名)、芬兰(第 12 名)、加拿大(第 13 名)、澳大利亚(第 19 名)、英国(第 26 名)和美国(第 36 名)。[2]从某种意义上讲,P ISA 排名反映了样本国基础教育和教学的质量,同时也说明教师培养在政策层面所受的关注度和支持度。

2. 教师质量与教师培养的关系

21 世纪以来,许多国家对本国教师培养、教师质量与学生成绩之间的关系作了大量实证研究。一部分研究支持传统教师培养模式,建议向大学本位的教师培养项目提供更多的资金和政策倾斜;而另一部分研究则显示师范性质的教师教育对提升教师质量毫无助益,建议出台相关政策取代传统教师培养项目。尽管这些研究在学校类别、学科、教师任职阶段等方面有着各自明确的限定条件,研究结果不尽一致,但是它们开出的"政策处方",却影响了各国的政策制定和实施。例如,美国近年来开始采用增值性评估评价教师,侧重点从课堂教学对学生学业成绩的影响效力转为教师对学生增值性成绩的作用,通过控制学生水平和班级/学校水平的相伴变量(Concomitant Variables)运用数学和统计方法测量出有效教学指征。这些研究表明,教师质量或教师的工作能力与教师职前教育、在职专业发展,以及各种非正式的在职培训和实践相关。[3]

(二)教师培养政策的范畴与内容

目前,国际上习惯于就某项学科领域或教育类型讨论"教师培养"问题,比如"英语教师培养""科学教师培养",或"大学教师培养""学前教师培养",等等。而对于宏观意义上的"教师培养"一词缺乏明确、完整的界定和论述,致使教师培养政策的具体指向不甚清晰。厘清"教师培养"的概念是研究国际视域下教师培养政策的前提。

1. 教师培养及其政策范畴

"教师培养"(Teacher Development)是指学校、培训机构、政府、学术团体等机构组织对职前教师和在职教师实施的不同形式、不同层级、不同内容的教师教育和职业支持。就整体而言,它包括两大层面,含三个维度:一是理想层面,内嵌教师培养的价值观、教育理念、意识形态等方面的内容,并自成一个维度;二是现实层面,内嵌教师培养的规定性内容(如教师培养的政策、法规、标准等)与执行性内容(如教师培养的途径、模式和课程等),构成了教师培养的另外两个维度。从概念上看,教师培养与教师教育相互融合、相互联系,但相较于教师教育政策而言,教师培养政策的范畴更加宽泛,大致可分为以下三类。

(1)准入性政策。在如何提高教学质量的问题上,许多国家的策略是通过政策文本明确教师应该学习哪些内容,以及能够做什么。这类教师政策大都涉及教师从业资质和教师培养项目审核等问题,通过设定某些标准形成教师入职门槛,确保基本师资水平。准入性政策主要针对教师候选人、教师培养机构或培养项目的资质、许可及相关规定、标准的设计与执行问题。这些国家相信准入性政策能够指导教师的学习,并影响教师入职、留任或职业认可等一系列教师培养问题。

美国的做法具有代表性,也略胜一筹。为了解决公立中小学教师质量问题,从 20 世纪末开始美国国内许多全国性教育组织致力于通过设计中小学教师的认证标准提升教学质量。其中,全美教师教育认证协会(National Council for Accreditation of Teacher Education)、州际新教师评估与支持协会(Interstate New Teacher Assessment and Support Consortium)和全美教学标准专业委员会(The National Board for Professional Teaching Standards)逐渐成为美国教师认证标准的主要制定者,分别负责教师培养项目的审核、初任教师的入职许可,以及高级教师的资格认证。虽然三者工作重心不同,但皆倡导应由全国性的组织机构制定教学标准,并以此作为各类教师许可项目(Teacher Licensing Programs)和高级教师资格证书项目(Advanced Teacher Certification Programs)的基本框架。[4]目前美国许多州都直接使用了它们所制定的或参照执行了这些标准。

(2)发展性政策。发展性政策指的是从教师职前到职后所制定或实施的有利于提高教师地位、教师待遇和工作积极性,有利于教师专业素养和能力养成的外部政策。对于促进教师专业发展来说,最大的外部支持莫过于资金支持与资金的合理使用。一些国家为培养教师投入了大量财力和人力。芬兰政府对教师发展的支持面向全体教师,他们不仅为教师候选人的培养费用买单,而且相对其他职业而言,教师职位的财政补贴金额也非常高。芬兰政府施行了全额资助培养计划,所有教师都要经过有效培训才能任职,教师候选人在接受培训的时候能够领取生活津贴或薪酬。在芬兰年轻人眼中,教师是最理想的职业,而且职位竞争激烈。据统计,在芬兰,每4名申请者中只有1名能够接受完全的教师培训,小学教师职前培训的入选比例仅有1/10。政府之所以出资支持,就是为了对教师培养计划严格把关,审慎而精细地培养未来教师,并将效果显著的入职培训和专业发展一以贯之。[5]

实际上,除财政补贴之外还存在其他有效的支持方式。为了解决师资短缺问题,新加坡政府放弃了降低入职标准的常规做法,而是采用多层面的激励措施。新加坡政府利用官方渠道在全国营造尊师重教的舆论氛围,国家领导人通过演讲、公共庆典、全国性的重大赛事和学术项目,或在教师的就职典礼等特殊场合强调教师对于国家福祉的重要性,并且使用互联网等新媒介宣传教师的工作及成就。[6]这些"软性的无形支持"同政府提供的教师薪酬、培训以及专业学习等有形资源一道,构成了新加坡独特的发展性政策支持。毫无疑问,芬兰和新加坡已经改变了以往那种不利于教师专业发展的社会环境,并将相应的政策和措施纳入全国教育改革的一部分。

(3)评估性政策。评估性政策通常与专业标准制定和教师专业发展相关,并在很多时候介入教师培养机构与教师培养项目的质量评审之中。

近些年,随着美国教师教育评价范式的转变,美国社会各界开始关注有关教师培养项目审核评定的政策建议,以及关于标准本身有效性的评估,开始以工作绩效评估教师,用工作绩效评定教师职前培养项目。全美教学标准专业委员会(NBPTS)曾在美国高级教师认证评价方面产生了巨大的影响力。随着NBPTS认证范围的扩展,决策者和研究者们对其评估进行了"反评估"——开始调查研究这种认证在教师培养方面究竟能起到多大作用,及其在教师效能评价标准方面的效度问题。研究发现,教师参与NBPTS的评价过程有助于他们的专业学习,可以加快他们在教学实践上的转变;此外,教师根据标准分析自己的工作和学生活动的过程增强了他们评价学生学习及评估自我行动效能的能力,促进他们采用标准和评估所倡导的新的教学方式。[7]可见,美国的评估性政策希望发挥固本培元的作用,已经推进至教师培养的"源头之源"。各州对教师培养项目的评估体系虽不统一,但地方上的教师培养项目不再满足于州立最低标准,逐步向较为统一的专业标准看齐。

2. 教师培养政策的内容

芬兰、新加坡、加拿大等国的教师培养政策具有一定的延续性,并在教师发展的关键节点进行政策投入,较好地解决了本国优质教师流失、职业倦怠、教师专业发展等问题,促进了教师教育质量的提升。

(1)初任教师培养政策。在样本国家中,新加坡在教师入职环节的培养政策最为完善。初任教师会得到全方位的政策支持,包括资深教师的辅导、学习在职培养课程,接受同类教师的"结对帮扶"(Buddy System)。"结对帮扶"是新加坡入职培养政策的一大亮点,初任教师除了能够接受经验丰富教师的指导外,还会被安排一至两个教学搭档,即一个教授相同学科的同行,外加一个管理人员(通常是部门负责人)帮助他们开展工作,适应新环境。

在澳大利亚,大多数州的教师申请者在完成正规教师教育培养项目后只能获得"临时注册教师"的资格,12～18 个月之后才能转为"正式注册教师"。在此期间,初任教师通常会参加一项入职培养项目,包括校本辅导(School-basedMentoring)、研讨会等。入职培养项目通常由州或招聘方负责,辅导教师在课堂上专门抽出一些自由时间对初任教师进行个性化指导。与此同时,初任教师必须准备材料来证明自己已经达到了正式注册教师所要求的专业实践标准。这种两级注册制也受到美国的重视,大多数州也都要求某种入职培养方式,比如,初任教师头一两年担任教学工作时必须接受入职辅导。目前,美国有将近 75% 的初任教师都能够获得入职支持,但只有 5% 的教师得到了多层次的支持。[8]

(2)在职教师培养政策。从教师培养角度看,在职教师的政策支持极为丰富。一方面,一些国家的政策仍然遵循教师专业化的初衷,促进教师在教学实践、教育研究、专业学习等方面不断完善自我;但另一方面,决策者们的视野显然超过了学术研究领域,他们注重职业阶梯对于教师行业人才流动所产生的真实效应,更倾向于将教师专业职业化,将教师的专业发展转化为一种职业生涯发展规划,使在职教师的专业成长更具现实性。

在英格兰,大学本位的专业学习机会往往也是教师更新资质的机会——从"专业研究学历"(Certificate of Professional Studies)到"教育研究本科后文凭"(Post-graduate Diploma of Educational Studies),再到"教育硕士学位"(MEd)。在威尔士,职业阶梯也同样是专业持续发展的象征,为了吸引优秀教师留任或以示奖励,地方政府设计了一种通往"特许教师"(Chartered Teacher)的晋升路径。[9]

与此不同,新加坡政府所谋划的职业阶梯就不是职称晋级或学术职业发展这么简单。该国结合本国社会文化价值观向教师提供了专业技术岗位、行政岗位、管理岗位等多种交叉互通的领导职位,并为此设计了一套完备的评估程序,鼓励教师根据自己的兴趣发展才能。这套程序评估教师教学、领导、合作等技能,向教师提供多方面的反馈。由于政府提供额外培训和财政支持,晋升为特级教师(Master Teacher)的大门向所有教师敞开。特级教师可以作为其他教师的辅导教师和培训教师,可以以专家身份参与课程开发和设计评估方案,也有望晋升为学校的行政领导,直至地区或教育部的领导人。

(三)教师培养政策的走向与启示

国际教师政策凸显的重点改进内容包括:在教师培养过程中加强理论与实践的联系,提高教师教育各类学生的能力——这些学生或是带有多元文化背景,语言能力相对较弱,或是面临学习障碍,有特殊的教育需求。

1. 国际教师培养政策的走向

随着社会竞争压力加剧,以及全球化趋势带给课堂教学的多元文化冲击,许多国家希望教师能发挥更大作用,而目前国际教师培养政策所呈现的走向恰与此相呼应。

(1)支持多样化的教师培养路径。在过去20年,许多国家相继推出各种选择性教师培养项目,以便补充或取代传统的四年本科层次的教师培养方式。但路径选择的多样性难以保证质量上的统一,不同项目培养出的教师,其自我效能感和教学准备情况千差万别。目前,美国已经有40多个州存在着选择性教师培养项目,在设计上呈现多元化的态势,既有为期数周的短期培训,也有一些为拿到学士学位的人设置的1~2年培养项目。[10]那些愿意成为教师的人所接受的职前教师教育也会因所在州、大学的不同而不同。英国和荷兰也为不同学历的教师候选人提供多种培养路径作为连接本科与研究生层次的桥梁,有些项目甚至允许教师候选人一边接受职前培养,一边承担教学工作。

(2) 支持系统性的教师专业学习。持续的专业学习绝不是教师个人的事情,它已成为政府决策和学校发展的新理念。作为促进教学专业化议程的一部分,2003 年,加拿大安大略省的新一届政府将目光投向了教师联合会(Teachers' Unitions)。教师联合会接受了政府大量资助,用于向教师提供专业发展机会。新政府采用培训、辅导和其他策略来支持与教师工作紧密相关的学习活动。他们还特别在中小学的学年计划中增加了两天的教师专业发展时间,并且要求省内各地区都要与联邦教育部进行磋商,决定如何充分利用这些时间,支持本地区的发展目标和策略。每一个地区的每一所小学都为促进识字教学和算术教学组建了一个领导小组,每一所中等学校也都为保证学生学业的成功建立了一个领导小组。这些小组在各校校长的配合下,制定本地区改进策略,并为策略的实施提供支持。[11]

(3) 支持教师培养体系的整体提升。"政府—教师培训机构—学校—班级—教师"组成了一个完整的教师培养体系,知识可以在其中进行传播,投资是对整个系统的投资,专业化是整个体系的专业化。要想使教师能够不断学习、持续成长,并始终对工作保持热情,一方面要向教师不断提供优质的学习资源,另一方面要为其搭建交流学习、实践经验的平台。从全球范围看,植根于教学的专业学习拥有更为坚实的基础。教师围绕教学共同制定计划、研究课程,以及开展各种行动研究,教师之间分享实践经验的机会越来越多。芬兰和新加坡鼓励不同学校的领导和教师交流互访,分享他们的工作经验;加拿大的安大略省对建立校际间的交流学习网络投入了极大的支持,他们不仅帮助所有学校提高教师的教学能力,而且还通过安大略省重点扶持项目(The Ontario Focused Intervention Program)为大约 1,000 所困难学校和后进学校提供额外支持和建议,同时还专门指派那些曾经遇到过相似困难,但后来取得不俗成绩的学校对其进行重点帮扶,促进它们相互学习。[12]

2. 国际教师培养政策实施的启示

国际教师培养政策孰优孰劣需要放到不同的教育背景当中考量。教师培养政策总是面对着极其复杂的社会问题,国际教育政策实施的经验更需要我们深思。

（1）政策支持对教师培养具有特殊意义。教师培养政策在教育政策范畴中占据特殊的位置，它几乎涵盖了教师成长的各个阶段。教师专业发展或改进教师教育离不开政府、学校、培训机构等不同主体的政策支持，政策传导力能使整个教师培养发生转向，在提升教师质量、追求卓越效能方面，政策是一个有力杠杆。2008年，英国政府在其发布的《白皮书》中提出，今后英国的教师执照5年更新一次，教师必须获得由政府资助的教学专业的硕士学位后才能获准任教。这一表述被认为是英国政府执政理念和教师培养政策的分水岭。从此之后，英国进入了教育政策的新时代，教师候选人通过进一步参加研究生层次的学习以取得更高的资质正在成为英国的一种趋势。

（2）教师培养政策要针对教师教育的核心要素。在强调教师培养政策的作用力时，不应忽视政策能量最终的显现方式，即政策的接纳与执行。如何才能保证政策的落实呢？许多国家的教育政策瞄准了本国教师教育发展中亟待解决的问题，但教师教育呈现出的关键点则会应时而变。譬如，英美两国自20世纪80年代中后期都开始诟病大学本位的教师教育，教育政策不约而同地向非专业化转向，形成了名目繁多的由"市场驱动"的选择性项目，政策执行的最终结果加剧了教师培养项目和资格证书制度对教师效能的争议。教师教育发展的关键在于教师质量，而教师质量的高低并不直接取决于教师培养模式。

（3）关注教师培养政策隐含的教育理念。"提高学生素质，提高教师质量"是国际社会共同的教育发展理念，但是"教师质量"、"优秀教师"、"优异教学"等关键词在各国的政策圈里却有着不同的含义。在加拿大，政府用"效益优先"的原则衡量教师培养的成效。安大略省已经开始稳步削减一定数量的新项目，集中开展那些被认为是最富成效的培养项目。而在美国，近期的教育培养政策最富实用主义色彩。奥巴马上任以来的教育政策不再对培养模式进行价值预判，转而鼓励各方开发优质的学生成就和教师绩效评价工具，以学生的进步幅度和教师效能论英雄。在上述国家中，教师培养先后被作为一个"培训问题"和"学习问题"来对待，近些年则更多地出现在了政策议程中。决策者需要照顾到政策背后不同利益相关者的权益和需求，需要考虑政策实施对于未来教育发展的适切性，预测政策部署是否可行。

教育实践永不停步，但政策的效能却具有保质期，所以各国的教师培养都要紧跟时代发展节拍，积极探索，砥砺前行。今后一段时间，找到理论和实践的平衡点,创造真正统合的培养形式,确保提供能够完成任务的足够资源仍将是许多教师培养项目所面临的挑战。这就要求我们互相学习,知道在不同情况下哪些问题至关重要,哪些政策行动能够解决问题。我们需要进一步思考那些能够极大促进教师学习机会的策略,需要具备一个清晰的改革思路去实施这些策略。当我们衡量这些措施的可行性时应该谨记:尽管条条大路通罗马,但最终能为学生和教师建立一个强大、公平的学习体系的道路才是我们的优先选择。

参考文献:

[1] Motoko Akiba , Gerald K . Letendre & Jay P. Scribner Teacher Quality , Opportunity Gap, and National A chievement in 46 Counties[J]. Educational Research,2007,36(7):369.

[2] OECD, Snapshot of Perform ance in Mathematics, Reading and Science [EB/OL]. http://www. oecd. org/pisa/keyfindings/PiSA-2012-results-snapshot-Volume-I-ENG. pdf[[EB/OL]. 2014—6—20.

[3] James H . Singe, Thomas J. Ward, Pamela D . Tucker, JenniferL. Hindman. What is the Relation-ship Between Teacher Quality and Student Achievement? An Exploratory Study [J] Journal of Personnel Evaluation in Education, 2007, 20(3—4):166.

[4] Hoewook Chung & H yun Jin Kim . Implementing Professional Standards in Teacher Prepara-tion Programs in the United States: Preservice Teachers' Understanding of Teaching Standards [J] KED I Journal of Educational Policy, 2010, 7(2):358.

[5][6][8][9][11]Linda Darling-Hammond & Ann Lieberman, Teacher Education Around the World: Changing Policies and Practices [M]. New York: Routledge, 2012:157. 155. 163. 165. 159. 165.

[7] Steven Z. Athanases. Teachers' Reports of the Effects of Preparing Portfolios of Literacy instruction[J], Elementary School Journal, 1994, 94 (4):421—439.

[10] Linda Darling-Hammond & Ruth Chung Fred Frelow, Varation in

Teacher Preparation: How Well Do Different Pathways Prepare Teachers to Teach？[J]. Journal of Teacher Education，2002，53（4）:287.

[12]Michael Fullan. Schools on the Move: Lighthouse Program 2009 [EB/OL]. http: www. edu. gov. on. ca/eng/literacy numeracy/on them ove 2009. pdf. 2014—06—18.

（本文发表于《比较教育研究》2014 年第 10 期。作者杨捷、吴路珂，时属单位为河南大学教育科学学院教育科学研究所）

教师教育·专业化与专业标准

一、新加坡小学教师师范教育课程设置

(一)

目前,世界上许多发达国家的小学教师都通过大专以上水平的教育培养,而我国的小学教师师范教育总体上还是停留在中专水平。但是,随着我国初等教育的发展,普及义务教育的实施及水平的提高,根据高度知识化、专业化、信息化、科技化的社会发展趋势和经济发展对国民素质的要求,我国的小学教师师范教育必然要向较高层次发展。事实上,我国的几个经济较为发达、义务教育基本普及的沿海省市,已经面临着将小学教师师范教育水平提上一个台阶的问题。例如,上海师范高等专科学校开展了为期八年的五年制小学教师师范专科教育的改革和探索;上海市的其它中等师范学校也准备推行大专水平的师范教育;浙江省的杭州市师范学校也准备开办两年制的大专班。由于这类改革还处在尝试和筹划的状态,对课程设置的构想还不成熟,在这种情况下,研究其它国家和地区相应程度的小学教师师范教育课程,可能会获得一些启示。本文选择经济发展水平和国民素质水平较高、在文化传统上与我国同属儒家文化圈的亚洲城市国家新加坡为对象,介绍它大专水平的小学教师师范教育课程设置,供教育界有关同仁们参考。

(二)

新加坡小学教师师范教育机构是设立在新加坡南洋理工大学内的国立教育学院,该学院是新加坡唯一的师范教育机构,负责新加坡所有水平的师范教育,包括各类教师的职前培训和在职培训,校长、系主任等各类学校管理人员的培养等等。学院内教育分专科、本科、硕士、博士等各级水平,其中两年制的教育类专科文凭和体育教育专科文凭教育是为培养小学教师和初中教师设置的。教育类专科文凭教育分三种:① 普通教育专科文凭教育。招收高中毕业,持新加坡——剑桥普通教育证书考试高级水平证书者或五门以上普通水平证书者及相应学历者,培养能胜任小学英语、数学(主修)和任何一门其它小学课程辅修,从科学、社会科、美术或音乐中选择)教学的普通小学教师。② 汉语/马来语/泰米尔语教学专科文凭教育。入学标准除达到以上水平外,还要求在所修专业语言的普通水平普通教育证书考试中成绩为 A 或通过高级水平考试者,培养华语学校/马来语学校/泰米尔语学校的中小学语言教师。③ 美术/音乐/家政教学专科文凭教育。体育教育专科文凭教育招收通过体育类入学考试、学术成绩较好的高中毕业生或多科技术学院毕业生,培养能教英语或数学的小学和初中体育教师。本文仅介绍小学教师培养部分,初中教师的培养不在本文研究范围之列。

新加坡各种文凭小学教师师范教育的课程均分四类:核心课程类、必选课程类、自由选修类、实习类。核心课程类包括必修教育研究类课程、课程研究类课程和由学生根据兴趣和特长选定后必修的学术性课程。必选课程是由学生根据副修教学方向和深入学习需要必须选择的课程。普通教育专科文凭、汉语/马来语/泰米尔语教学专科文凭、体育教育专科文凭攻读者除完成以上课程表规定的学业外,还应修满 4 个学分以上的自由选修课程。这类课程主要由国立教育学院各分院为各类专业学生提供。

除上述课程外,学生征得系主任同意,还可选修南洋理工大学内其它学院开设的选修课程。

(三)

结合我国的教育实际考察新加坡小学教师师范教育课程设置,至少可以分析出以下几个值得关注的方面:

1. 新加坡小学教师师范教育课程设置的对象、学制和授业地点对我国小学教师师范教育有一定的启发

新加坡小学教师师范教育招生对象为学业成绩较好,有志于小学教育事业

的高中毕业生;学制为两年学分制大专水平专业训练;授业地点在综合性大学内。我国目前的小学教师师范教育多在中等师范学校内进行,正在或即将进行大专水平教育的学校也属中等师范学校的升格。像上海师范高等专科学校那样为保证生源质量,招收初中毕业生进行五年制大专教育固然有可取之处,但鉴于我国正处于小学师资不足的阶段,实行招收高中毕业生的两年制专科教育,可以缩短师范教育的周期,提高师范类院校的利用率,突出师范教育的职能。何况,我国普通高中在中等教育结构中所占比例本来就偏高,普通高中毕业成绩较好未能上大学的学生也较多,而这些青年人已具备根据自己的性向、兴趣选择未来职业的能力,在这种情形下选择小学教师为终身职业的学生已具备较好的普通教育基础、较好的理解力、较高的学习动机层次,有利于高素质小学教师的培养。除在中等师范学校开设五年制和两年制大专班,或将原中等师范学校升格为高等师范学校外,是否还可以在一些师资充足的高等师范院校和综合性大学教育系内开设一些学分制的培养小学教师的大专班?

2. 新加坡小学教师师范教育课程在类型安排上,具有针对性强、专业性强的特点

以培养普通小学教师的普通教育专科文凭为例:核心课程、必选课程、自由选修课程和实习四大类课程中,核心课程主要针对主修方向开设,旨在使师范生掌握小学英语、数学两门主课的教材教法,掌握小学教师必备的教育、心理知识技能,并具备专长学术修养;必选课程主要针对副修方向开设,有针对小学美术、音乐、社会科和科学课教师培养的各类课程教材教法,学生选择其中一项为副修方向,经两年的学习,可以胜任该课程的教学;自由选修课程旨在发展学生个人兴趣爱好,所设课程更为具体深入;实习课则强调所学知识的应用。各类主要课程学分占总学分比例为:教育研究类占 28.9%,课程研究类占 34.3%,学术性课程占 19.8%,实习类占 12%,自由选修类占 4.8%。其中教育教学理论与实践课程总计占 75.4%。

我国以培养全能型小学教师为目标的中等师范教育课程体系,课程类型分为基础科目类、教材教法类、基础教育理论课类、实习类。其中以数、理、化、文、史、地为主的基础科目类占比例最高,约占 40%左右[根据苏真主编《比较师范教育》(北师大出版社,1991 年版,第 299、300 页)中国 1986 年三年制和四年制中等师范学校教学计划计算]。这就无形中削弱了专业性课程的比例。当然,

中等师范教育有其特殊性,必须重视基础知识教育。但是,我们为大专水平小学教师师范教育制订课程计划时,首先考虑的应该是与如何教育儿童关系最为密切的课程。是不是可以既不局限于原先中等师范教育课程设置,也不模仿初中教师高等师专课程中分政治理论课、教育理论课、专业课、体育课、外语课、实习课的老套套,而建立新的课程类型框架?

3. 新加坡小学教师师范教育课程具有具体、实用、专业性强、十分贴近小学各门学科教学实际的特点。其课程设置中,课程研究类和教育研究类是重头课程

课程研究类课程涉及小学各门课程的教材教法,其中有关每类教材教法的课程研究课程又至少有四门。例如,在小学数学教材教法方面,有 CM111 数学教学中的课程论与教学论透视 I;CMll2 数学教学中的问题解决和评价;CM112 数学教学中的课程论与教学论透视 I;CM212 数学教学中的数学思维与提高。在小学英语教材教法方面,有 CE111 语言和阅读基础:过程和教学问题;CE111 小作家的培养;CE211 综合语言艺术课程;CE212 小学课堂中语言技巧的激发和评价。在小学社会科教材教法方面,有 CL151 社会科课堂教学策略;CL152 在环境中的社会科教学;CL251 社会科教学中的材料运用;CL252 针对不同类型学生的社会科教学,等等。

有关教育基础理论心理学方面的教育研究类课程也相当具体、实用。其具体课程包括:

学习的发展和习惯因素;有效教学的组织和激发;教学的社会背景;小学教学评价;小学生心理与行为指导;为有特殊需要的儿童提供适宜的教育;课堂中的学习和个别差异;促进儿童思考和学习的策略;跨学科视野中的道德问题,等等。

新加坡小学教师师范教育中的学术性课程,所占比重不是很大,但它由学生有选择地攻读,强调高等教育水平的深造,而不是百科全书式的基础教育。

我国小学教师师范教育中的教材教法方面课程有小学语文教材教法、小学数学教材教法等几门,基础教育理论方面课程有教育学、普通心理学、儿童发展心理学等几门。总体特征是概括性、理论性相对较强,但比较泛化,基础性、实用性不足,所占比重也不是很大。参照新加坡的情况,我们在制定新的小学教师师范教育教学计划时,是否可以针对小学课程教学特点开设"小学课堂中的

语言运用"、"小学作文教学"、"小学语文课中的阅读训练"等,实用性和专业性较强的课程,避免将中师课程加深一点或将现存高校教育课程稀释一下就作为大专水平小学教师师范教育课程的情况,学术性课程是否可以让学生有选修的范围,而不是开设几门必修的普通学术性课程?

4. 新加坡小学教师师范教育中一些课程的设置内容和方式具有一定参考价值

课程研究类课程以数学类为例,所开设具体课程及内容为:

CM111 数学教学中的课程论与教学论透视 I。主要内容:小学数学课程的目标、框架、教学方法概论,有关数学概念形成的心理学理论;小学数学教学的教学论原则,包括课堂讲授、操作、实践等各种教学策略;心理学和教学论原理在数字教学、四则运算和图解式计算教学中的运用。

CM112 数学教学中的问题解决和评价。主要内容:数学思维的本质;解决数学问题的各种策略;小学低年级疑难数学问题的解决;有关数学测验和评价的理论;数学作业分析和错误分析;分数与度量的教学方法。

CM211 数学教学中的课程论与教学论透视 I。主要内容是:有关数学教学和数学概念形成的心理学理论的进一步研究;针对能力较差学生的数学教学;对数学方面有困难儿童的诊断技巧和程序,以及各类补救措施;小数、比例和代数的教学方法。

CM212 数学教学中的数学思维与提高。主要内容:从结构主义课程论和信息掌握的视角讨论数学思维;针对能力强的学生的数学教学;小学高年级疑难数学问题的解决;高水平数学思维的评价技巧;几何和统计的教学方法。

从以上可以看出,其有关数学教学法的课程设置,从心理学和教学论的角度,是从针对普通学生到针对差生到针对能力较高学生,从低年级数学教学法到高年级数学教学法的层层递进式详细分析;而在其中又穿插分析小学数学中数字、四则运算……代数、几何、统计等主要内容的教学方法。

教育研究类课程,以侧重心理学方面的课程为例:

ED111 学习的发展和习惯因素。主要内容:儿童入小学后生理、认知、情感、道德、社交等各方面的发展;儿童的个别差异、类型及成因;学生学习的不同类型及其差异,学习习惯的形成及原因。

ED251 小学生心理与行为指导。主要内容:影响学生学习与发展的心理因素和社会因素;学生团体对心理发展的作用;学生在团体中的行为;有关团体的理论;指导学生团体行为的技巧,指导学生个人行为的技巧,基本心理咨询技巧。

ED252 为有特殊需要的儿童提供适宜的教育。主要内容:学习迟缓、学业成绩低、学业方面潜力未发挥的学生和天才学生面临的各种问题;这些学生的诊断,对他们进行最优化教学的方法和策略。

ED253 课堂中的学习和个别差异。主要内容:引起学习者间个别差异的生理、社会、心理和文化因素,对这些差异的鉴别、评价、差异的本质及如何针对这些差异制定教学策略。

ED254 促进儿童思考与学习的策略。主要内容:研究如何充分考虑学生的发展因素,如何采取不同的教学模式、问题解决策略、有效刺激手段,如何开展与学生年龄相适应的活动、布置有益的学习环境、开发交叉性课程、促进学生的合作学习的各种策略。

ED258 动机与学习。主要内容:教师在激发学生学习动机中的作用;动机三要素;形成动机的方法;激发学生学习动机的策略,等等。

其心理学方面课程,涉及范围很专,其中学习心理学占比例很大,可操作性很强。

新加坡小学教师师范教育课程设置的启示还有:重视道德教育,把对师范生的道德教育与小学生道德教育教学法相结合,专门开设在各门学科中如何开展道德教育的课程;重视实习,实习时间占总教学时间的四分之一,并安排在第二学期末和第四学期末,有利于师范生针对自己在实习中意识到的缺陷和知识需求,修习相应课程和知识,提高素养;在课程排列上,将一些较为深入的教育研究类课程都安排在最末一个学期,有利于师范生的总结提高;在专业设置上,专门开设为部分双语制小学培养师资的语言类教师。而我国虽然重视外语教学,但学习者往往要花十来年时间还不能使之内化,倘若在上海等沿海开放城市开设双语制小学教育并进行相应的师资训练,则可收到事半功倍的效果。

当然,如果从批评角度研究,新加坡小学教师师范教育课程设置也有不少缺陷,但比较教育研究的任务之一是取人之长补我之短,因此,本文若对我国小学教师师范教育从中等教育水平向大专水平发展有一定的参考价值的话,其目的也就达到了。

参考文献：

〔1〕The National Institute of Education, Hand Book〔M〕. Nan Yang Technology University,1994

〔2〕Nan Yang Technology University〔Z〕. National Institute of Education, General Information, 1995—1996

〔3〕Piplom in Education/Piplom Physical Education, 1994 — 1995〔Z〕. National Institute of Education, Nan Yang Technology University, Singapore.

（本文发表于《比较教育研究》1995 年第 5 期。作者张文军,时属单位为华东师范大学比较教育研究所）

二、论日本提高基础教育师资素质的改革

日本的基础教育在世界素享盛名,20 世纪 80 年代以来的国际教育评价一再表明,日本中小学教育的质量在世界名列前茅,这给世界许多国家留下深刻印象。例如 80 年代中期美国联邦教育部在对日本教育做了详细考察后发表的报告中认为,"通过九年义务教育,日本培养出来的学生在读、写、算、科学、音乐和艺术等基础教育方面均得到了发展,学生的质量是高的。日本学生的平均水平高于国际标准水平"。日本高质量的基础教育对其国民素质的提高,乃至经济的发展都起了巨大作用,"日本现代教育的某些成就如同其经济发展一样是独一无二的"。日本的基础教育之所以质量高,很大程度上在于其拥有在世界同样堪称名列前茅的高素质的教师队伍。诚如上述报告所言,"日本的教师是其教育成功的重要因素"。

80 年代以来,为了迎接 21 世纪,适应所谓"成熟化社会"的需要,日本在制定教育改革和发展战略时,把提高教育质量摆在突出地位,为此而把提高教师素质作为重要的教改目标和任务。日本临教审的几份教改报告一再指出,提高教师素质,事关日本的民族素质,必须给予高度重视。1987 年,日本内阁通过的《教育改革推进大纲》将提高教师素质作为一项任务规定下来,90 年代由文部省每年出版的《我国的文教施策》反复强调提高教师素质的重要性。

(一)

日本具有重视教师素质的悠久传统。早在明治政府提出"富国强兵、殖产兴业、文明开化"的兴国方针之初,日本就把提高国民素质,做到"邑无不学之户,家无不学之人"作为一项基本国策,为此而大力普及义务教育,把培养师资

作为"最紧迫的课题"提了出来。

　　制度化、法制化和严格化是其保证教师素质的基本条件。就制度化而言，日本很早就注意到建立起培养中小学师资的师范学校的重要性。为此，在1872年创建了培养小学师资的东京师范学校，在到1879年的7年时间里，日本在全国建立起师范学校89所，培养教师4万余人。为适应对中学师资的需要，1875年在东京师范学校附设了专门培养中学教师的中等师范学科。就法制化而言，日本在1872年颁布了《学制》，1879年颁布了《教育令》，1886年颁布了《师范学校令》，1897年颁布了《师范教育令》，这为加强师范教育，培养优秀师资提供了法律依据和保障。就严格化而言，师范教育伊始，为了保证师资质量，日本就从国外聘请了高水平的外籍教师施教，并做出一系列规定，如只有取得师范学校毕业证书者才能在公立小学任教，只有获得大学毕业证书者才能充任中等学校教师等，使日本的中小学师资的素质一开始就拥有很高的起点。到第二次世界大战结束前夕，日本75％以上的中小学教师具有法定教师资格。

　　战后，日本重建师范教育制度，由于美国教育的影响，也因为人们认识到教师素质的提高对教育事业的发展至关重要，以往由师范学校培养师资的做法被废除。1949年日本国会通过了《教育职员资格法》和《教育职员资格法施行法》。前一法案明确提出，从幼儿园到高中的教师一律由大学培养，并规定了各级各类学校教师的资格及获取资格的标准。后一法案则对教师职业的性质、教师资格证书制度、在大学培养师资以及教师的在职进修等做了明确规定。这些法案及其规定，使日本的教师素质与战前相比，有了更高的起点。迄今为止，日本中小学教师均由文部省认可的高等教育机构培养。其中，小学教师在国立教育大学、综合大学的教育学部或短期大学培养；初中教师在4年制大学或短期大学培养；高中教师在4年制大学或研究生院培养。所有人员均需经国家考试，考试合格授予教师资格证书后才能成为专职教师。

　　为了保证教师基本的素质，日本对从教人员在学位等级、基础学科、专业学科和教育学科等方面都有明确而硬性的要求。如小学教师一级普通资格证书在学位等级方面的基本要求是学士学位，其它方面的要求是须至少修满基础学科36学分，专业学科16学分，教育学科32学分；二级普通资格证书的基本要求是相当于我国的大专毕业，至少修满62学分，其中包括基础学科18学分，专业学科8学分以上，教育学科2学分。初中教师一级普通资格证书在学位等级方面的基本要求是学士学位,其它方面的要求是修满基础学科 36 学分,专业学科 32—40 学分,教育学科 14 学分;二级普通资格证书的要求是相当于我国大专毕业,并至少取得 62 学分,其中包括体育 2 学分,基础学科 18 学分,教育学科 10 学分,专业学科 16—20 学分。高中教师一级普通资格证书的基本要求是具有硕士学位或在大学研究生院学习一年以上,并取得 30 学分以上,所学课程学分是基础学科 36 学分,教育学科 14 学分,专业学科 52—62 学分;二级普通资格证书的基本要求是学士学位,基础学科 36 学分,教育学科 14 学分,专业学科 32—40 学分。

为了保证教师素质在从事教育工作后不至于退化,以及跟上时代的发展,日本对教师工作后参加培训同样有着明确而硬性的要求。文部省以及相当于我国省级建制的县教育委员会和县教育中心为公立学校教师、校长和督学提供系统的在职培训的机会。一些较大的市和教育研究团体也举办在职培训的讲习班和研究会。

文部省每年举办中心讲习班,对各县教育委员会选派来的校长、副校长和骨干教师进行集中在职培训。国立教育中心筑波办事处为讲习班配有专门的设施和设备,经常组织有关学校管理、课程论、教学法等方面的高水平的报告和讨论会。县教育委员会也制定和执行在职培训计划。县教育中心在教师培训中起重要作用,中心配备专用宿舍、教学仪器与设备。

日本规定新参加工作的教师必须接受一定的培训,工作满五年的教师和其他人员也必须接受继续教育。参加在职培训并不意味着会增加工资,而是教师的一项义务,目的在于提高教师的业务能力。

(二)

日本的中小学教育获得世人瞩目的发展,高中教育已近乎百分之百的普及。随着教育数量的增加,80 年代以来。日本基础教育便由数量的发展让位于质量的提高,90 年代更是如此。但是,重视基础教育质量的原因,绝非在于数量增加已达极限,而在于社会的变化和教育自身的问题。

近二十年来,由于经济迅速发展,日本社会已经从追求物质的丰富向追求精神的丰富转变,国际科技和经济竞争的加剧,已把建立一个具有创造力的国家历史性地摆在现代日本的面前。重建日本教育,将经济追随型教育变为精神丰富型教育,在教育内部各层面加强质的完善和提高,以高质量的教育迎接二十一世纪的挑战,成为教育改革的中心。为此日本提出,拥有一支高水平高素质的中小学教师队伍,是奠定新型社会的基础,奠定高科技发展竞争力的基础和奠定高质量的民族素质的基础。

日本的基础教育虽然在国际比较中质量超群,但问题依然众多。20 世纪50 年代中期至 70 年代初,日本经济处于高速发展的黄金时期,教育为经济服务形成强有力的牵引力,拉动教育更多地关注经济的需要和人的知识、技能的培养。这个时期形成的经济取向的教育价值观念,伴随教育在数量上的膨胀而带来的教师队伍的迅速扩大,使教师的素质要求更多地倾向于学历和教学技能,教师的素质要素主要以外在社会的经济需求规范和架构起来。"应试教育""考试地狱""学历社会""经济动物"和"教育无能"成为这种教育状态和教育结果的代名词。

70 年代以来,中小学教育中暴露出来的"教育荒废"与青少年中出现的非法行为日趋严重,八九十年代,这种状况似乎有增无减。据 1995 年《日本白皮书》披露,1993 年因吸毒和服用兴奋剂而被管教的少年已达 11 276 人,交由警察处理的校内暴力案件 470 件,受到警察训导的有不良行为的少年 64 万余人,因性问题而受到训导的女学生 3 946 人,离家出走而被警察发现和保护的少年2.8 万余人,自杀少年 447 人。因"厌恶学校"而拒绝上学的中小学生逐年增加,小学生有 1 万余人,初中生有近 5 万人。这些问题与学校教育不无关系。道德的衰落和精神的贫乏,引起社会强烈不满,人们将教育中存在的问题归罪于教师,指责教师指导无力和教育无方。

人们既兴师问罪于教师,又把解决问题的希望寄托于教师。适应社会的转型和改变中小学教育面临的问题,社会各界包括各政党、社会团体以及政府部门无不主张重新研究教师素质问题和师资培养制度问题,为此相继提出种种改革建议。其中最具代表性的如 1978 年日本中央教育审议会《关于教员资质能力的提高》的报告,1983 年文部省颁布的文件《改革教师培养与资格检定制度》,1991 年大学审议会和教职员养成审议会教员养成制度特别委员会的改革报告等。

有关报告充分注意到提高教师素质的重要性。例如日本临时教育审议会1985 年发表的关于教育改革的第一次审议报告中明确提出,"为克服教育荒废问题,提高教学质量,关键是要发挥教师的作用,提高教师的教学水平";"为使学校教育发挥更大的作用,要进一步提高教师从事教育事业的自觉性和专业知识"。为此,审议会对提高师资队伍素质的方针措施、师资的培养、任用、研究进修以及评价等方面进行了综合探讨。

日本认为,要提高教师素质,一方面在于政府行为,文部省和地方教育行政部门要在制度和措施两方面作出努力;另一方面在于教师本身,教师必须通过自己的努力去提高本领,赢得社会的尊敬和信任。只有这样,才能适应时代的变化及其需要。

(三)

近年来,适应时代的变化和社会的要求,日本为提高教师队伍的素质,在许多环节上采取了改进措施,这些措施概括起来有以下几点。

第一,改善教师的录用

1992年日本文部省在《我国的文教施策》年度报告中指出,"为了提高教师的素质能力,在录用阶段能保证有具备了适合做教师的素质的人才是个重要课题"。即严把进入关,使确实具备教师素质的人才进入中小学教师队伍,是日本九十年代以来特别给予重视的一个问题。

日本规定,谋取公立学校正式教师职位的人必须是大学或短期大学毕业,并学过师范教育课程,获得教师资格证书。但这只是基础性条件,仅此并不能保证一定会成为教师,要成为一名教师,还需通过录用考试大关。

早在1982年,日本文部省就在一份题为《关于教师录用及其研修》的报告中提出改善教师录用制度的三项原则:① 不要只进行知识考试,还要进行技能测试、体力测试和性向测查;② 选拔考试内容必须注意到有利于考核知识面的深度和教学能力;③ 录用考试后应尽快发榜。避免造成优秀人才流向大企业和其他部门。录用考试作为保证教师质量的重要一环,在三项原则的指导下,一直是日本给予认真对待的大事。

日本高中以下公立学校教师的录用选拔考试由都道府县和指定城市的教育委员会实施。为了保证教师素质,自1982年以来,日本各地方教委在坚持三项原则的基础上,逐年对教师录用问题加以完善和改进,最新的录用改革方向是"广泛考查素质能力,多方面加以把握"。为此,日本在录用时加强了对应聘人员的面试。1992 年,日本所有的县市都实行了面试招聘。其中实行集体面试的县市有 54 个,实行集体和个别两次面试的县市有 36 个,实行后一种做法的县市有继续增加的趋向。此外日本多数县市对欲从教人员实行了性向测查,以判断其人格特征、能力素质是否适合担任教师工作。几乎所有的县市都实行了作文、论文考试,以检查其是否具有较好的文字表达能力;并在选拔方法多样化的思维基点上,把应聘人员从事社会志愿活动和俱乐部活动的经验作为重要的考查内容。特别是所有的县市都实行了实际技能测试,多数县市对担任小学教师者进行音乐、游泳和其他体育技能等方面的考试。不少县市对担任中学教师者进行英语会话、听力和体育技能测试。

日本公立学校的教师职业被公认待遇较高、职位稳定,在劳动力就业市场上有着很强的竞争力,是许多大学生理想的工作选择。这种竞争率在 1988 年达到最高点,应聘与聘用的比例将近为 6∶1。1992 年,竞争率有所下降,但竞争倍率仍为 4 倍。激烈的竞争使学校拥有相当大的选择余地。激烈的竞争和严格的筛选使得日本在原本就具有很高水平的应聘者中,得以挑选出最适合担任教师工作的人才,因此,日本中小学教师水平较高不能说是没有缘由的。即便如此,为了更加完善教师录用,近年来,日本文部省还向各地教育委员会提出指导性意见,要求各地教委在广告宣传环节上加大工作力度,包括印制发送宣传手册等,以使更多的人应聘教师工作,使学校招聘到更优秀的人才。

第二,创设新教师研修制度

经过严格筛选被聘用的新教师,并不等于自然地就适合教师工作,为了尽快让他们掌握实际教学工作能力,培养起从事教育事业的使命感,获得广泛的见识,1988 年起,日本通过对教育公务员特例法和地方教育行政的组织及运营法的法律修正案,以立法的形式,创设了"新教师研修制度",规定新教师自被录用之日起的一年时间内,需要参加有计划的和实践性的研修。

新教师的研修是在不脱产的情况下,边工作边进修。研修主要包括校内研修和校外研修两种。校内研修规定为每周 2 天,年总数在 60 天以上,目的在于通过以老带新的方式,让新教师学会如何对待日常的教育问题。具体内容包括观摩指导教师的教学、接受指导教师的教学科研指导和学习指导、教材研究、班级经营、学生教育、校务分管等。校外研修规定为每周 1 天,年总数在 30 天以上,目的在于结合校内研修,加深对教育的了解,使新教师获得多种教育体验和各种社会体验,以及增进教师之间的相互交流。具体内容包括在地方教委的教育中心接受课堂教学和实际的教学技能的指导,了解本县市的教育课题,掌握作为一名教师应当具有的基本规范和专门的指导能力等;参观其他学校和青少年教育机构、儿童福利设施以及民间企业,参加野外活动、社会志愿活动和理解社区文化的活动等。此外,还要利用暑假的半个月时间,走出去开阔新教师的教育体验,如,学会集体野外活动的安排、了解如何进行自然体验活动和社会志愿活动;到外地进行超越地区和学校类型的教育体验,请教育界、自然科学界和文化体育界的专家做报告,以进一步扩大新教师的视野,以及跨地区、跨学校进行相互交流,以培养教师之间的一体感和凝聚力等。

1993年,日本文部省在新教师研修制度实施5年后发表的一份报告中,对实行这一做法的成果给予了充分的肯定。认为① 新教师通过自主地、积极地参加研修,其素质能力获得显著提高;② 指导教师通过以老带新活动,回顾总结了自己的教育经验,也获得了提高自己教学能力的机会;③ 对新教师的指导被纳入到学校重要的工作日程上,重构了学校的校务分管制度和研修制度,对搞活学校工作也起了积极的推动作用。

第三,完善教师的在职进修

日本的中小学教师均达到大学毕业程度,其知识水平已毋庸赘言,但是,面对时代的发展和社会的变化,无论学历水平还是思想观念,都需要进一步提高,正象日本临教审的教改报告所指出的那样,要迎接21世纪的挑战,要提高民族素质,必须提高师资质量。

教师在职进修同样包括校内进修和校外进修两种。校内进修主要是结合学校实际的教学工作进行,以提高教师的教育教学能力;校外进修主要是到县市教育中心和脱产到对口大学进修。近年来,为了适应时代的发展和社会的变化,以及解决教育工作中存在的问题的需要,日本进一步采取了措施,加强和完善了教师的在职进修。

为了适应时代的发展,进一步提高教师的学历程度,进一步唤起教师对在职进修的积极性,日本自1988年开始,通过对《教育职员证书法》的修正。创设了以研究生院硕士毕业为条件的"专修证书",把教师资格证书的级别增加了一级。另外,规定拥有二级资格证书的教师通过进修可以获得一级资格证书,此举扩大了教师提高自己资格证书的机会,促进了教师参加在职进修的积极性。

　　针对青少年道德问题日益严重,日本把加强教师的道德教育能力摆到进修中重要的位置,要求教师努力提高自己的道德指导能力,关心学生,理解和掌握学生的发展变化,使教师的教育工作增加些"人情味"。为此,进修中要进行些教育学和心理学的学习。同时,基于教育改革中提出的要实现"教育的个性化",要求教师加深对每一个学生的人格和个性特征的认识,教师进修中要考虑如何提高自己的个性化教学水平。

　　第四,强调教师的心理健康

　　时代的急剧变化和教育工作面临的新问题,使日本教师的心理健康问题日益明显地提了出来。教师每天都要接触学生,因此,如果教师面对社会变革的压力、教育工作的压力、学生问题的压力,不能搞好自我调节,将会给学生的教育产生极大的影响。为此,日本正在就如何保持和增进教师的心理健康进行研究,谋求对策。其中一个重要方面就是要求教师进行自我心理调整,以使教师不仅在知识和学历水平上,而且在精神和心理上得到充实、完善和提高。

　　(本文发表于《比较教育研究》1996年第5期。作者吴忠魁,时属单位为北京师大国际与比较教育研究所)

三、国外中小学教师职前培养的启示

（一）

在欧洲近现代师范教育的发祥地,随着教会和地方政府权力的加强,教师自生自长、自由执业、一人一校的身份等现象逐步发生变化,或先后,或同时,或分别受制于宗教和政治权力,成为神职或公职人员,或同时具有双重身份。

文艺复兴之后,特别是进入 17 世纪以后,城乡初等教育的发展需要数量更多、质量更高的教师,而有关教育的科学和理论的进步又使满足上述需求成为可能。于是,人们公认的最早的近代师范教育机构率先在法国和德国出现。

18 至 19 世纪,德、英、法等国相继实行了义务教育制度,师范教育进一步扩大了规模,形成了体系,并逐步摆脱了教会的控制,具有了更突出的社会性、世俗性和公职性。随着中等教育的发展,高等师范学校或师范学院也在欧美国家出现,师范教育逐渐成为一个巨大的、国民教育系统中极为重要的子系统。

此后,各国的师范教育进一步发展,沿自身完善和适应需求两条主线不断调整。其总走向是:办学方式由私办向公办转变,相当一部分国家已不存在私立师范学校;办学层次由低层次向多层次和高层次转变,逐步过渡到由高等教育机构培养各级各类学校教师;办学模式由"定向型"向"非定向型"转变,即把师范院校培养教师的"封闭制"改为由综合大学培养的"开放制"或由二者同时培养的"混合制";办学管理由自由化向法制化转变,这是转为公办的必然结果;办学方向由技术型向科学型转变,它以自然科学、社会科学、特别是教育科学的发展为基础,在不影响其应用性的同时,大大提高了师范教育的科学性和理论性。当然,上述演进过程明显地带有各国特色和时代印迹。

第二次世界大战之后,需要重建的师范教育面临的是一个全新的形势。在社会、政治方面,前殖民地、半殖民地国家相继独立,西方国家内部民主化思潮汹涌澎湃。与此同时,科学技术以空前的规模和速度迅猛发展,计算机科学技术的发展使人们进入信息时代。另外一面,严重的失业、犯罪、吸毒等问题又时刻困扰和威胁着各国政府和人民。在教育方面,入学率提高、义务教育年限延长、终身教育思想的传播及人口流动的加大加快,造成了学校人口爆炸和学生成分及需求的多样化。在教育理论方面,科学,尤其是生物学、心理学、哲学、社会学等领域的发展加深了对人及其教育的认识;教育科学本身也在不断分化和综合,新学科层出不穷。师范教育本身,则随着已经完成或正在进行的高层化和开放化或混合化,面临着更高的、更多样化的要求。大规模的、深入的改革势在必行。

形势的变化和理论的发展,使人们对师范教育的认识也在不断深入。教育目的展宽了,教育对象扩大了,教育内容丰富多样了,教师的作用自然也就不同了。他从在课堂上传授知识的权威,转向指导、辅助、协调、咨询儿童全面发展以成长为社会公民的伙伴和顾问。作为社会人、职业人、公职人、实践人的教师的素质,成为人们关注和研究的焦点。虽众说纷纭,但不外乎责任感、知识、教育教学能力、个人修养、职业道德几个方面,只是范围越来越宽,标准越来越高。而培养教师的师范教育,也就兼有了成人教育、职业教育、技术教育、公民教育的性质。它的时间应该是长期的、分阶段的,内容应该是多方面的,以满足上述要求。人们根据自己认识的差异或侧重点的不同,提出了许多师范教育的模式,如以能力为基础的,以个性为基础的,人本主义的,等等。但在实践中,人们并没有拘泥于不同理论模式的概念,而是结合自己的认识及实际需要博采众长。与此同时,另外一种非理论化模式却在实际中占有很大市场。那就是,延长师范教育修业时间(相对非师范生和过去制度而言),保证专业教育和师范培训的质量。

基于以上新形势和新认识,各国普遍采取了许多新的举措。这主要包括以下几个方面:① 设立预科或预备班,加强职业方向指导,事先为师范生做好思想和能力方面的准备,为师范教育提供更充分、更优质的生源;② 建立双专业或主辅修制度,拓宽师范生的知识面,提高他们在就业市场上的竞争能力;③ 大量开设选修课,充分发挥师范生的潜力,适应培养综合化及个性化的师范生的需要；④ 加强教育实习，通过多次和较长时间地深入实际，提高师范生的理论水平和实践能力，并使这两方面有机结合，相得益彰；⑤ 完善见习制度，或设见习期，或分两次考核，在师范生和正式教师之间加上一段极为重要的体验、尝试、适应、熟悉、提高的自我培训阶段；⑥ 强化证书制，以此控制数量，保证质量，严格考核，促进竞争；⑦ 加强教育科学研究，特别是在师范院校内，鼓励师生从事科研，并通过开设专题研讨课，要求实习后撰写研究报告或论文，承担各方面课题等形式加以落实，促进教学和人才培养；设立专门化师范院校或系，培养特殊专业教师，弥补普通师范院校之不足。

（二）

在微观方面，我们可以借鉴国外，特别是发达国家在发展师范教育过程中许多被实践证明行之有效的经验。它们易学易行，至少可以包括以下四个方面。

第一，建立双专业、主辅修和广泛的选修课制度。

发达国家在这方面有比较丰富的经验。但事实证明，经过一定的改造，这些经验同样适用于发展中国家。事实还证明，这样的作法一方面对师生本人有好处，既可以拓宽他们的知识面，提高他们的素质和修养，特别是适应能力，为他们在人员流动加大加快的情况下转换专业提供可能；另一方面，这也有助于解决当前教师数量不足，某些专业甚至奇缺的实际问题，尤其对农村地区更有意义。事实也证明，跨学科课程的开设十分重要，它上承课程发展的大趋势，下接未来工作对师范生素质的要求，有必要也有可能成为重要课型。

至于双专业和主辅修是以相邻专业组合还是一主科一副科搭配，选修课的范围广泛到什么程度和占多大比例，跨学科课程如何开设等具体问题，则一方面应当视地区、未来工作领域、专业、乃至个人性向和爱好而定；一方面应当通过反复实践和论证，探索出一些基本规律和原则。

第二，加强职前培养过程中的参观、实习、见习等实践环节，使理论和实践有机结合起来。

与国外经验相比，中国师范院校的实践环节总的看来是课时偏少，次数偏少，形式偏少，而且理论与实践往往仅是简单并列，没有实现有机结合，远未达到配合理论教学，提高实际能力的双重目的。

这方面的改进可以分成几个层次得以实现。首先是课程类型。如果把传统的总论式的教育学、心理学、教学法、乃至教育社会学和比较教育学等课程，与以问题为中心的应用性专题研讨加以适当结合，理论自然会与实际大大贴近，发挥更大作用，师范生会更有兴趣，教学对他们未来的工作也更具实际意义。其次是教学过程中的多次数、多目标、多形式、多领域的参观和实习。这些活动应该目的明确，计划性强，由浅入深，由易到难，密切联系课堂教学，以经常性的活动加毕业实习的方式贯彻职前培养的始终，使师范生在巩固和加深理论教学成果的同时逐步进入角色，提高水平和能力。再次是结业时的实习。它既可被视为整个实践活动的一部分，又有自己的特点。毕业实习要真正成为毕业考核的重要内容，时间不宜太短，人员最好适当分散，每个实习生一定要像正式教师那样负担一个班和一门或几门课的教育教学工作。最后是结业上岗后到转正前的见习期。必须有制度，有要求，有考核，让新上岗的教师在一定时间内有人帮助指导，也有比较集中的机会，继续巩固、提高以前之所学。切不可有名无实，到时候"自然长人"。

如果抓住以上几个环节，教师职前培养当中理论和实际两个方面就会有机地结合起来，形成一种提高培养质量的合力，在很大程度上解决目前师范院校对外与社会及各级各类教育缺乏联系，内部各门课程又沟通很差的封闭问题。

在这方面，首先要解决的是认识问题。应当改变传统的知识体系和课程结构，把实践环节看作职前培养的重要组成部分，明确它与课堂教学和理论的关系不是互不相干，更不存在争时间的问题，而应是互相补充，互相促进，服务于同一目的。同时，在实践当中，也要克服讲形式，走过场，要求低等流弊。这些作法只会浪费时间，进而形成或加深人们对教育科学及师范教育的种种误解。

第三，加强师范院校的科学研究，提高职业（教育）培训水平。

师范院校的科学研究（这里仅指教育科学研究），无论对教师还是师范生，无论对教学还是对教育科学及学校建设，其重要意义不言自明。而目前中国的情况是，这一工作或没有受到足够重视，或与教学脱节，显得单薄。

其实，不仅条件比较好的院校应该设置专门的教育科学研究机构，而且每一位师范教育工作者都应该有条件、有责任从事这一工作，并把成果应用于教学。除以问题为中心的应用课程之外，还应鼓励师范院校的教师承担国家和地方的研究选题，与中小学教师合作编写有关论著和教材。目前，师范生的教育科学研究在我国几乎还是空白。如果把每个实践环节都作为良好契机,要求并指导师范生撰写研究报告或论文,那么实习的质量和师范生对实习的兴趣都会大大提高。更重要的是,这反过来又浓厚了学校的研究空气,有助于培养师范生的研究能力和习惯,使他们受益终身。

还应当指出,科研工作的加强,教育理论的发展及其对实践指导的成功,将大大有利于提高教师和师范教育的地位。使其吸引力增强,逐步形成良性循环。

第四,以严格的考核为基础,建立教师证书制度。

从业证书制度是各种职业和岗位专门化的必然结果,也是社会分工及管理进步的表现,它直接影响着有关职业和行业的质量及随之而来的社会声誉和地位。既然商店售货员、公共交通售票员都须持证上岗,那么人类灵魂的工程师需要有任教许可证就更是天经地义的了。而且,教师证书还不应当被简单地看作一纸上岗证明,它更应当被视为保证教师培养质量的重要环节和提高教师地位的有力措施。

教师证书制度,必须以严格的考核为基础。后者的严格,不仅应当表现在对教师的身体、道德、学力、知识、能力等方面的素质有明确的高标准要求,而且应当表现在要把住毕业考核、转正考核、晋级考核、乃至像一些国家那样的临时证书转长期证书的考核等多个关口,使师范生和初任教师时刻处于一个不断受到更高要求的状态,确保师资队伍的高质量。

那种囿于社会不正确认识,害怕严格考核的证书制会进一步减少本来就不充足的师范生源,主张教师招聘“因陋就简”(此处并非该词常义)的看法是短视的,其结果只能导致师范教育的恶性循环。

(三)

在宏观方面,外国师范教育的发展也可以给我们不少启示。那就是,把握住大趋势,解决一些带有根本性的认识问题,制订具有超前意义的师范教育发展战略。这首先要涉及三个重要问题。

第一,教师工作的专业化。

古今中外不乏对教师及其工作的褒扬之词,但在日常生活中,就一般人(可悲的是其中包含了许多教师)而言,情况就不那么妙了。教师往往与“科场失意""成不了大材""万金油"等修饰成分联系在一起。

这些看法不足为怪,它们出自政治的、经济的、文化的、社会的、历史的等多种原因。此处不想进行全面分析,只想指出,对教师工作的专业化认识不足,是形成上述看法在认识方面的重要原因。

教师面对的是未成年的儿童、个性不同的青少年,知识和价值的传递者,未来社会的建设者;他既要教知识,又要培养能力,还要塑造人格;既面对学生,又面对社会;既要言传,又要身教……寥寥几句话,就足以说明教师工作的高尚和艰巨。国外越来越强调教师工作的专业化,我们也必须解决这个根本性的问题。

如上文所述,在世界进入信息化时代,21 世纪即将到来的今天,教师的作用及社会对其素质的要求已远非昔日可比。从正面看,说教师工作的专业化大大高于过去,教师的素质应高于其他所有人,这绝不为过。从反面看,当前许多社会现实问题的产生,都可以从教师素质不高,对师范教育不重视中找到一定原因。所以,从作用和素质两方面充分认识教师工作的专业化,既是老生常谈,又充满新意,其它一系列问题的解决都需要以此为基础。

第二,中小学教师职前培养规格的高移。

众所周知,虽有早有晚,大部分发达国家都已经或正在完成中小学教师职前培养规格的高移。这就是说,初等师范已不复存在,相当于高中水平的中等师范大大减少或基本消失,大学本科成为中小学教师的主要学力,硕士研究生到中小学任教者已不罕见。

可以肯定,这是社会进步的表现,也是教育发展的必然。它作为全民文化教养提高的结果,又反过来巩固和促进了这一提高。同时,前面所列的诸多具体措施,如建立双专业、主辅修、选修课制度,加强实践环节,发展教育科学研究,改革课程设置等等,亦皆以师范教育机构的高移和师范生学力的提高为重要条件。否则,改革即使不是空头支票,至少也会在效果方面打许多折扣。

如果认为当前主要矛盾是数量不足,当务之急尚且解决不了,提高规格只是远水不解近渴或锦上添花,那将是错误的。必须看到,数量的不足系多种因素造成,它目前在发达国家仍时有发生,需不断进行调整,恐怕很难说哪一天能最终解决。质量同样是一个永恒的问题,它应与数量问题并重,甚至更为重要。而且,如果质量问题解决得好,也可以在一定程度上缓解数量不足的压力。不敢奢望我们培养出来的教师以一当十，那也是不科学的。但如果能以一当二，哪怕是当一个半，也足以令人欣慰。遗憾的是，现在的情况是连以一当一也难以做到。

另外，生源问题不应当成为巨大障碍。目前，师范生源的确存在一定问题，数量不足，质量不高，师范院校毕业生中已经和准备"跳槽"者不乏其人。但是，这种现象有它的相对性。随着教育和教师地位的提高，教师待遇的改善以及就业市场需求的变化，工作稳定、受人尊重的教师职业的吸引力就有可能逐步加大。这一点，已经被近些年来国外许多事实所证明。更重要的是，不能坐等教师和师范教育地位的提高，而是应当采取主动的战略，促进它的早日到来。

再者，目前四年制的师范学校和超过国家规定学力标准的教师（学前和小学教师高中毕业，初中教师大专毕业，高中教师大学本科毕业）已屡见不鲜，且有进一步发展的势头。它应当引起人们的注意，得到积极扶植。

第三，师范教育的综合化。

如前所述，世界上的师范教育制度可以分为封闭、开放、混合（或综合）三大类。本世纪前半叶，美国率先取消师范学校，逐步改由综合大学培养中小学教师，成为开放型师范教育的代表。战后，发达国家陆续步其后尘，朝这一方面发展。目前，一些国家只完成了第一步，即中小学教师均有高等教育学力，但分别在综合大学和专门师范教育机构培养，成为介于传统的封闭型和以美国为代表的开放型之间的混合型。

与封闭型相比，开放型和混合型可以使中小学教师有更雄厚的后备力量，可以使其培养质量（无论是"学术性"还是"师范性"）更有保障，可以使诸多的教育教学改革具备更好的条件。特别需要指出的是，不应当继续把学术性和师范性对立起来，这一旷日持久的争论可以休矣。取而代之的应当是这样一种看法：良好的专业（学术）教育是进行有效的、高质量的职业（教育）培养的基础，而职业（教育）培训的水平又是充分发挥专业（学术）能力的条件，二者互为因果，不可分开。同时，教育有其深奥的学术性，原来的提法把两个密切相关的东西割裂、对立起来，本身就不够科学。

目前，中国许多师范院校开设了非师范专业，而综合大学或专业学院里也有不少师范专业（或班）问世。这说明，上述趋势是不以人的意志为转移的，市场经济的形成和教育的发展加快了这一进程。

　　当然,笔者并不主张立刻取消师范院校,所有教师均由综合大学培养。这里的意思是,必须借鉴外国的经验教训,从宣传、组织、投入等各方面采取措施,认识师范教育的重要性提高它的地位;研究在前,引导在前,结合中国的情况和各级各类教育的特点,制订出既高瞻远瞩又扎扎实实的师范教育发展战略和配套措施,满怀信心地迎接 21 世纪的到来。

　　(文章发表于《比较教育研究》1996 年第 5 期。作者邢克超,时属单位为北京师大国际与比较教育研究所)

四、教师教育的发展问题：
国际视野中的香港

师资和其他教育专业人员的培训、教育及教育领域中的研究和开发，在世界各地都是颇有争议的领域。由于众多原因，该领域的使命、方向、宗旨和目的都不够明确。作为任何一所师范学校的中心任务，师资培训到十九世纪末才被确认为是一种专业化的事业。直至现在，在专业教育中，教师培养的专业性仍然最不令人信服，其专业化程度远远低于法律和医学。尽管教师培训的专业声望很低，但学校人员的培养仍是一项庞大复杂的事业。中学教师、教育管理人员、学校的心理和法律专家、工资偏低训练不佳的小学教师，以及其他教育工作者，都需要进行培训。

一方面为改进教育人员的培训使之专业化，另一方面为提高教育和教育者的声望，世人已经作出努力，即把教师培训和教育研究放在大学中进行。目前多数国家，至少是部分的教育研究与培训是在大学里进行的；而美国等一些国家，师资培养和教育研究已经完全在文理学院和大学中进行。这种发展也带来一些问题：教育学院难以完全接受大学为数众多的学科及专业培训方案；负责师资培养的教职员工通常亦要同时忙于不同的事务——教育研究、教师和其他各种专业人员的专业培训等。

以下的论述是从比较的角度考察教师教育和教育研究（集中讨论的美国的部分在译文中从略——译者注）。美国师范教育和教育研究的发展史，对香港

248

和其它国家或地区都有借鉴意义。美国许多领域（包括教育）的专业训练模式，都有世界意义。其师范教育和教育研究的发展，无论是成功的经验还是失败的教训，都有益于我们思考香港的未来。本文集中于 19 世纪中叶至现在中等后教育研究发展的主题，尤其关注其发展方向的争论。其中也要引入其它国家的一些案例，以便于比较。我们的目的在于，通过提出有关教师教育与教育研究未来发展的关键论题，以激发香港的讨论。

这一论题对任何社会都是相当重要的，因为教育系统的效力直接取决于教学人员与其他教育专业人员的质量。研究和分析教育政策、学校功绩及其它儿童教育问题，更会为教育政策和实践提供有益的信息。教育学院的重要任务之一就是搜集和分析教育资料。

这一论题在许多国家也是颇有争议的。许多人批评师范教育教育研究的水平太低，不合学校的需要，与教育实践缺乏密切的联系等。为了对这些批评作出反应，并提供尽可能好的研究与教育项目，教育者们已经进行了一些改革，但却往往并不清楚有效的培训和研究应该是怎样的。

教师教育和研究存在着不同的模式。本文集中于美国模式，即在文理学院和大学里开展的教育专业人员的培训和教育研究，以及日益强调的学士后培养项目。有些国家则在高中后的非大学性机构里培养教育人员，特别是小学教师，而在大学培养中学教师。这种模式一直是欧洲大陆的传统。这部分原因是小学与中学之间的传统差异，那时中学在很大程度上具有培养"尖子"的性质。在另一些国家（俄罗斯是很好的例子），教育研究在专门化的机构里进行，它们独立于培养教师的大学和其它机构之外。

若说教育之重要日益成为世界各国的共识，则教育专业人员的培养训练亦如此。知识日益成为经济的基础，在 21 世纪的世界经济中，要造就高效、富有竞争力的劳动力，教育居于核心地位。而香港正处在知识经济发展的中心，正处在东西方的交汇处。对香港来说，它必须有高水平的教育体系，而怎样有效地组织教师培训和教育研究是取得教育成功的核心问题。

看香港的背景，可以发现香港师资培养和教育研究所处的环境既独特复杂，又富有挑战性。在这方面，香港的做法对中国，乃至亚洲的其它地方都可能产生广泛的影响。鉴于它的地理位置和经济地位，它应同时放眼三个方向：一，向内着眼于自身和本地教育的需要；二，面向整个中国；三，放眼世界。和世界其它地区相比,香港更容易受到其它地区及其观念的影响。在这种复杂的影响中,语言起着一定作用。其中英语在香港广为应用,是研究和学术交流的主要语言,同时,粤语和普通话在各级教育中亦起着主要作用。

香港高等教育的处境也是复杂多样的。香港大学、香港中文大学和香港浸会大学这三大高校拥有卓越的师资队伍和学院,进行着教育研究和教育专业人员培训。香港大学和香港中文大学在许多方面,都可说是世界级的教育机构。

香港教育学院运行的环境也是多方面的。在它规划未来时,必须充分明确自己的作用。特别是香港吸引了如此多的外籍人员,而且,香港的学术人员多在国外受过极好的教育,它必然会受到国际潮流的影响。中国大陆是影响香港的新的智力之源,香港教育学院自然会更熟悉中国大陆的教育政策和实践。香港自己有许多教育观念和模式,有许多不同类型的学校和不同的教育哲学。多元化的香港是名副其实的教育实验室。这对香港教育学院来说,既是机会,也是挑战。

就本文讨论的教育研究和师资培训的国际背景来看,香港教育学院在考虑未来发展时,可能会涉及以下几个问题,包括香港学术的、制度的、政治的和教育的环境问题,以及政府、公众、教育系统对教育学院的需求等问题。如:

教师教育应该是该校的中心任务吗?

教育是一个终身的过程吗? 该校怎样适应这一世界性的趋势? 为促进终身的学习,该校怎样定位?

技术会怎样影响该校在今后一段时期的活动? 该校将怎样把技术运用于学校的管理和传统教育课程的传授? 又怎样运用技术以更好地促进该校与香港其它教育机构的联系?

该校和香港的大学之间应该是什么样的关系? 该校能为教育团体和广大的公众提供哪些为大学所不能提供的?

该校怎样利用香港在国际上的地位优势,以加强交流、发展规划、促进和海内外教育机构的合作?

在师范教育方面,它和中国其它教育机构的关系应是怎样的?

该校要实现自己的目标,其最有效的组织结构是怎样的?

该校的学术人员应该主要从事科研吗? 应该鼓励什么类型的科研? 这种研究和教育实践的关系是什么? 怎样界定和评估这种研究?

怎样评测学校的各种雇员？更重要的是，怎样测定学术人员的劳动？

至少对我这样一个局外人来说，上述问题是值得考虑的，它们对香港教育学院开拓未来会很重要。显然，当今世界很少有教育机构能像香港的这样，带着世界一流的新设施、较为丰余的财政支持以及异常看重教育的社会，走向未来。

（本文发表于《比较教育研究》1999 年第 6 期。作者 P·阿尔特巴赫，系波士顿学院教授，香港比较教育学会顾问）

五、国外教师教育的专业化和认可制度

近年来,国外教师教育呈现出专业化趋势,伴随而来的是教师教育认可制度。本文将对国外教师教育的专业化和认可制度进行分析,为我国教师教育的制度建设提供一定的背景知识。

(一) 教师教育的专业化

在国内,对于教师教育的专业化(Professionalism)有不同的理解:有的学者理解为"职业化",也有的学者理解为"教学职业化"。我认为,教师教育专业化应该包括两个内容:一是教师职业的专业化,二是教师培养的专业化。教师教育的专业化概念早在 20 世纪 60 年代就已提出。1966 年 10 月国际劳工组织(ILO)和联合国教科文组织通过了《关于教师地位的建议》,[1]其中第六条就对教师专门职业的性质作了明确的说明。有学者提出,教师教育的专业化运动是为了满足大学中从事教师教育的教师们提高地位的需要。20 世纪早期,杜威曾催促过新成立的教育学院,像培养建筑师、工程师、医生和律师一样来培养教师,但并没有详细分析教师教育与其它领域的教育之间巨大的差异。为什么教师教育没有像医学等专业一样走上专业化道路呢? 美国学者古德莱德(Goodlad)认为,教师学院、教育学院和教育系(SCDEs)对于许多大学而言是土生土长的,其它绝大多数职业学校是依附已经确立的文科和科学核心。与低薪、低地位的教学职业相联系,SCDEs 从师范学校向高等教育制度转变中是失去尊严而不是赢得尊严,因为在那里教师教育从中心走向边缘,并越来越边缘化。相反,医学的实践者在成为临床教授后,其收入通常远远超过所有的教授,包括医学院的同事。[2]从 60 年代开始,教师教育者运用心理学家的行为科学模式进行研究,并在此研究的基础上推动教师教育采用一些新的课程进行培训,较大地提高了教师教育的专业化水平。美国卡内基教育和经济论坛提出了"教育作为一种专门职业",工作报告《国家为培养 21 世纪的教师作准备》,这个报告建议成立一个全国专业教学标准委员会,以确立专业教学的高标准并向符合标准者颁发资格证书。1996 年全美教师学院协会的报告曾预言,教学迟早"将要自我发展成一种职业"。呼吁教育界沿此方向做出"职业方面和建构方面"的努力。

1. 教师职业专业化:途径和理论

(1) 教师职业专业化。虽然现代教师的职业被视为专门性职业,但由于其专业程度还没有像医生、律师以及工程师那样被公认是高水准的职业,于是改革师资培养体制、提高教师的专业化水平成为各国教师教育改革的主要目标。随着美国 80 年代教育改革的高涨,教师的专业化成了美国教育改革的一大热点。《国家为培养 21 世纪的教师作准备》认为,美国"教师的权威性建立在专业素质基础"应通过提高教师的专业地位来实现教育质量的提高。美国未来与教育全国委员会提出,要求加强未来教师的专业训练,尤其是掌握使用计算机从事教学的技能,四年制的师资培养时间不能给予学生应有的专业知识,应该将教育学院改为五年制。"所有的教育学院必须贯彻教师教育评价全国委员会提出的 2006 年教师教育的标准。"美国教育战略中重视教师教育及专业性职能发展教师教育把大学的教师培养和在职培训一体化,其目的是培养具有高度专业性的教师。

日本文部省根据临时教育审议会的咨询报告,从"教师是从事学生人格形成的专门性职业,也是决定教育成败的关键"的观点出发,把提高教师的素质能力作为 90 年代主要的政策与课题,在 1995 年创设了新型的师资培养联合大学博士课程。奥地利的教师教育以"求同"战略为指导,以"专业化"思想为主导,以提高质量为目的进行了一系列改革,在"专业化"思想推动下,学生必须学习教育学、学科教学论和进行教学实习。

(2) 教师职业专业化途径。在教师职业专业化中,系统知识在教学中占有重要地位,教师对于所传授的系统知识的理解与判断直接影响到系统知识的传授:有效的教学取决于教师本身的技能、价值观以及教师对教学的设计和安排,这就必须改变传统的教师聘任、提升及激励机制,并给予教师对整个教学的充分的控制权;在课堂教学中,为教师提供条件,使教师能最大限度地影响教学实践的全过程;要改变传统的自上而下的官僚制学校管理体系,为教师提供宽松的职业环境,使教师获得更多的自治权,以充分发挥教师本身的专业潜能和创新能力。教师职业专业化要求为教师提供专业自主权,也就是说,教师要像医学、建筑、法律等其它行业一样,在教学工作中有作出重要决策的权力,使"教师们有决定采用最好方法的自由,去达到州和地方决策者所制订的学生培养目标"。在教材和教学方法的选择、教职人员的聘用、学日的组织和安排、学生的作业、学校顾问的聘用以及物资的分配使用等方面,教师应有决策权或有较大的影响。美国的霍尔姆斯小组认为,教师必须接受广泛而深入的专业教育,就像医生和律师所接受的教育那样,教师职业专业化应该为教师提供专业发展的机会,这些机会包括:建立教师集体责任制,提供以教师的业务知识和业务技能为基础的专业晋升机制,为教师创造能够进行知识结构更新的有效途径,为教师建立能与教育专家及同行经常沟通的联系网,为教师提供及时的信息资源,等等。

教师职业专业化首先要改变学校的组织体系,改变那种通过自上而下的由州制定教师评定或通过行政压力的做法,要以教师的教学实践为基础,有利于教师发挥其专业特长和创新能力,要给予教师通过定期的培训不断提高业务知识和技能的机会,奖惩系统应该以教师的业务能力为基础,并且注意加强教师与教师之间的业务上的合作。

(3)教师职业专业化中的"人员开发"理论。随着教师职业专业化成为教育改革的焦点,"人员开发"(Staff Development)理论便成为一个新的理论和实践模式的热点问题。所谓人员开发是指为改进学校雇员的专业知识、技能或态度所采取的一系列过程,它是以提高个体的专业地位和工作成就为目的的,常与在职教育、继续教育、岗位培训、专业发展(Professional Growth)等概念互用。由于人员开发是学校改革成败与否的关键,美国的许多学区开创了人员开发计划,提出和采用有效人员开发模式。这些模式包括:① 个别指导的人员开发模式;② 观察和评估的人员开发模式;③ 参与课程研制和学校改革过程的人员开发模式;④ 培训的人员开发模式。美国教师的人员开发在教师职业专业化的进程中是不容忽视的一个环节,要改革教师工艺水平,提高其教学的职业技术,需要不断地探索教师的人员开发理论和实践。[3]

通过研究,教师专业发展对学生学习、教学质量乃至整个教育质量的提高产生巨大的影响,因此美国的各州和学区都在寻求教师职业专业化发展的途径,纷纷制定教师职业发展计划,提出了一些有效的措施。这些措施着重帮助教师熟悉学科知识和教学手段,与教师的课堂行为直接相关。有效的职业发展计划能够建立起学科知识与教育学理论之间的关系。为此,美国学者提议,成立一个全国职业发展中心,负责实施和监控职业发展计划的研究及其与学生学习间的联系。此中心将有利于发现、评估和传播新的教师职业发展模式。

2. 教师培养专业化

教师教育的专业化需要几个条件,一是确立教师资格证书制度,二是规范教师教育的专业训练,三是加强教育实习、延长实习时间,四是培养教师的教育和专业学科的科研能力。

从这几个条件来看,教师培养需要走专业化道路,而培养专业化还必须有特定的培养方法。就国外情况来看,像其它职业化一样,教师培养专业化可以利用案例方法来实现。案例方法在美国几乎成为所有专业和职业教育中的一种主要方法,如案例教学已被美国所有的知名法律学院所采用,哈佛商业管理研究生院在教学方法上"采用案例系统",强调课堂的讨论,案例方法在商业教育中占据了重要地位。美国对教师培养中案例方法的应用可追溯到 20 世纪 20 年代,当时哈佛大学教育学院的教师试图采用案例方法进行教学。对案例方法的研究,始于 80 年代中期。美国著名学者舒尔曼(L. Shulman)首次提出教学的知识基础的概念,并认为案例知识是教学知识基础的一个关键部分。他认为,案例方法在教师培养中将有着重要的作用。1986 年"卡耐基教育和经验论坛"倡议将案例方法应用到教师培养方案中。美国教师培养案例方法中存在着各种不同的概念定向,如有学者提出了教师培养案例共分为五个定向,即学术的、实践的、技术的、个人的、批判的或社会的。从教师培养案例的理论研究来看,大致可分为四类:一是学术定向,它主要集中在对案例方法的一些基本知识的探究上;二是实践定向,集中注意熟练的教师们在教学中表现出的诸如技巧、技术和艺术的部分,并强调课堂教学的独特性、情境的模糊性和复杂性;三是技术定向,目标是使教师有效地完成教学任务,要求教师们通过对教学的科学研究来把握教学规律和实践,它注重理性的决策形式和科学的原则在案例教学中的应用;四是个人定向,强调教师学习者个人的成长和发展,把教师学习者作为培养过程的中心,以学生个人经验的获得和他们的反省为主来进行学习。案例方法的实践可分为案例的编写和案例方法的教学两部分。

在美国,为了促进教师专业化而建立的教师职业发展学校被认为是教师教育专业化的重要措施。教师职业发展学校又称"职业实践学校"或"临床学校"。这些学校由教育学院与教师工会协办,设于各学区,其功用是提供有组织、有监督的初级教学过程,为新入道的教师提供实践经验。

德国的波茨坦大学高等教师教育模式的提出也体现了教师培养专业化的趋势。1991 年,波茨坦市政府组织了一个教师教育委员会为波茨坦大学教师教育的转轨制订方案。该委员会于 1992 年提出了名为《波茨坦教师教育模式》的草案这个模式旨在为原东德地区的教师教育转轨提供可借鉴经验,为整个德国教师教育提供某些启示。为避免过去西德将高等教师学校合并入大学所造成的削弱师范性的缺点,应当促进教师培训的专业化使教师专业像医生专业、律师专业等一样成为专业性很强、不可由其它培训途径取代的专业。因此,这个模式草案强调必须使教育科学真正成为学生不可缺少的培训内容。为了达到教师培养专业化的要求,波茨坦大学的模式认为,如何使教育科学课程组织得真正能使师范生形成教育和教学问题、产生问题意识、促进职业定向、尝试解决问题、找到专业途径,这是教师培养专业化的核心问题,解决这个问题的关键就是要设计出一个教育科学课程的组织结构模式。

(二) 国外教师教育的认可制度

随着教师职业专业化的要求越来越高以及教师培养的专业化水平愈益提高,世界各国对教师教育提出了一系列的认可制度。这些制度包括:建立多层级的教师资格证书制度和教师教育的认可机构,制定教师教育机构的认可制度以及教师教育者的认可制度,等等。

1. 制定多层级的教师资格证书制度

教师证书制度也叫教师资格证书制度。在美国,它是通过指定学院教师教育计划来实施学院或大学遵循州的指导方针,为每一学科或各年级水平提出一个教师培训计划,然后由各州政府核准通过:教师证书的报考者则直接向这些大学或学院申请,学习"必修课"并完成其它指定作业,如教学实习、通过考试(如国家教师考试)等。经过上述培训后,报考者便可获得教师资格证书。

证书制度是各种职业的岗位专门化的必然结果,也是社会分工及管理进步的表现,它直接影响到职业和行业的质量及其社会声誉和地位。教师证书制度,必须以严格的考核为基础,不仅表现在对教师的身体、道德、学力、知识、能力等方面的素质有明确的高标准要求,而且表现在把握毕业考核、转正考核、晋级考核等措施。

(1) 美国的多级晋升制证书。美国的《国家为培养21世纪的教师作准备》中提出颁发两种资格证书:一种是"教师资格证书",另一种是"高级教育资格证书"。前一种证书为教师担任教学工作确立一个明确的、较高的标准,后一种证书证明持有者达到高级的教学标准,并且具备在学校中担任领导工作的素质。想要获得教师资格证书和高级教师证书者,都要经过全国专业教学标准委员会对其所教学科、教育专业知识和技能进行的考核以及接受实际教学情况的观察。《明日之教师》主张建立新的教师职称制度,实行三级教师证书制,即"教员证书""职业教师证书和终身职业教师证书"。"教员证书"授予通过学科专业考试、教育学考试和读写能力考试的大学毕业生。这一级证书是临时性的,有效期为五年,到期不得更新。这级证书持有者不是职业教师,他们只能在上级教师指导下,担任他们在大学主修或副修过学科的教学。只有经过一年的教学,攻读了教育研究生课程并获得教学硕士学位者,才能申请高一级证书。"职业教师证书"授予教学硕士学位持有者,为能够独立进行教学的课堂教师,"终身职业教师证书"授予教学成果卓著并获得博士学位的职业教师。

另外,美国还有多种多样的"选择性教师证书"(Alternative Teacher Certification)计划。这些计划是指由美国各州倡导和规划,用以吸引并指导非教育专业大学毕业生或有相关经验但没有正规教师证书的人成为教师所采取的各种措施的总称。目前,在美国处于实施中的"选择性教师证书"计划多达几百种。

(2) 日本的教师和管理许可证。教师任教许可证通行的各级各类学校的普通认可证分为一级认可证和二级认可证,只要求高中教师具备硕士文凭。教养审提议,将两级认可证改为"初级认可证""标准认可证"和"专修认可证"三级认可证,以吸引更多修过硕士课程且具有较高素质的人投身教育事业。"初级许可证"授予短期大学毕业生或在短大修完规定学分的学生;"标准许可证"授予大学本科毕业生或在大学修完规定学分的学生;"专修许可证"授予修完硕士课程的人。三级许可证制度意在鼓励在职教师为取得上一级许可证积极进修，促使每个教师为获得更高一级证书而努力。有一定教学经验的在职教师可以通过进修而获得更高一级的认可证，其必修学分根据教龄的增长而减少。

学校管理任职许可证"标准许可证"证明幼儿园、小学、初中校长和教导主任的担任资格，"专修许可证"证明高中校长和教导主任的任职资格。

（3）瑞典的教师证书制度。瑞典大学的教师教育学位包括学士学位、硕士学位、副博士学位和博士学位；涉及中小学教师培养的教师教育证书主要有以下九种。

证书种类	学分
儿童及青少年教育证书	120
中小学教育证书	140
高中教育证书	40　180 或 200 不等
艺术教育证书	120
手工教育证书	120
生涯咨询证书	120
家政教育证书	120
特殊教育证书	40
手工及裁缝教育证书	120

2. 教师教育认可机构

在美国不仅每个州都建立了教师教育认可标准同时还有全国教师教育认可委员会（The National Council for the Accreditation of Teacher Education (NCATE)）这样一个全国性的教师教育认可团体。美国专业教学标准委员会自成立以来一直致力于建立全国统一的教师资格证书，这种全国统一的教师资格证书与工程师等其他专业人员的资格证书具有同等的作用。该证书分为单科证书和多科证书两大类。教师在申请全国性资格证书之前，必须具备以下条件：获得学士学位、拥有州授予的教师资格证书以及三年或三年以上的教学经验。申请者还必须经过考核的内容主要包括教师平时的课堂教学和在评估中心指定场所进行的教学活动。在考核过程中，申请者必须显示其专业知识、教学水平，以及组织课堂教学、制定教学计划和与其他教师协作的能力，并能不断地对教学进行自我评估。为了严格地评定教师资格,1987 年美国成立了"全国教师资格评审委员会"。各州也设立了中小学教师资格专门管理机构。例如,加州设立的教师证书委员会于 1988 年 12 月 2 日颁布了《加利福尼亚多种和单一科目教师资格证书质量和有效度的标准》,并于 1992 年、1993 年和 1998 年分别作了三次修订。加州的中小学教师任职资格基本上反映了美国中小学教师资格证书制度的标准体系。与"开放型"教师教育体制的确立相联系,世界各国为了确保师资质量,打破了师资培养、认可和任用的一体化制度,先后逐步建立起教师的学历制度、证书制度和资格检查制度。《头等大事》报告提出,每一个州都要建立教师职业准则委员会,坚持对所有学校实行鉴定合格制,关闭不合格的学校:基于教师表现而颁发执照,包括对教师专业知识、教学知识和教学技能的考查,将全国委员会标准作为优秀教学的考核标准。

1988 年,英国公布了题为《合格教师身份》的咨询文件,要求实施"执照教师计划"(Licenced Teachers Scheme)。文件指出,各地方教育当局或中小学可以依据某些条件来招聘未接受过教师教育的大学毕业生到中小学任教,并且为他们提供必要的在职培训。英国 1989 年公布的《教育(教师)条例》明确规定,只有取得合格教师身份的人方可到公立中小学任教合格教师的条件包括,① 获得教育学士学位或教育证书或研究生教育证书或等同的资格;② 获得执照的教师;③ 在苏格兰和北爱尔兰地区完成职前教师教育课程或被认可为教师者;④ 取得欧共体国家的高等教育证书者。同年针对未接受过职前教师教育的新教师英国教育和科学部发表了协约教师示范计划(Articled Teachers Scheme)要求他们在为期两年的协约期内利用 80% 的时间在中小学从事教学,20% 的时间在高校学习。合格者可以获得研究生教育证书,同时取得合格教师的资格。英国政府为了使教育改革顺利进行加强了政府对教育的控制提出了控制教师教育的许多措施其中包括建立教师教育认可委员会(The Council for the Accreditation of Teacher Education CATE)政府授权这个委员会提供或推荐政府同意的合格教师授课科目例如教师教育认可委员会将教师教育机构是否在培训中贯彻学校为本的模式当作审定教师教育课程的一项重要标准这个委员会在 1994 年由教师培养机构(Teacher Training Agency)所取代。

1989 年,日本开始实施 1988 年国会修改的"教育职员许可法",实行教师任职认定制度。这个制度规定,设立一般教养科目、有关学科的专业科目以及有关教职的专门科目的标准及其最低学分数。在施行规则中还规定了具体的教学方法。具体的教学内容由各师资培养教育机关自定,但须达到教育职员许可法规定的标准。

3. 建立教师教育机构的认可制度

一些国家专门制定了教师教育的机构认定制度。不是任何机构都有条件和资格培养教师。对不合格的教师教育机构,例如大学中不合格的教育学院、教育系,要予以取缔。1979 年,美国全国教师教育学院认可协会(The National Council for the Accreditation of Colleges of Teacher Education)要求所属的教师培训机构增开多元文化教育课程,以便各教师培训机构能得到全国教师教育认可委员会(the National Council for Accreditation of Teacher Education)的认可。全国教师教育认可委员会规定了师范生入学的两个要求要求入学学生的成绩达到 2.5 分,4 分计分法和对学生的能力进行测试评估。

1978 年 6 月,日本在第 84 届国会上审议通过了《国立学校设置法与国立养护教谕养成设置法部分修改法案》从立法角度认可了设置新型教育大学的问题。

1993 年,波兰依据《高等院校法》建立了一个半官方、学术监控性的"中央高等教育委员会"。该委员会有权审定各高等院校的专业和课程,有权认定高校教师的资格,经过该委员会认定的机构方有权开设教师教育课程,并根据审定的规模招收学生。

墨西哥的高等教师学校是根据墨西哥政府 1942 年颁布的《公共教育组织法》的认可而设立的,它的前身是"中等教育教师学校"、"中等教育教师培训学院"以及"中等教育教师进修中心"。根据该组织法,中等教育教师进修中心最后更名为"墨西哥高等教师学校",此名一直沿用至今。

4. 建立教师教育者的认可制度

美国教师教育学院联合会的教师教育研究委员会(Research About Teacher Education(RATE) Committee of the American Association of Colleges for Teacher Education(AACTE))进行过长达八年研究,每年都提出年度报告。[4]这些报告涉及到教师教育的教授职位(Professoriate)以及他们与学术工作的关系。持续地研究教师教育者的原因有四个:第一,由于教师教育在高等教育中的地位问题一直处在激烈的争论中,因此教师教育者在高等教育中的地位受到了极大的影响。第二,教师教育在下列问题上与初等和中等学校具有实质性的联系:在教师教育项目中把学校的场地利用为"田野"(Field)实践。在初等和中等学校中教育者不同的、有时还是矛盾的期望和高等教育机构中的期望都影响到教师教育者的声誉、作用和责任。第三,许多教师教育的批评者对教师教育的项目和学院的消极印象是建立在谣传而非事实的基础上。第四,80、90年代的广泛的教育改革议程推动了对美国公共教育的深入研究,包括对教师教育的实质性批评,但是缺乏关于教师教育者的身份和工作的知识。在墨西哥,不仅对招收教师教育的学生具有严格的入学考试,而且对教师教育者的资格也进行了严格规定,即只有具有高等师范学校毕业证书或大学硕士学位并有五年以上的教学经验者才可在高等教师学校任教。

在日本,本科教师培训(Teacher Training)项目是由经文部大臣批准的大学和学院提供的。大学和学院开设的课程要与教育人员证书法(The Educational Personnel Certification Law)和大学标准设置条例(The Regulation for the Establishment of University Standards)所规定的课程一致。

参考文献:

[1] 赵中建.全球教育发展的历史轨迹国际教育大会60年建议书[M].教育科学出版社,1999:394.

[2] John I. Goodlad. Whither Schools of Education[J]. Journal of Teacher Education. 1999,50(5):325—338.

[3] 程晋宽.美国教师人员开发的理论和实践模式评价[J].外国教育资料 1997,(1):11—16.

[4] Mary Ducharme & Edward Ducharme. A Study of Teacher Educators:Research from the USA[J]. Journal of Education for Teaching 1996,22(1):57—70.

(本文发表于《比较教育研究》2001年第3期。作者朱旭东,时属单位为北京师范大学国际与比较教育研究所)

六、国际教师教育质量保证制度的最新发展

在教师教育实践中,自觉应用质量保证概念和手段的历史并不很长,但朴素地应用质量保证手段于教师的培养过程,则与教师教育一样历史悠久。教师教育质量保证涉及的因素很多,但从过程上看,可归纳为四项基本因素,即机构的、师资的、过程的和结果的。由此而引申的制度建设便有:教师教育机构的资格认可和质量认证制度、教育学院或师范院校教师的专业管理制度、教师教育课程审定及淘汰制度、教育临床实习制度。结合最近国际教师教育发展和改革的最新探索和实验,本文对国外教师教育质量保证制度建设进行了较为系统的研究,以期为我国教师教育的发展和改革提供借鉴。

(一) 教师教育机构的质量认证制度

开放式教师培养是西方世界最为常见的教师培养模式,有无有效的机构质量认证制度是开放式培养模式能否得以顺利实施的第一关。在美国,教师教育机构质量保证涉及三种(级)评估,一是机构注册评估,二是机构质量认证制度,三是专业质量评估。机构的注册,如同商业机构一样,只是申请办学许可,不反映办学的质量。能够表明高等教育机构办学质量的主要是质量认证资格及资格等级。何为质量认证,简而言之,就是以相互约定的质量标准为准绳,以自我评估和同行评估为特点,以质量的连续性提高为最终目的(质量保证手段之一)。也有学者认为,认证的目的是使学校取得校外人士的信心和信任,并进而赢得更好的声誉。[1]美国教师教育的质量认证对象是所有从事教师培养的机构,负责认证的机构为全美教育学院联合会组成的认证理事会。[2]教师质量认证又可细分为两大类型,一是专业单纯型,比如由全美教育学院联合会的质量

认证；二是政府拨款进行的相关质量认证。后者又分为两种，一种是政府组织的质量认证（在美国很少见）；二是政府委托质量认证机构进行的质量认证。政府通过对质量认证机构的认证标准、程序及工作规范加以认可从而获得对质量认证的间接干预权。通过认证的结果来最终确定政府对教师教育的拨款额度。美国联邦教育部对教师教育的政府补贴多数是通过这一手段而实现的。

与美国相比，欧洲很多国家教师教育的机构质量保证系统稍有不同，多数是通过中介机构来实施质量保证。机构质量保证分为机构（学校）质量评估和专业质量评估。目前的发展趋势是将两种质量评估合而为一。英国于1997年成立高等教育质量保证署，该署于1999年11月首次公布质量评估新框架。2000年开始对42种学科进行质量评估。[3]评估的主要目的是① 在质量监控与质量改善上求得平衡；② 在质量保证的各个侧面维持平衡，直言之，要在依赖外部质量监控手段和依靠自我质量保证之间维持平衡；③ 追求效率；④ 与其它高等教育政策相协调。教师教育，作为一个专业，也必将受到英国质量评估新框架的影响。

欧美教师教育机构质量保证形式虽然有所不同，但有一点是明确的，那就是将机构质量评估提到了议事日程。如果以政府参与的程度为界限，那么美国政府参与的程度要小一些，而欧洲要多一些，尽管在欧洲不同的国家具体操作办法稍有不同。

综合以上所述，我们可以得出两点结论，机构认证是教师教育重要的质量保证机制，缺乏机构质量认证的教师教育不能说是完整的；机构的质量保证相当于一道门槛，但光凭这一质量保证手段还远远不够。

（二）教师之师的专业标准制度

教师的专业水平和敬业精神与教师教育的质量存在着很大的相关，因此有无很好的机制来规范和激励教师之师，也是国外教师教育质量保证的重要手段。教师之师的管理涉及三个重要环节，一是入职要求，指的是进入教师教育行列的基本学历和能力要求；二是专业开发要求，即在教师之师的职业生涯中，如何促进教师之师的不断进修提高；三是专业规范要求，指的是行业伦理道德要求。三个环节的协同作用，成为国外教师教育质量保证的基础。基础不牢固，教师教育质量就难免成为空中楼阁。

在美国，从事教师培养工作的专业人员都有明确的资格要求。由美国教育学院联合会质量认证理事会所拟订的教育学院教师的专业标准是：必须接受过本专业的训练，具备硕士或博士学位；必须具有从事学校教育工作的经验，并于大学任教期间，继续保持与中小学校或其它机构的联系，从事一定的教育实践活动；必须在从事教学与指导研究生的同时，参与教师教育课程教学计划的制订、评审、修改等方面的工作，具有独立见解和建议；必须热心致力于美国多元文化社会培养教师。同时还规定教师最大的工作量，以保证教师拥有足够的专业开发时间。[4]概括起来说，教育学院教师的入职涉及三项要求，一是学历标准，二是学术水平，三是对中小学教育教学实践的了解程度。细分开来，学历标准和学术水平，是高校教师的共性标准，而教育学院教师的独特性主要体现在第三个要素上，即是否具有中小学教学工作的经历和体验（或对中小学教学的熟悉程度），而这一标准是大学里其他专业学院的专业教师所不需具备的。从美国大学教育学院的实践来看，其教师来源也要比其它国家广泛得多。例如匹兹堡大学教育学院就有若干名教师曾经供职于国际机构或联合国机构，包括联合国原国际高等教育局、世界银行和亚洲开发银行等，他们虽不一定具有博士学位，但他们所拥有的国际机构的工作经验不仅对拓展大学的对外交流产生积极影响，而且在研究生培养上也会产生良好的效果。一些州立大学还为中小学教师和督学进入大学教育学院担任教学工作创造渠道。教师来源的多渠道和招聘教师学历要求的弹性化，都是围绕着教师教育这一特点而实施的，因为教育学院的教师即使 100％都具有博士学位，但是没有对中小学教育教学的了解毕竟也是危险的信号，因为不熟悉中小学教育教学实践的人能否成功培养出合格的中小学教师，没有令人信服的理由。

专业开发在专业管理中的份量越来越重，在教育学院的教师管理中也得到了体现。教师之师的专业开发自发性多，但近来一些国家对教师之师的专业开发意义有了新认识。荷兰教师教育工作者协会负责人鲍伯指出，当人们每天在畅谈中小学教师职业的专业化时，却很少谈论教师之师的专业化，真是令人费解。因此，需要为教师的教师制订相应的政策，构建相应的制度，并为其专业发展提供机会。1996 年，荷兰开始这一方面的努力。经过四年的准备，于 2000年出台了教师教育教师的专业标准。专业标准分为 5 项基本职业规范、19 项专业标准。[5]五项职业规范包括学科知识、教学能力、组织能力、团队建设和人际交往能力、专业开发能力。每一项又分为具体的细目,比如教学能力分为教学设计能力、教学行动能力和教学评价和反馈能力。在此基础上又分为 7 项指标,分别为① 与同事合作进行所教课程的开发、实施和评估的能力;② 为学生创造一个适宜其学习的良好学习环境的能力;③ 了解学生不同学习背景以便因材施教的能力;④ 根据不同教学环境能够选择合适的教学策略的能力;⑤ 尊重学生意愿选择有针对性教学方法的能力;⑥ 开发和实施职业技能的鉴定,为学生提供学科学习的反馈,以确定学生是否已经具备了做教师所需的专业能力;⑦ 鼓励学生反思其学习经验,帮助他们学会形成鉴定自我的能力。荷兰的经验虽然还在实验阶段,但它自一出台起,就注定要影响国际教师教育的教师队伍发展的政策和实践。

教师之师的伦理规范不是强加给他们的要求,相反,所有称得上专业性职业的专业人员都应该自觉地形成和遵守一套符合本职业特点的职业伦理或规范。荷兰教师教育的专业人员共有 6 点基本规范,即① 有开放的心态,做一个善于倾听的人;② 善于改革,勇于探索;③ 为学生提供学习反馈,开放地看待反馈意见;④ 立场鲜明,善于说服别人;⑤ 积极参与,乐于奉献;⑥ 要有解决问题的能力和机智。

美国学者迪尔顿曾经将教师的职业态度概括为 4 点,即① 持有怀疑的权利,能探究各种被认为是理所当然事情的合理性并敢于提出质疑;② 拒绝同意或依从他人强加给他们的有些不可接受的事情;③ 敢于挑战传统,做自己真正感兴趣的事情;④ 能有效管理自己的活动和感情等。[6]这些主张对高师教师的专业伦理建设也都不乏启迪作用。

(三) 教师培养课程标准及认定制度

良好的教师教育课程质量保证包括目标的确定、课程知识的选择、课程的实施、课程的评估和反馈等子系统,若从质量保证来讲,可以分为内控型保证和外控型保证两种。"外控"主要体现在两个方面,一是课程标准及其认定,二是围绕着课程实施所建立起来的淘汰机制。两者的根本区别是,课程标准是起点,淘汰机制是终点,前者具有导向作用,后者则有他律之效,互为依存,缺一不可。

在英国,教师教育课程质量保证途径有学术有效性审定和专业有效性审定。两者既相互独立,又互为补充。学术有效性审定,主要审查教师教育课程,同时考察确保课程实施的其他条件(诸如师资、设备、实习基地等)。专业有效性审定是要看高等学校所提供的教师教育课程在多大程度上能够满足教师资格证书标准的要求。学术有效性审定由大学自身来实施,而专业有效性审定则由"英国教师教育质量认证委员会"(The Council for the Accreditation of Teacher Education)来实施。[7]学术有效性审定,体现了高等学校的学术自主权,而专业有效性则体现了政府对行业岗位管理享有监督权和知情权。1992年,英国修订的《入职教师培养课程批准准则》,规定任何提供教师教育课程的高等教育机构,都必须接受该理事会的课程认证,同时提出了五项原则性指导意见,[8]即① 主修专业的学术水平要达到大学学位课程的学术水平;② 规定不同教育专业课程的最低学习时间(最低学分数);③ 中小学教师的主修专业数限制,小学少于 3 个,中学少于 2 个;④ 教师教育课程要有宽度和广度,不能局限于中小学课程内容;⑤ 学科知识的学习要以其在中小学教学中的应用为衡量标准。

课程认证分为达标级、有条件达标级、认证资格保留级和认证资格吊销级四个等级。接受课程认证的高等教育机构,若各项条件都能达到《入职教师培养课程批准准则》,"英国教师教育质量认证委员会"将向最高教育主管部门推荐,准予其毕业生获得国家承认的教师资格证书。如果被认证机构能在一定时期内改善其课程及课程实施的条件,理事会将作出有条件的推荐。如果被认证机构认证不能达到《入职教师培养课程批准准则》的要求,理事会可保留其来年继续申报认证的资格。对于再次接受认证,但却仍然达不到标准要求的机构,理事会将撤消该机构申报认证的资格。

由此可见,将教师资格证书发放与课程标准认证结合起来,不失为两全其美的管理策略。高校有学术自主权,自然不可冒犯。但是教育专业的毕业生毕竟也有个毕业和就业乃至于进入市场的问题。要就业,毕业生就必须有入职前的资格准备——教师资格证书。因此,通过教师资格证书制度来约束高校的教师教育课程不仅不会损伤高校的自主权,而且还可通过规范教育课程的实施,从而将淘汰机制引入教师培养的过程,其结果,教师教育的培养过程便有了"三架马车"并驾齐驱之效,这就是本文所说的课程认证、淘汰机制和资格证书。

教师教育过程之中的淘汰机制不仅仅为英国所独有,西方发达国家也都不同程度地存在着。概括起来说,法国淘汰率最高(与其较高的大学中期淘汰率是相吻合的),德国的筛选较严格,美国的淘汰方法较系统。例如,自 20 世纪 80 年代以来,美国很多州开始采用标准化测验来衡量教师的质量。规定,未来的教师在学习教育专业以前必须参加选拔性考试,考试的内容不尽相同。而由"教育测试服务中心"编制的全国教师测验所测试的内容包括交际能力、常识、教育专业知识及学科专门知识。1992 年,美国全国教师资格认定委员会又作出三项规定:第一,在教育专业学生第二年学习的中期或结束时,实施基本学术能力测验。第二,在学生完成教师教育计划后,进行有关任教领域(学科)和教育专业知识的测验。第三,当新教师在他人指导下完成一个阶段的教学工作后,评价其课堂教学技能。[8]美国教师教育的这些举措说明:依靠毕业阶段的单一环节来进行质量保证的传统手段已经开始为教师教育的全过程质量保证所取代。

(四)临床阶段的质量评鉴保证

教师的临床阶段主要是指实习阶段,实习的效果是教师能否顺利获得资格证书的最后一关。实习效果取决于三个要素,一是实习时间的长短,二是实习的具体内容及安排,三是对实习的效果评估。实习的最终效果,取决于三要素的质量保证制度的建设。

关于实习时间。教师的实习,相当于律师、医生等职业的"临床"实习。教学实习的时间长短,不同国家的差异较大。欧洲国家的教师实习普遍要长一些,而美国、日本等国要短一些。例如,"英国大学每学年分为秋、春、夏天三个学期,因此教育实践的时间也根据三个学期来安排。它一般要求不少于 20 周的教育见习和实习。英国每年至少有一次教育见习或实习。"[9]教学实习时间主要以教师资格证书规定的标准来规范。例如英国的《入职教师培养课程批准准则》对教学实习时间是这样规定的:"三年制、四年制教育学士的专业课程,必须有 75~100 天的教学实习,并规定在新生入学的第一学期,要安排学生到中小学进行教学体验。实习要在整个学习时间内连续安排,最后一个学期要安排一次集中上岗实习。"教学实习时间最长的要算德国,不仅时间长,而且要求也更为严格。通过了国家第一次考试后,见习的时间长达两年。相比而言,美国、日本等国的教学实习时间则相对较短,日本的教师教学实习只有 2~4 周。[10]

由此可以得出结论：实习时间与一个职业的专业性程度成正相关。

关于实习内容。在德国等国，教学实习以学期或学年来安排，实习教师每周必须从事 12 课时的教学，如正常教师一样。如此安排，实习生的责任和压力虽然大一些，但却深受学校的欢迎。在美国，教育专业学生的实习内容主要有实习、见习和实地经验等形式。实习的内容包括制定每日教学计划和较长期教学计划、直接授课、成绩评定等，实习生都配有指导教师加以指导。目前的发展趋势是实行双导师制，实习生分别由富有教学经验的中小学教师（Mentor）和一位大学教师双重指导。而近十多年兴起的 PDS 学校（Professional Development School）则是对双导师制的进一步发展。对教育实习的日益重视说明了教师职业专业化越来越得到了强化。[11]

关于实习效果的评价。有没有实习相关评价机制，是能否确保或提高实习有效性的关键。德国教师教育的质量保证主要分为两个阶段，即两次国家考试。第一次国家级考试主要考察学科知识的掌握情况，第二次国家级考试是在为期两年的见习期结束后举行的。第二次国家考试包括书面论文、演示课和口试三部分。见习考察的总成绩是这样安排的，平时见习时间占 30％，毕业论文占 20％，演示课占 30％，口试占 20％。考试由答辩委员会组织，委员会由文化教育部部长（或其他领导）、教师联合会代表、实习生所在教师培养机构代表各一名以及三名指导教师组成。只有通过第二次国家级考试，方可获得教师资格证书。[12]

结语

以国际教师教育质量保证制度为参照，我们可以得出以下启示。首先，我国尚没有完善的教师教育机构资格认定制度，这是因为教师培养机构的授权与高等院校的机构授权相混淆。建立有特色的教师教育机构认定制度，不仅有利于强化现有师范教育系统机构的改善，也可借助此规范新加入的其他类型学校的教师培养最低入门标准。其次，要加强教师教育的教师的专业化建设，以取代现有的依照普通高校教师聘用资格。其核心的目标有二：一是要解决教师教育教师的中小学教育教学经验的问题，二是要解决好教师教育教师的专业伦理问题。其三，要规范教师教育课程标准问题，标准可以在体现地区差异性的前提下，解决好教师教育课程标准的多样化问题。最后，要完善实习质量评鉴制度。我国教师教育虽然有实习的实践,但缺乏的是实习的质量评鉴及评鉴制度的建设。没有制度保证,实习就难免走过场,教师教育就有可能因为缺乏临床阶段的质量监控而降低整个职业的专业化水准。除此以外,还有很多质量制度建设需要考虑,比如外国人的教师资格认证制度和全行业教师教育质量预警系统等。

参考文献:

[1] 熊耕.美国高等教育质量认证制度的特点分析[J].比较教育研究,2002,(9).

[2] Council for Higher Education Accreditation. http://www. chea. org About CHEA. html

[3] Roger Brown, Diversity in Higher Education:Has it Been and Gone [J]. Higher Education Review, 1999,(31)3.

[4] 梁忠义等主编.教师教育[M].吉林教育出版社,1998:276.

[5] Bob Koster & Jurrien Dengerink, Towards a Professional Standard for Dutch Teacher Educators[Z], 2001.

[6] 孟卫青.教师自主性探析[J].现代教育论丛,1998,(3).

[7] 温忠麟、李玉辉.英国师范教育课程的职业有效性审定[J].比较教育研究,1998,(1).

[8] 陈永明主编.国际师范教育比较[J].人民教育版,1999:35—53.

[9] 姚云.中外师范生教育实践的比较及其启示[J].比较教育研究,1998.

[10] 温忠麟、李玉辉.英国师范教育课程的职业有效性审定[J].比较教育研究,1998 ,(1).

[11][12]陈永明主编.国际师范教育比较[J].人民教育版,1999:35—53.

(本文发表于《比较教育研究》2003 年第 11 期。作者洪成文,时属单位为北京师范大学教育管理学院)

七、教师专业化：亟需更深入研究的若干问题

（一）对教师行业专业化程度的认定

对于教师行业是否为一种专业，以及对教师是否为专业人员，一直是许多学者与社会大众讨论和争议的焦点。有以完全专业视之者，也有仅视之为半专业或准专业者，更有不认为其为专业者。[1]事实上，他们主要都以已有的或自设的专业标准来评量教师行业专业化程度。在教师行业"现在被视为专业或强烈要求成为一个专业"[2]的情境中，"绝大多数人仍认为目前教师至少是'半专业'（semi-profession），如果努力进行专业化，是有可能在未来成为'全专业'（full-profession）。"[3]这也是此间学界中的一个主流观点。

的确，关于教师的专业属性已有两项重要举措：其一是 1995 年世界教师组织联合会（WCOTP）曾以"教师的专业地位"为大会主题，并且认为教师工作属于专业范畴；其二是 1966 年联合国教科文组织通过的《关于教师地位之建议书》明示，"教师职业必须被视为专业"。这两项举措（特别是后者）常被那些视教师行业为专业的学者作为主要依据。然而，他们忽视了教师专业在这里只是作为一个努力目标，而并非是对教师实际工作情况与条件的描述。换言之，如果就"应然"的观点来看，教师应被视为专业人员；如果就"实然"的观点来看，教师现在只能被称为半专业人员[4]。可见，教师工作应为专业，诚属确论[5]，而"教师不仅是一种行业，更是一种专业"，[6]恐怕还称不上一个科学的命题。

问题还在于教师工作为何应为专业？有论者称："随着对人的认识，对儿童成长认识的逐渐深刻"，我们深深感到教师"应该是专业人员"。[7]看来，这一说法有点笼统。已有的研究结果已显示，"赞成者大多持着教育事业对社会贡献之重要性、教师资历提升与教师具有相当的社会地位等观点"[8]。在这些观点中，又以教师作用的重要性为先。那么，它是否已成为一个坚实可靠的依据呢？我们不妨藉由两个案例来看这个问题。

1960年代和1970年代的国外研究似乎表明，学生成绩的最重要的决定因素乃是非学校因素（比如家长的社会经济地位或家庭背景），而不是学校和教师的参与（详见科尔曼等人的报告，1966年；詹克斯等人的报告，1972年）。然而，此后的研究（布罗菲等，1986年）却证明，教师在学生的学习过程中是极为重要的因素，学生只有与他们共同工作，并通过他们进行工作，而不是试图绕过他们工作，才能够取得进步。因此，便开始形成一个重大的变革原则："有效的学校学习需要良好的教学，良好的教学需要在指导学生学习中能作出决断的专业化人员"（波特等，1988年）[9]。有意思的是，这一研究结果最近又因为哈努谢的研究报告而面临挑战。

哈努谢从《科尔曼报告》（1996年）问世后30年间的有关研究中选出了最重要的90项并针对其中377个"功能预测推估"进行后设（Meta）检视在1997年发表了题为《学校资源对学童学习成效影响力评估：最新资料补充》一文。在此文中，他指出：过去三十年间教学资源呈现稳定的增长，然而学生的学习成效并未随之改善。具体地说，行政投入、设备、师生比、教师教育程度、教学经验、教师薪资和生均教育成本支出等项目对学生学习成效的影响，在统计上都没有达到显著水准。[10]学校教师在学生的学业成就上的作用于是又成为一个问题。

在对影响学校教学成果的因素进行综合考察后，王、埃泰尔和瓦尔贝格（1993年）却别具一格地得出了这样的结论，即影响学习的28个变量按其作用之大小可分为三类：作用最大的变量包括学生的认知能力、学习动力和行为；课堂管理、课堂环境和师生互动；家长在家中的鼓励与对学习的支持。

影响相对来说要小一点的变量包括学校素质，教师与行政人员的决策方式，社会影响，校外同龄群体。影响最小的变量包括不少决策者目前正不遗余力地进行的教育结构的调整。[11]

主要由《科尔曼报告》引发的家庭与学校教师对学生学业成就的影响孰大

孰小的争论在这一综合考察中,已变为学生、学校/教师和家长各自有哪些与学生学业成绩有关的特点对学生学习的影响最大、一般和最小。

此外,与教师作用的重要性直接有关的,则是在国内外教育界都广泛存在的一个诉求即应"以学生为中心"。一段时间以来,以学生为中心甚至被视为针对以"教师为中心"的一个新理念。但是《德洛尔报告》却阐明了"牢牢记住教师是学习的中心这一点是有多么重要"。[12]我国有论者对以"学生为中心"已明确地提出了质疑:"以学生为中心"这一命题有忽视教师的作用之嫌。在他看来,"对不同的学生、不同的内容、不同的情景,教师的教学自主程度应有所不同,学生的学习自主程度亦会有所变化"。[13]对此我们已有较详细的阐释,这里不再赘述。

上述两个案例多少可以表明,作为教师行业应是专业的主要依据,教师作用的重要性尚需实证研究和理论研究进一步予以支持或修正。不言而喻,教师行业为何应为专业更需要从多方面加以论证。教师工作领域复杂吗?其复杂性为教师所知吗?其复杂性为他人所知吗?这便是又一个重要的方面。在国外,研究人员发现,教师每小时作出与工作有关的重大决定为 30 个,师生互动每日达 1 500 次(在一个有 20～40 名学生的班级中)。根据这一事实,有学者得出如下结论:医生所遇到的可以与教师所遇到的复杂情况相比拟的只有一次,即在发生自然灾害时或之后的医院急诊室中。在这样复杂不定的情境中,了解情况,作出决策的能力,在教学中就像在其它专业领域中一样至关紧要困难重重而且颇具挑战性。[14]这种研究是足以借鉴的。

不管怎么说,我们有理由相信:"厘清教育事业之专业性质及其相关概念乃为教育从业者所需,或许在概念澄清之后,教师能对自己的工作及权力有合理之期望并寻求务实的改良策略。"[15]在这一厘清的过程中,我们不能不更加重视的路径之一,就是深入地而非一般化地探究教师行业的重要性与复杂性。

(二) 对教师专业标准的界定

对于"教师行业是否为一种专业"、"教师是否为专业人员"这样的问题,还有另类的回答例如有论者指出:"要想了解一种职业'是否'符合专业标准,不如探讨这种职业在专业化(professionalization)的过程中达到'何种程度'。"[16]至于教师是不是专业人员,在有的论者看来,这也"并非问题的关键,而是在如何使教师专业化的重点上"。[17]即便如此,似仍须以理想的教师形象为标的,亦即仍然不能回避教师专业标准问题。

在界定教师专业标准上,国内外学界和教育主管教育部门都做出了重大的努力。在国外,桑德斯(1993 年)是"第一个有系统的分析专业的社会科学家";[18]对于专业标准有深入探讨的,是利伯曼(1956 年)[19]和美国教育学会(N·E·A·,1984 年)等;较为大众所接受的专业特征是由《国际教师工作与教师教育百科全书》(1987 年)所界说的;较为通俗的关于专业标准的表述是"专业化教师,即工资高,训练有素,有能力和愿意继续学习,有工作动力,为自己的工作感到自豪,对学生、家长和社会有责任心的教师"。[20]这里仅是若干有代表性的界定。

在我国,对教师专业标准进行认真思考的学者已得出了大同小异的看法。例如,杨深坑等认为,教师专业社会化是指"教师在专业社会化的生涯中,习得一切教育专门知识技巧,内化专业伦理信条,表现专业责任、专业自主性、专业服务态度等,成为教师专业行列中一份子的过程"。[21]吴康宁认为:"所谓教师的职业社会化,是指通过内化教师职业价值获取教师职业手段、认同教师职业规范以及形成教师职业性格而不断'成为'教师的过程"。[22]再者,便是大家可能并不生疏的我国官方文本中(1999 年)提出的高素质教师队伍应具有的 6 项标准。

当我们对林林总总的教师专业标准作一审视时,不难看到已解决的问题与留下的问题几乎同样多。归纳起来,"留下的问题"大致上有以下两类。

首先是专业标准有待细化。专业标准现在有点大而无当,其结果是给人们提供了创造的空间,却也提供了误释的机会(两者都不是有意的)。前者可以举教师专业伦理为例。诸如过去提倡并得到广泛体认的"蜡烛精神"(燃烧了自己,照亮了别人)而今是否已经过时等问题的讨论,就是值得肯定的。这种讨论有可能使原本宏大的专业伦理标准更人性化、更具体化,说到底将更伦理化,当然也更具可操作性。后者可以举教师的专业知识为例。此间论者一般都认为,教师应掌握三方面的知识,即一般文化知识、所教学科的知识和教育学科的知识。持是论者还指出,教师的知识结构不能再局限于"学科知识+教育学知识"的传统模式,而应包括科学与人文的基本知识、工具性学科的扎实基础和熟练运用的技能技巧,一至两门学科的专门性知识和技能,以及教育类学科知识。[23]平心而论，论者们达成的这种一致并非尽如人意，因为典型的传统模式未将"一般文化知识"排除在外，所以也就没有被超越可言；况且，典型的传统模式很在意的三个知识"板块"（一般文化知识、学科知识与教育学科知识，亦被称为普通文化知识、专门知识与专业知识）之构成比率，现在也未被涉及教师专业发展的重点就更无踪影了；即使具体到"教育学科类知识"，典型的传统模式在不断加以调整的理论学习与实践活动的比例，现在也语焉不详。至于在西方国家自 1970 年代兴起的对教师专业自主的研究，在我国现尚处于起步阶段。这种"时间差"与我们长期以来对专业标准的"粗放式"界定不无关系。

其次是专业标准有待矮化。专业标准现在有点要求过高。几年前笔者曾经追问对教师必备素质的要求是否已经过高？指出，赞成教师应具备良好的心理素质和对学生进行心理健康教育的知识及能力，但不同意教师应成为心理卫生工作者的主张；赞成教师应积极参与课程及教学的研究，但不同意将教师即研究者作为教师所必备的一个素质。[24]近年来，有些论者仍热衷于给教师"加冕"，如"学者型教师"，"专家型教师"，"研究型教师"，"智慧型教师"，"反思型教师"等，这是对教师要求过高的再现。难怪有学者撰文予以批评，其主旨十分简明（"教师就是教师"）。过高要求的又一例证，便是师德应有"底线"的主张最近备受非议。这就是说，不顾教师的工作特点和自身条件的要求即为过高。专业标准过高，往往还是教师被要求承担新的角色或履行新的任务，却又未受到应有的培训和未拥有必要的工作条件之产物。这一点托尔斯顿·胡森早在 1979 年就有明示。[25]现在看来，胡森担忧的现象已在多处发生。例如，美国新近有些州对教师规定了更高的标准，并且进行许多评估，但却限制了教师专业发展的时间；而另一些州正在对中学的要求实行大规模的改革，但并没有为教师的专业发展提供补充性支持。[26]就我国而言，目前正在实施基础教育的课程改革和教育信息化等策略，在这一过程中，应引以为戒，并牢记胡森的告诫。

对上述案例，有一点大概是可以肯定的：根据社会学的观点，关于教师专业标准的各种界说在很大程度上都属于角色期望的范畴，而在现实生活中，被期望的角色行为与实际的角色行为之间存在差异的原因之一，便是角色期望的"不清晰"。[27]正是在这个意义上，使教师专业标准更加清晰和适切无疑是摆在我们面前的一大课题。

（三）对教师专业化发展阶段的辨析

自 1960 年代末美国学者傅乐（Fuller，1969 年）以其编制的著名的《教师关注问卷》揭开了教师发展理论研究的序幕以来，教师专业化发展阶段已成为一个蓬勃的研究领域。[28]可以被用来说明教师专业发展阶段论的依据的，在 1994 年已有这样一段文字："综观 1970 年代迄今的研究成果，一致认为：教师在不同的生涯发展阶段中，将会具有不同程度的知识能力和教学技术，并有不同的需求、感受和态度；表现不同的行为和特质。而这些转变会依循一定的模式和形态，呈现可预测的发展阶段（Burden，1982 年）。"[29]

作为已有的研究之总结，我们应该提及英国教育社会学家班克斯（Olive Banks）。她在其《教育社会学》一书中对西方新近的教师社会化研究结论作了归纳。[30]嗣后，台湾已故的著名教育社会学家林清江对此作了阐释，[31]吴康宁对此已作了应用。[32]这里将林清江的阐释摘录于后：

（1）师资养成教育时期是培育成熟教师观念的重要阶段。

（2）成功的师范生的表现与成功的专业行为表现，不一定具有直接的关系。

（3）师范教育机构的"教育水准"与"学生态度"改变两者之间具有直接关系但这些新态度的维持时间很短。

（4）教师任教数月后，教师态度与学校同事的相似性，便高于其与受教学校的相似性。

（5）任教学校显然比受教学校，更为教师社会化的重要影响机构。任教学校的校长、同事及学生都是教师社会化的重要影响因素。

（6）师范教育中所培养的教师角色观念常与课堂中的实际事实不一致。

（7）教师角色的不明确，会影响教师在课堂中所表现的行为。

（8）教学团体的次级文化与教师的社会化之间具有密切的关系。

上述教师专业发展阶段论的依据和 8 项结论，可谓我们继续前进的基点。但是我们不应低估教师社会化过程的复杂性。教师社会化"显然是一项极其复杂的历程，绝对无法藉用单纯的、单一因素的参考架构便能得到充分而周全的理解"[33]。教师专业发展在理解上的难点至少可概括为两个。

首先，应凸显教师专业发展中的哪些阶段？

　　教师专业发展可分为几个阶段,在国内外学界似都未达成初步的共识。如果换一个角度思考,问题就变为"应凸显教师专业发展的哪些阶段"? 研究文献显示,教师专业发展中的"起始阶段"、"教育见习与实习阶段"及"入职阶段"近几十年来在境外已日益受到关注。这并非偶然。关于教师专业发展的"起始阶段"从何时算起,虽然在国内外都尚未有定论,但一般都承认在接受正规的师范教育之前形成的各种个人经验乃是影响教师社会化的重要因素。在个人经验中,有一些是有益于教师专业发展的;也有一些是不利于教师专业发展的,而且其中有些经验还不易得到改变。有论者甚至认为,最完美的职前师范教育仍无法与个人的主观经验相抗衡。[35]

　　关注"教育见习与实习阶段"的原因,除了上述的"容易界定"之外,更主要的是这种活动具有课堂学习所难以取得的效果。美国和日本的一些实证研究业已证实,教育实习对实习生的教学观、儿童观和教师职业观有积极的影响。前几年的资料显示:美国有 51 个州中已经有 46 个把教育实习列为中小学教师资格的申请要件。[36]然而,"教育见习与实习阶段"往往却因经营不善而在实际功能上适得其反,[37]充其量也只是流于形式而已。因此怎样组织这一阶段才是问题的关键。

　　至于"入职阶段"的重要性,在第 45 届国际教育会议(1996 年 9 月 30 日—10 月 5 日,日内瓦)的建议中已有简要的说明:"应对刚走上教学岗位的教师给予特别关注,因为他们最初担任的职位和从事的工作将对其以后的培训和职业生涯产生决定性影响。应在他们任教初期就实行监护制度与专业指导。"[38]

　　显然,凸显上述三个阶段,丝毫也不意味着今天就必须使之从"预期职业社会化阶段"和"继续职业社会化阶段"中剥离出来单列为三个阶段,更不意味着它们一定比其它阶段更重要,而只是藉此想说,这三个阶段因长期被"淹没"在"预期职业社会化阶段"和"继续职业社会化阶段"中而未得到足够研究的情况再也不能继续下去了。

　　其次,教师专业发展中是否存在危机阶段?

　　教师专业发展阶段论所奉持的基本观念和立场是:每一个教师都是在不断的成长与发展中,后一发展阶段通常比前一发展阶段要成熟。最近,有论者归纳另外一些教师专业发展阶段论后发现,从发展的总趋势来看,教师是能够不断追求自我实现和专业成长的人,但这一过程并非一帆风顺,其间有很多教师可能会遭遇挫折、沮丧而停滞不前,需要多方面的帮助。这一阶段,现在被称为"职业挫折阶段"、"重新估价时期"、"危机期"和"厌倦期"等。[39]这一发现颇为引人注目,特别是此类研究至今在我国还十分薄弱的情况下。

目前,此类研究固然要关注"危机"的成因与对策等,但首先需要研究的还是我国教师专业发展中存在着"危机阶段"吗?诚然,社会学中的角色冲突理论,可以被用来支持这一假设。在美国开展改革的系统中工作的教师"经常发现他们自己的专业发展需要与学校或学区的专业发展需要不同",或许也可以作为一个佐证。然而归根结底是要在这方面对我国开展实证研究,以更具说服力。

除上述两个"理解上"的难点之外,还有"应用上"的难点。例如,是否应该为教师专业发展各阶段制定相应的专业标准?在教师专业发展的不同阶段中,影响教师专业发展的因素之不同如何让教师把握?对入职后处于不同的专业发展阶段的教师,是否应设计内容、方式上不同的培训方案?如此等等。当然,就此而进行的研究也不是没有,但能称得上相当坚实可靠的解释毕竟还远远不够。可以预期,教师专业发展阶段论将随着教师专业发展在"理解"上和"应用"上的难点之解决而逐渐显示其强大的生命力。

参考文献:

[1] 陈奎熹主编. 现代教育社会学[C]. 台湾师大书苑,1998,251、251、252.

[2] 安德鲁·伯克. 专业化:对发展中国家和师范教育工作者的重大意义[J]. 教育展望(中文版),1997,(3):82、84.

[3] 张德锐. 对〈教师专业素质之提升〉一文之评论[J]. 台湾教育改革审议委员会. 教改通讯[Z]. 1995—11—30.(14):36.

[4] 陈正昌. 国小教师之专业自主及其影响因素[J]台湾现代教育,1993,(2):56—83.

[5] 陈奎熹. 教育社会学[M]. 台湾三民书局,1980,283、276.

[6] 刘定一."教师专业化发展"的九个命题[J]. 全球教育展望,2004,(3).

[7] 顾明远. 教育现代化与教师专业化[N]. 文汇报,2004—7—9.

[8] 沉姗姗. 教育专业[A]. 陈奎熹主编. 现代教育社会学[C]. 台湾师大书

苑,1998,251、251、252.

[9] 安德鲁·伯克.专业化:对发展中国家和师范教育工作者的重大意义 [J].教育展望(中文版),1997,(3):82、84.

[10] 转引自翟本瑞.家庭文化资本对学校教育影响之研究[J].(台湾)教育与社会研究,2002,(4):187.

[11] 转引自玛格丽特·C·王.为有特殊需要的学生服务:平等与机会 [J]教育展望(中文版),1996(2):136—137.

[12] 科林·N·鲍尔.学习:手段抑或目的我看德洛尔报告及其对振兴教育的意义[J]教育展望(中文版),1996,(2):136—137.

[13] 杨四耕.自主课堂的要义与操作[J]教育理论与实践,2000,(10).

[14] 张人杰.教育信息化中的教师[A],张人杰、周燕主编.中小学教育与教师[C].广东人民出版社,2003,307—310.

[15] 陈正昌.国小教师之专业自主及其影响因素[J]台湾现代教育,1993,(2):56、83.

[16] 法语课中提问的乐趣[M].(法文版)1993,13、19.

[17] 沉姗姗.教育专业[A].陈奎熹主编.现代教育社会学[C].台湾师大书苑,1998,251、251、252.

[18] 陈奎熹.教育社会学[M].台湾三民书局,1980,283、276.

[19] 卢增绪.教师是专业人员吗?[A].转引自沉姗姗.教育专业[c]陈奎熹主编.现代教育社会学[C].261.

[20] 黄坤锦.各国教师专业之比较研究[A].台湾比较教育学会和师范教育学会主编.国际比较师范教育学术研讨会论文集(下)[C].台湾师大书苑.1992.617.

[21] 罗莎·玛丽亚·托雷斯.从改革的代理人到变革的主体:拉丁美洲教育的十字路口[J].教育展望(中文版),2001,(2):108.

[22] 杨深坑等.实习教师制度之规划研究[J].台湾师大教育研究所集刊,1992,(34):143—176.

[23] 吴康宁.教育社会学[M].人民教育出版社,1998,214,218—220.

[24] 瞿葆奎主编、郑金洲副主编、中国教育研究新进展·2000[R].华东师范大学出版社,2002,347.

[25] 张人杰.中小学教师的素质和任务[A].张人杰主编中外教育比较史纲·现代卷[C].山东教育出版社法,1997,591.(法文版).

[26] 托尔斯顿·胡森,困境中的学校[M].1979,182—183.

[27] A·Liberman 等.美国教师的专业发展政策与实践教育展望[J].教育展望(中文版),2001,(2):81,91.

[28] 戴维·波普诺.社会学[M].中国人民大学出版社.李强等译.1999,98.

[29] 杨秀玉.教师发展阶段论综述[J]外国教育研究,1999,(6):36.

[30] 转引自蔡培村.国民小学教师生涯能力发展之研究[M].高雄师范大学.1994,2.

[31] O·班克斯.教育社会学[M]林清江译.高雄:复文出版社.1990,287—291.

[32] 林清江.教育社会学新论[M].台北:五南图书出版公司.1995,320—321.

[33] 吴康宁.教育社会学[M].人民教育出版社,1998,214,218—220.

[34] Lortie.社会变迁与教育革新[M].高强华译.台北:师大书苑1988,305.

[35] 亚光.教师社会化的发展过程及其影响环境的探析[Z].第六届全国教育社会学学术研讨会(2000 年 11 月)论文.

[36] 张德锐.美国教育改革[J].台湾教育改革审议委员会.教改通讯,1996—5—31.(20):14.

[37] 李春芳.国立师范大学结业生教育实习辅导工作实施成效之研究[Z].1994—10.

[38] 第 45 届国际教育会议最后报告[R].法文版 22.

[39] 陈德云.教师专业发展的"危机阶段"关注[J].上海教育科研,2003,(9):9—12.

（本文发表于《比较教育研究》2005 年第 9 期。作者张人杰,时属单位为广州大学教育科学研究所）

八、英国国家课程对教师专业自治的影响

（一）问题与概念

20 世纪 80 年代以来,英国政府以提高教育标准为目标的教育改革最终导致了颁行高度细化的国家课程、提升家长作为消费者的选择权和作用、实行对学校及教师的问责和控制。对于像英国这样具有分权传统的国家来说,中央政府对于课程结构和内容指令性的详细规定,使教师专业主义传统受到了很大的冲击,从而引发了国家课程与教师专业自治传统之间关系问题的争论,争论的焦点主要集中在学校课堂应该由谁来控制、考试的方式应由谁来决定和政府应该在多大程度上规定课程内容和教学方法等。一种观点认为国家课程的颁行造成了教师的"非专业化"（Deperoefssionalization）和教师职业的"技术化"（Technicization）,而推行改革的决策者却认为国家课程的实施并不是要摒弃教师专业主义传统,而是在新形势下赋予教师专业主义以新的含义,使教师获得一次"再专业化"（Reprofessionalization）。

从以上争论可以看出,教师专业主义（Teacher Professionalism）与教师专业化（Teacher Professionalization）是两个既有联系又有区别的概念。美国学者艾森曼（Linda Eisenman）在谈到这两个概念的主要区别时指出,专业化主要涉及教师的地位问题,而专业主义所关注的则是教师决定他们在课堂中任务的权利,即教师具有运用自己知识的权利和责任。[1]这种区分也适用于英国国情,这两个概念在英国教育发展史和师范教育发展史上有很强的历史共鸣,尽管在英国,教师专业主义这一观念更多地表述为教师的专业性（Proefssionality）。

在英国教育史上,专业化通常是与教师职业的演进密切相关。一些社会学

家认为,一个行业之所以称之为专业一般要具备以下特征:1) 行业所需技能须建立在专业知识和理论知识的基础之上;2) 经过考试认定的从业证书;3) 具有自我规范的严格的专业行为准则和职业道德;4) 具有强有力的专业组织。[2] 在英国历史发展过程中,随着师范教育的正规化和高等教育化,教师一直为争取获得专业人员(Professional)的地位而不懈努力。教师联合会和教师协会也要求将教学工作作为一个像医生和律师一样水平的专业,促进将教师职业提升到一个专业的地位。教师专业化进程主要涉及扩大合格教师队伍,排斥不合格教师,改善教师工作条件,获得终身职业保障,享有晋升、工资和退休金制度,增强家长的信任度,加强教师团体之间的团结,创造教师及其联合会更好的形象和口碑。

专业主义则是一个与专业化有不同内涵的概念,它是指教师为了自己所服务对象的利益所承担的控制和发展自己知识和行动的责任。[3] 教师专业主义与教师参与学校课程发展一直具有密切的关系,它特别强调教师在课程领域中的权威和自治,其核心是指教师具有决定其自己在课堂中的任务的权利和义务,也就是说,教师能够发展、协商、运用和控制他们自己知识的方式,因此,课程发展是其专业主义的主要来源。[4]

(二) 专业主义传统的形成

二次大战后,教师在课程和教学领域获得了相当大的自由,课程被普遍看作是教师自治的主要阵地。在战后教育和社会重建所呈现出来的团结局面中,政府被看作是团结全社会的统领,但是英国政府并没有选择中央集权的模式。为避免不合理的集权对于教育这样一个至关重要事业的控制,立法者坚持分权对于教育决策的重要性,以各集团之间契约的思想为基础对于权利和所应该履行的责任关系做出了选择:权利和责任分配于教育的几个方面从而形成一个制约分歧、牵制平衡的三角关系,也就是中央政府、地方政府和专业教师之间的三角关系。为了保证教育管理组织和专业人员之间平等的伙伴关系,将权利以适合于任务的方式加以组织,权力的分化方式使管理体制形成了一个复合的、"多中心"的、与任务相适应的权利和责任的关系。

在这个三角关系的航船中,政府起到"舵手"的作用,而真正的"划桨者"则是地方政府和教师。[5] 中央政府的责任是促进教育的发展,为教育事业提供立法框架,教育大臣及其相关部门通过阐述和解释大的政策目标和保证相应规模的国家资源来领导和控制教育,郡和市一级政府及其地方教育局根据地方的需求和法定的责任负责具体的规划和教育的提供,具体来说地方教育局是提供校舍、师资、学校的权力机构。

而专业性教师在课程和教学方面享有高度自治,在这个历史阶段,教师被看作是与地方和中央政府形成伙伴关系的专业人员,他们担负着使学习过程适应儿童需要和家长愿望的责任。从 20 世纪 40 年代中期到 70 年代中期,是教师专业自治和公众尊敬的黄金时期,课程和教学方法的发展在很大程度上被认为是学校教师在教学大纲指导下的专业职责,在这样的体制中,政府很少提出结果性的要求——因为这应该由专业人员来决定,小学课程的内容完全由各学校中的各个老师来决定。与其他国家社会政治环境下对公立学校高度中央集权和控制体制相比,英国教师在课程选择和教学方法上的自治被看做是英国民主和学校教育的一个突出特点。

(三) 国家课程对教师专业主义的影响

但是这一自治传统在 20 世纪 70 年代开始的教育大讨论中遭到了来自政府和其他利益集团的压力,政府将教育水准下降的原因归咎于教师拥有太多的自由。造成的问题之一就是当时的教育大臣基斯·约瑟夫(Sir Keith Joseph)称之为"课程杂乱无章"的现象,学生在不同的年级和在不同教师教学的情况下重复同样的内容,课程缺乏连续性和渐进性,他认为这是地方分权体制下的一种通病,至少在宏观层面上,经过周密计划和高度细致规定的全国统一课程是达到这一目的的有效途径。另外他指出,"要求的不明确和细则的缺乏,会使一些平庸和懒惰的教师跳过一些重要的内容"。[6]

一般来说,教师也认为 1988 年之前的学校教学确实存在这些现象,因为没有任何指南,有的教师到了教室却不知道自己要做什么,信口开河,浪费了孩子的大量时间,他们认为规定性的课程内容和学习目标促进了教学实践的改进,但是同时也认为国家课程对专业主义产生了以下几方面的负面影响。

1. 束缚了教师的创造性与灵活性

教师认为课程改革使他们丧失了创造性地激发学生兴趣和动机的机会,他们感到按照政府下达的计划工作,自己像被"分割"的感觉,每堂课集中在事先分配好时间的具体目标上,他们总是要看时钟,掌握是否完成了事先计划好的内容。他们感到悲哀的是他们的精力主要放在了所计划完成的任务上,而不是关注儿童提出的间题,丧失了根据学生的兴趣点即兴组织教学的机会和围绕国家和地方突发事件组织教学的机会。这种灵活性的丧失使经验丰富的教师感到他们总是在被别人用小勺将食物喂到嘴里,他们认为这样下去会导致教师职业丧失创造的能力。

甚至玛格丽特·撒切尔夫人本人也有这样的看法,"我不希望好教师被一个紧身的夹克束缚住,应该留给教师足够的空间,使他们能够将精力放在孩子身上,注意那些孩子感到特别热情和兴趣的学科内容。"她对高度细化的课程持保留意见,认为政府不应该对学校所发生的每一件事情的细节都作出规定。她指出"自从1944年以来只有宗教教育是政府所规定的惟一必修课程,这一事实反映了一种对政府可能把对教学大纲的控制作为宣传手段的不信任,法国式的中央集权制在英国是不能被接受的","我从来没有设想到我们会陷于最终出台的错综复杂的官僚指令性措施,我想要的是教科部制定一个有关英语、数学和科学的基本课程大纲以及体现学生知识的简单考试。"[7]

2. 降低了教师的作用

对国家课程持反对意见的观点认为国家课程是对教师在课堂中自治地位的干预,这种干预使得教师在课堂中的作用降低到了一种功能性地或技术性地执行其他人所下达命令的程度,亚当斯(Adams)和(Tulasiewicz)抱怨到"教师变成了技术人员而不是'反思性'的专业人员",[8]教师感到国家课程是对他们的轻视,一位教师表示:"我对国家课程概念的主要反对意见是,它否认了我作为一个教师和历史学家的专业主义和诚实,我为学校、系和学生设计的历史课程,我可以证明它的宽度、范围、细节和平衡,我被要求打破一个我有信心和经验的教学大纲,取而代之以一个人为的、设想出来的和缺乏完整性的教学大纲,尽管我一向欢迎辩论、建议和指导,但是我现在强烈地反对教授一个别人设计的一套东西,我是一个合格的历史教师,具有4年的教学经验,因此,我感到在课程方面有很强的能力来作出自己的决定。"[9]

西蒙兹(Helen Simons)反对国家课程的理由是教师将丧失在课程和教学领域中的专业作用,而仅仅成为课程的执行者,教师的作用由不是他们所设计的深造和教学安排的成功与否来判断(1988:80)。吉尔罗伊(Peter Gilroy)警告说"如果对于根据法律有义务执行和测试的课程内容几乎没有什么控制权的话,教师的专业自治将不能持续多久。"(Gilroy,1991:3)。阿克兰德(Ackland)认为"教师的专业知识由于高度规定性的、官僚性和行政性的课程观而处于被损害的危险。"(Ackland,1992:88)[10]他们还感到,政府规定的详细程度损害了公众对教师的尊重,因为它传达了一个信息,教师是一些需要被告之应该怎么做的人。[11]

　　3. 问责制加强了对教师的控制和监督

　　英国政府有关教育标准的议程使教师感到了很大的压力,他们的工作通过目标的设置、统一考试和成绩排行榜、教育标准局的督导与评价以及公开学生、教师和学校成绩排名的做法受到了严密的监督与控制,这反映了绩效评估作为主导目前英国教育决策的话语环境。正如一位校长所指出的"我们的工作是关于表格、数据和目标的,而不是关于教育的核心——儿童以及他们的实际需要。"[12]

　　教师普遍认为从更加正规和针对性强的教师评定中获得有关个体学生成绩的信息对于计划和教学的改进帮助更大,而学校达到国家考试目标和让学生在全国考试中成绩不断改进所带来的压力,对于儿童的学校经历具有很大的负面影响。在小学二年级和六年级,教师为准备孩子参加考试承受了很大的压力,在小学最后一年的六年级直到五月份,老师都在集中力量通过一些学校的特定计划帮助学生复习和练习考试,例如,家庭作业俱乐部等。在国家考试之前,学生不可能从事任何活动,例如,远足或班级活动,因为这些活动会影响他们核心课程的学习。一位六年级教师无奈地说,"整个六年级都用在准备这些考试上,这的确让我感到悲哀,但同时我知道我必须尽力帮助他们准备考试,他们希望考好。"应试教学违背了教师的判断和专业主义,但是为了减轻孩子们的紧张,又必须充分准备以尽可能地使他们在考试中取得好成绩。

　　英国教师处在一种对学校教育低信任度的监督文化中。对教育标准局学校督导的后续研究发现,督导已经被教师所接受,他们认为这是必须忍耐的事情,他们认为督导过程造成了很多额外准备工作和巨大的心理压力,督导对教师个体职业生涯的影响也愈来愈大,例如一位汤里伍德学校(Tangliwood)的教师由于无法面对督导过程而离开了教师岗位,而另一位布里杰斯学校(Briggs Estate)的副校长因为该校在督导过程中获得了很大成功而被提升到了校长的职位。教师对于督导经历的描述往往表现出一种无力挑战督学看法的感觉,校长们的描述也反映出督学有时给学校带来了负面影响。罗斯霍姆学校(Rose-holme)校长一直抱怨督导方式对他们学校是有害的,最后,一位级别较高的督学亲自来学校正式道歉才算平息此事。

为了保证教师达到政府的要求,他们不仅要接受来自教育标准局和地方教育局的外部监督,而且还要受到校长、学校高级管理人员和学科主任的内部监督。例如在希顿学校(Seaton),每年要对四个课程领域进行评估,之后向董事会提交一份评估报告,在这一年内学科主任要听接受评估的课程领域所有的课。尽管教师从一开始的抵触到后来接受了这样的监督,但他们仍然感到,对课堂教学问责的加强削弱了教师承担风险的愿望,例如实验一些新的教学方法,强化了执行政府指令的行为和意识。尽管校长认为这种内部检查过程提高了效率和专业主义,但课堂一线教师却认为这样做进一步损害了课堂教师的专业主义。

(四)新形势下决策者对教师专业主义的重新解读

面对来自各方面的批评,英国政府作出的回应是重申在课程领域所进行的教育改革并不是要损害和摒弃教师专业主义传统。当时的教育大臣基斯·约瑟夫(Keith Joseph)否认任何以中央控制的课程来压制教师确定有关教学细节自由的意图,坚持仍然对教师在该领域的作用予以尊重,强调教师在课程领域"专业判断"的作用是牢固的;但是决策者同时认为,为了适应新形势的挑战和需要,教师专业主义的内容也要有所变化。政府对专业主义的重新解读包含两方面的含义:

第一,政府强调尽管在国家层面上,要有课程范围和平衡方面的目标以及学生在 11 岁和 16 岁所要达到的成绩水平的规定,但是关于学科如何教的细节将继续由每个学校根据地方教育局的课程政策来决定,在标准和问责得到强调的同时,政府继续支持教师的作用。例如 1987 年国家课程咨询报告指出,"立法应该给予教师的专业判断和学校根据每个课堂学生的年龄、需求和能力组织课程的实施留下充分的空间。"[13]后来主要负责《1988 年教育改革法》国家课程部分制定的教育大臣贝克(Kenneth Baker)试图消除有些教师对于国家课程将规定他们如何履行专业职责的担心,他坚持主张,"我们希望依赖教师在课堂中的专业主义——在全国教育系统中许多优秀和敬业的教师的专业主义。"(众议院辩论,1987),他认为,"我们无意规定课应该如何上,课表如何安排,或教材如何使用,国家课程将为我们的教师发展富有想象力的教学方法提供很大的空间。"两年以后,在课程从政策进入到实施阶段时,政府再次强调"教与学的组织应该继续由校长以及他/她的教师所负责"。"政府的规定将给予教师在以下方面很大的自由:教学方式、教学材料和例证的运用、内容和背景的选择、课本的使用等方面。立法不会规定在教学计划中必须使用特定的教材和教学方法。"[14]

第二,新政策对教师的专业发展提出了新的要求,1983 年教科部的文件"教学质量"对专业主义的重新解释是:教师的专业主义应该通过校内和地方教育局专业发展政策而得到鼓励,通过教师在校内更加明确的任务和对于家长以及学校最终所负责的对象更加明确的责任而得到鼓励。政府在声明中指出:"诚如其他专业人员一样,对教师的期望是根据自己的判断、不带任何偏见地履行自己的专业职责,因为他们是专业人员,这种专业主义不仅要求恰当的培训和经验,也要求具有将重点放在所服务对象利益的专业态度,而且要通过专业发展不断提高效果。"[15]

国家课程的要求引起了教师的自我保护,1993 年以教师普遍抵制 7 岁和 14 岁考试而达到了高潮。为此 1994 年政府发布的对国家课程及其考试进行评估的《迪尔英报告》对教师的不满作出了比较积极的回应,试图对教师专业主义传统以教师更加能接受的方式作出诠释,明确说明了教师专业主义与学校课程之间的联系,其措施之一就是减少国家课程的规定性内容,给予教师专业判断更大空间,对每个学校根据法律必须教授的基本内容、技能和过程与教师根据自己的专业判断决定教授的选择性内容作出了重要的区分。[16]

(五) 一些思考

专业主义是一个不断变化的概念,并不是一成不变的,不同群体从各自不同的立场和角度对它有不同的看法和解读,教师主要是从社会建构和专业人员特质的角度来看待这一问题,而决策者更多地把专业主义看作是一种政治和观念控制的机制,教师关注的是作为一个专业人员个体的权利和义务,而政府要考虑整个国家的水准。因此,考虑问题的角度是不一样的。另外传统上从社会服务角度对专业主义的认知也似乎已经不能适应教育市场化和问责制下对于绩效的强调[17]以及私立和公共部门专业主义的商业化倾向（Commercialized Professionalism），这种倾向强调对效益、国际竞争力和顾客的需求作出回应。[18]

从政府对专业主义的诠释可以看出，尽管改革试图尽可能地将专业主义的传统融合进来，政府重申教师专业主义的重要性，认为国家课程只是为教师的工作提供一个松散的框架，维护甚至提升他们在课程发展方面的自治，但是教师的专业作用仅限于教学方法与组织，他们以往在课程内容方面的作用正在消失。新形势下政府对教师专业主义的重新解读，与教师团体所理解的专业主义之间仍然有一定的差距，专业主义的内容已经发生了变化，专业自治的范围正在缩小。

对于英国教师来说，从专业自治和相对比较大的专业判断自由一下子过渡到高度细化的中央集权式的指令性规定，感到自己的创造性和主动性受到了束缚，如何在加强全国统一课程要求下维护和保持教师专业自治传统是一个值得认真思考的问题。从以上分析来看，教师并非完全反对指导性框架，他们也认为有必要对于他们的教学行为有一个基本的要求，教师的专业自治和过度的自由需要政府的作用予以制衡，关键的问题在于政府应该在多大程度上规定课程目标和内容，应该充分考虑到给予教师发挥和实验创造力和想象力的空间。教师职业的特点是创造性的、反思性的，教学是一门艺术，教师作为专业人员，不应该受到工匠一样的对待，他们需要根据学生的具体情况发挥自己的主动性与创造性。

有些批评家根据教师专业主义的传统，提出了政府应该只是制定课程大的目标，而不要涉及课程的细节，应该承认教师的专业主义和他们对于学生学习需求和潜能的了解，给予教师对课程内容、顺序和实施很大程度上的控制，使教师专业主义文化在他们的日常工作中发挥根本性的作用。他们认为如果政策变化不考虑这一点，其结果必然是引起教师广泛的不满和积极性的挫伤，以及效果的降低。所幸的是政府并没有对教师的不满无动于衷，《迪尔英报告》可以说在这方面迈出了重要的一步。

总之，英国在分权制度下形成的教师专业主义和专业自治的传统对英国教育注重个性和创造性发展的特点起到了非常重要的作用，我们不希望看到国家课程的实施使这一传统丧失掉,而一个好的传统的保持,社会的进步需要不同团体之间不同观点的争论和互动,而政府在对不同观点加以审视的基础上不断对政策作出修正是非常关键的。

参考文献:

〔1〕 Linda Eisenmann (1991). Teacher Professionalism: a New Analytical Tool for The History of Teachers〔J〕. Harvard Educational Review. 61(2):215—224.

〔2〕〔3〕〔11〕〔12〕〔17〕 Rosemary Webb (2004). A Comparative Analysis of Primary Teacher Professionalism in England and Finland〔J〕. Comparative Education, Vol. 40, No. 1. 85,93,98,86.

〔4〕〔6〕〔9〕〔10〕〔13〕〔14〕〔15〕〔16〕 Gary McCulloch (1997). Teachers and the National Curriculum in England and Wales: Socio — historical Frameworks, in Gill Helsby and Gary McCulloch, Teachers and the National Curriculum〔M〕. London: Cassell. 21,28,29,28,25,26,25,30.

〔5〕 Mike Bottery (2000). Education, Policy and Ethics〔M〕. London: Continuum, 30.

〔7〕 Thatcher, M. (1993). The Downing Street Years〔M〕. London: HarperCollins, 593.

〔8〕〔18〕Geoff Whytty (2002). Making Sense of Education Policy〔Z〕. London: Paul Chapman Publishing. 68.

(本文发表于《比较教育研究》2006 年第 9 期。作者王璐,时属单位为北京师范大学国际与比较教育研究所)

九、培训新教师的导师：来自荷兰的经验

各国都十分重视新任教师的培训与指导工作。在这方面，我国也和其他国家一样，许多学校不仅有计划地为新教师提供了许多有价值的培训，同时还指派了经验丰富的老教师作为他们的师傅来指导。这种师徒制为新教师从师范生成长为专业人员提供了很好的帮助。虽然我国实行这种师徒指导模式已有较长的历史，一向比较重视师傅的丰富经验和较强的教学能力，认真进行"传、帮、带"，强调指导教师的责任，重视新教师的虚心，但是，对于导师进行指导的必要知识基础等条件却很少注意到。荷兰学者冯克（Vonk, J. H. C.）对此进行了研究，认为作为一名成功的新教师导师，需要三方面的基本知识：第一，领悟和理解新教师专业发展的过程；第二，指导与支持新教师解决问题的策略知识；第三，领悟和理解新教师经验学习的过程。[1]本文将对这项研究成果进行介绍评论，以期引起对这个问题的重视，并有助于提高我国新教师的指导质量。

（一）新教师专业发展的过程

对于导师来说，首先要认识到新教师的专业发展是一种自我指导的发展过程，贯穿于新教师的整个职业生涯。关于教师职业生涯发展有着不同的阶段划分，[2]对于导师而言，为了有效地指导新教师，必须了解新教师所面临问题的起因和特点。这可以从三个维度来分析：个人维度、环境维度以及专业知识和技能维度。（见图1）

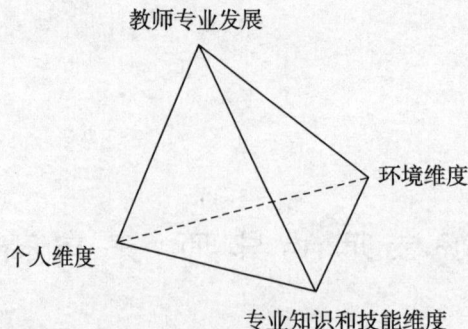

图 1　新教师专业发展的维度[3]

1. 个人维度

成为一名教师需要具备的基本特征,是在教学环境中教师把自己当作工具来使用。许多新教师对此感到害怕并产生了压力。由于大部分新教师尚处于由青年向成人过渡的阶段,因此对他们很多人来说,成长为一名教师就意味着在很大的压力下走向成熟。他们必须对自己形成一个新认识,即"作为教师的我",并且学会逐步走向专业化。刚开始的时候,很多年轻教师并不缺乏清晰的观念,例如面对环境的压力或者置身于巨大压力的环境之中他们将如何行动,但是他们太过于关注自我了(生存取向意义上的),以致他们很难分辨清楚哪些问题是由他们个人的转变产生的,哪些问题是由课堂实践引起的。他们缺乏这方面的经验,因此必须发展新的行为方式以应付这些问题,有时甚至还要调整对自己的看法。在这样的情况下,导师的指导尤其要注意帮助新教师形成对自身以及所处环境的清醒认识。

2. 环境维度

新教师在学校的处境具有以下特点:

(1) 新的责任:与那些从事教学工作一、二十年的老教师一样,新教师从第一天第一节课开始就要完全承担所教课程的责任。

(2) 各种教学文化并存的学校环境:每所学校、每个部门都有自己的一套显规则和潜规则。[4]新教师发现这些规则,常常感到非常吃惊。对于导师而言,这些规则是如此的明显,因此他们根本不会事先向新教师进行解释。

(3) 对于所起作用的期望,也就是同事、学校管理人员、学生及其家长的期望。人们期待着新教师能够满足这些期望。但是,新教师并不清楚这些期望到底是什么,即使他们知道了,也不明白怎样去满足这些期望。

290

这些特点迫使新教师必须重新思考关于他们自己"作为教师的我"的观念，必须重新思考他们刚刚获得的知识和技能。在职前培训中起作用的东西对于新的学校环境而言并不总是有用。另外，很多新教师还必须从学生角色的认同转向对教师角色的认同。这种重新定位的过程经常伴随着压力和不确定感。此外，一所学校的组织和物质资源，可能更重要的还有信念，不仅体现在制度之中（显规则），得到制度的尊重，而且还深深地植根于学校理所当然的实践（隐规则）之中，这必然要对新教师发生强大的影响。尤其是在新教师没有获得任何外界帮助的情况下，他们把任职的前几个月体验为入门执教的仪式，而不是有价值的学习经验。

3. 专业知识和技能维度

新教师必须掌握的专业知识和技能主要包括

三个方面：教育学知识、课堂管理技巧和教学技巧。

（1）教育学知识。通常情况下，新教师具有很好的学术背景，并没有预料会遇到教学内容方面的问题。然而，他们很快就会认识到自己并没有熟练地掌握所教的学科。他们的主要问题是不能将学术性知识转换成学校的教学性知识，因此必须重新建构他们的学科知识基础。正是对这些知识的理解才使得教学过程变得理性，才使得教学行动成为可能。对于新教师来说，教育学的知识是最重要的因素。

教育学知识包括三个方面：① 关于学科的知识，也就是理解学科概念和原理的组织结构，懂得本学科用以发现新知识的策略，并且理解策略和教材的开发以便使学生掌握这些概念和过程。② 关于学生的知识，涉及丰富的相互联系的事实性知识，比如，用来向学生解释教材的关于类比、比喻、举例以及暗喻的知识。这类知识还包括关于学生前概念的知识，关于学生日常生活经验的知识，以及关于学生常见困难的知识。所有这些知识都能帮助教师与学生进行有效地沟通。③ 关于一般方法论的知识，主要包括教学方法的知识。每种方法的前提条件和应用范围也是教师教育学知识的基本内容。正是这种教育学知识才能将经验丰富的老教师与新教师区别开来。

总之，与新教师在职前教育期间通常所达到的水平相比，教育学知识代表了对于教材的更加全面的掌握。导师指导的目标就是要形成新教师的专业知识基础，因此指导应该力求丰富新教师的教育学知识。

（2）课堂管理技巧。大部分新教师的课堂管理技巧都很差。也就是说，他们不能很好地组织课堂教学，找不到一种能够营造出吸引学生投入学习的气氛并且使之维持下去的方法。他们难以驾驭课堂的混乱和纪律问题，因为他们根本不理解到底发生了什么事。新教师缺乏恰当的课堂规则，即使他们建立了这样的规则，也不知道如何将它维持下去。所以，他们不知道如何有效地对付那些破坏这些规则的学生。

新教师产生这些问题的一个主要原因是他们不了解课堂的复杂性，而他们却必须在这样的课堂中工作。课堂教学是最困难的教学方式之一，因为一名教师必须与几十名学生共处一个空间，激发学生积极行动，达到由外部规定并体现在课程中的目标。课堂的复杂性表现在：① 多维度，即在教学过程中教师必须完成多项任务，如教学、指导、帮助、维持纪律等等；② 同时性，即上述工作大多数必须同时进行；③ 即时性，即教师必须迅速地对学生的行为做出反应，尤其是针对那些可能破坏课堂气氛的行为；④ 不可预知性，即课堂上发生的很多事情都是不可预知的，所以教师必须不断地根据情况适时地进行反应；⑤ 公开性，即教师的行为是公开的，也就是说教师要随时接受各种群体的议论，如学生、同事、家长、社区等；⑥ 历史性，即每个课堂或是群体都有自己的历史，因为教师每周只在很有限的时间里接触班级，所以他几乎很少有机会影响班级的行为。[5]这些课堂环境的特点限制了教师的行为。对于新教师来说，主要的问题是如何在一个如此复杂的环境中管理好一群学生。一名导师必须考虑用什么方式来帮助、支持新教师并提出忠告，使新教师能够在这些压力条件下正确地行事。

（3）教学技巧。在刚入门的阶段，新教师会经历许多日常课堂教学的问题。尽管他们既从理论上，也从学校实践中学会了很多的教学策略，但是新教师似乎仍然缺乏有效的课堂教学技巧，诸如：营造教学环境以在规定的时间内完成教学任务的技巧；使持续一定时间的学习行为多样化的技巧以及指导学生进步的技巧，等等。另外一个更困难的问题是如何使他们的教学适合学生之间的个体差异。很多新教师在任教的前几个月甚至看不到班级里的学生个人。很多班级看起来像没有组织好的乱糟糟的乌合之众，令人讨厌的学生总是在吸引新教师的注意力。

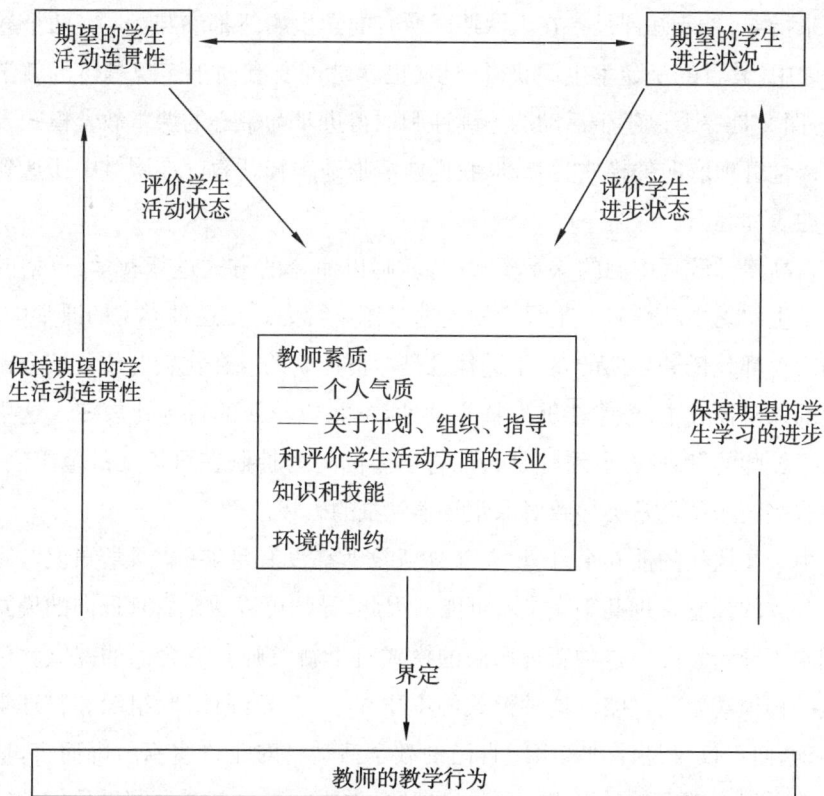

图 2　管理取向的课堂教学模式[6]

（二）指导新教师课堂教学的策略

在师徒关系中，导师扮演着不同的角色：观察者、反馈的提供者、指导者以及评价者。这些角色的知识和技能都需要训练。本文将着重讨论导师的首要任务，即如何帮助新教师掌握基本的课堂教学技能与策略。为了实现这个目标，导师必须深刻地理解这些基本技能，理解新教师掌握这些技能的过程。

大多数新教师是在相当传统的学校环境中开始其教学生涯的，在这样的环境中课堂教学是常用的教学方式。对于新教师来说最重要的问题是：① 计划、组织和管理教学与学生学习的活动（维持"学生活动"的连贯性，保持学生学习不断进步）；② 调整教学内容以适应学生的能力。

由于新教师遇到的许多问题都源于对学生行为和进步的管理不善，所以必须把这些问题置于导师指导行动的核心。对于这些问题，导师应当遵守这样的原则来指导：一节好课是指在上课期间所有的学生始终都参与到一、两个教学活动之中，其目的是让学生们获得进步（也就是说要有助于实现具体的教学目标）。图 2 是一个以学生活动的连续性和取得进步为中心的课堂教学模式。以这个课堂管理取向的模式为基础，我们能清晰地解释新教师在课堂中所遇到问题的性质和起因。

在高度的教师中心的课堂模式中，教师以命令的方式进行教学（严格的控制和学生缺乏主动性），学生很少发生逃避作业行为。在这种类型的课堂中，所有的活动都是任务导向的，教学进程也是严格控制的。在比较开放或权力比较分散的课堂模式中，学生能够发挥主动性，不完成作业的行为比较多。这主要取决于教师的管理技巧，看他是否能将学生的行为控制在可接受的范围之内。缺少这些技巧就经常会导致对课堂教学气氛的破坏。

由于在执教的前几个月里，大部分新教师都没有足够的"课堂知识"，因此更加开放的课堂管理几乎完全不可能。因此，导师可以课堂管理取向的模式为基础来指导新教师。这种管理取向的模式对于新教师营造合适的课堂教学气氛是一种很有效的策略。这种模式的本质在于，新教师计划、组织和管理学生的活动，而不仅仅是计划和组织自己的教学活动。对于许多新教师而言，这就意味着要根本转变教学思想。可见，导师最重要的工作就是要帮助他们的徒弟在执教的前几个月内形成恰当的课堂知识。其次则是帮助自己的徒弟形成一种较多命令的、任务取向的教学方式，以此计划、组织和管理学生的学习活动。

不过，为了让学生进行有意义的学习，仅仅只是计划和组织学生的学习活动是远远不够的。教学活动并不只是简单地传授学术性知识，或者强迫学生死记硬背。新教师必须重新建构自己的学科知识基础。人们希望教师成为专家，能将学术性知识转化为学生能够理解的教学性知识。在这样的情况下，专业化的教师就把教学看作是没有限制的探究活动，并在这种探究活动中表现出自己所运用的教育学知识。也就是说，把教学活动看作是一种通过自觉获得的原则来了解的探究，而这些原则将在教学活动中接受实践的严格检验。然而，教学法问题主要涉及所教学科的概念结构以及为了实现有意义学习而进行教学的最有效的方法。在这样的情况下，由于导师的帮助，新教师能采取系统的措施，努力调整教材的结构和联系以适应具有特殊背景的儿童认知的充分发展。导师能够在备课、教学内容分析以及选择能够产生有意义学习的合适教学方法方面给新教师很大的帮助。

（三）新教师的经验学习过程

教师发展包括一个终身学习的过程，是一个专业成长的过程。这与教师在职业生涯不同阶段的需要有关。此外，教师还是成年的学习者。这意味着学习的一般原则对于在职教育来说同样有效。就教师发展而言，这些原则是：① 教师希望在其学习内容和过程方面拥有发言权；② 只有当教师感到需要改变并且相信这种预期的变化具有可行性时，专业性的学习才会发生；③ 只有当教师能够将新知识和技能与其已有的知识和全部的技能结合起来的时候，对这些新知识和技能的同化才会发生；④ 通过反思，教师才能改变自己的实践性知识基础，这种反思必须包括他们的知识（学科知识和教育学知识）、方法论（知识和技能）以及他们对于"好教学"的信念；⑤ 在教师准备实施变革之前，他们会权衡投资和收益。

尽管这些原则几乎对所有教师的学习都是适用的，但是新教师和经验丰富的老教师在学习过程上存在差异。例如，新教师缺乏比较宽泛的专业知识基础，因此必须借助于理论来理解一个具体的问题，包括安排课堂中的学生活动和评估常规的有意义的学生活动和进步的结果。新教师的反思能力也相当有限，并且总是与他们的实践经验联系在一起。他们把反思和理论的作用当作是一种手段，用来获取新观念，即改善实践的建议。然而，很多新教师刚开始的时候都认为"理论知识"对于解决实践中所遇到的问题几乎不起什么作用。很明显，他们并没有参照理论来发展这种理解与洞察能力。只有当理论能够直接与他们的实践经验（处理正在寻找解决办法的疑难问题）相联系，能够解释解决方法或提供关于解决方法的启发，新教师才会接受理论。导师能够帮助新教师审视问题产生的环境，因此要尽力帮助他们反思这个环境。当然，对于导师来说，这种审视要求深刻理解专业人员怎样从经验中学习，尤其是为了激发有灵活性的新行为，即产生有意义的学习，需要理解这些建议是如何获得的。图3说明了"从经验中学习"的模型。在这个过程中，可区分出以下几个步骤。在教学活动中，教师参与到一个教学环境之中，他必须处理一系列的教育学问题。他观察那些旨在解决问题的行为是如何进行的，同时按照自己期望的和不期望的学生行为标准来解释这些观察。到这里为止，他都只是在"经验着"。接下来，他积累这些观察资料,按照他对资料的解释来分类;那么这些资料就成为其课堂知识的一部分了——他能够表述它们。这种经验伴随着积极的(成功的)或消极的(失败的)情感体验。如果教师没有对自己的经验进行反思的话,他就只能尽力重复成功的经验,避免失败的经验。这样所获得的全部技能是以"尝试错误"的学习方式为基础的。这种学习方式的结果大部分不过是"急救包",而且这样学习到的技能也缺乏灵活性。然而,为了形成灵活的教学技能,教师必须既反思成功的经验——为什么会成功,适用于哪些情况,也要反思失败的经验——为什么会失败,在类似的情景中怎样做才更加合理。后者将引发出一个过程,即提出问题——将一种(消极的)经验变成一种可以解决的问题——然后解决问题。通过回答"为什么"的问题,教师必然要使这些经验面对现有的、更为概括的、基于研究的关于教师行为的知识以及其他教育理论(解释功能),或者将二者联系起来。新教师用这种方式获得经验,将形成灵活的、能激发学生产生有意义学习的教学技能,并且掌握牢固的专业知识基础。

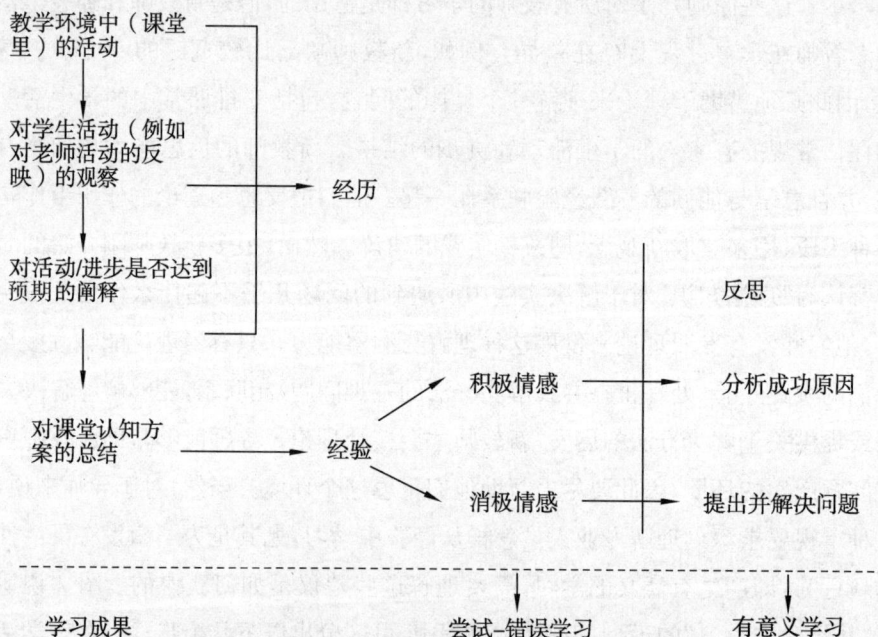

图 3　从经验中学习[7]

有经验的教师的行为大多是自动化的或是本能的,他们并不总是能够说明清楚的理解。对于他们来说,学习能够培养领悟力,能对假设和理由进行验证,能够理解教师行为的意义。没有反思,教师就不能以受控制的方式在深思熟虑的基础上改进自己的教学实践。更重要的是,有经验的教师有着丰富的专业知识基础,它包含着广泛的由过去经验所形成的技能,并且可以利用这些经验来分析当前的问题。当教师能够通过修改和综合旧的知识结构来建构新的知识结构的时候,他们就拥有了很丰富的经验,即使这种通过反思经验进行创造性思考的能力也会受到他们经验的限制。[8]不过,从传统上看,教师的知识基础是相当特殊的,并不是集中在专业领域。由于很多教师不得不独立工作或是喜欢独自工作,因此这种情况就更加明显。事实上,教师所表达的观念并不是同事认为可以共享的、普遍化的知识与实践。

(四) 结语

世界上几乎所有地方的新教师在任教的前一年都会遇到或多或少的困难。他们普遍感到没有做好充分的教学准备。在我国,我们的职前教师教育并未对此做出充分的反应,新教师一开始的工作准备几近空白,因此,我们尤其需要重视新教师的任职指导。

在新教师的任职指导中,我们不仅应该注意遴选教学骨干充任导师,也应该为这些导师提供帮助,不能将导师的指导视为不学而能的,完全凭借经验进行的工作。导师需要认识和理解新教师专业发展的过程及需要,因此,学校或政府教育主管部门应该为导师提供必要的培训。

现在国内尚未意识到导师培训的重要性,更不要说培训的计划与内容了。因此,借鉴国外经验,我们应该重视导师培训内容的研究。这样的研究不仅应该有理论上的探索,更应该有对成功或失败的导师指导徒弟的项目或个案进行追踪研究,从而获得鲜活有生命力的理论,以进一步完善中国教师教育的环节,促进教师的专业发展。

参考文献:

[1][3][6][7]Vonk, J. H. C. (2004)'A Knowledge Base ForMentors of Beginning Teachers:Results of a Dutch Experience', in Rob Mcbride (Ed) Teacher Education Policy:Some Issues Arising from Research and Practice

[M]. Rout—ledge，Falmere Press，pp113— 130，p120，p125，p128

　　[2]教育部师范司.教师专业化的理论与实践(修订版)[M].北京：人民教育出版社，2003.69

　　[4] Hargreavers，A.（1992）'Cultures of Teaching：A Focus for Change'，in HARGREAVES，A. and Fullan，M. Under—standing Teacher Development[M]. New York，Teacher CollegePress，pp. 216— 41.

　　[5] Doyle，W.（1986）'Classroom Management and Organiza—tion '，in Wittrock，M. C.（Ed）Handbook of Research on Teaching[M]. New York，MacMillan，pp. 392—432.

　　[8] McLntyre，D.（1993）'Theory，Theorizing and Reflection inInitial Teacher Education' ，in Calderhead，J. and Gates，P.（Eds）Conceptualizing Reflection in Teacher Development[M]. London，Falmer Press，pp. 39— 53.

　　（本文发表于《比较教育研究》2006 年第 11 期。作者马健生，时属单位为北京师范大学国际与比较教育研究院）

十、英、法教师专业化历程的解读及其启示

（一）"专业化"的澄清

我国早在 1993 年出台的《教师法》中就将教师的身份明确定位为"专业人士"，但在笔者看来，此处的"专业人士"所指的更多是拥有一技之长（speciality）的人员，并非西方所言的专业（profession）。

专业化（prefessionalization），即一个职业朝成熟专业努力的过程。这就涉及到底一个成熟的专业具有怎样的特质的问题。实际上，这也是 20 世纪功能主义学派的努力方向。他们试图通过对一个专业的特点、角色和社会功能进行研究，以得出专业的最本质的特征。在这类研究中，医生和律师的职业特点通常被当作标准的专业特征，而一个职业试图专业化就被人们当作是该职业希望争取像医生、律师那样的地位和收入的过程。而要想赢得社会尊重和认可，从业人员本身需要不断更新自己的专业知识和专业技能，努力提高专业服务质量和实践标准。

因而，教师专业化可以从两个方面来理解[1]：一是教师群体努力去满足成熟的专业所拥有的各种特征，特别是其制度上的特征：如一个自治的专业共同体、一套专业知识及相应的培训机构、一套专业资格准入和授予的机制；二是教师群体努力提升专业知识和技能，即提升教师的"专业性"（professionality）。为了区分这两个方面，在如今的西方文献中，教师专业化主要指以上第一个方面；而第二个方面则被称为"教师专业发展"。

根据以上对"教师专业化"的理解，可以看出，教师专业化实际上是一个制度化的过程。[2] 如果依照伯格和卢克曼（Berger&Luckmann）所认为的，制度化

即是"不同行动者彼此形成相互接纳（reciprocal）的习惯化互动（habitualized action）的过程"[3]来看，那么在教师专业化过程中至少涉及到教师、国家、教师实践的接受者[4]、专业培训机构[5]、几类行动者之间的互动。因为由谁来决定何种知识被纳入到怎样的培训机构当中，谁来认可这种培训和资格都牵涉到一系列的博弈过程，最终也影响到不同国家中教师所拥有或所感知到的自主权[6]。鉴于篇幅，本文从专业中最重要的专业培训和专业自主两个角度来比较分析英法两国的教师专业化历程。

（二）英法两国教师专业培训的演变

一个成熟的专业应拥有一套成体系且经过科学验证的专业知识，专业人员通过长期专业训练理解和掌握这些知识，并能将其灵活运用到各种专业实践的场合中。[6]实际上，专业知识也是专业人员获得信任和尊重的源泉。单纯从教师专业地位来看，由大学提供教师培训是有利于提升教师专业地位的。然而在英国和法国，教师培训纳入大学的过程却是一波三折，并反映出两国教师与国家和市场之间的关系。总的来看，在法国，国家控制了教师的培训机构、统一考试和教师资格的授予，民间对教师的信任在于教师掌握着培养国家公民的知识。而英国则在其深厚的专业传统中，教师作为专业人员受到社会信任，教师培训中市场化程度也较法国更强。

1. 英国教师培训的演变

自中世纪以来英国的学校教育多由教会举办，教师多由牧师担任，并采取师徒制培养模式，教师资格的审核也由教会控制。随着 17 世纪中后期资本主义的发展，开始建立新式学校，并在民间自发成立新的教师培训学院培训教师。在 18 世纪上半期，中学教师的培训主要依赖这些民办教师培训学院。直至 1852 年曼切斯特大学开始为在职小学教师提供夜间培训 1879 年剑桥大学开始为中学教师提供课程并颁发资格证书，1883 年伦敦大学也为本校毕业生及拥有相应资格证书的学生设置教育文凭考试。1890 年负责起草初等教育法的克罗斯委员会（Cross Commission）提交报告要求大学开设日间培训学院，更是大大促进了大学在教师培训中的作用，至 1990 年，已有 19 所大学开设了日间培训的教育学院。《1902 年教育法案》颁布后，中等学校生源的增加提高了教师的需求，大学也更多地涉足中学教师的培训。当时有许多言论赞同把教师培训放入大学，认为这样可以提升教师的专业性和地位；但师范学院对此表示不满，认为过于学术化的课程远离教学实践。[7]此后，大学和师范学院分别培训教师就成为英国教师教育中的双轨现象。

如今不同的政党对于到底该由谁来培训教师也存在着分歧。从总体上说，英国的保守党重传统的学术训练，认为教师培训应该在大学中学习学术性知识。但撒切尔夫人上台后，在教师教育中引入市场竞争机制，将教师培训越来越多地转入学校本位的培训。这种改变表面上看似乎为了关注实践，但在某种程度上也削弱了教师的学术性基础及其所拥有知识的可信任程度，[8]因而也可以看作是英国政府希望教师顺从地落实课改的一种策略。

2. 法国教师培训的演变

法国大革命之后，为了培养法国公民，由国家开办了师范学校负责培养小学教师(instituer/institutrice)。然而在19世纪，教会办学的力量仍在盛行，因此，法国小学教师的专业化的过程伴随着国家、教会、教师和家长之间的互相妥协和斗争，[9]而中学教师(professeur)则仍然以学术性知识为主，由各区的教学中心(Centres Pedagogiques Regionaux CPR)负责培训，注重精英教育。法国教师培训中的这种小学和中学教师分开培训的双轨制度也在20世纪上半叶经由日本引入了我国。

"二战"后，法国经济有了很大的发展，为了培养更高素质的人才，在20世纪60年代，大学开始提供教师培训，为有意担任教师的学生开设职业培训课程，学生在修习本专业课程时可以选择课程总量的10％为职业培训课程。至1989年法国政府才通过成立每学区一所"大学师范学院"(IUFM, Institut Universitaire de Formation des Maitres)负责中小学教师培训，有意从教的人员在获得大学学位和教师资格证书后再进入IUFM培训2年，培训内容由国家统一规定，体现了很强的标准特征。应该说，IUFM的成立是法国教学专业化中的一大突破，经过培训的来自不同背景的教师不仅获得了相似的学术标准，也养成了较一致的精神气质。[10]

（三）英法两国教师专业自治权的演变

教师专业自主权可以体现在两个层面：一是在团队层面上，如有自治的专业组织，并由专业组织制定职业操守对专业人员进行规范、约束和纪律制裁；二是在个人层面,如专业实践者在面对任务时有权凭借专业知识进行自主行动,其工作的好坏则由同行进行评议。在一个职业专业化的过程中,专业协会的成立是必不可少的,它也保障了个人层面的专业自主。

在英国,早在 19 世纪中期就开始发起建立教师专业协会,负责教师注册。经过长达 150 多年的努力抗争,英国政府在《1998 年教学和高等教育法案》中终于决定成立教学专业议会(General Teaching Council,下文简称 GTC)。该组织于 2000 年 9 月 1 日正式投入运作。[11]而在法国,与英国 GTC 职责相当的教师专业协会却一直没有成立,国家控制着教师培养的数目、内容和考试,教师作为国家公务员,承担着执行国家所有教育政策和培养国家公民的责任。

那么为何英法两国呈现出如此不同的态势?在笔者看来,这是在两国特定历史文化脉络中不同利益团体与教师之间互动的结果。在这种互动中,教师、教学服务的接受者和国家是重要的行动者,他们之间的权利关系并不是一种简单线性的 A(国家或教师实践的接受者)对 B(教师)的强制和操控,而是一个复杂的互动过程。因此,分析为何英法两国教师享有不同的专业自主权,就要回溯两国教师专业化历程中行动者之间如何进行互动。

1. 英国教师专业权力的获得——市场力量主导下利益相关者的制衡

英国一直以来都有着专业参与治国的传统,强大的议会力量也鼓励专业的发展。[12]这都与其资产阶级的壮大有关。在 17 世纪中后期,英格兰与荷兰、法国等国家的战争造成了国库空虚,给资本家以金钱优势换取政治权力的机会,代表资产阶级利益的国会力量不断壮大,金钱的权力也由此渗透进政治领域。工业化的发展和社会分工的深化,催生了各种专业人员,如律师、会计师等。为了对抗强大的资本家(专业人员的雇佣方),这些专业人员倾向于联合起来组成专业组织,以维护专业人员的地位和利益。

在早期资产阶级所办的学校中,教师本身也主要出身于资产阶级,一些先行者决定仿照律师、医生那样成立自己的专业组织以提高教师专业素质和社会地位。早在 1845 年,一所私立学院的校长约翰·帕克(John Parker)就发起成立教师学院(college of preceptors)以作为推动建立教师专业协会的阵地,并且利用议会的力量逐渐剥夺教会授予教师资格的权力。在个人主义及密尔(John Stuart Mill)反对国家干预思想的影响下,政府也奉行对教育的不干预和放任自由(Laissez-faire)的方针。民间办学的潮流使得英国学校教育体制呈现出多样化和专业化的特征,并进一步弱化国家对教育的控制。

20世纪初英国建立国家教育体系实行义务教育后,国家逐渐加强了对教师的干预和控制,但教师群体内部试图成立"教师专业注册委员会"、加强自治的呼声一直不断。因而,在英国20世纪教师专业化的历程呈现出来的是一幅教师与国家之间斗争和妥协的图景,提升教师工资待遇则成为国家缓解与教师矛盾及抑制教师呼吁自主权的主要策略。

"二战"后,随着人口出生高潮的到来和教育的扩张,教师队伍严重紧缺;"人力资本理论"的提出也使得世界各国开始重视教育。"二战"后到20世纪70年代,可以说是英国教师专业自主的"黄金时期",教师获得了有限度的专业认可和自主权。[13]但这段时期也有大量不合格的人员进入教师队伍,严重影响了教师的整体形象。20世纪50年代,教师组织又开始对政府施压,正式提出应该建立GTC负责教师的注册、纪律处分、专业培训等事宜。此后政府也着手对成立GTC进行系列的论证,但随着石油危机和财政危机的到来,新上任的首相詹姆斯·卡拉汉(James Callaghan)对教师专业人员并不客气,在削减工资的同时也对教师成立GTC的呼声不予理会。

1979年保守党政府上台后,政策气候大变。特别是进入80年代后,新右派政府对教师工会有着极其不信任的态度。《1987年教师待遇和条件法案》(The Teachers' Pay and Conditions Act)减少了教师的权力,并提高消费者的选择,《1988教育改革法案》则规定实行统一课程和国家考试,并对学校表现进行排名,进一步给教师带来了极大的压力,教师不满情绪更加高涨。

此时的利益相关者群体大致可以分为这么几类:政府试图提高教育质量,满足消费者需求,并且增强国家竞争力,因此实施了一系列标准化的课程改革和教师培训;以家长为主体的教育产品的消费者,更加关注的是教育质量而非教师是否落实了国家规定的标准,纷纷通过各种形式向议会施压,希望能够提高教师专业素质;以专业人员自称,但却对自己专业权力丧失而愤愤不平、士气低落的教师,此时他们也主动联合起来致力于成立专业自治组织。这三股力量在新自由主义和新管理主义的氛围中,反而形成了合力,共同促成了GTC的成立。

2001年开始正式运行的GTC负责教师的注册,制定教师专业操守准则并对违纪教师进行纪律制裁。然而,在教学标准的制定、教师行为标准、教师培训和招募等核心问题上，GTC 则只有建议权，并没有最终的决策权。而这仍然是教师专业的特殊性所决定的。

2. 法国教师专业自主权的获得——国家力量的推动

在法国，教师专业化的过程是教师与教会、家长和国家互相斗争和妥协的过程，也是法国国家教育体制科层化的过程。[14]

如前所述，大革命后新生资产阶级政权十分重视教育对培养国家公民的作用。1833 年基佐担任教育部长，法国政府开始系统地干预公立学校体系，全国性的师范培训体系和公立学校监控体系逐渐建立。在这样的制度下，法国教师开始发展出对学术能力和教学技能的关注，教师也开始重塑自我形象（self-image）和身份，逐渐由教会神职人员过渡到专业人员。[15]但由于拿破仑在位时将小学教育举办权让给教会，在教会免费就读的吸引下，世俗（lay）教师所提供的教学服务缺乏竞争力。

为改变家长的观念，提高自己的社会声望，世俗教师主要采取了两种策略：一方面努力动员国家采取各种行动以限制家长对教育的控制；另一方面则积极采取行动赢取家长支持和信任。通过这两种策略，教师逐渐获得了对课堂的控制权，[16]家长甚至纷纷向教师咨询自己子女毕业后的职业选择。应该说，至 19 世纪末小学教师获得其公务员身份时止，地方对教育和教师的控制彻底被消除。在新的工资标准的引入下，教师的地位也有了很大改善。此外，政府还出台政策赋予教师评估新课程文本的权利并允许来自不同地区的教师每年进行若干次的集会以讨论共同的教育和教学问题。

在专业化的过程中，法国教师也试图成立专业协会，最初也获得了政府的支持。19 世纪 80 年代一系列新式教师组织，如"教学圈"（Cercles Pedagogiques）和"教师友好协会"（amicales）等纷纷成立。这些协会进一步促进了法国教师专业化的进程，并强化了教师对自己专业身份的感知和认同。但 1887 年教育部长斯普勒（Eugene Spuller）上台后，认为公务员自治意味着一种无政府状态，并可能谋取私利，对工会进行了镇压。由此，教师的结社权被剥夺，直至 1946 年《公务员身份地位法》颁布之后，法国公务员工会（Syndicat）才正式获得法律上的承认。但法国教师工会更多是争取福利待遇，并不同于英国的教学专业议会。教师工会中的领导也由国家任命，经费由国家支付，加入工会的教师则除了在工作上更有保障外，还可以更快获得晋升，因此，教师对加入工会的积极性很高。从这个意义上也可以说,法国教师工会其实是国家对教师的更为隐蔽的控制。

尽管如此,法国教师并不打算从国家手中争取如英国教师那样所获得的专业自治权,因为国家的"保护"让他们享有不同于英国教师的权力:首先,法国教师准入门槛较高,"公务员"的身份及培养国家公民的重任,使得法国教师地位声望较高,并免受家长、学校和地方行政权力的干预,课堂上有较高自主性,而不像英国教师那样接受多方利益群体的问责;其次,法国奉行"内行管理内行"的原则,各学区的教育行政官员均由拥有多年教龄并拥有博士学位的教育专家担任,当教师面临被指控的时候也有申诉委员会保障其权利。针对法国教师对自己专业责任如何感知的实证研究也显示,法国教师对自己的角色有着清晰的界定(吃透大纲,帮助学生获得知识和发展学术能力,通过国家考试),他们甚至认为自己除了学生之外,不需要对其他人负责,哪怕是政府。[17]

(四) 英法教师专业化历程对我国的启示

由上所述,并不存在着一个普遍性和标准化的教师专业化的模式。不同国家教师专业化更多是一个独特社会、历史和文化情境下的社会建构的过程。然而在当前世界性教师专业化的浪潮中,各国却纷纷出台各种各样的教师专业标准,将教师的专业能力划归为可操作的标准化的知识和技能,或者照搬他国的所谓成功经验。这其实是推崇工具理性和技术认知旨趣的产物,而忽视了教育本身是一个人与人沟通的活动,教师本身是活生生的充满实践智慧的意义体,也忽略了本国长期历史积淀下来的教学智慧和教育文化。当然,笔者并非反对建立教师专业能力的相关标准,一个好的标准有利于帮助教师进行合理的专业定位并引导和规范教师培训与教师专业发展。但在制定标准时,应在理清本国教师职业演变的历史脉络的基础上,澄清教师"专业"在本国究竟有哪些内涵,并且加强教师与国家和其他利益相关者之间的沟通,发出教师的声音,并通过语言理解和沟通理性的运用,协调各自的行动计划[18],以实现教师乐教、学生乐学的最终目的。

参考文献:

[1][6][8] Hoyle, E. & John, P. Professional Knowledge and

Professional Practice[M]. London & New York：Cassell，1995.

[2] 曾荣光. 香港教育政策分析：社会学的视域[M]. 香港：三联书店（香港）有限公司，1998.

[3] Berger，P. L，& Luckmann，T. The Socal Construction of Reality. New York：Doubleday & Company，Inc，1966.

[4] 鉴于教师职业的特殊性，在国家实行义务教育之后，教师服务的接受者，即客户是很难确定的，家长、学生，甚至是国家都可以算是客户。

[5][6] 在不同社会、不同时期，教师培训机构也有所不同。应该说，大学作为生产知识的地方，若承担教师培训，是有利于提升教师专业地位的。这也是目前许多国家在教师专业化中的一个举措，将教师培训纳入到大学。此外，这些专业培训机构的归属（即国立还是民办）也影响到教师的自主权。

[7] Patrick，H. From Cross to CATE：The Universities and Teacher Education Over the Past Century[J]. Oxford Review of Education，1986，12 (3)：243—261.[8]

[9][16] Meyers，P. V. Primary School teachers in Nineteenth—century France：A Study of Professionalization Through Conflict[J]. History of Education Quaterly，1985，25：1/2，21—40.

[10] Holyoake，J. Initial Teacher Training：the French View[J]. Journal of Education for Teaching，1993，19(2)：215—227.

[11] 这里的英国主要指英格兰。在苏格兰，1965 年就已成立 GTC。

[12] Tomlinson，J. Professional Development and Control：the Role of General Teaching Council[J]. Journal of Education for Teaching，1995，21 (1)：59—68.

[13] Grace. Teachers and the States in Britain：A Changing Relation. In M. Lawn & G. Grace (Eds). Teachers：the Culture and Politics of Work [M]. New York：The Falmer Press，1987：193—227.

[14] Bourdoncle，R. & Robert，A Primary and Secondary School Teachers in France：Changes in Identities and Professionalization [Z]. Education Policy，2000，15(1)：71—81.

[15] Toloudis，N. Instituteur Identities：Explaining the Nineteenth

Century Frech Teachers' Movement[J]. Socila Movement Studies，2008，7
(1) ：61—76.

[17] Ostorn，M. J. &.Broadfoot，P. M. Becoming and Being a teacher：
the Influence of the National Context[J]. European Journal of Education，
1993，28(1) ：105—116.

[18] Habermas，J. The Theory of Communicative Action[M]. Boston：
Beacon Press,1984.

（本文发表于《比较教育研究》2010 年第 2 期。作者卢乃桂、叶菊艳，时属
单位为香港中文大学教育行政与政策系）

十一、美、澳、欧盟职业教育教师专业能力标准比较研究

　　各国对职业教育质量与竞争力的关注将教师推至改革中心,教师被看作是影响职业教育改革与发展的核心要素之一。促进教师专业发展已成为各国职业教育改革的重要战略。作为促进教师专业发展、提高教育质量的重要举措,教师专业标准研发正成为一种国际趋势。我国尚未出台全国性的职业教育教师专业标准,但是部分省市已经开始着手进行职业教育教师专业能力标准的开发实践。本文试图通过国际比较研究,了解目前主流的能力标准开发模式,为我国职业教育教师能力标准的建设提供借鉴。

(一) 职业教育教师专业能力标准的主要模式

　　美、澳的职业教育体系以及欧盟努力建立的欧洲一体化职业教育体系各具特色,代表着当前世界职业教育的 3 种不同发展模式。在职业教育教师专业标准的建设方面,美澳和欧盟的教师专业标准框架充分反映了各自不同的职业教育理念和特征。

1. 美国生涯与技术教育教师专业能力标准

　　美国目前影响力最大的专门针对生涯与技术教育教师的职业能力标准是由全美专业教学标准委员会(National Board for Professional Teaching Standards,NBPTS)开发的。所有 NBPTS 标准基于对教师专业的 5 个基本观点:教师应对学生学习负责;教师应具备所教授学科的知识,并知道如何进行传

授;教师有责任管理和监督学生学习;教师应系统反思其实践并从经验中学习;教师应是学习共同体的成员,生涯与技术教育教师标准是以优秀生涯与技术教育教师的专业实践为分析对象,专业标准涵盖了四大类 13 种专业能力。[1]

(1)营造高效的学习环境。① 关于学生的知识:关心所有学生的学习和成长,运用专业知识分析学生,采用个性化的教学方式满足学生的需求。② 专业知识:关于工作基本常识和基本就业能力的知识,关于所属行业的基本知识,将职业教育内容与其他学科整合的知识。由此建立课程目标、设计教学、促进学生学习并评价学生的成长。③ 学习环境:创设情境化的、独立或集体的实践学习、工作模拟学习等活动,通过有效课堂管理帮助学生学习知识、养成能力。④ 创设平等、公正、充分尊重多样性的环境,为所有学生提供优质的生涯技术教育机会。

(2)促进学生学习。① 促进专业学习:促进经验性的概念性的和结果导向型学习,运用各种方法策略和资源为学生设计参与性的活动;有效整合职业教育课程和学术课程。② 评价:运用一系列评价方法获得有用信息,帮助学生了解自己的成长,并改进教师教学。

(3)帮助学生向工作和成人角色过渡。① 工作准备:培养学生的生涯决策和就业能力,帮助学生了解工作文化和要求。② 管理和平衡各种角色:引导学生平衡各种生活角色。③ 社会发展:促进学生自我认知发展,鼓励形成健康的个人社会和公众价值观。

(4)通过专业发展改善教育品质。① 反思性实践:不断分析、评估教学实践以提升其有效性和质量。② 合作:与同事、社区、行业以及中等后教育机构合作,为学生提供更丰富的学习机会。③ 推动教育革新:与同事和教育专业团队合作,促进学校变革,完善教育领域的理论和实践。④ 家庭和社区关系:与家庭和社区合作,形成共同的教育目标。

2. 澳大利亚职业教育教师核心能力模块

获得职业教育教师资格证书是澳大利亚职业教育教师岗位的准入要求,教师需要获得培训与评价培训包(Training and Assessment Training Package,TAA04)的证书。2010 年 5 月,培训与教育培训包(Training and Education Training Pack-age,TAE10)发布,在 TAA04 的基础上进行调整,专门对职业教育培训(Vocational Education and Training)部门的培训师和教师资格进行了针对性的规定。该培训包同样由创新与行业技能委员会(Innovation and Business Industry Skills Council)开发培训包划分的职业教育教师核心能力模块有 7 个:[2]

(1) 学习设计。针对学习者需求设计和开发学习项目,包括明确项目目标、开发项目内容、设计项目结构并开发学习资源和策略;使用培训包和学习项目,实现行业组织和个体的能力发展需求。

(2) 培训实施。通过讲授和演示工作技能进行教学;计划和组织小组学习;计划和组织工作场所学习;参与组织实施远程学习;监督工作场所的学习;实施网络教学。

(3) 运行高级学习项目。开发组织环境中的高级学习项目,包括评估和设计最佳学习方式,进行管理和监督,分析并完善学习方案;作为高级管理团队的成员,设计、检查和落实企业网络学习方案。

(4) 评价。积极参与评价活动;设计评价方案和实施计划;实施评价:建立和维护评价环境、收集信息、作出评价决定、记录和汇报评价决定;参与评价监督;设计和开发评价工具。

(5) 培训咨询服务。收集整理培训和评价信息,提供关于培训和评价服务的信息和咨询;进行组织培训需求分析,提供咨询建议。

(6) 国际教育管理。为国际学生提供关照服务;遵守国际教育的相关法律规定解决国际教育中的事务和问题,推动项目实施,包括国际学生招生和选拔安置和教学过程的管理等;开发和管理跨国教育合作项目,包括联合培养、交换生等;进行国际教育组织的财务和行政管理;研究当前国际教育的发展趋势,开发国际教育项目。

(7) 分析并将持续发展能力应用到学习项目中。研究行业领域需要的持续发展能力;在持续发展能力与培训之间建立联系;开发针对性的学习项目。

此外,培训包还要求教师在培训和评估过程中能识别成人在语言、文字、数学方面的能力需求,并根据个体的能力水平,提供相应的培训和评估。

3. 欧盟职业教育教师专业能力标准框架

欧盟职业培训发展中心(European Center for the Development of Vocational Training,CEDEFOP)下属的教师与培训师网络(Teacher and

Trainer Networking,TTnet)于 2006 年启动了"职业教育与培训专业人员界定"的研究,在对 17 个成员国职业教育相关从业人员进行访谈的基础上,形成了职业教育教师专业能力标准框架,并于 2009 年正式发布该框架已获得 21 个欧盟成员国的认可。该框架建立了 4 个分析维度,包括:管理、教学、专业发展与质量保障建立人际网络,对每个维度的教师活动以及相应的知识能力要求进行了详细分析。[3]

(1)管理。① 组织和规划。参与招收学生、参与学生选拔、记录学生成长、记录自己的活动、计划和组织课程、参与团队活动并与其他员工合作、指导新教师。② 项目管理。书写项目申请书、建立合作伙伴、申请经费、管理项目、项目经费控制、汇报项目成果。

(2)教学。① 教学设计。与同事和企业合作设计课程或学习项目;分析学生的学习需求以及劳动力市场需求;将培训与政治和社会发展重点问题联系起来;规划学习活动和过程,包括结构、内容和材料;建立个人学习计划;与企业合作组织工作场所学习。② 学习指导。管理和实施学习过程和活动;将培训与实践联系起来;指导学习;支持、激励和引导学生;处理紧急事件;创造并使用资源和素材;与家庭合作;支持和指导学生向工作本位培训和劳动力市场过渡。③ 评价。管理诊断性技能测试;与同事和企业培训师一起评价学生的学业成就;监督企业培训师;提供反馈以支持学生学习和培训师专业发展。

(3)专业发展和质量保障。① 教师个体专业发展。了解专业领域的发展动态;规划自己的长期专业发展;参与在职专业发展活动。② 促进组织发展。③ 质量保障。参与设计质量保障工具;收集反馈意见和数据;规划改进措施;进行自我评价。

(4)建立关系网络。① 内部网络。参与组织内部的网络和团队;促进同伴学习。② 外部网络。与其他教育机构建立联系;与社会建立联系;与劳动力市场和利益相关者合作;参与国际网络和合作;参与专业网络。

(二)职业教育教师专业能力标准的比较分析

1. 专业能力标准开发的比较

(1)开发主体。标准开发的组织者中,美国和澳大利亚是由相对专业的能力标准委员会承担,欧盟则由欧盟职业培训发展中心下属的教师与培训师网络组织,并依托于一个研究项目完成。美国专业教学标准委员会专门成立由 15 名成员组成的委员会负责能力标准的开发,绝大部分成员是优秀的生涯技术教育教师代表,此外还有大学教授、儿童发展专家、教师教育专家等。澳大利亚 TAE 培训包的开发遵循培训包开发的基本流程和要求,由职业教育专业人员、行业协会人员、雇员代表、政府部门代表、注册培训机构和其他相关人员组成咨询委员会负责标准开发。

(2) 开发程序和方法。3 份专业能力标准的开发方法存在一致性,通过访谈、现场观察等方法获取第一手信息,再经由专家集体讨论达成一致意见。欧盟标准的形成基于一份研究报告,在文献研究的基础上对 17 个国家的专业人员:教师、培训师、培训经理、校长、网络学习导师和培训顾问进行了深度访谈,在整理分析的基础上形成能力标准框架。澳大利亚 TAE10 标准则是在对现有培训包如 TAA04 相关能力标准分析的基础上,进行重新表述和补充分析。

(3) 标准的用途和影响。美国 NBPTS 标准为优秀生涯与技术教师证书认证提供能力标准,目前优秀教师证书基本上得到了美国各州的认可。澳大利亚标准面向职业教育与培训部门的所有教师和培训师,但明确区分了新教师和优秀教师的能力标准,由此建立 TAA04 级证书、国际教育服务文凭,是职业教育教师入职和专业成长的重要依据。欧盟职业教育教师能力标准已获 21 个成员国认可,旨在为教师和培训师职前教育与继续教育的课程或培训项目开发提供依据;决定个体和组织专业成长的优先领域;帮助教师进行个人和职业发展规划;认可和确认非正式学习;通过明确专业需求来提升教师作为专业人员的地位和社会认可。

2. 专业能力标准框架的比较

(1) 能力标准框架的划分逻辑。3 份专业能力标准都提供了清晰的能力框架,美国和欧盟建立了 3 级框架指标体系,澳大利亚则建立了 4 级框架指标体系。3 份标准主体框架的划分逻辑差异显著,美国以学生发展作为教师专业能力分析的逻辑主线,建立营造高效的学习环境、促进学生学习、帮助学生向工作和成人角色过渡、通过专业发展改善教育品质的主体框架;澳大利亚和欧盟标准遵循的是工作分析的逻辑主线,欧盟进一步将其概括为管理、教学、质量、合作关系 4 个分析维度。

（2）通用标准与专业差异的处理。如何通过一份专业能力标准反映所有职业教育教师专业能力的共同点和教师的专业差异？美国和澳大利亚的解决方案存在共性：建立基于共性的、通用的能力标准，在涉及专业的方面突出专业差异。美国标准中将职业教育专业分为农业和环境科学、艺术、商业运行、家政和消费科学、健康服务、社会服务、制造和工程技术、技术教育 8 个领域，在专业知识的能力模块中详细分析了各个专业领域教师应该具备的知识和能力。澳大利亚则通过将 TAE10 与其他培训包建立联系来解决差异性问题，其资格体系中明确了各专业教师在具备 TAE 能力标准的基础上还需具备的专业培训包的能力要求。

（3）专业能力的描述。3 份标准对能力的描述方式有较大差异。美国标准首先描述对学生产生影响的教师可观察的行为，进而分析教师应具备的知识、能力和态度。欧盟标准从描述工作内容入手，分析完成工作任务所需的知识和能力要求。澳大利亚能力标准的描述最详细，每个能力模块的核心内容包括：能力描述、适用范围、能力指标、所需的技能和知识、培训建议、评价指导等。

3. 专业能力标准要素的比较

从内容上看，3 份标准都涉及的专业能力要素包括：了解学生、职业领域的知识和能力、设计学习活动、教学实施、评价、教师个体专业发展。美国标准突出学生发展，因而强化教师在帮助学生向工作和成人角色过渡中的能力，包括工作准备、管理和平衡各种角色、社会发展等方面，帮助学生实现从学习到工作的顺利过渡。澳大利亚和欧盟标准突出教师工作，因而质量保障、管理方面的能力要求在澳大利亚和欧盟的标准中占有相当大的比重。美国和欧盟的标准均非常强调建立合作关系，包括与同事的合作、与社会的合作、与其他教育机构的合作、与家长及社区的合作以及国际交流合作。澳大利亚标准中有两个要素非常值得关注：国际教育管理的能力、开发并培养持续发展的能力，这反映了职业教育的未来发展趋势，扩大国际交流合作和培养绿色技能人才（Green Skill）。

表 1　职业教育教师能力标准要素的比较分析

	美国	澳大利亚	欧盟
了解学生	√	√	√
职业领域的知识和能力	√	√	√
营造高效学习环境	√		√
设计学习活动	√	√	√
教学实施	√	√	√
评价	√	√	√
质量保障		√	
培训咨询服务		√	
帮助学生向工作和成人角色过渡	√		
管理		√	√
教师专业发展	√	√	√
建立合作关系	√		√
国际交流合作		√	√
开发并培养持续发展能力		√	

(三) 启示

随着我国职业教育的未来发展重点聚焦内涵建设,提升职业教育教师的专业素养迫在眉睫。在《国家中长期教育和改革发展规划纲要》中,已经提出要"完善符合职业教育特点的教师资格标准"。2007 年,重庆市已经开发并试点实施了《重庆市中等职业学校专业教师能力标准》,以此作为专业教师资格制度的基础。[4]美国、澳大利亚、欧盟职业教育教师专业能力标准的比较研究,对于我国职业教育教师专业能力标准开发具有重要的借鉴意义。

1. 建立职业教育教师专业能力标准的必要性

"教师专业能力标准是一种目标,同时又是一种模式,一个样本,是做出判断或决定的依据,是测量通向目标进展的测量仪"。[5]目前,我国有必要建立职业教育教师专业能力标准:其一,这种专业能力标准是建立符合职业教育特点的职业教育教师资格制度的基础和依据;其二,通过明确专业要求,使职业教育教师的专业属性透明化,将有助于提升专业人员的地位和社会认可度;其三,专业能力标准能为职业教育教师的职前教育和在职培训的培训项目和课程开发提供依据;第四,专业能力标准还能帮助教师进行更理性的职业生涯发展规划。教师实现专业能力发展,促进学生学习,由此实现职业教育质量的提升。

2. 科学设计职业教育教师专业能力标准开发方案

职业教育教师专业能力标准的开发需要进行科学的设计。首先,科学选择参与标准开发的人员,职业教育专业教师应该成为开发主体。此外,还应该涵盖:职业院校管理人员、职业教育研究人员、职业教育教师培训机构人员、教育行政部门人员、企业技术专家和培训师等;第二,开发方法需要进行科学设计,可以采用工作任务分析的方法分析职业教育一线教师的工作任务与职业能力,辅之以文献研究、比较研究和专家研讨。

3. 设计职业教育教师专业能力标准的内容要素

职业教育教师的专业能力标准内容要素的开发需要注意:第一,明确专业能力标准的结构框架和逻辑主线;第二,专业能力标准需要反映共性能力,但是也须考虑如何将专业差异整合到专业能力标准中;第三,能力描述方式需要进行精心设计,澳大利亚和欧盟采用的是 DACUM 分析法中对工作任务和职业能力的描述方式,可以作为参考;第四,能力标准要素分析,需要具有全面性和前瞻性,应重视帮助学生向工作和成人角色转换的能力、国际职业教育交流合作能力、培养学生持续发展能力等要素的分析。

职业教育教师专业标准的建立是一个系统、科学、长期的过程。比较研究只提供了一种解决的思路,需要结合我国实际,开发出体现中国特色、切实可行的职业教育教师专业标准。

参考文献:

[1] NBPTS(2001). Career and Technical Education STAN－DARDS

(for Teachers of Students Ages 11—18+)[Z]. Arling—ton：National Board for Professional Teaching Standards.

[2] TAE10：Training and Education Training Package http：//www. ntis. gov. au/Default. aspx? /trainingpackage/TAE10.

[3] Volmari，K.．et al（.2009）. Competency Framework for VETProfessions[Z]. European Centre for the Development of Voca-tional Training.

[4] 吕红，朱德全. 澳大利亚职教教师资格与标准—TAA 培训包的经验与借鉴[J]. 比较教育研究，2009，(6)

[5] Bullough，R. et al. (1997). Long-term PDS Development in Research Universities and the Clinicalization of Teacher Ed—ucation[J]. Journal of Teacher Education，No. 2.

（本文发表于《比较教育研究》2010 年第 12 期。作者付雪凌，时属单位为浙江大学教育学院；石伟平，时属单位为华东师范大学职业教育与成人教育研究所）

十二、澳大利亚教师教育标准化的新发展
——"职前教师教育课程国家认证系统"的构建

2006年,澳大利亚教师注册与认证机构评议会(Australasian Forum of Teacher Registration and Accreditation Authorities,AFTRAA)提出了教师职前教育课程审批的国家认证讨论框架,经过几年的咨询讨论,2010年9月,澳洲教学与学校领导协会(Australian Institute for Teaching and SchoolLeadership Limited,AITSL)正式发布了"职前教师教育课程国家认证系统"(National System For The Accreditation of Pre-service Teacher Education Programs)咨询报告,这是澳大利亚从国家层面保障职前教师教育课程质量的首次尝试,是澳大利亚教师教育标准化的新发展。

(一)"职前教师教育课程国家认证系统"的基本框架

澳大利亚"职前教师教育课程国家认证系统",是指特定的国家认证机构在遵循"师范毕业生标准"(Graduate Teacher Standards)、教师教育课程标准(Program Standards)的基础上,通过一定的认证程序对教师教育机构提交的"职前教师教育课程"进行质量鉴定的外部保障系统。它是澳大利亚教育、儿童发展和青年事务部部长理事会(MCEECDYA)提出的完善国家教师教育认证体系和提升教师教学质量的核心战略措施之一,[1]这将是澳大利亚第一个国家层面的针对"职前"教师教育课程的外部质量保证系统。

1. "职前教师教育课程国家认证系统"构建的基本目标

该系统的目标是：① 为教师教育部门提供充分的外部质量保障；② 使澳大利亚教师教育机构培养出来的教师获得国内及国际认可；③ 提升潜在雇主对教师合格条件的理解及判断，打破教师招募地域的限制；④ 提升教师教育机构的效率及效能，为未来招收更多的学生和提供更多的优质师范毕业生奠定基础。

总体说来，该系统旨在通过建立统一的职前教师教育课程国家认证系统，促进教师教育的持续发展，提升师范毕业生的社会公信力，实现 2008 年《墨尔本宣言》中提出的未来 10 年学校教育的目标：实现澳大利亚学校教育公平和卓越发展；促进所有年轻的澳大利亚人成为成功的学习者、自信且富有创造力的个体、积极的、知情的公民(Informed Citizen)。[2]

2. "职前教师教育课程国家认证系统"遵循的认证标准

"职前教师教育课程国家认证系统"由两个标准组成：师范毕业生标准和职前教师教育课程标准。这两个标准是职前教师教育课程国家认证系统的两个基本要素，它既为教师教育课程的目标制定提供了基本的参照标准，同时也对教师教育课程的设置提供了清晰的框架，有利于教师教育标准化发展。

(1) 师范毕业生标准。"职前教师教育课程国家认证系统"中"师范毕业生标准"即遵循《国家教师资格标准》毕业阶段教师注册标准，从专业知识、专业实践和专业参与(Professional Engagement)三个层面，教师教学的 7 个基本元素进行规定：① 了解学生，知道他们如何进行学习；② 掌握教学内容，并知道如何教授；③ 制订有效的教学和学习策略，并认真执行；④ 创造并维持一个安全的支持性的学习环境；⑤ 对学生的学习进行评估，给予口头和书面的反馈；⑥ 积极开展专业学习；⑦ 同大学、家长/ 学生监护人、社区等保持紧密的联系。该标准旨在表明职前教师教育课程培养的"师范毕业生"所需要达到的知识、技能和责任要求，从不同的方面对师范毕业生的毕业资格水平进行了限定，同时也为教师教育课程的设置提供基本的目标要求，如明确地强调教师教育课程提供的知识目标和能力目标，清晰地阐释课程内容和绩效考核方式等。

3. 课程标准

在澳大利亚，职前教师教育认证的对象主要是本科生和研究生阶段的职前教师教育课程,认证是对这些课程进行评估和鉴定。[3]该系统中的课程标准是指"职前教师教育课程"要想通过认证机构认证必须达到的最低标准。该认证标准规定,职前教师教育课程想要通过认证,必须考虑以下一些基本要素:① 课程目标:职前教师教育课程必须展示它们将如何来保证学生达到师范毕业生标准,并且,在进行再认证的时候能够提供课程目标得以实现的证据;② 课程学习时间:学生掌握这门课程需要的最少时间和正常时间;③ 课程开发:课程是由谁开发,需要考虑哪些利益相关者的利益,如何开发;④ 课程结构及内容:包括学科研究、专业研究和专业实践几个方面;⑤ 课程准入:学生修习这门课程需要的条件及标准;⑥ 伙伴关系:同中小学是否建立了长期的合作伙伴关系,如何积极维持这一关系;⑦ 课程资源:教师队伍条件、教育设施等基础教学资源;⑧ 课程评估:如何对学生进行评估,对利益相关者提供反馈。

该认证标准从学生选择、教学课程、课程评估、专业实践和质量保障等方面进行规定,为教师教育机构申请教师教育课程提供了基本的参考框架,也为认证系统提供了鉴定标准。

4. "职前教师教育课程国家认证系统"中的认证主体

职前教师教育课程国家认证系统是针对"职前教师教育课程"进行认证的系统,其认证主体是教师管理局(Teacher Regulatory Authority)及澳洲教学与学校领导协会(以下简称 AITSL)。他们在认证过程中承担着不同的角色和任务。概括来说,教师管理局是该认证系统的执行主体,它依据认证系统的相关规定,接受教师教育机构的课程认证申请,组织评审委员会进行评审,并根据课程的审批情况撰写认证报告,然后做出最终的认证决定。AITSL 是该认证系统的监督主体,其作用主要体现在:① 为保证标准化系统的建立,参与到课程标准的制定过程中,并随时对其进行监督;② 为打破地域之间的封闭性,提名一位其他区域的合格人员参加到评审委员会中;③ 为推进认证系统的具体施行,制定时间表;④ 为保障认证系统实施的有效性,建立相关国家数据库,同其他机构保持密切联系。教师管理局和 AITSL 是两个相互联系相互作用的主体,两者相互合作,共同促进职前教师教育课程认证系统的顺利高效执行。

（二）"职前教师教育课程国家认证系统"中的认证程序

1. 职前教师教育课程的核心认证阶段

职前教师教育课程国家认证系统的课程认证需要经过以下几个核心阶段:[4]

（1）教师教育机构提交认证或再认证申请。为了保证教师教育质量,所有的教师教育机构都必须至少每五年提交一次"教师教育课程"认证或再认证申请。如果一些教师教育机构开设的教师教育课程较多,可以仅针对某一类教师培养课程,如中学教师职前培养课程,提交认证或再认证申请,也可以就全部课程提交认证申请;只拥有少部分教师教育课程的机构则需要同时对所有课程都提交认证申请。

教师教育机构按照规定需要向地方教师教育管理部门（Local Jurisdictional Teacher Regulatory Authority）提交认证申请书及相关申请材料。申请认证的材料包括课程大纲和任何证明该课程能够达到国家师范毕业生标准和课程标准的信息材料。再认证申请需要提交证明该课程实现了其课程目标、培养的师范毕业生达到了师范毕业生标准的信息材料。这些材料是地方教师教育管理当局根据标准进行评估的主要依据。地方教师管理当局需同提交申请的教师教育机构保持密切联系,以保证提交的材料齐全、合格。地方教师教育管理当局接受申请之后,需要正式地通知 AITSL 该教师教育机构的申请被接受。

（2）教师管理当局召集评审委员会成员。地方教师管理当局在接受课程申请之后,需要马上召集评审委员会成员。这些成员均来自国家评审委员会人才库（如已注册的教师、学校校长、教师教育者、社区成员或者其他专家）,他们在被指派为评审委员会成员之前均需要接受国家职前教师教育课程认证的相关培训。地方教师管理当局需要保证这些被挑选的成员符合资格。每个评审委员会由 4 人到 6 人组成,其中 1 人为主席,由教师管理当局指定;该委员会中成员至少包括 1 名由地方教师管理机构指定的该地方成员,及至少 1 名由 AITSL 指定的来自其他行政辖区的国家人才库成员。组成人员需要包括:已经注册的教师(包括校长)、教师教育者、教师雇用者和其他社区成员或相关专业人员,这四类成员缺一不可。

（3）评审委员会进行评审。评审委员会的成员一旦确定,该评审小组就对教师教育机构提交的评审材料进行阅读及讨论,同时,该评估小组还将在AITSL的帮助下去获得其他材料证明,根据国家统一标准对该课程进行评估。并且,为了保证该课程的切实可行性,评审小组还将对提交申请的教师教育机构进行实地考察,就某些问题进行提问讨论。最后,根据评估的内容及结果形成一份专业认证报告草案。

（4）向教师教育机构提供反馈。评审委员会形成的专业认证报告草案将以正式公开的形式反馈给提交申请的教师教育机构。草案中需要就某些问题提出一些修改意见,或者就某些内容提出质疑。教师教育机构需要对这些意见、问题进行讨论,提供说明或者进行修改,之后以文件形式正式地提交给教师管理当局。

（5）评审委员会撰写最终认证报告。评审委员会针对学校的回应,对新提交的文件材料进行再评估,为最终报告的撰写做好充分准备。评审委员会在了解了教师教育机构提供的反馈情况之后,还需要同该机构就一些分歧的问题进行进一步的讨论,然后再撰写最终的认证报告,并提交给教师管理当局。在提交给教师管理当局的报告中,评审委员会需要对认证课程进行详细说明,并给出鉴定意见。

（6）教师管理机构给出认证结果。地方教师管理当局将根据评审委员会提交的认证报告做出最后的决定,且根据相关法律规定以书面的形式向教师教育机构发出正式通知。同时,该机构也会以书面的形式告AITSL其认证结果,并建议AITSL据此更新国家数据库。

2."职前教师教育课程国家认证系统"的辅助认证程序

如果教师教育机构提交的认证申请通过,那么教师教育机构需要为再认证做好准备,只有通过再认证申请,才代表这门课程通过了国家认证,才能进入国家成功课程数据库。教师教育机构在开设这门课程的几年中,需要随时分析课程与社会变革之间的关系,并建议地方管理当局予以监控。如果课程不能满足社会需要,或者与社会发展背道而驰,教师教育机构就需要重新提交申请,教师管理当局根据需要召集新的评审委员会成员来评估这些现象,并给出是否需要再认证的建议。如果教师教育机构提交的认证申请没有通过,而教师教育机构认为"认证程序不符合标准",那么教师教育机构可以采取"申诉"渠道来进行维权。如果申诉成功,相关的教师管理当局将召集新的评审委员会针对该课程进行重新认证,以保证认证的公平公正性。

(三)"职前教师教育课程国家认证系统"构建的特点

澳大利亚"职前教师教育课程国家认证系统"作为澳大利亚第一个全国性的职前教师教育课程认证系统,是适应教师专业发展,推进教师教育专业化发展的必然举措。综合其框架、内容,澳大利亚"职前教师教育课程国家认证系统"的构建体现出了以下特点。

1. 统一性:强调国家系统(National System)的建立

作为联邦制的国家,澳大利亚"教师教育课程"具有区域性和封闭性的特点,这在一定程度上影响了澳大利亚教师培养的质量,教师的社会流动性和社会公信力较差。为解决这一问题,"职前教师教育课程国家认证系统"在构建过程中就强调国家系统的建立、全国统一标准的形成。该认证系统提供了全国性统一的认证框架:国家师范毕业生标准、国家课程标准和共同的认证程序,这是澳大利亚政府提出的第一个国家层面的职前教师教育课程认证系统,在一定程度上能够从国家层面保障职前教师教育课程的质量,也能提升社会对师范毕业生队伍整体的社会认可度。

2. 协调性:强调系统各部分的整合性

澳大利亚"职前教师教育课程国家认证系统"主要由三个要素组成:师范毕业生标准、课程标准和认证程序,这三个部分如齿轮环环相扣,相互联系、相互作用。[5]其中,"师范毕业生标准"为国家职前教师教育课程的设置提供了清晰的知识、能力和态度指标,这为职前教师教育课程的目标设置提供了参考;"课程标准"则描述了什么是期望中的高质量职前教师教育课程,并对这一课程如何使学生达到师范毕业生标准做出了规定,这为师范毕业生标准的实现提供了保障;"认证程序"则在遵循前两个标准基础上,构建了一个全国统一的课程认证过程。

3. 合作性:强调伙伴关系(Partnerships)的建立

"职前教师教育课程国家认证系统"的构建突出特点就是合作,即强调教师教育机构同中小学、教师、教师雇主、资格认证部门建立合作伙伴关系,共同致力于职前教师的培养,提高教师教育的质量,实现教师优质教学。在澳大利亚,进行教师教育的机构一般为联邦管辖的大学,接收教师的机构为各地方分别管辖的中小学,原先二者缺乏密切联系,这样的结果就是教师教育机构培养出来的学生不能满足中小学的需要,师范毕业生的社会公信力差。伙伴关系的建立,使得学生能够实现专业学习和专业实践的有效结合,能在一定程度上改变以往毕业生虽拥有丰富的专业知识,而缺乏实践经验的现象,提升师范毕业生的专业素养。同时,伙伴关系的建立,使得中小学成为教师教育的重要参与者和平等的合作者,这将有利于教师教育机构加强同中小学的联系,培养出适合学校发展需要的师范毕业生。

4. 适用性:强调课程的灵活、创新(Flexibility and Innovation)

澳大利亚"职前教师教育课程认证系统"是针对"职前教师教育课程"的认证,该课程中包括了幼儿教育、初等教师教育课程和中等教师教育课程,基本上覆盖了中小学的全部专业课程。一般教师教育机构都设置了相关的课程,为了保证课程的适用性,该认证系统要求并鼓励各个教师教育机构根据社会的需要、自身的能力设置职前教师教育课程,积极创新,并根据变化不断调整课程,保证职前教师教育课程满足学生发展和教师专业发展的需要。

(四) 结语

澳大利亚"职前教师教育课程国家认证系统"中的师范毕业生标准,相当于《国家教师资格标准》的毕业阶段的教师标准,已经过了全国意见征询并由国家颁布。目前,课程标准和认证程序正进行全国范围的意见征询。该认证系统要在全国范围内实施还需要经历四个阶段:从 2010 年的 9~12 月为意见征询阶段;2010 年 10 月~2011 年 3 月为认证体系的修改和补充阶段;2011 年 3 月~7 月为"认证委员会成员"的挑选和培训阶段;2011 年 7 月,认证体系在全国正式启动。[6]

澳大利亚"职前教师教育课程国家认证系统"其框架构建虽然体现出了统

一性、协调性、合作性与适用性的特点,但澳大利亚高等教育中"教师教育"标准化之路才刚刚开始起步,"职前教师教育课程的专业认证"相对来说还是一个新鲜事物,[7]这一系统还有诸多地方需要修改和补充,如澳大利亚数学教师协会在向 AITSL 提交的反馈报告中就对认证过程中的"认证"和"再认证"是个双重系统还是单一系统、认证报告的内容有哪些、系统如何监管等问题提出了质疑,[8]因此,澳大利亚"职前教师教育课程认证系统"的规范化和科学化还有相当长的路要走,需要国家、地方的各个相关利益主体的共同努力。

参考文献:

[1][4][5][6]r the Accreditation of Preservice Teacher Education Programs— Proposal for Consultation[R/OL]. 2010— 9. http://www. aitsl. edu. au/ta/webdav/ site/tasite/shared/ AITSL _ Preservice _ Consultation _ Paper. pdf,2,20,7,27. 2010—09—30.

[2] ECDYA. Melbourne Declaration on Educational Goals for Young Australians [R/OL]. 2008—11. http://www. curriculum. edu. au/verve/_ resources/National_ Declaration_ on _ the _ Educational_Goals_for_Young_ Australians. pdf,1. 2010—09—28.

[3] 澳大利亚的教师教育认证机制解析[J]. 比较教育研究,2010,(9):87.

[7] Elliott, A. Balancing Stakeholders' Interests in Evolving Teacher Education Accreditation Contexts [J]. College TeachingMethods &Styles Journal,2008,(2) :53.

[8] A Proposal for a National System for the Accreditation of Pre-service Teacher Education from Teaching Australia [R/OL]. Australian Association of Mathematics Teachers Inc. http://www. aamt. edu. au/ content/download/2960/ 42610/file/Pre-service‰20Proposal _ AAMT. doc. 2010— 10— 01.

(本文发表于《比较教育研究》2011 年第 8 期。作者邓丹,时属单位为教育部人文社会科学重点研究基地北京师范大学比较教育研究中心、北京师范大学国际与比较教育研究所)

十三、基于需求的教师教育课程设置：
印度的经验与启示

"师者，所以传道、授业、解惑也"。唐代韩愈谈到的这个观点代表了教师职业的崇高性和重要性，其中不乏道德上的褒奖与鞭策。对教师的尊崇在印度也有其渊源。在古代的印度，教师被尊称为"古儒"，是上天的使者，代表了智慧和知识。本文将对印度教师教育课程设置进行深入剖析和研究，揭示印度教师队伍建设的核心机制，以为我国的教师队伍建设提供借鉴。

（一）问题的提出

我国的教师出现很早，但一直到晚清，两千多年的历史中我国一直有着"以吏为师"的传统：官员亦官亦师，很多大学问家既是教书育人的名师，又是官位显赫的国家功勋。鸦片战争之后，中国被迫开始了近代化的历程，在教师教育领域，重要的事件有 1897 年盛宣怀创办上海南洋公学师范院，1904 年清政府颁布两级《师范学堂章程》，1912 年颁布《师范教育令》《师范学校规程》和《师范学校课程标准》等。这是一个以西方为模板建立教师教育制度的过程，但这一过程并非一帆风顺。例如，1902 年清政府颁布《钦定学堂章程》时并无师范教育，后来经张百熙等重作修订，新增《奏定初级师范学堂章程》和《奏定优级师范学堂章程》，这成为我国教师教育制度化建设启动的标志。

"兴学得师"，这是近代中国人经过痛苦的反思和诸多的磨难之后才最终悟出的道理，即：要发展国力、培养国民，就必须通过兴办师范教育而获得优秀师资。近代教师教育的制度化是"洋为中用"的结果,其制度内核就是师资培养的专门化。当然,西方师资培养在工业革命之前也不是专门化的,但工业革命之后,社会上出现了工业化和大机器生产,大量工人的需求促成了义务教育的普及,学校大量设置、师资需求日益旺盛,再加上教育学、心理学、教学法等教育类学科的日臻成熟,这一切为师资培养的制度化、专门化创造了条件。师资培养的专门化是现代教师教育制度的基石,其专门化的核心又在于课程的专门化。近代西方师范学校通过教育内容上的制度化和课程化而为师资培养奠定了坚实的知识和能力基础。例如,1831 年,普鲁士对教师的考核提出了严格的要求,要求他们必须接受哲学、教育学等科目的考试,还规定大学教育研究班的学生,需到中学接受 2 年实际训练,师范学校的课程中,教育学、心理学、教学法以及自然科学都受到重视。[1]再如,美国早在 19 世纪末就已经开设了诸如教育哲学、教育心理学、教育史等教育类学科。

由此可见,课程设置是现代教师教育制度的关键。所谓"课程设置",无非是学校中各种学科科目和课程门类的组织、搭配与设定,它是实现课程育人功能的基本途径。只有通过合理、科学地设置课程,教育机构才能更好地为学生的发展提供丰富的发展机会。长期以来,在我国的教师教育体制中,课程设置问题并没有受到应有的重视,直到 2011 年 10 月 8 日,教育部颁布了《教师教育课程标准(试行)》,我国的教师教育课程设置才有了一个规范性的要求。印度跟我国一样同属于"金砖国家",也是目前世界范围内有影响的新兴经济体,但印度对教师教育课程设置的重视要比我国更早一些,其做法值得我们借鉴。

(二) 印度教师教育课程政策演变

1. 印度教师教育的简要发展历程

1757 年,印度沦为英属殖民地,英国的教育思想和制度成为印度引进和学习的对象,由此印度开启了近代化的进程。这一过程是渐进式的,直到 19 世纪之后,印度的国民教育制度得以确立,教师培养才逐渐成为一种专业化的职业。在殖民地早期,印度的教师培养受到英国"导生制"的影响,很多教师训练机构是私人开办的。后来,逐渐有外国传教士在印度建立训练小学教师的师范学校,1826 年,印度成立了第一所由政府资助和管理的师范学校,这被看作是印度师范教育"现代制度的开端"。在 19 世纪中后期,有两个重大事件对印度教师教育产生了深远的影响。一是 1854 年,由伍德(Charles Wood)领导的委员会提出了"伍德教育急件",这是一项教育发展计划,明确要求建立师资培训学校,加强师资培训;二是 1882 印度成立了以威廉·亨特(William Hunter)为主席的教育委员会,该委员会提出了要做教师必须通过一定的考试,确认教学原理为师资培训内容之一。1947 年 8 月 14 日,印度摆脱了英国殖民者的统治,从此宣告独立。20 世纪 50 年代,印度用"教师教育"一词取代"师资培训",这意味着印度对教师教育理念的重新理解。此后,印度成立了多个有关教师教育的研究机构和管理机构,如 1961 年成立国家教育研究与培训委员会(NCERT),1964 年成立全国教育委员会(NCE),1995 年成立了教师教育国家委员会(NCTE),其主要职能就是维护教师教育的质量标准和规范。至此,印度逐渐向现代化教师教育转型,顺应了世界范围内教师教育新理念和新思潮。

2. 当代印度教师教育课程的政策脉络

印度是一个人口大国,在行政区划上有几十个邦,而且种族众多、语系复杂,有着多种宗教信仰。在这样一个拥有文化丰富性和差异性的国度,教师教育领域存在多样性和复杂性也是可以预料的。近几十年来,印度教师教育课程政策的最基本导向,就是要统一有关教师教育课程的国家标准。为此,印度政府至少采取了两项措施:一是规范教师教育机构;二是研制和完善教师教育国家课程标准。

在第一个方面,印度政府的主要做法是加强了对教师教育机构的资质认证。日前,印度教师教育机构主要有三种类型:政府管理的公立学校、接受政府资助的私立学校和不接受政府资助的私立学校。1994 年,印度成立了国家评估鉴定委员会(National Assessment and Accreditation Council),负责对教师教育机构进行评估和认证。该委员会提出了评估标准,其中一级评估指标涵盖了教师教育机构的课程、教学和评价、研究咨询、基础设施与学习资源、学生支持资源、组织和管理、创新与实践等。据《印度时报》报道,"截至 2009 年,印度教师教育国家委员会已经关闭了 150 多所不合格的教师培训机构,一套新的、更加严格的教师教育规范已经确立起来,对教师群体提出了更高的质量要求,设立了新的教师培训者准入标准。按照新规范,只有在某一学科获得硕士、博士或教育硕士学位，并获得国家资格证书的人才有资格申请在教师培训机构工作。"[2]显然，这种国家层面上的评估和认证有助于印度众多教师教育机构在相关方面的统一性，为推行教师教育国家课程标准奠定了基础。

在第二个方面，印度政府的主要做法是研制并完善教师教育国家课程标准。1978 年，国家教育研究与培训委员会颁布了《关于教师教育的课程框架》（Teacher Education Curriculum—A Frame-work），建议采取明晰的以教学任务为导向的培训方法，减少教师教育课程的理论性。1988 年，教师教育国家委员会对该课程框架进行了部分修订。1995 年成立的教师教育国家委员会全面负责印度教师教育领域的工作，主要使命就是"维持教师教育的质量标准和规范，并为各邦和大学的教师教育课程提供大纲和框架"。[3]这一使命在统一印度各教师教育机构的课程标准方面发挥了不可取代的作用。1998 年，教师教育国家委员会发布了《教师教育国家课程框架》（National Curriculum Frame-work for Teacher Education），"该课程框架指出，在开发教师准备课程和项目时，应将教师的奉献精神、能力和绩效作为指导原则。其认可负责教师教育课程开发的所有组织与机构的自主权。自主权、灵活性和问责制是这一框架的核心要素"。[4]

2009 年 8 月 31 日，教师教育国家委员会颁布了新的《教师教育国家课程框架》（以下简称"新《框架》"）。新《框架》由以阿南德（C. L. Anand）教授为主席的专家委员会起草，包括如下几个部分：① 教师教育的情境、关注和理念；② 职前教师教育的课程领域；③ 新教师教育架构的范例；④ 对教师发展的评价；⑤ 职前教育与持续教师专业发展；⑥ 培训教师教育者。在序言中，新《框架》开宗明义指出：教师教育与学校教育有着共生共荣的关系。这两方面的共同发展会相互加强人们对整个教育体系质量提升的必要关注。在这一背景下，教师教育国家委员会努力开发了新的教师教育国家课程框架，这一框架是基于情境需求的、与国家和全球教育的变革浪潮相一致的。可以说，新《框架》是印度在 2008 年"金融危机"之后根据新的时代要求而对 10 年前的教师教育课程标准框架的修改，体现了印度当前教师教育课程建设的基本理念和操作思路。

（三）当前印度教师教育的课程设置

1. 印度教师教育面临的问题

印度教师教育面临诸多挑战。一是基础教育质量并不让人满意。根据印度人力资源部 2007—2008 年的统计数据，尽管 2 亿儿童中 5～14 岁儿童有 82% 的儿童能够入学，但在上完 8 年级之前，他们中接近 50% 的儿童会退学；地区差异、社会和性别不平等等问题依然对学校教育带来很大挑战。[5]二是教师教育的规模不断扩大。2004 年，印度有 3 199 个教师教育机构，提供 3 489 个培训课程，招生人数为 274 072 人；到 2008 年 12 月，印度已经有 12 266 个教师教育机构，提供 1 453 个培训课程，招生 1 073 661 人。这种扩张为教师教育质量保障增加了很大压力。[6]三是新的教育观和学习观对传统教师培养提出了挑战。新《框架》提出了如下新的教育观念：教育不是机械的信息传输的行为；教师不是信息的复制者，而是一个关键的协调人；教材本身不足以发展学生知识和理解力；学习也不应该被教室的四面墙壁所限制；需要将知识与外部生活相联系，通过改变教材的取向而使课程更加丰富。2005 年 12 月，印度国家教育研究与培训委员会颁发了《国家课程框架》，指出了印度的教师教育存在的九大弊病，如教师教育中的知识灌输现象、没有为师范生反思经验提供空间、教学技能训练中的机械重复练习、课程脱离实践等。[7]显然，这些问题需要通过教师教育课程改革予以改进和克服。正是由于存在以上挑战与问题，印度教师教育课程改革的重要取向就是基于需求而设置课程。"教师教育课程框架需要与学校课程框架相一致，教师需要根据学校情境及其需求进行培养。因此，需要审慎考虑学习者、学习过程和内容以及教师的教学法。学校体制对于教师的期望是时刻在变化的，应该回应当今社会、经济和政治的宏观变化和需求。教师教育所存在的问题必须在这一宽广的情境之上以及学校的需求之上而得到讨论"。[8]通过有效回应这些需求而推进教师教育课程改革，基于各方面需求而重构教师教育课程，应该说这是印度近年来推进教师教育课程改革的基本取向。

2. 各教师教育机构所设置的主要课程门类

印度教师教育课程的目标关注未来教师应该具有的专业知识、技能以及对教育教学的理解，如：使未来教师理解学校教育的特点、目的和理念；获得具体教学、课程开发和评价等能力；能够对所教学科进行教学法分析，发展指导和咨询的技能；了解特殊群体学生的教育需求；利用社区资源为教学服务，学会使用现代化信息技术;以及获得从事教育研究的能力等。专业培训是通过教师教育的课程设置来实现的。根据新《框架》的规定,印度对职前教师教育的课程设置提出了一些具体的要求。对于要获得教育毕业证书和教育学士证书的未来教师来说,他们必须学习的课程主要分为 3 个领域:①教育的理论基础,该领域涵盖了"儿童研究"、"当代研究"和"教育研究"课程板块;②课程与教学论,该领域涵盖了"课程研究"和"教学研究"课程板块;③ 实践科目和学校实习,该领域涵盖了 10 个课程板块:与学校实践关联的方案;儿童观察;自我发展;讲故事和儿童文学;戏剧、剧本创作、手工和音乐;教学材料开发和评价;课堂管理;参观教与学变革中心;基于课堂的研究项目;每周 4 天的学校实习,至少持续 6～10 周。这一要求对教师教育机构的课程设置产生了规范性的影响。例如,作为印度 3 所历史最悠久、规模最大的综合性大学之一,加尔各答大学(University of Calcutta)也行了研究,认为:"综合性大学的教育系开设的课程一般为:教育哲学、教育心理学、当代印度教育、学科教学法;若干门选修课,如职业指导、学校评估、学前教育的组织与管理、健康与体育、社会教育与成人教育、印度教育史、视听教育、学校图书馆组织、基础教育、课外活动组织、弱智儿童教育、印度小学教育、心理健康教育、艺术教育、计算机教育、性别学校与社会;教学实习和分阶段教学实践。附属教育学院的课程设置分三大块:教育理论课、实践活动和学术研讨活动。理论课程主要有:儿童发展、当代印度、语言学、数学、自然科学、社会科学、认知与学习、语言习得、人际关系与交流、课程中的语言、教育哲学、学校规划与管理、逻辑数学教育、环境教育学、课程研究、性别与教学。"[9]从综合性大学教育系和附属教育学院开设的课程来看,印度职前教师教育的课程设置侧重于教育教学的基础知识和基本理论的讲授,方法类(包括一般方法和学科教法)课程占有重要的地位,学科课程不突出,但将教学实习和教学实践作为独立的课程来开设。

(四) 启示与建议

1. 国家需要教师教育课程的标准化与统一性

教师教育是国民教育的基础,对于人口众多、基础教育规模庞大的国家来说,显然师资培养是发展公共学校教育的关键。我国教师教育发展迅速,但多少年来一直缺少一个统一的、规范的课程标准。直到 2011 年 10 月份,教育部才发布了《教育部关于大力推进教师教育课程改革的意见》,开始实施《教师教育课程标准(试行)》,提出了"儿童为本""实践取向""专业学习"和"崇尚创新"这些基本理念,规范了包括幼儿园、小学和中学在内的教师教育课程设置,努力构建符合素质教育要求的新的教师教育课程体系。在这方面,印度比我国要先行一步,在 1998 年就颁布了《教师教育国家课程框架》,2009 年又进行了修订,颁布了新的课程框架。这对于统一师资培养的规格并规范教师教育机构的课程教学行为具有重要的意义。

2. 基于社会发展和教育实际需求而调整课程设置

印度 1998 年版的《教师教育国家课程框架》承担了师资培训的任务,其教育学院开设的教育类课程有:教育哲学、儿童发展、非正规教育、小学教育、特殊儿童教育、课程与教学理论、教学策略和方法、环境意识教育、女性教育、数学和科学教育等。[10]当然,印度教师教育机构有不同的类型和层次,开设的课程也不尽相通。我国学者杨洪对此进的颁布回应了世纪之交全球范围内教育改革的浪潮,在国际化、教育信息技术和多媒体应用等方面对未来教师提出了要求。2005 年,印度颁发了《学校课程框架》,剖析了当下教师教育存在的弊端,表达了学校教育发展的新情境和新需求。随后,2009 年版的《课程框架》则进一步根据新时代的教育特征,回应了学校教育的需求,重新进行了调整。教师教育课程的设置不能一劳永逸,随时根据教育发展的需求进行改革和调整,有利于更新师资培训的内容,反映最新的教育教学理念和实践需求,从而有利于培养适合学校教育实际的未来教师。

3. 不同层次的教师教育机构在课程设置上

应体现出对应性和差异性统一性并不是"一刀切",而是统一教师教育课程的标准和规格。至于课程目标,则是需要根据不同的人才培养要求而体现出层次的差异性。目前,我国的教师教育课程设置存在"雷同"甚至"移植"的现象:研究生、本科和专科教师教育结构在课程设置上没体现出多大差别,尽管培养的层次明显不同,但开设的课程及其内容与实施方式几乎是一样的,比如,同样是一门《教育学》(或《教育原理》),教育硕士、本科、专科三个层次都要开设,但在内容和实施上很难说有多大差别。在印度的《课程框架》中,课程设置首先是分大的学习领域,这是统一的;但在学习领域之下,不同层次的教师教育机构开设的具体课程就有很大差别。应该说,这有利于更加有效地针对不同层次的学校教育培养师资。

参考文献：

[1] 李先军,杨汉麟. 近代西方师范教育制度的确立与发展.[J]. 集美大学学报,2008,(4)

[2] 宫艳华. 印度规范教师教育关闭不合格培训机构[N],中国教育报. 2009.7,(7)

[3] 许立新.印度教师教育的课程变迁、理论研究与现实挑战[J]. 外国教育研究,2009,(10)

[4] 许立新.印度教师教育的课程变迁、理论研究与现实挑战[J]. 外国教育研究,2009,(10)

[5] National Curriculum Framework for Teacher Edu—cation[EB/OL]. http://www. teindia. nic. in. 2012—05—06.

[6] National Curriculum Framework for Teacher Edu—cation[EB/OL]. http://www. teindia. nic. in. 2012—05—06.

[7] National Curriculum Framework(2005)[EB/OL]. http://www. teindi—a. nic. in/Files/NCF— 2005. pdf. 2012—04—28.

[8] National Curriculum Framework for Teacher Edu—cation[EB/OL]. http://www. teindia. nic. in. 2012—05—06.

[9] 杨洪.印度师资培养[J].贵州教育,2002,(4)

[10] [EB/OL] http:// www. caluniv. ac. in / academic/ academic _ frame. htm. 2012—05—04.

（本文发表于《比较教育研究》2012 年第 8 期。作者杨明全,时属单位为北京师范大学国际与比较教育研究所）

十四、德国教师教育标准：
背景·内容·特征

（一）德国出台教师教育标准的背景

制定教师教育标准是德国新世纪以来教师教育改革的重要举措，也是以标准为导向的整个教育改革的重要组成部分。教师教育标准的出台至少受到以下三方面因素的影响和推动。

第一，现代社会的快速发展与教育观念的变迁对教师职业提出了新的要求和挑战，教师教育需要通过相应的变革对此作出回应。1998 年，德国文教部长联席会议(KMK)任命了一个由学者和教育行政人员组成的"教师教育混合委员会"，由其负责分析德国教师教育的现状与问题并指明未来教师教育的发展方向。[1]2000 年，该委员会公开发表了其研究报告：《德国教师教育的前景》。报告一方面肯定了德国教师教育的优点，如所培养出来的教师有着很高的专业水平，教师教育的制度框架(由大学负责培养教师，由理论学习与见习组成的两阶段培养模式，以及与此相应的两级国家考试制度)设计合理，无需根本的改变；另一方面也指出了当前教师教育的问题和不足，如在大学学习阶段，教育科学、学科教育、学科教学法以及学校实习(Schulpraktikum)四个环节结合不够紧密，另外，第一阶段理论学习和第二阶段的见习(Vorbereitungsdienst)在内容上的衔接也存在不足，致使现有的制度框架未能充分发挥其潜力等。[2]这一

中国比较教育研究 50 年
转型与提升 教师教育的改革与发展

报告发表后引起了广泛的关注,它为教师教育改革指明了未来的发展方向,也成为后来制定教师教育标准的理论基础。

第二,2000 年的"国际学生评价项目"(PISA)的调查结果表明,与其他 OECD 国家相比,德国 15 岁中学生的成绩表现平庸,而且不同联邦州之间以及不同类型的中学之间教育水平存在较大差异。PISA 的调查结果给德国的公共舆论带来强烈的冲击。它所引发的公共讨论让德国教育体制中一些由来已久的问题进入了公众的视野,成为新世纪德国基础教育改革的直接诱因和推动因素。[3] 为了解决国际学生测验所揭示的德国在教育领域存在的问题,特别是教育水平不均衡的问题,同时也为了保证各地、各类学校教育水准的可比性及其所颁发的教育证书的等值性,德国决定引入"国家教育标准"。2003 年 12 月,德国文教部长联席会议作出决议,提出了用于"中等学校毕业资格"(derMittlere Schulabschluss,第 10 年级)的国家教育标准,包括德语、数学和第一外语(英语或法语)三个科目。此后,又相继出台了其他科目和其他教育阶段的标准。[4] 德国国家教育标准计划覆盖整个基础教育阶段(从小学直到高中),包括全部核心教学科目。在引入针对学生的国家教育标准之后,制定针对教师的国家教育标准便成为自然而然的发展步骤。[5] 2004 年,德国文教部长联席会议首先通过了《教师教育标准:教育科学》,2008 年又通过了《各州通用的对于教师教育的学科专业和学科教学法的内容要求》,由此为教师教育的各个环节(教育科学、学科教育、学科教学法和学校实习)确定了全国统一的标准和要求。[6]

第三,由于受到联邦制以及历史传统因素的影响,德国各州的教师教育结构不尽一致,表现出多样化的特征。[7] 1999 年开始的"博洛尼亚改革"进一步加强了各州教师教育结构的差异。这给跨州流动的师范生带来学业成绩以及毕业证书认可的问题。制定教师教育标准也是为了解决这一问题,"确保各联邦州之间相互认可师范生所取得的学习成绩和毕业证书","保证德国高等教育体系中的流动性和贯通性",从而保证未来教师的利益。[8]

(二) 德国教师教育标准的主要内容

德国教师教育标准包括上述教育科学方面的标准和学科专业及学科教学

法方面的内容要求。

1. 教育科学方面的标准和要求[9]

2004 年出台的《教师教育标准：教育科学》的核心是对未来教师需要获得的在教学、教化、评价和创新四个领域的 11 种能力的定义。每一种能力又进一步细化为若干个行为指标，分别在理论教学阶段和见习阶段达到。

（1）第一能力领域：教学——教师是教和学方面的专家。

能力 1：教师按照学科专业及实际情况的要求设计课程，并正确地加以实施。

理论教学阶段的标准：毕业生① 了解相关的教育理论，理解教育理论方面的目的以及由此推导出的标准，并批判性地对此加以反思；② 熟悉普通教学法和学科教学法，知道在设计课程时要注意些什么；③ 了解不同的授课方法和作业形式，并且知道如何根据具体的要求和情境恰当地加以应用；④ 掌握媒体教育学与媒体心理学的知识，了解根据具体的要求和情境在课程中恰当地应用媒体的可能性和局限性；⑤ 熟悉评价教学效果与课程质量的程序。见习阶段的标准：毕业生① 能够结合学科专业与学科教学法方面的论述来规划和设计课程；② 在内容、方法以及工作和沟通的形式中做出选择；③ 能在教学法方面恰当地融合现代化的信息技术与交流技术，并反思自己对媒体的应用；④ 会考核自己教学的质量。

能力 2：教师通过设计学习情境来支持学生的学习。教师鼓励学生，让学生有能力建立知识间的联系以及应用所学的知识。

理论教学阶段的标准：毕业生① 熟悉学习理论以及学习的形式；② 知道如何让学习者积极地参与课堂教学，支持他们对知识的理解和迁移；③ 熟悉学习动机与成就动机理论并知道如何在教学中应用这些理论。见习阶段的标准：毕业生① 激发学生使用各种不同的学习形式，并给予支持；② 根据有关学生如何获取知识与能力的知识来设计教学过程；③ 唤起并强化学生学习的积极性和成就动机；④ 领导和陪同学习小组。

能力 3：教师帮助学生发展自主学习与工作的能力。

　　理论教学阶段的标准：毕业生① 了解能够积极影响学习成就和工作结果的学习动机和自我激励策略；② 了解促进自主、自决以及合作式学习和工作的方法；③ 知道如何在课程中发展终身学习的兴趣。见习阶段的标准：毕业生① 传授和促进学习策略与工作策略；② 向学生传授自主、自决以及合作式学习和工作的方法。

　　（2）第二能力领域：教化——教师履行其教化职责。

　　能力4：教师了解学生的社会文化生活条件，在学校的框架下对学生个人的发展施加影响。

　　理论教学阶段的标准：毕业生① 了解有关儿童和青少年发展与社会化的教育学、社会学和心理学理论；② 了解学生在学习过程中所处的不利境地，知道如何提供教育救助和采取预防性措施；③ 在设计教育教学过程时注意跨文化维度；④ 了解性别特征对教育过程的影响及其意义。见习阶段的标准：毕业生① 认识到学生所处的不利境地，提供教育救助和采取预防性措施；② 向学生提供个性化的支持；③ 注意到各个学习小组中的文化和社会背景的多样性。

　　能力5：教师传授价值和规范，支持学生自主地判断和行动。

　　理论教学阶段的标准：毕业生① 了解并反思民主的价值和规范以及对此的传授；② 知道如何促进学生形成有价值意识的态度和发展自主判断和行动的能力；③ 知道如何支持学生应对个人的危机和决策情境。见习阶段的标准：毕业生① 反思价值与价值态度并采取相应的行动；② 和学生逐步地练习自主的判断和行动；③ 使用富有建设性地应对价值冲突的形式。

　　能力6：教师可以找到解决学校和课堂中困难与冲突的办法。

　　理论教学阶段的标准：毕业生① 掌握有关交流与互动（特别是师生互动）的知识；② 熟悉谈话的规则以及相互交往的基本原则，即那些对于课程、学校和家庭工作重要的规则和原则；③ 了解儿童和青少年阶段的风险和危险以及相应的预防和干预措施；④ 善于分析冲突，了解建设性地解决冲突以及应对暴力的方法。见习阶段的标准：毕业生① 能够设计课程和规划学校中的社会关系和社会学习过程；② 与学生一起确定相互交往的规则并加以落实；③ 根据具体的情况应用预防和解决冲突的策略和行为方式。

（3）第三能力领域：评价——教师合理而负责地完成评价工作。

能力 7：教师能够诊断学生的学习前提和学习过程，有针对性地促进学生的学习，向学生及其父母提供咨询。

理论教学阶段的标准：毕业生① 知道不同的学习前提会如何影响教学活动，并知道如何在教学中照顾到各种情况；② 了解高天赋和特殊天赋以及学习与工作障碍的各种表现形式；③ 熟悉诊断教学过程的基础；④ 了解对学生及其父母提供咨询的原则和方法。见习阶段的标准：毕业生① 能够识别发展现况、学习潜力、学习障碍以及学习上的进步；② 能够认清学生在学习方面的起点，并应用特定的促进措施；③ 能够辨认出学生的天赋，知道如何促进有天赋学生的发展；④ 协调学习的可能与学习的要求；⑤ 根据具体的情况使用不同的咨询形式，能将咨询功能和评价功能区分开；⑥ 在提供咨询与建议时与同事进行合作；⑦ 在发展咨询服务项目时，与其他的机构进行合作。

能力 8：教师根据透明的评价标准评价学生的成绩。

理论教学阶段的标准：毕业生① 了解成绩评价的不同形式及其功能和优缺点；② 了解成绩评价的不同参照体系，并能对其进行比较权衡；③ 了解对成绩评价进行反馈的原则。见习阶段的标准：毕业生① 能够依照标准设计考题并针对目标群体作出相应的表述；② 根据学科专业和具体的情况应用评价模型和标准；③ 与同事就评价的基本原则进行交流；④ 向目标群体恰当地说明评价的结果并指明下一步学习的方向；⑤ 将成绩考核作为对自己教学活动的建设性反馈。

（4）第四能力领域：创新——教师持续不断地发展自己的能力。

能力 9：教师对于教师职业的特殊要求有清醒的认识。他们将其职业视为是负有特殊责任和义务的公共职务。

理论教学阶段的标准：毕业生① 了解教育体制的基础、结构以及作为组织的学校；② 了解其活动的法律框架（例如基本法，学校法等）；③ 反思自己有关教师职业的价值观和态度；④ 知道有关负担和压力研究的主要结果。见习阶段的标准：毕业生① 学会应对压力；② 有针对性地、节约地使用工作时间和资源；③ 利用同事间的相互咨询支持课程开发和缓解工作压力。

能力 10：教师视其职业为持续性的学习任务。

理论教学阶段的标准：毕业生① 了解自我评估和外部评估的方法；② 阅读和评判教育研究的结果；③ 熟悉学校中的组织条件和合作结构。见习阶段的标准：毕业生① 反思自己的工作经验和能力及其发展，能够从中获得启发；② 将教育研究的结果用于自己的工作；③ 为自己和他人将自己的工作及工作结果记录下来；④ 给他人提供反馈，并通过听取他人的反馈来完善自己的教育工作；⑤ 充分利用各种参与的机会；⑥ 了解并利用提供给教师的各种支持；⑦ 参加正式的、非正式的、个人的和合作的继续教育项目。

能力 11：教师参与规划和实施学校项目和计划。

理论教学阶段的标准：毕业生① 了解并反思不同类型的学校和教育途径各自特定的教育任务；② 熟悉学校发展的目标和方法；③ 知道成功进行合作的条件。见习阶段的标准：毕业生① 将课程研究和教育研究的结果应用于学校发展；② 使用对课程和学校进行内部评估的程序和工具；③ 以合作的方式规划学校项目和计划，并加以落实；④ 支持小组取得好的工作成绩。

除了对上述能力的定义之外，《教师教育标准：教育科学》还规定了教育科学的教学内容重点和普通教学法的形式。前者包括：教育与教化，教师的职业和角色，教学法和方法，学习、发展和社会化，成就动机与学习动机，分化、融合和咨询，诊断、评价和咨询，交流，媒体教育，学校发展，教育研究。后者包括：情境法，案例导向法，问题解决法，学习项目组织法，生涯反思法，情境导向法以及现象导向法。限于篇幅，这里不再展开叙述。

2. 学科专业和学科教学法方面的标准和要求[10]

2008 年通过的《各州通用的对于教师教育的学科专业和学科教学法的内容要求》一方面定义了未来教师所需掌握的专业知识和能力，另一方面还针对具体的学科描述了其"学科概貌"（Fachprofile），确定了学科专业和学科教学法方面的教学目标和内容。

（1）学科专业能力。学科专业能力（Fachbezogene Kompetenzen）是指一名教师为了完成其教师工作而必须具备的知识、能力、技能和态度。这些能力是在教师教育的不同阶段和不同教育机构中获得的。

① 大学学习阶段。师范生通过大学阶段的学习重点掌握本学科的专业知识、认知手段和工作方法以及学科教学法知识。具体来看，师范生在毕业时需要证明已经掌握了以下专业能力：第一，掌握了贯通性的专业知识。毕业生 a. 获得了有关其学科专业领域扎实的和结构化的专业知识（支配性知识），他们可以随时使用并进一步拓展这类知识；b. 可以借助概括性的介绍（导向型知识）了解本学科当前的基本问题；c. 可以反思并使用有关本学科的知识（元知识），并可以援用重要的思想史和科学理论方面的案例；d. 能够通过了解其他学科进一步扩展自己的专业知识并由此发展跨学科的能力。第二，掌握了本学科的认知手段和工作方法。毕业生 a. 熟悉本学科的认知手段和工作方法；b. 能够在其学科的核心领域应用这些方法。第三，掌握了贯通性的学科教学法方面的知识。毕业生 a. 拥有有关学科教学法理论方面的扎实的和有条理的知识，能够从教学法的角度分析学科知识内容及其教育效果；b. 熟悉并且能够使用学科教学法和学习心理学研究所取得的有关本学科学习的研究结果；c. 熟悉本学科成绩评判的基础；d. 了解学生的哪些特征会妨碍或促进其学习取得成功，并且知道如何据此有针对性地设计不同的学习环境。

② 见习阶段。师范生通过在中小学的见习获得与教学实践相关的能力，具体包括：a. 规划和设计学科教学；b. 处理复杂的课程情境；c. 促成可持续性的学习；d. 掌握本学科的成绩评价方法。大学阶段的学习应为这些能力的获取打下基础。

③ 进修和继续教育。通过进修和继续教育，教师应该在专业和个性两个方面进一步发展自己作为教师的专业能力。以上三个阶段紧密相联，每个阶段都应为下一阶段的学习做好相应的准备，并且与下一阶段有着内在的关联。这也就是说，虽然这里作出了阶段上的划分，但是，人们有必要将教师教育的三个阶段当作一个整体来看待。

(2) 学科概貌——学科教育与学科教学法方面的目标与内容。"学科概貌"描述了师范生通过对某一学科的学习需要获得的专业知识和能力,并列出了相应的学科专业和学科教学法方面的教学内容。除了培养小学教师所涉及的各个教学科目以及特殊教育各个分支(视觉、听觉、语言、运动、学习和精神等方面的障碍)之外,在内容要求中重点列出了培养中等学校教师所涉及的 18 个教学科目的学科概貌,包括:古代语言、劳动/ 技术/ 经济、艺术、生物、化学、语文、地理、历史、信息学、数学、音乐、现代外语、哲学、物理、新教的宗教学、天主教宗教学、社会知识/ 政治/ 经济、体育。因篇幅所限,本文仅列出生物学的"学科概貌"作为说明。每个学科概貌都包括该学科特有的能力概貌和学业内容两个组成部分:

① 学科特有的能力概貌(Fachspezifisches Kompetenzprofil)。毕业生在生物学科领域掌握了基础性的能力,可以有目的地根据科学知识来设计生物学领域的课程、学习以及教育过程。具体来说,他们:a. 具有扎实的、贯通性的生物学专业知识、批判分析与反思能力以及方法能力;b. 熟悉生物学中基本的工作方法和认知手段,有知识和能力去开展以假设为导向的实验、比较以及操作相关的教学仪器;c. 能够领会不同情境中的生物学知识,可以客观地、符合伦理地评价它们,并能够论证生物学专题领域对于个人及社会的重要性;d. 能够设计专业的课程方案及授课媒体,并在内容上进行评价,可以通过概括性的介绍了解生物学研究的最新进展并能够将这些知识纳入课程之中;e. 掌握融会贯通的生物教学法方面的知识,特别是了解与生物学相关的教学研究的结果,熟悉学科教学法的方案和课程理论,知道学生在生物课的专题领域中的学习困难和想法,熟悉以标准和能力为导向的生物学讲授过程的基础;f. 具有专业反思、沟通、诊断与评估的能力,熟悉生物教学法方面基本的工作手段和认知方法;g. 积累了以能力为导向的规划和实施生物课程的初步经验,并对此进行了反思,了解这一学科中的成绩诊断和评价的基础。

② 学业内容(Studieninhalte)。下表列出了学科概貌中对生物学学科和生物教学法的教学内容要求。

生物学学科和生物教学法内容表

初级中学阶段:针对主体中学、实科中学和文法中学的教师教育的学业内容①	高级中学阶段:针对文法中学的教师教育的学业内容
生物学基础	
—细胞生物学:结构和功能 —植物形态学和动物形态学 —植物生理学和动物生理学 —神经生物学和行为生物学 —遗传学、分子生物学和发展生物学 —进化与生物的多样性(体系) —生态学,生物地理学和可持续性的对待大自然 —人体生物学	—对初级中学阶段学习内容的进一步深化,此处还有: 微生物学 —免疫生物学
应用生物学	
—健康教育与成瘾预防的生物学基础及其生理与心理方面的问题 —获取、生产与加工农产品的生物学基础,特别是在食品和享用品领域,包括从跨学科角度进行审视 —生物技术,基因技术和再生技术,饲养,包括从跨学科角度进行审视	
生物化学和生物物理	
—生态系统之结构和功能及其化学和物理学基础 —与生物学相产的化学和物理学的工作技术	
生物教学法	
—学习和教授生物学的基础 —与生物学相关的反思与沟通的基础 —生物课—方案与设计(包括专业实习) —生物教学法方面的评价和科研以及对实践的进一步发展	

(三)德国教师教育标准的特征

德国教师教育标准表现出科学性、全面性、开放性等特征。其科学性首先体现在标准的制定过程上。德国教师教育标准是在相关领域的一流学者、教学实践者、专业协会、教会、教育工会以及教育行政人员等多方的参与下共同起草的，既参考了学术界的相关研究成果，也照顾到了社会的现实需求和未来教师群体的利益。其次，教师教育标准的内容也具有科学性。无论是教育科学方面的标准还是学科教育和学科教学法方面的内容要求，都是严格从现代教师职业活动对未来教师的要求中推导出来的。只有掌握了这些能力，未来的教师才能够应对现代教师职业所提出的要求和挑战。

德国教师教育标准覆盖了教育科学、学科专业、学科教学法三个学科领域，并强调要更加紧密地将大学阶段的理论学习、中小学中的见习和入职后的继续教育三个阶段衔接起来，表现出系统性和全面性的特点。与之相比，我国 2011 年 10 月出台的《教师教育课程标准（试行）》仅涉及教育类课程，并未对学科专业以及学科教学法课程作出规定，因此只是一个局部性的教师教育标准，有待日后得到进一步的扩展。

德国教师教育标准描述了师范生在毕业时应该获得的知识、能力和态度，也指出了教育科学、学科教育以及学科教学法方面的内容框架，但是并没有规定具体的课程。换句话说，德国教师教育标准只是设定了目标，但是对于达到目标的途径保持开放性，为各州和各高校个性化和多样性的教师教育课程设置预留了空间。[11]因此，教师教育标准的实施并不会出现有些人担心的那种"去多样性"和"单一化"的标准化效应。[12]

最后，从标准的内容来看，德国教师教育标准将有目的地规划、设计、实施、反思、评价与创新教学过程视为是未来教师必须掌握的核心能力，强调教师要能够公正合理地评价学生，要有洞察学生特殊天赋或学习障碍的能力，并能给予个性化的支持，强调未来教师对所学专业知识的融会贯通与跨学科能力的发展，强调教师要有自主学习和终身学习的能力。此外，与我国试行的《教师教育课程标准（试行）》和中小学《教师专业标准》相比，德国教师教育标准还特别强调了未来教师的跨文化教育能力，以应对社会文化背景异质的学生群体对教学过程提出的要求和挑战，反映出德国社会日益转向移民社会的现实对教师职业的新要求。

（四）结语

教师教育标准无论是在内容还是在组织结构方面都创新了德国传统的教师教育。通过对未来教师所应掌握的知识和能力的描述,教师教育标准为师范生的学习提供了更加清晰的导向;通过对教育科学、学科专业和学科教学法内容的框定,教师教育标准为教师教育机构的课程开发与设置提供了导向。教师教育标准的引入也为德国高校带来改革教师教育组织结构的契机,例如成立"教师教育中心",由其负责整合和协调参与教师教育的各方人员与资源,以更好地发挥整体协同效应。[13]

此外,教师教育标准还可为有关教师教育的实证研究提供便于操作化的指标,有利于推进德国实证性教师教育研究。

总之,引入教师教育标准是德国新世纪以来教师教育改革的一项重要举措。教师教育标准在出台之后便被各州用作对师范类专业进行评估和认证的基础,[14]成为教师教育质量保证机制中的一个重要环节。从这个意义上来说,德国的教师教育标准已经得到了初步的落实。至于教师教育标准可以在何种程度上实现人们所期待的导向功能、课程功能、改革功能、研究功能以及评估与认证功能[15],尚有待进一步的研究来表明。

参考文献:

[1] CatrinKtters-Knig. Sammelrezension:Lehrerbildung[Z]. Zeitschrift für Erziehungswissenschaft,2002(3). 511.

[2] Ewald Terhart (Hrsg.): Perspektiven der Lehrerbildung in Deutschland[M]. Weinheim:Beltz,2000. 26～29.

[3] 孙进. 变革中的教育体制:新世纪德国普通中等教育改革[J]. 比较教育研究,2010,(7):36— 40.

[4][6][7][14] KMK (Hrsg.): Das Bildungswesen in der BundesrepublikDeutschland 2010/2011 [Z]. Bonn:KMK,2011. 217,274, 273,274.

［5］［12］Ewald Terhart. Standards in der Lehrerbildung — eineEinführung［J］. Unterrichtswissenschaft,2007(1). 3. 9.

［8］［10］［11］KMK. Landergemeinsame inhaltliche Anforderungen für die Fachwissenschaften und Fachdidaktiken in derLehrerbildung［J］. Beschluss der Kultusministerkonferenz vom 16. 10. 2008. 2. 2—19. 2.

［9］KMK. Standards für die Lehrerbildung:Bildungswissenschaften［J］. Beschluss der Kultusministerkonferenzvom16. 12. 2004. 7~13.

［13］Ingrid Kunze. Zentren für Lehrerbildung— Grenzstation zwischen Theorie und Praxis? ［J］.Erziehungswissenschaft,2011(43). 99.

［15］Gerhard Tulodziecki,Silke Grafe. Stellenwert und Kritik von Standards für die Lehrerbildung aus internationaler Sicht. Vergleiche und Einschtzungen zur Situation［J］. Journal für LehrerInnenbildung,2006(1). 33 ~34.

（本文发表于《比较教育研究》2012 年第 8 期。作者孙进,时属单位为教育部人文社会科学重点研究基地北京师范大学比较教育研究中心、北京师范大学国际与比较教育研究所）

十五、关于提升我国中小学教师质量的思考
——基于世界各国的政策经验

百年大计,教育为本,教育大计,教师为本。综观世界各国教育发展的经验,教师是决定教育质量的关键因素。而基础教育又是整个国民教育的重中之重,我国有 1,600 万教育工作者,其中有 1,200 万是中小学教师,如何提升中小学教师质量已成为社会各界关注的一大问题。2011 年 12 月,教育部先后颁布了《幼儿园教师专业标准》《小学教师专业标准》《中学教师专业标准》,分别对幼儿园教师、小学教师、中学教师的专业提出了要求。这是贯彻落实《国家中长期教育改革和发展规划纲要》的具体措施,是严格教师入职资格、规范教师行为、促进教师专业发展、实现教育现代化的必要的制度建设。除此之外,世界主要发达国家和地区还有哪些教师教育发展的经验值得我们吸取和借鉴? 去年 9 月,北师大国际与比较教育研究院组织开展了世界主要国家教师队伍建设的政策研究,从各国教育政策的角度,总结了以下几点经验。

(一) 立法明确中小学教师的公务员身份

教师的法律身份是定位教师的工作性质与教育内容、确定教师与教育环境各要素之间关系的核心依据。许多发达国家考虑到教育之于国家的重要性,都先后颁布法律确定了公立学校教师的国家公务员身份。如早在 19 世纪末,法国就颁布了"1889 年法",确定小学教师为国家公务员,工资由国家财政支付;

1947 年,日本也通过《国家公务员法》明确了国立学校教师的国家公务员身份;1981 年,韩国颁布《教育公务员法》,在第 1 条就明确指出:"考虑到教育公务员服务全体国民的职务特点和责任的特殊性,本法作为国家公务员法和地方公务员法的特例法,以特别规定适用于教育公务员的资格、聘用、报酬、培训及身份保障相关内容为其目的。"[1]此外,还有部分国家和地区采用了地方公务员制度,如原西德地区公立学校的教师通常都是各州的公务员。[1]因此,要吸引优秀人才从教,保持在职教师工作热情,需尽快立法,明确中小学教师的公务员身份,以保障广大中小学教师稳定、优越的身份地位及其各项权益。我国教师目前还没有实行公务员制度。虽然许多学者曾提议建立中小学公务员制度,但还有种种制度性障碍。是否可以实行准公务员制,或特殊公务员制,把教师纳入公职人员。这样有利于保证教师的资格认定、配置调动以及待遇保障,吸引优秀青年从事教育工作。

(二) 提升中小学教师的学历标准

教师质量直接关系教育质量。近年来,世界各国先后出现了中小学教师"硕士化"的趋势。如 2008 年 7 月 2 日,法国部长联席会议决定于 2010 年 9 月 1 日开始实施中小学教师培训与录用硕士化标准。按照新的规定,在师范生录取考试成绩公布之时,候选人应具备硕士学历。硕士学习可以在综合大学的各个院系完成,也可以在已经被纳入大学教育体系的教师培训学院完成,学习的内容既有学科知识,也有教育理论和教学实习环节。芬兰教师通常也需要拥有硕士以上的学位,他们不仅要掌握教育科学知识和教育研究的技能,而且要在日常工作中熟练地运用这些知识和技能,使之与他们自身的专业发展融为一体。与此同时,日本也把职前培养逐步提高到研究生教育的水平。2013 年 8 月,我国教育部印发的《中小学教师资格考试暂行办法》依然遵循的是 1993 年通过的《教师法》的学历要求,"申请小学教师资格,需中等师范学校毕业及其他专科以上学历;申请初级中学教师资格,需高等师范专科学校及其他专科以上学历;申请高级中学教师资格,需大学本科及以上学历",明显落后于世界其他国家,因此有必要尽快提升我国中小学教师的学历标准。

（三）完善国家教师资格考试和注册制度

国家教师资格制度是国家选拔优秀教师,掌控教师质量的重要工具。要提高教师质量,教师资格的设置必须专业化,不仅要设置不同学段的教师资格,而且也要设置不同等级、不同类型的教师资格。如韩国 1978 年颁布的《教师资格审定法》就规定,中小学教师资格种类从资格等级上分为预备教师(准教师)、二级正教师、一级正教师;从资格内容上可分为中小学各科目教师、图书管理员、技术教师、保健教师、营养教师。[2] 日本的教师资格也分一级教谕、二级教谕等。如此更为细致的专业等级划分一方面有利于保证教师的专业质量,另一方面也为教师的专业发展提供阶梯。而我国现有的教师资格制度虽然设计了从小学到大学,从普通教育到职业技术教育的各级各类教师资格,但在各级各类教师内部缺乏更为细致的划分。当然,这涉及到中小学教师岗位设置的问题,我国的中小学教师岗位设置应更为多元专业,分别设置从学科教学到图书管理、心理咨询、营养保健等多方面的岗位,以确保获得以上教师资格证的优质教师有岗可聘,有志可为。

第二,我国的教师资格考试是"一次性"考试,虽然分为笔试和面试两部分,但笔试通过后即可参加面试,中间无相关实践经历的要求。而世界上许多发达国家将教师资格证的考试设为多个环节。如德国分为两次,学生学习结束时(相当于硕士毕业)参加第一次国家考试,只有通过第一次国家考试才有资格进入第二阶段的见习期。见习阶段结束时师范生参加第二次国家考试,通过第二次国家考试方可获得教师资格证书。澳大利亚的师范生也必须经过教师准备、临时注册和完全注册(通常为 2 年的专业能力评价)三个阶段的考核才能获得正式教师资格。[3]建议建立严格的教师国家考试制度和资格证书制度,考试合格者取得教师准入资格,再经两年的教育教学实践,经过第二次考试合格者方能取得教师资格证书,聘任为正式教师。这有利于提升教师行业的门槛及专业性,保障教师队伍的整体质量和标准。

第三,世界各发达国家的教师资格证都有定期更新的制度。如 2009 年日本开始实施教师资格证书更新制,教师首先必须参加资格更新讲座的学习(课时要在 30 小时以上)后方有资格更新证书。[4]2011 年 1 月 1 日,俄罗斯也开始实施新《国立和市立教育机构的教育工作者考核条例》。根据新的考核条例,俄罗斯将对中小学教师进行每五年一次的素质考核,在此之前所获得的教师资质证明一律失效。[5]澳大利亚的中小学教师在获得正式教师资格后,也需要参加教师注册局每五年一次的考核,完成教师资格的重新注册。我国去年 9 月也出台了《中小学教师资格定期注册暂行办法》,规定"中小学教师资格实行五年一周期的定期注册",但仍有必要建立教师资格的退出机制。如取得教师资格在两年教育实践后,第二次考试不合格的取消教师资格;已经获得教师资格证书的教师,五年考核一次,考核不合格的取消教师资格。二次考核合格者可有终身教师资格,以后不再考核。教师如犯有刑法或有伤害学生行为者应取消教师资格。

(四)改进职前教师的选拔和培养方案

1. 选拔适合从事教育事业的优秀人才

教师职业有其特殊的职业特性和要求,凡是从事教育工作的人必须对教师职业有清晰的认识,并具备良好的文化素养和实践能力。近年来,世界许多发达国家纷纷提升师范专业的入学标准,同时加强对候选人职业认识的考察,旨在选拔优秀的、适合从教的人员进入未来的教师队伍。如教师在芬兰就是一个要求很高,而且有高度竞争力的行业。2011 年赫尔辛基大学小学教育专业共有 2 400 人申请入学,但录取名额仅有 120 人。[6]他们首先必须在大学入学考试、高中平时表现、校外表现以及一项专门针对教育问题的全国性考试中表现优异;通过这一关后,还需接受大学的面试,重点考察选择教育专业的动机。可以说,入选教育学专业的学生几乎都是最优秀的高中毕业生。2012 年 9 月起,英国也规定只有取得二等及以上学位证书的学习者才能进入教师教育学习并得到政府提供的助学金,且不接受学位水平为三级及以下的学生进入教师教育学习。[7]此外,从 2013 年 9 月开始,英国还将对考生进行语文和数学能力测试,只有在测试中达到较高标准的人才能进入教师教育领域进行职前学习。美国 ETS 近年来开发的"教师实践考试系列"(Praxis,也称"普瑞克西斯考试系列"),其中第一个系列(Praxis I)就是针对教育学院大学二年级学生进行的职前学术能力测试,主要测试学生阅读、数学和写作方面的基本技能,以判断学生是否有资格接受师范教育。[8]德国学生也可以经过相关的专业测试考察自己是否适合师范类专业的学习。因此,我国亟需建立一套师范教育人才选拔的标准,以确保能够选拔出合适从事教育工作的优秀人才作为未来教师队伍的后备军。

2. 增强教师教育管理和教学研究技能的培养

目前,我国教师教育的职前培养重点强调基础学科知识,对学生认知方式、管理能力、教学技能、研究方法、评价手段等方面的培养较为薄弱。而综观世界各国的教师标准,这些都是极为重要的教师素养。如法国2010年修订的"教师培训大学学院培训手册"明确规定了教师十大职业能力,其中就明确列入了"能够设计并实施教学;组织班级教学;评估学生;掌握信息与通讯技术"等能力。德国的师范生不仅要掌握本学科的专业知识,而且要学习认知手段、工作方法以及学科教学法等方面的知识。芬兰也强调要让每一个教师都成为研究型教师。几乎所有的师范课程都会培养合作性学习、基于问题的学习、批判性反思和信息技术运用的能力,同时要求学生开展研究性的项目,以了解研究在教育实践指导中的重要作用。芬兰教师教育强烈的研究型色彩不仅使得芬兰教师在知识经济的今天能自如、科学、有效地解决日常工作中所带来的问题,同时也进一步提升了芬兰教师的专业地位,进而能吸引更多更优秀的年轻人从事教育行业。因此,我国亟需加强师范生认知方式、管理能力、教学技能、研究方法和评价手段等方面的培养。

3. 延长教学实习周期,培养实践问题解决能力

教学实习是学生在实践过程中吸收、消化并创造性运用其所学知识的重要环节,教学实习之于教师的意义就等同于临床实习之于医生的意义。而目前我国的教学实习一方面时间太短,通常为6~10周左右,另一方面流于形式。而世界各发达国家对于教学实习环节均非常重视,不仅周期较长,而且类型丰富。如德国教师的见习期从18个月到24个月不等,学生一方面在学校接受实践锻炼,另一方面在师范学院就实践中的问题进行理论方面的分析和反思。俄罗斯的教学实践共计20周,从学生入学到毕业,安排连贯的教育见习和实习计划。[8]英国的职前教育培养模式有两种,一是以大学为主导的培养计划,二是以学校为主导的培养计划。前者要保证学习者在大学学习相关理论课程的同时,

投入相当多的时间在中小学进行实践,而后者要保证学员在学校教学的同时,到大学学习相应的课程,使他们在课堂和行为管理中有更好的准备。[9]法国的实习分为三类,一类是观察实习,帮助新教师对职业进行初步接触和全面观察了解,观察的内容包括学校运转、课堂教学、家长访谈等多种;第二类是资深教师陪同实习,也就是在指导教师、培训教师或班级督导委员的帮助下,对教学实践进行观察和分析,指导教师也可以安排进行少量的教学活动,旨在让新教师进一步认识教育系统内容的连续性和补充性;第三种为责任实习,新教师在培训教师和教学主任的帮助下,尝试独立开展教学活动和班级管理。2005 年法国《面向学校未来方向和计划》又针对职业高中教师和准外语教师设立了企业实习和海外实习。建议我国实行师范毕业生一年实习预备期,考核合格者方可获得教师资格证书。

(五) 丰富在职培训类型和内容

近几年来我国对教师培训加大了投入力度,并规定每五年要培训进修一次。国培计划、省培计划、地方校本培训正在轰轰烈烈地开展,仍有必要进一步丰富培训的类型和内容。

首先,要以更新教育观念为先导。教师要树立全面发展观、素质教育观,努力造就德智体美全面发展的高素质人才;树立人人成才的观念,面向全体学生,一个也不放弃,促进每个学生成才;树立多样化人才观念,促进个性发展;树立学生主体观念,尊重学生个人选择,发挥学生学习的主动性和积极性。

第二,师德为先。必须重视教师职业理想和职业道德教育,增强教书育人的责任感和使命感;热爱学生,尊重学生,理解学生,善于和学生沟通;坚决杜绝体罚学生、变相体罚学生的反教育行为,不污辱、不歧视学生,公平地对待每一个学生;建立民主、平等、和谐的师生关系,用教师的人格魅力影响学生。

第三,能力为重。教师培训要以提高教师教书育人的能力为重点。培训要结合教师提高的实际需要,联系教育教学实际。要改变培训模式,改变培训老师滔滔地讲、学员静静地听的模式,增加案例教学,培训老师和学员共同讨论;把集体脱产培训和校本培养结合起来,在实践中一面学习,一面反思,学思结合,知行统一,改变培训和教育实践两张皮的现象。如澳大利亚 2001 年出台的

《澳大利亚国家学校教师专业发展蓝图》提出了"以校为本"的在职教师专业发展计划,就是把教师的实际工作,如学生管理、课程材料分析、教学录像、学生评估和实践中出现的问题等作为教师专业发展的课程。让教师群体通过合作探究,研讨日常教学问题的过程中持续改善专业技能与教学研究能力,并把探究的结果直接用于实践。[10]特别要警惕,不要像过去那样,使教师培训成为提高教师应试能力的训练场。

第四,要培养教师终身学习的意识和习惯。当今科学文化知识日新月异,教育者先要受教育,教师只有不断学习、终身学习才能满足学生渴求新知识的需求。近年来,世界各国教师专业化发展的一大趋势就是强调教师的终身学习意识和终身学习能力。教师不仅是一个个体的终身学习者,同时也是学校全体,甚至整个社群终身共同学习体的核心力量。教师只有通过终身学习,才能提高自身的文化素养,才能让自己变成一个有教育魅力的人。总之,在当今时代,人人都是学习者,教师应成为终身学习的典范,做到"学为人师,行为世范"。

参考文献:

[1] 韩国法律第 3458 号. 教育公务员法. 韩国总统令,1981. 11. 23.

[2] 韩国法律第 104 号. 教育公务员法实施规则[Z]. 韩国教育科学技术部令,2011—04—04.

[3] The Teachers Registration Board's function [EB/OL]. http://www.trb.sa.edu.au/about_us.php. 2012—08—11.

[4] 陈君、李克军. 日本教师教育改革的新进展及启示[J]. 国家教育行政学院学报,2012,(3):94.

[5] 冯相如. 俄教师每五年进行一次资质考核[N]. 基础教育参考,2011,(2):23.

[6] Pasi Sahlberg. Finnish Lessons: What Can the World Learn from Educational Change in Finland? [M]. New York: Teachers College, Columbia University,2011,75.

[7] Students' need good degrees' to train as teachers [N]. The

telegraph，2011 — 4 — 18. http：//www. telegraph. co. uk/education/educationnews/8459011/Students—need—good—degrees—to—train—as—teachers. html. 8About he Praxis Series Tests［EB/OL］. http：//www. ets. org/ praxis/about/. 2013—06—05.

［8］About the Praxis Series Tests［EB/OL］. http：//www. ets. org/ praxis/about/. 2013—06—05.

［9］杨宏. 中俄教师教育专业课程设置比较探究［J］. 高教研究，2012，(2) ：81～82.

［10］Department of Education，Training Our Next Generation ofOutstandingTeachers［Z］. London：HMSO.

［11］National Curriculum Service. PD 2000 Australia：national mapping of school teacher professional development［R］. Canberra：Commonwealth of Australia，2001. 55.

（本文发表于《比较教育研究》2014 年第 1 期。作者顾明远，时属单位为北京师范大学国际与比较教育研究院）

教师教育·创新实践

一、世界教师教育发展趋势分析与未来教师资格证书方案设计

（一）当前世界师范教育改革的发展趋势

1. 教师在全面提高基础教育质量中的关键作用得到认同，教师（教育）建设得到高度重视

提高基础教育的质量是整个基础教育改革的首要目标，而基础教育的质量很大程度上取决于中小学教师的专业素质和师德状况。1983 年，美国"高质量教育委员会"发表了《国家在危机中：教育改革势在必行》，该报告宣称"新聘用的数学、科学和英语教师中，有一半不能胜任工作；美国中学开设的物理学由合格教师任教的不到 1/3"。[1] 报告指出美国中小学教育质量低下的关键在于任用了大量不合格的教师，为此，该报告对于提高教师质量和改进教学提出了一套完整的建议。其中包括：为教师规定更高的标准，实行 11 个月的聘约制等。此后，美国又陆续出台很多关于基础教育师资培养方案的报告，教师教育的改革成为美国 80 年代教育改革的核心成分之一。

2. 现代教育已成为一个重要的专业领域，其标志为教师资格认证制度的确立

教育改革的关键在于教师专业化水平的不断提高。教师的专业化发展和建设已成为世界各国关注的焦点之一和今后努力的方向。教师职业是一种"要

求经过长期的研究获得并保持专门知识和特殊技术的","承担着学生和社会福利的责任,有个人和共同的责任感"[2]的专门性职业。教师职业的专业化是由教师职业本身的特殊和复杂性所决定的,教师职业具有自身的专业要求,在培养、任用进修的整个过程中有专业性的自主权。为了确保教师专业化水平,世界各国普遍实行教师资格证书制度,教师资格认证提高了教师的地位,它标志着不是任何人都可以当教师,也不是具有专业能力就能当教师而必须经过严格的教师职业训练。如美国各州均要求在获得专业学士学位的基础上必须经过一至两年严格的教育教学专业的理论与实践课程,通过专门的训练并取得教师资格证书后方能应聘教师岗位。

3. 教师教育在重视宽博、强调专业知识的同时,特别重视教育教学的理论与实践,出现了以课程为本向以能力为本转变的趋势

目前世界各国在教师教育方面要求具有广博的知识背景,包括人文知识、自然科学知识以及二者的交叉学科,以给未来的教师打下坚实的基础知识。在重视专业知识的同时突出强调教育教学的理论和实践,因为单一的学科知识(即本体性知识)难以适应教师职业的要求,要进行教学还须具备与教师职业相关的能力结构。教育教学实际能力日益受到各国教师教育的重视,各国普遍提高教育学科在学科分配中的比例,并加强教育理论与实践的结合。如美国的教师教育设置与教学实践密切相关的教学法与教学技能课,出现了以课程为本向能力为本转变的趋势。

4. 教师教育从一次教育变为终身教育,相应地证书分为初级教师证书、职业教师证书和专家教师证书

终身教育的产生主要是由于社会迅速变迁、科学技术的蓬勃发展,使得个人必须不断的充实和完善,构建和更新知识,才能适应现代社会的各种需求。教师职业本身的复杂多变性要求教师不断地学习以提高其专业水准,一次性的教育已经难以满足这种要求,教师教育必然走向终身教育。教师的终身教育也称为终身师范教育,它要求建立各级教师的终身教育体系。相应的把教师资格证书分为初级教师证书、职业教师证书和专业教师证书。美、日、法等国也都普遍重视中小学教师的继续教育,有的拨专款设立教师培训中心和中小学教师进修基金,有的采取有效的激励机制促使中小学教师不断接受再教育。如美国威

斯康星州规定教师资格证书必须每五年更换一次,更换证书时既要考核平时教学工作成绩,还要看五年内的进修情况,如果要提高证书等级也必须通过各种途径进修以取得学分。

5. 教师是行动方案的研究者,教师是学生学习能力的促进者

面对知识经济的大潮,"教书匠"和"知识仓库型"教师已难以适应时代的要求。基础教育整体水平的提高和突破需要一大批在教学实践中有所研究有所创新的教师,教书匠向科研教师转变成为现代教育的要求。传播知识,培养人才,特别是为具有创新精神的人才打基础是中小学教育的主要任务,要完成此任务就需要创新型的教师,需要教师不仅仅是知识的输出者,而且还要具有多元化的知识结构、科研型的教学能力,能够根据具体的教学情景和不同的个体创造性地解决问题。不仅要教学生学,而且要教学生会学,成为学生学习能力的促进者。教师在学生学习中的角色正由权威的监督者变为协助者,"权威式的传递知识的办法正在通过花费更多的时间判断学习者的需要,推动和鼓励学生学习、考核所获得的知识等办法加以补充。"[3]

(二)未来教师资格证书实施方案设计

通过对世界教师教育发展趋势的分析,我们可以看出实施教师资格证书是世界各国发展教育的一个有力措施。而对我国师范院校来说,实施教师资格认证制度更是势在必行。因为这是我国教师教育走向规范化的需要,也是我国师范教育与国际接轨,并适应世界教师教育发展趋势的需要,是提高全民素质,实施素质教育的需要,是师范大学生生存发展的需要。

经过对许多研究材料的分析和综合,我们认为,当代师范生必备素质的要素是:一个核心、两个重点、三方面的知识、四种能力。下面分别对其培养目标和途径进行简要的阐述。

1. 一个核心:政治思想道德素质

政治思想道德素质是当代师范生必备素质的核心部分。它主要由政治素质,现代教育观念和职业道德三个要素组成。

政治素质是最重要的素质,是素质教育的灵魂,这是由我国高等教育的目标决定的,也是由教师的工作性质和社会作用所决定的。今天的师范生,未来

的教师其言传身教对于中小学生的政治素质的形成起着至关重要的作用。师范院校必须加强学生的马列主义、毛泽东思想和邓小平理论的学习,使学生掌握其基本观点,达到掌握理论、运用方法、提高能力的目的。高师院校可以通过开展两课学习、参观展览、深入实际,运用影视教育、报告会、讲座等多种形式来进行政治素质教育。

教师职业道德包括教师职业理想与价值取向、教师职业情感、教师职业原则与规范。师范生对教师职业理想的认同度较高,价值取向基本一致,对教师职业的满意程度也较高。但同时有很大一部分学生还缺乏对教师职业价值的充分认识,"师德"、"师魂"教育必须加强,以培养出素质全面、能力一流的新型师范生。要达到这一目标,就要求我们从以下几个途径来实施教育:(1)实施规范的职业道德教育,坚持将它贯穿于整个师范教育的始终,它可以与教育活动、校内外活动、党团建设相结合,也可以以必修课、选修课、主题系列讲座等形式进行,兼顾不同层次的学生群体,让每个学生都能得到丰富、有益的教育。(2)通过教育实践,使其在学习和影响的基础上,在真实的教育教学情景中不断积累情感体验,加强自我激励、自我磨炼。

所谓现代教育观念是相对于传统教育观念而言的。现代教育观包括:学生潜能开发、个性的引导和培养自我教育能力为主的教育观;学生是教育教学活动中学习主体的学生观;教师是行动研究者的教师观;终身学习的职业发展观等。[4]这可以通过课程设置、学术讲座、日常教学等途径来培养现代教育观念。

2. 两个重点

创新能力是创新精神和实践能力的有机结合,是实践在创新精神的指引下不断获得进步的能力。培养创新能力的目标包括以下几个维度:① 创新意识的培养,培养学生敢于质疑、敢于提问、敢于挑战权威的思想意识;② 培养学生的创新思维,即培养学生的求异思维、观察力、想象力、独特的知识结构和活跃的灵感;③ 培养创新技能,加强以基本技能为中心的科研能力和科研方法的训练;具有一定的在教学实际中培养创新能力的方法和艺术。要实现这些目标我们可以通过以下几个途径进行:① 制造宽松的学校气氛和课堂气氛,鼓励学生质疑,教给学生发现问题的方法,并能以此为线索来组织其他教学活动、完成教学任务。② 通过各种练习和活动教学来鼓励学生积极发挥自己的想象力和独创性,精心选择观察内容,设计方案,按一定程序引导学生观察。③ 参加校内外各种大赛。

实践能力也即综合运用专业知识、程序知识和现代化教育技术知识等进行课堂教学的能力。它是对教学必备知识的一个检测与综合。可通过多种途径和渠道来培养学生的实践能力,如:① 加强教育实习的比例。② 开展一系列社会实践、实验研究,技术开发和推广活动以及社会服务活动,利用假期参加志愿者到城乡支工、支农、支教等。③ 模拟课堂,施行微格教学等。

3. 三方面知识

这三方面的知识包括本体知识、程序知识和现代教育信息技术知识。其中本体知识(专业知识)因各专业而异其培养目标和途径也各不相同,我们在此从略。下面主要说明程序知识和现代教育技术知识。

所谓程序知识,即教师如何将其具有的学科知识"心理学化",以便于学生理解。它要求教师掌握教育学、心理学和教学法等知识。具体来说,教师的程序性知识包括三个方面,即学生身心发展的知识、教学的知识和学生成绩评价的知识。教学是一门艺术,只有专业知识,而不懂程序知识,要搞好教学就只能是无稽之谈,教师的工作性质决定其必须掌握程序性知识,可以说,程序性知识是高师院校学生必须具备的核心素质之一,要培养学生的程序性知识,可以通过以下几个途径来开展:① 开设教育学、心理学、学科教学法等必修课,增加教育理论与实践课的课时数;② 开设具体的教学技能培养类课程,如"备课的艺术""学生学习风格测定与研究"等;③ 将教育实习分散贯穿于整个师范教育周期之中,使高师学生在具体的教育情景中应用和发展其程序性知识。

随着信息时代的到来,计算机、多媒体技术的广泛应用,现代化的程度日益提高,社会的进步和教育的发展要求新时代的教师不但能够运用现代教育技术知识,而且应该擅长应用这方面的知识。在高师院校进行现代教育技术知识的培训势在必行。现代教育技术知识的培养目标包括两方面:一方面是对教育技术学科的理解和理论知识的掌握,在教学过程中运用教育技术的理论和方法指导教育实践的能力素质;另一方面是对教育技术技能的掌握和应用,包括设计、开发、评价、应用和管理。高师院校可以通过开设计算机基本理论和实践的必修课,开展多媒体 CAI 教学软件制作技能培训和 INTERNET 网络培训,计算机教学软件创业大赛和创业社等途径来达到这一目标。

4. 四种能力

(1) 教学监控能力。教学监控能力即教师制定教学计划,对自己实际的教学活动的监察、评价与反馈,对自己教学活动调解、校正和自我监控能力,是教师其他心理因素的基础和归宿,也是教师教育能力的一个核心部分。研究者认为,这种能力主要可分为四个方面:① 课前的计划与准备性要求明确所教课程的内容,明确学生的特点,明确社会发展的实际;② 课堂的反馈与评价性,包括课堂纪律问题,学生反应原因的反馈与评价;③ 课堂的控制与调节性是教学监控的目的之所在;④ 课后反省性,表现为对教学效果、对学生掌握程度的认识以及发现自己在课堂中存在的问题并找出多种解决办法。可通过在校的理论学习和教学实习逐渐培养其教学监控能力。

(2) 德育能力。德育能力包括学校德育的理论知识、价值评价标准以及德育能力的实践水平。德育能力的培养最重要的是要改革过去填灌式的德育理论教育模式,使德育课堂中师生达到互动。对学校德育价值的判断问题则要求学生客观的看待学校德育的价值,坚持科学的德育价值评价标准和科学的德育评价方法。增强师范生德育能力的实践水平,是师范德育教育的另一重要目标,要实现这一目标必须:① 教会学生学会学习、学会运用、学会总结;② 加强实践环节的训练和运用下列做法来加强时间训练:与中小学共建,开辟见习基地,使师范生担任中小学课外辅导员;建立定期轮换学生干部制度;高年级学生担任低年级辅导员;延长学习时间,使之贯穿于整个师范教育周期之中。

(3) 心理辅导能力。师范生心理辅导能力的培养目标包括以下几个部分:① 促进师范生自身心理健康发展;② 师范生对心理健康知识的掌握;③ 师范生发现心理问题能力的培养;④ 师范生对心理问题的干预辅导能力的培养。要实现这些培养目标,可通过以下一些途径来实施:① 开设公共心理学科,并加强具体技能的培养,例如如何进行心理辅导,如何运用常见的心理测量工具等;② 进行案例分析,举办中小学生心理热线电话咨询培训班,指导中小学生心理健康教育的见习与实践,大学一年级轮值辅导员等;③ 开设心理健康讲座,组织心理健康知识竞赛等。

(4) 教育教学科研能力。教育教学科研能力是指在教育教学实践过程中发现问题、探索和解决问题,并将科研成果发表或应用的技能。其培养途径主要包括以下方面:① 学习基本的教育理论并参加教育实践,开设系列教学科研讲座;② 开展教育教学问题的案例分析,使学生结合自己的教育实际发现问题,并提出问题;③ 开展中小型的研讨班,研究小组,举行大量的关于教育研究方法的讲座和小组论坛等;④ 参与教师科研或教学课题,写有关文献综述,调查报告及学术论文等。

参考文献:

[1] 瞿葆奎主编,马骥雄选编.教育文集·美国教育改革[C].人民教育出版社,1990.

[2] 瞿葆奎主编,李涵生、马立平选编.教育文集.教师.[C].人民教育出版社,1990.

[3] 联合国教科文组织教育丛书.学会生存——教育世界的今天和明天[M].教育科学出版社,1996.

[4] 吴志功.高师大学生素质教育目标设计[J].高师教育研究,1998.

(本文发表于《比较教育研究》2001 年第 11 期。作者吴志功、陈英霞、王显芳,时属单位为北京师范大学)

二、教育叙事:从教育研究方法到教师专业发展方式

　　教育叙事(Narrative in Education)是近来经常见诸于教育类期刊的一个词汇,也是界定相当模糊混乱的概念。耿涓涓把教育叙事看作为教育研究者进行质的研究的一种方法。[1]王枬、李润洲等认为教育叙事是教师从事教育研究的"不必进行特殊的专门训练,因而具有易操作性"[2]的方法。张济洲更将教育叙事上升为挖掘并认识隐含在复杂多变的教育现象中教育规律的教育科学研究新范式。[3]国外较有代表性的观点是,教育叙事既是一种研究方法,也是教师专业发展的媒介。[4]本文无意定义这一概念,只是追踪教育叙事的来龙去脉,揭示教育叙事概念的变迁,从中寻求对于我国当前教育改革有意义的解释。

(一)

　　教育叙事最早是作为一种研究方法从其它学术领域"引进"教育界的,它是"叙事研究"在教育领域中的应用。由于这种研究方法关注研究的现实特点和研究的背景,它被广泛应用于心理学、人类行为学、人类学田野研究等领域。在教育领域,1968 年杰克逊(Jackson,P. W.)最早运用叙事方法研究学校现场活动。后来康纳利(Conelly. W)等人开始将教育叙事集中运用于教师知识的研究。他们认为,人类的经验以叙事的方式建构,并以故事的方式存在,揭示个体经验意义的最佳方式就是叙事。在这一假设下,教师的个人经验被视为故事经

验。研究教师就是采用讲故事，写经历的方法，让教师比较详细地介绍教育问题、教育事件的发生与解决的整个过程，关注每一个有意义的具体细节和情境。通过教师的言语和教育生活的历史，表达叙述者对教育的解释和理解。听者从故事中体验教育是什么或应该怎么做。双方共同建构、重构、体验、再体验经验性的故事。[5]

这种教育叙事研究有别于教育哲学的研究方法。它采取了归纳而非演绎、实践而非思辩的研究取向，直面教育的现实世界，从活生生的教育生活中汲取教育的诗情画意。这是对宏大教育哲学理论的反叛，并试图提升教育经验的存在价值。其实质是重新珍视研究对象的"局部的丰富性"。叙事研究者不满足于虚幻的"整体的空谈性"，借以叙事的方式兑现研究对象的"局部的丰富性"。这乃是"人类原始思维"中的一种"诗性智慧"。或者说，叙事是重新恢复"人类原始思维"的"诗性智慧"。

与科学实证主义的方法相比较，教育叙事无意归纳推论出一般意义的规律、法则，而是强调个人经验意义的原始性、情境性和真实性，反对抽象归纳的"去情境化"。科学实证主义严守价值中立的研究标准，把个人的情感、愿望、态度、价值观等视为主观的东西，一律从研究中剔出，以求结论的真实、可信，具有普遍适用性。教育叙事恰恰相反，它认为教师的经验不是抽象的，而是生活化的，个人的喜怒哀乐、思想态度是构成个人经验的重要部分。教育叙事中无处不体现教师的思考与筹划，具有强烈的个人倾向性。这些"主观"的个人经验方式，正说明了其真实性。叙事研究者把叙事看作是人类的经验、行为以及作为群体和个体的生活方式。从这点上看，叙事不再仅是主观意义上的产物。因此，教育叙事研究报告内容强调必须具有一定的情节性，深度描写教学事件中的"波折"、"节外生枝"、教师的情境变化和寻求教学出路的谋划。

叙事研究的过程主要有三个步骤：① 现场工作，体验经验。这一步要求研究者以友好的关系融入参与者的现场经验，必须以超越即时性来观察研究者遭遇的现场经验；② 从现场到现场文本。研究者采用口述史、故事、研究访谈、自传等方法收集叙事资料或创造叙事文本；③ 从现场文本到研究文本。这是指研究者以在场的真实体验去构思文本的揭示图式，理解经验的意义。[6]

正是由于教育叙事关注教师的个人经验，面向日常教学事件，反映教师对教育的理解,在北美,尤其是在加拿大,许多研究者把教育叙事研究引入教师教育研究领域,将其改造成促进教师专业发展的工具。这主要是让教师有意识的叙事事件,或采取自传的方法记叙教师自身的教育经历。在叙事中,让教师主动观察、反思自己的经验,对其认识事物的方式进行思考和重新解释,使得教师能更好地监控其思想,理解其行为,使教师不只是在执行现成措施的水平上而且还在解决问题的水平上工作。由教师个人或集体进行的教育叙事能表明教师专业发展的历程,这种研究由教师的内在愿望引起,能理解过程,协调已知和未知的知识,明晰、重构教师对自己和其教学的理解,从而使教师的专业素养与能力得到提高。康纳利等人的研究也证明:讲述或撰写个人故事是促进教师专业发展强有力的方法。

教育叙事作为教师专业发展方式的研究大致分为两个时期。早在 20 世纪 80 年代,加拿大多伦多安大略教育研究所(Ontario Institute for Studies in Education)的研究者开始与教师合作,大规模地采用叙事描述、共同建构的模式,让教师的声音得到倾听。这项教师与研究者的合作研究同时也被视为教师专业发展的契机,使得较少有时间、有意识反思教学的教师回顾发生在身边的教育故事,他们愈来愈对此感兴趣。1986 年,经验叙事作为一门课程正式列入该机构教育硕士的培养计划。这一时期研究者主导着教育叙事研究,他们采取合作参与或观察的方式倾听教师的叙事,教师只是获得了倾吐的机会。在教师与研究者的合作中,研究者帮助、促进教师有意识地回忆过去,诉说教育经历。研究者充当"秘书"与"倾听者"的角色。从这里不难看出教师在自身专业发展上的受动性,教师还没有形成自主叙事,自觉反思的态度。

第二时期始于 1986 年,康纳利在其开设的研究生课程中开始强调叙事写作和讲故事。他的研究生从教师、校长、决策者、学生等角色身份思考自己的人生履历。佩利(Paley, V. C)为探究自我的实践开辟了道路。进入 90 年代初,越来越多的文献提出把叙事研究的对象从他人转向自身,探索自己的生活。爱尔巴兹—鲁威斯奇(Elbaz-luwisch, F)指出教师撰写反思自己的经验故事对自身的专业发展有着积极的促进作用。第二时期的主要特点是作为叙事者实现从被动提供经验故事到主动追忆反思教育经验的角色转换。"自传"的方法被广泛运用。教育叙事的主体是教师。他们自己的故事成为他们探究的对象与专业发展的动力源泉。[7]

（二）

从教育叙事短暂的形成和发展历史来看，起初教育叙事是教育研究者深入教育现场，寻求教育意义的研究方法。由于教师的合作参与，以及教师叙事带来的对其自身的重要影响，教师教育研究者开始鼓励教师主动叙事，探究自身教育经验的意义，从而使教育叙事起到推动教师自身专业发展的作用。

我国当前教育界提出的教育叙事观念主要是针对教师而言，并希望叙事成为教师从事教育研究的一种方法。大力提倡的原因大致有两个：其一，与"教师成为研究者"观点的呼应。近年来，英国课程专家斯腾豪斯（Stenhouse, L.）关于"教师成为研究者"的观点为广大教育研究者与教师所接受。但是教师在什么意义上是研究者，即教师成为研究者的定位一直纠缠不清。人们普遍认可教师应该从事教育科研，教师从事教育科研的方法应该有别于教育研究者所采用的方法而具有独特性。但教师进行教育科研的方法应该是什么样的呢？却不得而知。教育叙事的引进便纳入了那些苦于寻求教师从事教育科研方法的人们的视野，二者一拍即合，他们发现叙事无须太多专业训练就可以被教师所掌握。其二，当今教育研究愈来愈逼近丰富多变的学校教育实践。许多教育研究者开始积极关注课堂教学实践。人们也逐渐关注整合教育理论与实践的教育研究方法。教育叙事直面事件本身，关注教育生活，感悟生活意义的特点也着实能激起人们积极倡导，大力推行的热情。一时间，许多教育类期刊纷纷开辟"课程故事"、"课堂故事"、"教师手记"、"教育叙事"等专栏，向一线教师征集教育叙事文本，即教师记述自己教育生活中发生的有意义的故事。许多实验学校也以专辑、文集等形式推出本校教师撰写的反映课程改革的教育故事。一些专家学者也鼓励中小学教师动手记录身边的教育故事，希望这种科研写作方式能转变教师的思维方式，改造教师日常教育生活。

但是，热情过后我们不得不反思，叙事果真是教师进行科研的方法吗？本文的结论是否定的。其理由有三点：首先，真正的叙事研究主体是教育研究者，而非教师。如前所述，作为教育研究方法的叙事研究的研究主体是教育科研人员，他们是叙事研究的设计者和实施者。教师做经验叙事是为研究者提供有意义的研究文本,教师只是研究过程中的参与者。这一点看,教育叙事属于专门从事教育科学研究的专业人员的方法体系。其次,叙事研究的目的主要是从教育实践中浓缩、提升教育理论,形成公共的知识产品。虽然教师参与教育叙事有利于他们反思日常教学行为,但是,从事叙事的教师并不是为了找到研究问题的答案或解决问题的路径,供其他人使用,而是为自己,形成个人对经验的新的认识,提升从事教育活动的理性,获得一种自我的发展。如果使这种方式成为研究的话,那么研究一词无异于思考而被泛化得没有边际了。最后,把教育叙事看作教师科研方法已经造成理论与实践中的误区。一些人张冠李戴,机械地套用教育研究者进行叙事研究的具体过程与技术,视为教师叙事的方法。如"教师进入研究现场"这一滑稽可笑的研究步骤和要求。难道已经身处教育实践中的教师先要走出教育实践现场,再走进教育实践现场才能开展教育研究吗?另一些人将叙事研究简单化、庸俗化,把叙事研究看成大众化、平民化的方法,以为做叙事研究无须专门训练,似乎只要长着眼睛,会观察就能叙事一样。这种认识使得本来让人觉得不够"科学"的教育研究更加大打折扣。这也难怪有人借此指责"叙事"难登研究大雅之堂。[8]

我们应该还叙事研究的本来面目。叙事研究是教育研究者进行教育科研的一种研究方法。那教育叙事到底对教师而言意味着什么呢?从叙事概念演变的历史可以看出,叙事越来越成为教师实现自身发展的有效方式。教师参与教育叙事的初衷也是为了更好地思考自己的经验,提升经验的意义,获得专业上的发展。对于教师而言,教育叙事应该定位于专业发展的方式。

教育叙事何以成为教师专业发展的方式?

教师以叙事方式认识教育教学。故事是人们以叙事方式认识世界的结果。布鲁纳(Bruner,J.)告诉我们,人类有两种基本的认识世界的方式:一种是寻求普遍真理的方式(Paradigmatic Way),这是自然科学研究的基本方式,在这种方式的主导下,人们关注的是普遍意义上的"理"与"逻辑"。另一种是叙事的方式(Narrative Way)。人们通常运用叙事的方式寻求实践的具体的联系,关注事件展开的具体情节,而不是以抽象的概念和符号压制生活中的"情节"和"情趣"。这是一种面向事实本身,理解他人,体验生活的人文科学认识方式。[9]教师每天面对的是有着无限发展可能的、具体的、活生生的人。同时教育的目的是为了每个人成为他自己,因此谁也不可能预设每个学生存在的本质,也不存在适用于所有学生成长的一致的普遍规律。学生的成长表现为复杂性的、生成性的、面向未来的开放过程。教师没有理由仅仅依靠海市蜃楼式的"教育之理"、"教育之逻辑"认识学生,而需要走进学生的生活,关注每一次教学事件,倾听学生的心声,理解他们的故事,共同建构学生成长的故事。

教师以叙事的方式建构经验。杜威(Dewey, J.)认为教师的经验具有教育意义,教师是凭借经验去影响、教育学生。他说:"教育者的任务就在于看到一种经验所指引的方向,如果教育者不用其较为丰富的见识来帮助未成年者组织经验的各种条件,反而抛弃其见识,那么他的比较成熟的经验就毫无作用了。"[10]教师的发展即是教师教育经验的生长。康纳利等人进一步发展了杜威的观点,认为教师的经验是故事经验。教师的经验以叙事的方式建构,并以故事的方式存在。教师的经验是叙事经验,这种叙事经验是教师个人的生活史,也反映了教师生活其中的社会背景。教师是在叙事中研究自己的经验,反思自己的经验,搭造经验连续沟通的桥梁,由此教师专业发展的历程在叙事中显现。教师在叙事中理解经验的意义,看到经验的未来发展方向,主动促成经验的发展,所以可以这样说,教师叙事研究的过程是教师专业发展的历程。

(三)

教师有意识地叙述自己的教育经验,有利于教师面向日常的教育教学生活,反思自己的教学实践,从丰富的故事中汲取教育的诗情,增长自己的诗性智慧,这一过程就是教师专业发展的过程。具体表现为以下能力和素质的提升。

锻炼面向日常教育生活的观察能力。叙事将教师引向教学实践,直面教学事实本身,使得教师细心观察教学实施过程。这无疑会增强教师对教学实践的观察力和敏感性,从而见微知著,使教师从看似琐碎的日常教学生活中感悟教育的真意。正如范梅南(Max van Manen)曾说过的,描写生活世界的写作"不仅仅锻炼了我们的编写能力。写作锻炼我们的"观察"能力,使它成为可以展示的经验……在孩子们的世界中,同一种实践永远不会重复出现,我的写作,作为一种实践,使我在生活中的事件富有洞察力(我现在能够看到原先无法看到的东西)"。[11]

　　洞悉个人实践知识。一般认为，教师个人实践知识通常是内隐的，教师难以言明，但它却在很大程度上支配着教师的教育行为。如何解释教师的个人知识，使教师洞悉、把握其缄默的个人实践知识，对促进其专业发展有着重要意义。波兰尼（Polangi,M.）指出："经验叙事能给缄默的个人知识赋予声音。"施瓦布（Schwarb,J）称叙事不会丢弃个人知识的独特性、情境性、复杂性。马科因泰尔（Maclntyre,A.）进一步提到叙事可以帮助人们重新发现被理论研究遗忘的当代人的道德品质。康纳利整合了上述三人的观点指出，个人实践对于许多教师而言只是重构过去，专注未来，应付现时危机的方式。它内涵在教师过去的经验中、教师当前的身心中、教师未来的计划和行动中，撰写和讲述故事是探究、洞悉教师个人实践知识的最佳方法。[12]

　　提高教师反思探究的能力。教师叙事的过程也是探索教育意义的过程。此时，写作故事即是探究。传统的观点认为，写作是人们借助组织和修辞技巧，抽取和表达思想的一种行为。写作视为再现头脑中存在的观点和事实。后现代语言观则认为写作并不是结果的表达，语言总是以历时性、地方性的方式建构个人的主观性。因此，写作被视为建构意义的过程以及形成和表述写作前未知观念的方式，作者的观念是在写作过程中逐渐显现的。后现代语言学者坚持认为，文字在见诸稿纸和电脑屏幕之前，我们对将写出的内容一无所知。如斯克雪斯（Cixous,H.）曾说过，当我准备写作时，朋友们问我"写什么"？主题"是什么"？我对此一无所知。它神秘莫测，他只在被擒获之处迸发，如暴雨滂沱。[13]尽管后现代语言观彻底批判系统地、有目的、遵循逻辑的写作方式的观点难以令人认同，但是写作是建构意义的写作方式的观点确实具有启发性。教师撰写故事不是对已发生之事的简单追述，而是期待在故事中，重温教育经验、体验教育过程。可以说，教师撰写教育故事是对教育故事的再理解、再探索的过程。因而，展现故事是次要的。在展现故事的过程中，发现前所未有的教育意义则至关重要。对同一故事的每一个写作过程都意味着教师此时对教育的新解。教师虽然谈的是旧事，但获得的却是新的启示。

　　提升教师的课程意识。郭元祥指出，课程意识是教师对课程系统的基本反映和"课程哲学"。[14]从叙事的角度来看，教师的"课程哲学"不像教育家那样是一套完整的概念、原理系统。它意蕴于教师的经验中，并以故事经验的方式存在。教师的课程哲学通过故事来储存、传达。我们常常可以看到，教师通过列举自己的教学事例来阐明自己的教育观点。教师的"课程哲学"往往有多种声音混杂而成"合奏曲",其中既有个人的话语,也有权威的、官方的、理论的、流行的话语。通常的情况是,教师个人的声音往往被权威的、官方的、理论的、流行的话语所湮没,说着言不由衷的话语,或者成为"传话筒"贬斥自己的话语,依赖专家话语、高扬校方的声音,或者根本没有意识到个人声音的存在。教师成为教育中"沉默着的大多数"。教师的故事被埋没。巴克丁区分了"权威话语"和"内在信服话语"。权威的话语指学术的语言、官方的语言、制度的语言。内在信服话语指个人或小群体用来讲述自己生活和经验的话语。这种话语否认特权,并不为权威支持,通常也不为社会认可。巴赫金(Bakhtin,M.)认为人们的语言一半是自己的,一半是别人的,而且充斥着权威的话语。个体是在逐渐区分自己的声音与他人的声音,自己的思想与他人的思想过程中进化自我意识的。[15]撰写教育故事给教师一个倾诉、发现个人声音的绝好机会。教师在真实的故事中捕捉个人教育的观念,在个人实践的故事中发现属于自己的教育"真理",厘清教师个人的课程哲学与权威理论,看到个人课程哲学的价值,从而使教师不再为权威所束缚,继而实现个人哲学与权威理论的对话,在对话中,丰富提升个人的课程哲学,增强自己对课程系统的意识。因此,讲述教师故事就是彰显教师的"课程哲学",提升教师课程意识的过程。

参考文献:

[1] 耿涓涓.教育信念:一位初中教师的叙事研究[J].丁钢.中国教育:研究与评论(第2辑)[C].北京:教育科学出版社,2002.181—232.

[2] 李润洲.叙事研究:改进教师的教育生活[J].上海教育,2004,(03B):52—53.

[3] 张济洲.走入教师日常生活的叙事研究[J].上海教育科研,2003,(7):67—70.

[4][7][12]Conle,C. Narrative Inquiry:Research Tool and Medium for Professional Development[J]. European Journal of Teacher Education,2000. 23(1):49—63.

[5]Connelly,F. M. &Clandinin,D. J. Stories of Experience and Narrative Inquiry[J]. Educational Researcher,1990. 19(5):2—14.

[6] 康纳利,克莱丁宁. 叙事研究[J]. 全球教育展望,2003(4) :6—10.

许锡良. 评"怎么都行"——对教育"叙事研究"的理性反思[J]. 教育研究与实验,2004,(1) :5—11.

[8] Bruner, J. Actual Mind, Possible Worlds[J]. Cambridge, Ma: Harvard University Press,1986. 13.

[9] [美]约翰. 杜威. 我们怎样思维. 经验与教育[M]. 姜文闵译. 北京:人民教育出版社,1991. 263.

[10] [加]马克斯. 范梅南. 生活体验研究[M]. 宋广文译. 北京:教育科学出版社,2003. 171.

[11][13] Elbaz-luwisch, F. Writing as Inquiry:Storying the Teaching self in Writing Workshops[J]. Curriculum Inquiry,2002. 34:(4)403—428.

[14] 郭元祥. 教师的课程意识及其生成[J]. 教育研究,2003,(6):42—45.

[15] Bakhtin,M. The Dialogical Imagination,M. Holquist,ed. Austin[M]. TX:University of Texas Press,1981. 342—345

（本文发表于《比较教育研究》2005 年 6 期。作者王凯,时属单位为海南师范学院初等教育系）

三、国外教师组织的目标与运作策略探析
——以美、英、日三国为例

在世界上工业化较早的一些国家,教师组织已有悠久的发展历史,并且在过去的半个世纪中成为公共领域中最有影响力的结盟力量。教师组织的社会活动促进了世界上大部分地区的教育发展,"很多国家逐渐认可了教师拥有参与劳工运动、寻求集体协商、申诉甚至是罢工的权利。在这个过程中,教师工会在政治上变得强大起来,在国家、地区和地方各级影响着政府的政策。"[1]美国的政治学家在对各州的利益集团进行研究时发现,教师协会或教师工会的政治影响力名列各利益集团的首位,超过了商业组织,甚至是律师和医生组织。[2]根据这些研究发现,我们可以谨慎地得出这样的结论:教师组织是西方发达国家公民社会的重要组成部分,在国家的政治生活和教育改革与发展中发挥着举足轻重的作用。本文力图通过对美、英、日三国教师组织的比较研究,探析教师组织的目标诉求与运作策略。

(一)教师组织的目标诉求

从发生史来看,教师组织在 19 世纪末期首先出现在几个早期工业化国家。如美国 1857 年成立了全国教师协会,这是今天影响巨大的全国教育协会的前身;英国在 1870 年也成立了全国小学教师联合会,该组织在 1889 年为吸纳中学教师参与而更名为全国教师联合会;澳大利亚也于 1875 年成立了南澳大利亚公立学校教师联合会;此外,希腊于 1872 年,新西兰于 1883 年,加拿大于

1890 年相继成立了教师组织。此后,教师结盟主义在 20 世纪初期传遍了欧洲大地。[3]

19 世纪末 20 世纪初兴起于西方国家的教师结盟运动,在体现出文化差异性的同时也带有相同的历史境遇所赋予的共性。有研究者对五大洲 14 个国家的教师组织进行比较研究后发现,教师拥有相同的不体面的境遇:微薄的薪资,居于各地区最低收人者之列……有限的晋升机会和低微的社会地位。在有些国家,教师的收人甚至低于铁路工人、发电工人和邮递员。[4] 低微的薪资收人折射出低下的职业和社会地位,因此,早期教师组织的出现主要与改善薪资待遇和工作条件以及提高教师职业的专业地位有关。在一定意义上,教师组织的出现是教师专业化运动的一个重要组成部分。此外,在这一时期出现的世界范围的劳工运动高潮,为教师结盟提供了榜样和力量源泉。有些教师组织在成立时就加入了劳工团体,在增强自身力量的同时,获得了劳工组织在运作策略上的具体指导。

教师结盟运动的文化差异性体现在具体教师组织成立初衷的差异。在有些国家,如澳大利亚,教师组织的出现是为了挑战公立教育制度中官僚化的单边决策模式,从而维护教师的决策参与权和专业地位。而在一些集权主义的国家,教师组织则成为表达自由民主要求的先锋,体现了教师对公共利益的关怀和高度的社会责任感。基于不同初衷成立的教师组织,在发展历程中不断扩大其组织目标。时至今日,各国教师组织在目标诉求上体现出综合性的特点。这种综合性既是吸引不同诉求的会员的需要,也是教师组织能在群体利益与公共利益之间不断调整的结果。美国、英国和日本教师组织的目标诉求就体现了这样的特点。

即使在同一国家教师组织也呈现出构成上的多样性。教师往往基于不同的身份认同和利益追求参与不同的教师组织。美国最主要的教师组织是全国教育协会和全国教师联合会,前者往往被看作专业主义教师组织的代表,后者则更多的被贴上劳工主义教师组织的标签。全国教育协会的组织目标更强调教师专业能力的提升和权益的维护,教育和社会的整体改善;而美国教师联合会则强调教师权益的维护和对不平等待遇的对抗。两者组织目标的差异是其秉持不同发展路线的追求所致。全国教育协会一直标榜自己是专业组织,故而强调专业自主等目标,并以专业人员的姿态关注教育改革和社会进步。美国教师联盟成立之初就加入了美国劳工组织,成为第一个全国性的教师工会组织,故而其在组织目标上体现出了注重雇佣条件的特点。与美国两个教师组织的目标比较,英国全国教师联合会的组织目标主要强调教师专业自身的自主、权益维护、薪资待遇和政策参与。其组织目标没有涉及学生福利,也没有顾及教师作为普通公民的权益维护和促进社会的民主与正义。但是,在以后的运作过程中,英国全国教师联合会也非常关注教育的整体改善。在延长义务教育年限、中等教育综合化改革和国家课程改革的过程中,全国教师联合会都有积极主动的反应。由此可见,实质上,英国全国教师联合会并非一个拘囿于自身利益而不顾教育改善和学生福利的组织。在 20 世纪 30 年代,全国教师联合会与教育行政部门处于良好合作伙伴关系时期,就体现了信赖、咨询与交流的专业特点。

日本教职员组合是二战后追求和平与民主潮流的产物。它在 1947 年成立时即提出了体现这一主题的组织目标,坚持体现和平、自由和民主精神的教育,反对自民党推行的中央集权化的教育改革导向。其追求的目标可概况为以下三方面:建立"民主"的教育,提高教师的经济、社会和政治地位,为建立爱好和平与自由的"民主"国家而努力。[5]关于何谓"民主"的教育,日本教职员组合的总秘书长曾做过这样的界定:"人民的教育和为了人民的教育,是不受任何现任政府或任何偶尔占有政府的某个政党所控制的教育,民主的教育是由人民而不是由官僚所控制的教育。"[6]该组织的其他发言人也都反复强调过民主的教育是为人民所享有和控制,不沦为政府实施统治的工具的教育。这是具有职业责任感和独立人格的教师对战前军国主义教育所做出的强烈反应。尽管日本教职员组合的左翼立场和激进色彩使它很难直接进人决策层,但是作为右倾教育政策的批评者,它通过许多途径发挥了制衡国家主义教育政策的功能。

不同的社会文化环境以及不同教师群体的需求差异导致了教师组织的目标诉求在侧重点上存在差异,这是区别教师组织特性的一个重要根据。但是,每一教师组织的目标诉求又都不是单一的、狭隘的,而是呈现出综合性的特征。总而言之,教师组织作为多元社会中一种互益性的组织,其目标是保障教师的权益与福利;提升教师的专业能力与地位;参与教育改革并影响教育政策。但是,教师是一个具有高度伦理性的社会职业和教育实践行动,不论从微观还是宏观角度来看,都同时具有伦理性及公共性的意涵。因此,教师组织在目标上所关切的事务不仅仅是教师自身的工作权益,同时还有教育工作者对于教育事务的公共性、政治性和伦理性的自觉意识以及对学生福祉和社会正义的关切。如果教师组织在具体的运作过程中出现目标上的偏差,那么来自于组织内外的压力必然会迫使它做出调整。同时,在一个利益多元、权力相对分散的社会中,教师组织为达成目标必须采取适当的运作策略。运作策略的成功与否直接影响着组织目标的达成,甚至直接决定着组织本身的存亡。

(二) 教师组织的运作策略

教师组织的活动跟它们的目标追求一样,在各组织之间以及同一组织发展的不同阶段都存在着差别。一般而言,在组织发展的早期,运作活动的重点放在对其成员的直接服务上,如管理养老金、出版刊物及举办宣传活动以提高教师职业的形象。英国的全国教师联合会在成立初期由于为成员提供法律咨询与协助服务,从而成为许多教师入会的重大诱因。自 20 世纪 60 年代以来,虽然直接为成员提供服务的活动仍然是各教师组织不可或缺的部分,但是,在同雇主和政府部门的直接接触中施加影响以达成目标的活动已经成为教师组织运作的重心。概而言之,教师组织的主要运作策略包括:集体谈判、政治活动、会员服务活动等。

第一,集体谈判。尽管在有些国家,教师并不拥有完整的劳动三权(指工会结社权、集体谈判权和罢工权),但是很多教师组织仍然通过集体谈判保证教师在教育决策中的权利。教师组织的集体谈判是指教师组织与教育行政部门,就其共同关切的事务做出有秩序的协商与谈判,以便达成共同协议,做出规范双方行为的准则。美国教师组织大规模运用集体谈判活动始于 20 世纪 60 年代,目前,美国有 32 个州立法承认教师拥有集体谈判的权利,12 个州默许,只有 6 个州禁止。英国全国教师联合会运用集体谈判权的经典案例是 1919 年柏汉委员会的成立。该委员会促成了教师薪资协商机制的建立。由于在该委员会中全国教师联合会拥有绝大多数代表,因此,在 20 世纪 20 年代中期前,教师联合会便通过柏汉委员会掌握了全国教师薪资协议的权力。随着这一协商机制和全国性薪资等级制的确立,教师的经济与社会地位有了明显改善,从而促进了全国教师联合会与教育行政部门之间良好伙伴关系的建立。

集体谈判是教师组织最核心的功能,是组织获得经济和政治权力的基础。通过集体谈判教师组织可以吸引更多的成员,获得更多的资源并拥有政治行动的能力。当然,由于集体谈判过程本身的复杂性和微妙性,谈判失败的例子也并不少见。在集体谈判失利或在争论其他一些与教师权益有关的问题时,教师组织往往会运用罢工这种有争议的行为施加压力。综观英美等国主要教师组织的发展历史,罢工已不再被认为是工会性质的教师组织所采取的激进行为。即使是美国全国教育协会和英国全国教师联合会这样在目标追求上体现专业性的教师组织,在特定的历史时期也曾经不断运用罢工手段。尽管在美国仅仅有 9 个州允许教师拥有罢教权,但罢教仍然在大部分州发生。日本教师组织也不拥有合法的罢教权,但是日本教职员组合仍然不断使用罢教策略,从 1966 年到 1988 年所实施的罢教就达 35 次,参加人数高达 680 多万人。[7]

教师组织是否应该拥有集体谈判权与罢教权,在世界各国都是有争议的问题。对于支持者而言,教师的集体谈判权是教师参与教育决策维护自身权益,从而消除教育决策集权化的一种有效工具。而罢工是谈判过程的辅助手段,因为缺乏罢工这种威慑力,就不能给管理者有力的刺激以解决有争议的问题。而反对者则认为在集体谈判过程中,官方仅仅与教师组织这样一个特殊利益集团协商公共政策而将其他团体排除在外,这是与民主和代议制政府原则相悖的。而罢教则是教师为了实现集团的私利而损害了学生的福利和公共利益。罢教所形成的负担最终会落到儿童和家庭身上,因为他们没有从其他来源获得教育的选择。而且,不论是否得到学校教育,他们都必须纳税。来自于大众的这种反对与批判,对教师组织的形象产生了负面影响。

第二,政治活动。不可否认,教师组织是利益集团,其行为表现出与其他利益集团行为一样的典型特征。为了能够有效地影响教育决策,维护教师权益,教师组织必须通过多种政治活动施加压力与影响。由于政府官员是教育决策的主要参与者,民意代表也拥有参与教育决策的机会,因此,教师组织往往运用游说策略。教师组织游说的目的是公开表达他们对某些问题的关切,进而企图影响其决策过程。在有些国家,教师组织甚至直接投入到大选之中,直接推举自己的成员进人决策机构。为了增强影响力,与其他团体的政治结盟也时有发生。教师组织的政治活动是各国的利益集团政治所必须的,教师组织成为教师成员聚合利益诉求,形成并表达政策建议的中介。否则,在利益集团政治格局中缺失了教师的利益表达,社会也不会和谐稳定。

美国教师组织自20世纪60年代以来就积极参与政治活动,为了增加其政治活动的能量,全国教育协会率先于1972年成立了政治教育委员会。美国教师联合会也于1974年成立了政治行动委员会。这两个组织依靠来自于会员会费和个人捐款的强大经济能力,在美国政治中扮演着重要角色,被有些研究者称为"政治巨人"。美国教师组织作为利益集团不能直接推举自己的领袖参与竞选,但是其会员可以经由所属政党党内初选而获提名,然后教师组织便动员其人力和物力协助其会员竞选。而英国和日本的教师组织都可以直接推选自己的候选人参与竞选。在英国,全国教师联合会早在1877年就已实践推举教师代表参选国会议员的运作策略,因此,上下两院和政府内阁中经常会有教师组织的代表。日本政府1952年通过的《政治基金调节法》禁止各种组织直接为各党派捐献,并要求所有政治组织都要注册。为了防止执政党对教育的高度支配和中央集权化,直接推选候选人参与选举从而拥有在公共政策决策中的发言权,日本教职员组合成立了"旧本民主教育政治联盟"。通过这一合法的政治渠道,日本教职员组合可以自己选定候选人,筹措选举资金并进行拉票活动。该组织成立后的成功运作,使日本教职员组合的领袖不断被选人国会。尽管随着政治情势的变化,日本教职员组合的候选人参选和获胜的难度增加,但是这一直接的政治运作机制依然正常运转。通过与其他的一些左派政党,特别是社会党的合作,起到了制衡国家教育政策的作用。

为了增加影响力,教师组织也通过政治结盟,与其他的工会团体或政党共同合作。一般而言,走工会路线的教师组织,如美国教师联合会,或认为教师是劳动者的教师组织,如日本教职员组合,都倾向于加盟劳工团体。虽然在那些专业定位的教师组织看来,加入工会有损教师职业的专业形象,但在许多情势下,政治结盟仍然是教师组织借以提高自身影响力的重要策略。

第三,会员服务活动。如果说以上两类活动属于教师组织通过对外活动而为其会员争取福利的话,那么其会员服务活动则是教师组织本身为其会员提供的受益活动。尽管这类活动没有以上两类活动那么引人关注，但它对于教师组织的重要性却不容低估。各教师组织提供的以会员为服务对象的援助与资助活动，是吸引会员的重要手段。对于大多数教师组织的成员来说，教师组织的政治活动是次要的，首要的是随入会而来的直接实惠，不管是在经济、金融、保险、法律还是在专业发展方面。

几乎所有的教师组织都重视为成员提供法律援助服务。如美国的全国教育协会于1976年成立的Kate Frank/DuShane基金会就是为了保护教育者的人权、公民权和专业权。由该基金会发起的法律联合服务方案，为会员提供与雇佣有关的法律援助。此外，该协会实施的教师雇佣责任方案旨在使会员因工作问题而被起诉时免除个人的经济责任；协会职业责任方案则保护地方、州和国家级的协会官员和工作人员在为了全国教育协会及其成员的利益而受到起诉时，免受个人经济损失。[8]美国教师联合会也成立了法律诉讼基金会保护成员的权利。该基金会主要为地方和州分会的会员因工作关系而引起的法律诉讼提供法律或经济援助。

此外，大多数教师组织都非常重视教师专业能力的提升和整体教育质量的改善。教育研究和专业发展活动是达成这一目标的主要途径。教师组织一般通过出版专业期刊、书籍和报告等使其成员获得有关教育问题和有效教育实践的信息；各教师组织建立的网站为成员分享信息和参与专业讨论提供了平台。另外，教师组织还通过组织教育研究和专业训练活动激发组织成员的专业发展。一般教师组织都设有专门部门负责这些活动。如美国教师联合会就设立了教育问题部门，和各地方分会共同研究地方的教育改革及重建，并监督这些改革是否有利于学生学业成绩的提高。日本教职员组合为促进教育改革和教师专业成长而举行的教育研究活动也自成风格，其教育研究活动以基层教师的研究为主，大部分研究主题都是来自教师日常教学中遇到的实际问题。为了能给基层教师的实践研究以理论的检验，教职员组合还组织大学教授讲师团提供学理的指导，因此体现出理论与实践并重的特点。[9]

（三）结语

通过对几个有代表性的教师组织的目标与运作活动的分析，我们可以发现,不管专业定位的教师组织还是劳工取向的教师组织,在主要运作策略上都表现出趋同性,具有专业主义与劳工路线的双元特性。一方面它们希望跻身于专业行列,将自己归属于专业人士,并标榜自己是专业协会,拒绝加入劳工组织;另一方面,教师职业本身的社会经济地位和组织之间的竞争,则迫使他们运用群体的力量捍卫自身的利益,在运作策略上又表现出一些工会组织的特征。专业主义与劳工路线这对矛盾在教师组织的发展过程中此消彼长,成为教师职业尴尬处境的历史缩影。具体而言,当教师职业的社会经济地位低下并伴随较低的社会评价时,教师组织的"奶油与面包"的要求就占据上风;而当教师获得了较高的专业自主权利和较高的社会评价后,则专业主义的诉求就会成为关注重心。第二次世界大战以后,随着世界范围内的劳工运动的复兴,教师组织的劳工取向愈益明显,在运作策略上越来越依赖集体谈判、罢工和政治活动等运作策略。当教师组织为了自身利益而不断运用这些劳工组织的运作手段,并在其刺激下成为"政治巨人"之时,教师组织的专业角色和教育功能则滑向了组织关注的边缘。由此引发了公众和许多专业人士对教师组织的批评,教师组织也蒙上了自利组织的不光彩形象。

历史地看,因时而变、因势而变是教师组织得以延存发展的关键。当今,英美等国教师组织涌现出的"新工会主义"取向,就是在新的历史条件下的一种自我调适策略。"新工会主义"主张将教师组织的自我利益与公共利益结合起来,从强调对教师的保护转而强调对教学工作和整个教育的保护,明确提出教师组织的目的不是保护那些最不称职的成员,而是要积极参与教师的专业发展。在与教育行政机构和教育管理者的关系上,新工会主义强调合作而非对抗,集体谈判不再局限于教师雇佣条件的协商,而是扩展到共同关心的更广泛的领域。新工会主义旨在实现教师组织的工会角色与专业角色的调和,从而更积极有效地发挥组织的功能。"新工会主义"在教师组织的自我利益与公共利益之间做出了合理调适,体现出更强的专业化取向,因此,它在一定程度上预示了世界教师组织的发展趋势。

参考文献:

[1][4] B. S. Cooper. Labour Relations in Education: An International

Perspective[M]. Greenwood Press，1992，P. 5.

[2] Terry M. Moe. A Union by Any Other Name[EB/OL]. http//www. educationnext. org/20013/38moe. html. 2005/01/12.

[3] John P. Synott. Teacher Unions，Social Movements and the Politics of Education in Asia[M]. Ashgate Publishing Limited. 2002. P. 3.

[5][6] Donald R. Thurston. Teachers and Politics in Japan[M]. Princeton University Press，1973，P. 93，P. 94.

[7][9]沈春生. 美日两国教师组织运作策略之比较[A]. 台湾比较教育学会主编. 新世纪的教育挑战与各国因应策略[C]. 台北:扬智文化事业公司，2000，357—387.

[8] Charlene Haar. The NEA and the AFT：Teacher Unions in Power and Politics[M]. Pro—Active Publications，1994，P. 46.

（本文发表于《比较教育研究》2006 年第 9 期。作者许建美，时属单位为南京师范大学教育科学学院）

四、以苏霍姆林斯基的名义与中国教师共勉

2009 年是新中国成立 60 周年的大庆之年。这是我第四次以苏霍姆林斯基的名义踏上贵国土地。乌克兰教育家苏霍姆林斯基的教育思想能够广泛、持久、深入地在中国得到传承和探索,苏霍姆林斯基的教育实践能够持续不断地在中国的学校里被创造性运用,这使我感到非常的欣慰和自豪。

苏霍姆林斯基是 1970 年去世的,到 2010 年就整整 40 年了。整个世界在迅疾地变化着,重新组合着,发生了巨大的变化。与此同时,随着变化而来的是全球化和世界一体化的浪潮。在一体化和全球化进程当中,每一个国家、每一个民族都在努力保持着自己的优秀文化传统和祖辈们留下来的精华,这也包括每个国家或民族业已成形的教育思想和学习活动。像中国的孔子,他是两千多年前的人物,但他的思想不但被保留了下来,而且在世界范围内一直被研究着;像乌克兰的苏霍姆林斯基,虽然他离开我们已近 40 年,但他留下了他的思想,留下了使乌克兰人引为自豪的,同时被许多国家教育工作者研读、实践的教育财富。这都是教育的真谛,思想的精华。这些久远或不太久远的有关育人的真谛被保留下来,它们不会因为时代的变化而消失。因为事实证明,它们对现代人、现代教育、现代学校仍然有巨大的影响。

苏霍姆林斯基教育思想的时代意义和价值不依赖于城市的位置、地方的远近、学校的大小、是农村还是城市,而是永恒的,它不论对学生、对教师、还是对教育管理者,甚至对家长都有着重要影响。

第一个意义是对于儿童的爱、对儿童的尊重。苏霍姆林斯基认为对于孩子——一个真实的人的爱,不应受年龄、性别、性格、身体和智力发展水平的影响。爱和尊重首先是要从正面给孩子以肯定。只有发现、肯定他的优秀品质,

而不是盯住他的弱点、强化负面、否定的评价,他才能够很好地发展。爱孩子要首先理解孩子,肯定孩子。如果这个孩子能正确地认识自己的价值,他就不会不尊重别人,不爱别人。而"学会尊重自己、爱自己"这样一个品质刚刚步入学校的孩子来说,是不可能自发生成的。孩子是需要学校、需要教育、需要教育者的。

在当今社会,我们发现,在问题儿童身上存在着各种各样的问题,这些问题包括生理的、心理的、认知的、道德的等很多方面。苏霍姆林斯基尤其关注那些有问题的孩子。苏霍姆林斯基在工作时就发现,这种孩子(当然不是非常严重的疾患儿童)常常被清除到普通学校之外:或者是被还给父母,或者是被送进特殊学校,有的甚至被划入工读学校的名单之中,也就是被排除在正常的教育体制之外。在中国可能也会有这样的现象。对此,苏霍姆林斯基认为,这不仅不是一个正确的途径,而且绝对不应当成为途径。应当让这些问题儿童进入普通学校,生活在健康的孩子群体当中,因为他们的发展是最难的,只有在与普通孩子的共同交往中、在教师有意识的指导下,参与共同的教育活动和学习过程,这些有问题的孩子才能得到最大限度的发展,才有可能成才。但具体如何实施,则需要教师、教育管理者非常细致、耐心地思考和行动,需要教育者的真挚的爱心和丰富的智慧。由此才产生了苏霍姆林斯基的人道主义教育思想。

苏霍姆林斯基教育思想时代价值的第二个意义,我认为是倡导每个人、每位教育工作者都应当更关注孩子心灵成长的主张。精神的教育、道德品质的培养在苏霍姆林斯基看来,不应当是某一个人做的事,而应当贯穿于学校全部活动中、贯穿于每一位教师的教学活动中、贯穿于每一门具体的课程中、贯穿于每一个家庭之中。道德世界对个人的精神世界是有重要影响的。在形成孩子美好的精神世界的多种影响因素中,有一个非常重要的内容,就是教会孩子如何感知幸福、如何拥有一个真正的幸福童年。

每一所学校、每一位教师、每一个教育工作者都希望自己的学生是一个幸福的人,是一个懂得幸福的人,是一个会感知幸福的人,但是授人以幸福、感知到幸福,在每个教师、每个孩子,甚至每个家庭生活中的理解是不一样的。比如,有的家长认为,孩子在财富上、物质上是富有的,就是幸福;比如,孩子对于幸福的理解或许会受到周围同伴的影响:他可能以得到自己没有却非常希望拥有的东西为幸福标准；再比如有的教师会认为，他努力教给学生更多的知识，而学生掌握了更多的知识，这就是幸福。

　　面对幸福的五花八门的理解，苏霍姆林斯基怎样阐释和实现自己的幸福观呢？他把自己的理性思考与创造性实践结合在一起，在自己的学校创立了一个关于幸福教育的模式，这个教育模式的核心是建构一种学校文化：情感文化和需求文化。多数的学校活动中可能都没有这两项内容。比如，苏霍姆林斯基特别注意培养孩子们谦虚、自信的品质，这是两种处理不好可能会顾此失彼的品质，必须要有意识地在营造情感沟通、情感互信的氛围中引导和培养，要先让孩子们感知到这种谦虚、自信的品质对于一个人有多么重要，要用直观的情感交流唤起他们的这种愿望，当然，这种自信和谦虚是有程度限制的，应当不会超越父母和正常理解的范围。用爱心赢得爱心，用信任赢得信任，用关心教会关心，用尊重教会尊重，等等，这些都属于情感文化的内容。

　　另一种文化是需求文化，也叫愿望文化。愿望文化是培养孩子们有帮助别人的愿望或者需求，尤其是在青少年这个年龄阶段。要注重引导男孩子帮助女孩子，引导大孩子帮助小孩子，引导孩子帮助比自己弱的孩子，帮助需要帮助的老人、老师，甚至父母。学校、教师要从心灵中唤起孩子们这种帮助他人的愿望，使他们拥有这种需求。所有事情都是从细微之处做起，每天的学习活动、熏陶活动都是在这样一个看似很简单的内容之上的。苏霍姆林斯基的确建立了这样的学校文化体系。

　　第三个方面的现实意义是校园文化的思想。这种文化是说学校所发生的任何事情，学校所展现出来的任何一种形象，都应当体现这个学校的办学体制和愿望文化。苏霍姆林斯基说过，尽管教学大纲一样、教学计划一样，但是现实中仍然出现了各式各样不同的学校。苏霍姆林斯基认为，一个优秀的学校应该是一个有良好文化氛围的学校。

　　这里重要的是每一个孩子、每一个班级、每一个老师用他们自己的力量和智慧对这个学校的氛围做了什么。别人只是给这个学校提供最大的物质帮助，只有主人们，老师和学生用自己的双手，包括父母和孩子们一起用双手构建的学校环境，才是具有自己独特风貌的学校。在贡献自己的智慧、付出自己的感情、建设自己的学校的过程当中，建设者都会获得一种责任、愿望及需求的满足。

一般而言,教育机构存在两种大纲:一种大纲是来自上面的、整个教育体系的大纲,这是由国家规定的,或由地方教育管理部门规定的而每个学校不可能更改的教学大纲;另一个则是同样必不可少的,非常重要而且又具有特色的大纲。苏霍姆林斯基的体系中所拥有这样的大纲,是可更改的,可以自己做主的大纲。这种大纲是个性鲜明的大纲,是可以针对不同的孩子、个别孩子的大纲。这种大纲应该是针对个别孩子的特殊个性,甚至针对教这个孩子的某一个课任老师所做出的一些规划,是区别化、个别性的大纲。就像顾明远先生报告里面讲到的,他赞成苏霍姆林斯基的和谐教育思想。和谐教育思想在苏霍姆林斯基那里正是通过这个第二个个性的大纲来实现的。因为在苏霍姆林斯基眼里,孩子从来都是不一样的,每个孩子有每个孩子的特点,每个孩子的智力发展、精神发展及生理发展都是各有特点的。所以,和谐发展对于不同的孩子有着不同的尺度。这就不可能对所有孩子使用同样的标准来实现和谐发展。也就是说,尽管同属于有个性的孩子,但他的智力水平、身体发育状况,甚至他的特殊脾气的程度也是不一样的,每个人都有他们各自不同的特性。然而人类有一个共同的道德准则,教育也有一个学生发展的普遍性目标。所以,苏霍姆林斯基认为,这种公认的道德的目标是应该放在第一位的。要实现这个目标,应当是学校全部活动、各个教学科目都要为之服务的,都服从于它的。当然,所有这一切,没有教育者、没有学校及教师的参与是不可能实现的。

教师是学校的形象。对于学生来说,教师就是教育的面孔,是孩子在校学习阶段所接触的最重要的人。所以,学校取得怎样的成就,学校任务完成得怎样都取决于学校的教师怎样实践和完成他的教育目标和教育职责。简而言之,我觉得教师应该热爱孩子,热爱教师职业,热爱自己的学校。这就是教师行为的主旨,不论时间和环境如何变化,这一点永远也不会改变。

苏霍姆林斯基以自己对教育的感悟和实践给他的同事们和乌克兰的教师们写了《给教师的一百条建议》。我知道,在中国,这本书是所有外国教育译著中发行量最高的;在中国教师那里,这本书也是苏霍姆林斯基众多著作中知名度最高的。所以,像今天我讲的这些东西,诸位也可以在《给教师的一百条建议》里找到它的影子,包括另一本书《和青年校长的谈话》中也有这样的内容。

我非常想对在座的和所有的中国同行们说,真心地希望你们在完成自己非常不简单的、非常艰巨的教学任务的过程中,能借助苏霍姆林斯基的著作,或者是苏霍姆林斯基的教育言论解决工作中的难题,引发创造性的思考,实现自己的教育理想。如果这些都成为现实,就足以证明苏霍姆林斯基教育思想的时代价值了。我也是教育工作者队伍中的一员,我真诚地希望能以苏霍姆林斯基的名义与你们共勉。

（本文发表于《比较教育研究》2010 年第 3 期。作者 O. B 苏霍姆林斯卡娅,时属单位为乌克兰教育科学院;作者肖甦,时属单位为北京师范大学国际与比较教育研究院）

五、今天,我们向苏霍姆林斯基学什么

我们今天究竟应该向苏霍姆林斯基学什么？当然,苏霍姆林斯基著作中有些技术性的东西,至今可以"拿来就用";还有一些教育观点,也可以在今天赋予新的内涵继续产生指导意义。今天,我们学习苏霍姆林斯基,并不在乎什么显赫隆重的形式,而在于是不是真正静下心来阅读苏霍姆林斯基的著作,研究他哪些思想可以用于今天中国的教育实践,并在实践中创造性地将苏霍姆林斯基的教育思想中国化。

最关键的是要学习苏霍姆林斯基教育思想的几个方面。

第一,学习苏霍姆林斯基对孩子、对教育真诚而持之以恒的爱,这是最最根本的。学习他对孩子、对教育几十年如一日始终保持的一颗纯真透明的赤子之心。他对孩子没有半点私心,他对教育没有半点功利之心。教育就是他的宗教,孩子就是他的上帝。他对孩子的爱,不是一种教育艺术,更不是一种教育策略或技巧,而是从心底散发出来的人性芬芳。正如苏霍姆林斯卡娅说过:"苏霍姆林斯基是一个很温厚的老师,感觉就象是在你旁边,很温和的,他不会粗暴地触碰孩子的心灵。"苏霍姆林斯基告诫年轻的教师:"如果每个儿童的喜悦和苦恼都敲打着你的心,引起你的思考、关心和担心,那你就勇敢地选择崇高的教师工作作为自己的职业吧,你在其中才能找到创造的喜悦。"[1]他正是这样的人,正是儿童的喜悦和苦恼敲打着苏霍姆林斯基的心,引起了他的思考、关心和担心,教育才成为他进行创造并获得喜悦的终身事业。苏霍姆林斯基是一个纯真的人,面对纯真的孩子,从事着纯真的事业,从没有想过要借教育而名扬天下,流芳千古,但他的名字和事业却因此而不朽。

　　第二，学习苏霍姆林斯基独立思考、勇于坚持真理的高尚品格。苏霍姆林斯基是一名真正的布尔什维克，是共产主义理想的坚定信仰者，同时又是真诚的人道主义者，是忠于真理且富有社会责任感的知识分子。因此，教育对他来说，不是为了应付差事，而是实现自己的社会理想——培养有高尚情操且终身幸福的真正的人——的途径或者说手段。他当然要执行国家的教育方针，但他首先需要忠于的不是上级文件，而是学生的心灵。当二者发生冲突的时候，他首先选择孩子。他痴情于孩子和教育，因此赢得了包括共和国列宁勋章在内的荣誉；同样因为痴情于孩子和教育，他多次对违背教育规律、侵犯儿童心灵的指令予以坚决的抵制，同一切形式主义的"教育"做毫不妥协的斗争，因此而遭到粗暴的批判。但他毫不屈服，依然"我行我素"，在远离莫斯科、远离喧嚣的帕夫雷什中学走自己的路，为此他付出了沉重的代价。当然，这些所谓的"代价"是从世俗功利的眼光来看的，而在苏霍姆林斯基看来是不屑追求的。"一切为了孩子，为了孩子的一切，为了一切孩子"，这在今天的中国几乎成了每一个学校最响亮的口号，可在苏霍姆林斯基那里，不是口号，而是贯穿一生的每一天的具体实践。追求真理、忠于心灵、坚守良知，这是苏霍姆林斯基作为知识分子最宝贵的品格。

　　第三，学习苏霍姆林斯基"目中有人"的教育观。乌克兰学者们多次强调苏霍姆林斯基是人道主义教育家，是不无道理的。"教育，这首先是人学"。这是苏霍姆林斯基对教育下的一个独特的定义。孩子在苏霍姆林斯基眼中不是学习的机器，不是考试的机器，不是分数单，不是录取通知书，而是一个精神的宇宙。"每一个儿童都是一个完整的世界"。当今是"科技时代""数字时代""电子世纪""核子世纪"，苏霍姆林斯基则鲜明地提出，当今首先是"人的时代""人的世纪"！因此，他所有的教育研究、探索和实践都是对准人的心灵，都是为了人的全面与和谐发展。让每一个从自己身边走出去的人都拥有终生幸福的精神生活，这是苏霍姆林斯基的教育理想。这里的所谓"终生幸福的精神生活"，当然包括道德因素，即只有给别人以爱和幸福的人，自己才能获得爱和幸福；但也不仅仅是道德因素，同时也有智力因素，苏霍姆林斯基认为，不论是未来的科学家、思想家、艺术家、工程师、技师、医生，还是未来的钳工、车工、农机手、拖拉机手，乃至泥瓦匠、炊事员都应该具备一个共同特点，就是以智慧和创造性在劳动中起主导作用,他们都应当善于创造性地思考,应当是富有智慧的人。在这里,我们可以看到,苏霍姆林斯基眼中的人,决不只是少数有可能成为科学家、艺术家等名人的天才少年,而更是包括了未来成为普通劳动者的大多数孩子。有人曾经质疑:"苏霍姆林斯基为什么没有培养出同他一样赫赫有名的杰出人才?"进而怀疑苏霍姆林斯基教育思想的伟大。我认为,这种想法是偏颇的。一个人能否成为科学家甚至获得诺贝尔奖,更多和他的天赋以及家庭教养有关,和学校也有关,但关系不大。如果我们只盯着学生是否获得了这样或那样的大奖,是否考上了清华、北大或哈佛、耶鲁(甚至为此目的不择手段地挖他校的优生),而忽略了培养无数善良、勤劳、富有智慧的普通劳动者,这是教育的悲哀!对比当今中国的教育实际,苏霍姆林斯基的"人学"有着强烈的现实针对性。

第四,学习苏霍姆林斯基实事求是的科研精神。现在,中国的教育科研不可谓不热闹,应该说,绝大多数都是脚踏实地面对实际的真科研,但为装潢门面,脱离实际甚至自欺欺人的"假科研"也为数不少。我们应该学习苏霍姆林斯基,不能把科研的目光老盯着"上面的精神",而应该把教育科研的目光对准具体的学生,对准学生的心灵。苏霍姆林斯基告诉我们,教育科研课题不是上面下达的,而是教育实践本身提出的。今天看来,苏霍姆林斯基的许多教育思想有着相当的超前性:关于人性的教育,关于创造能力的培养,关于职业技术教育,关于研究性学习,等等。但这些观点都是苏霍姆林斯基面对教育实际自然而然得出的结论。他的教育科研是"真教育"。他的教育科研不是冷静的研究,而是充满感情的投入,是全身心的实践。对他来说,教育科研和教育实践不是两件事而是一件事。教育科研不仅仅是坐在办公室里的冥思苦想的脑力劳动,而同时也是与学生一起摸爬滚打,和学生心心相印的体力付出。因此,他身为校长,始终兼任语文教师,几十年不断地研究这门课的教学问题;又如,他曾试办六岁儿童的预备班,接着又从一年级到十年级,连续担任这个班的班主任,在10年内跟踪观察和研究了解学生在童年、少年和青年期的各种表现。我不知道,古今中外的教育家中,还能不能找到第二位这样的教育家——他先后曾为3 700名左右的学生做了观察记录;他能指名道姓地说出25年中178名"最难教育的"学生的曲折成长过程。另外,他教育科研成果的展现形式更多的是案例,是教育手记。所以,他的著作非常平易近人,可读性强,而且富有文学的魅力。苏霍姆林斯基的著作告诉我们，经典之所以是经典，不是因为深奥而是因为深刻，而这"深刻"又往往是通过非常朴素的形式表达出来的。

那日，当我离开苏霍姆林斯基墓地，回头望去，原野之上，蓝天之下，苏霍姆林斯基的雕像顶天立地。是的，苏霍姆林斯基是真正的大地之子！今天，我们最应该向苏霍姆林斯基学的是——怀着一颗纯净朴素的心，从事纯净朴素的教育！

参考文献：

［1］［苏］B. A. 苏霍姆林斯基. 给教师的一百条建议［M］. 周蕖. 王义高等译. 天津：天津人民出版社，1981.

（本文发表于《比较教育研究》2010 年第 3 期。作者李镇西，时属单位为四川省成都市武侯实验中学）

六、博洛尼亚进程下欧盟教师教育的探索与创新

（一）博洛尼亚进程：欧盟高等教育改革框架

博洛尼亚进程是 29 个欧洲国家于 1999 年在意大利博洛尼亚首次提出的欧洲高等教育改革框架协议，其目标是在欧洲范围内统一实施高等教育改革，创建欧洲高等教育共同体。发起国希望，到 2010 年，欧洲博洛尼亚进程签约国中任何一个国家的大学毕业证书和成绩都将获得其他签约国的承认，大学毕业生可以毫无障碍地在其他欧洲国家申请硕士阶段的课程或寻找就业机会，实现欧洲高教和科技一体化，建成欧洲高等教育区，为欧洲一体化进程做出新贡献。[1]博洛尼亚进程规定，在所有欧洲国家设立大学第一阶段和第二阶段学习，其中第一阶段的学习至少为期 3 年；建立欧洲学分转移系统；实现学生和教师的自由流通。[2]但它并未规定在 2010 年前欧洲各国采用相同的教育体制。相反，欧洲尤为注重保持各成员国的多样性与欧洲统一性的平衡。博洛尼亚进程致力于帮助各高等教育团体人员的流动，为他们在各国、各教育体系之间自由往来铺路搭桥，即便各国高校的学位制度趋于统一，仍应当保留各高等教育体系的特色。[3]

（二）博洛尼亚进程下欧盟教师教育的探索与创新

为探索博洛尼亚进程下教师教育发展的新模式，欧盟采取了一系列教师教育改革措施。

1. 统一欧盟教师教育立场：高度关注教师教育

早在制订欧盟未来教育发展目标之前，欧盟成员国就曾提议创建教育部长代表论坛，共商欧盟教师教育大计。2000 年欧洲教师教育政策联盟启动，旨在推进欧盟成员国间教师教育政策的合作。目前，该组织已就与教师教育主题相关的问题组织召开了 17 次会议。为配合 2010 年教育与训练工作计划，2002 年 9 月，"促进教育培训者与教师的教育"工作组成立。欧盟高度关注教师教育的原因：一是担心教师短缺；二是关注教学质量。[4]有数据表明，教师短缺问题在一些欧盟国家将日益严重。未来若干年，如何更替一大批教师将成为欧盟教育的一个重要问题。未来 10 年，欧盟将需要超过 100 万的合格教师。[5]教师短缺问题还引起了人们对于教师质量的关注。与教师供给相比，教师质量则是更具质性的问题，它反映了教师专业群体在学术背景、性别、知识和技能等构成的趋势。[6]在对教育政策具有潜在影响的变量中，那些关乎教师、教学的因素势必对学生的学习产生最重要的影响。[7]当今时代和社会发展对学校的要求已日益苛刻，学校不得不应对不同语言和复杂背景的学生，对于文化与性别问题保持敏感，促进宽容与社会凝聚力，对于有缺陷、学习困难的学生做出有效的回应。同时还需运用新技术，在快速变迁的知识领域、学生评价手段等方面与时俱进。[8]

2. 确立欧盟教师教育的共同原则：《欧洲教师能力与资格的共同准则》

"促进教育培训者与教师的教育"工作组已发布了两份报告。第一份报告关注教师角色转变和教师教育政策发展趋势。报告指出，知识社会对教育产生了深远的影响，今日学校在招生方面拥有更加多样化的标准，这给教师角色带来了新挑战。为应对挑战，必须培养贯穿于整个教师职业生涯的一系列专业能力：促成新学习成果的能力，重建课堂管理的能力，从事课堂外工作的能力，如参与社区与社会合作，在正规学习环境和专业实践的各个领域中融入信息技术，提高教师专业化程度、增强教师个人专业发展的责任等。[9]在教师教育政策方面,报告展望了四大趋势:界定教师专业标准,确保教师掌握应对教师角色变化的技能与能力;教师教育与学校之间的合作关系;基于研究的教师教育;教师教育质量控制。[10]

第二份报告旨在构建欧洲共同框架的指导原则。2005年6月出台的《欧洲教师能力与资格的普遍准则》确立了四项共同准则:[11] ① 教师是资格完备的职业,所有教师必须毕业于高等院校。教师教育是具备多学科性质的事业,它将确保教师具备广泛的学科知识、良好的教学法知识、指导和支持学生学习必备的技能与能力,以及教师对于教育的社会文化层面的深刻理解。② 教师是终身学习的职业,应支持教师在其整个职业生涯中提高知识和教学水平。③ 教师是流动的职业,应鼓励教师到其他欧洲国家学习进修并谋求职业发展。④ 教师是合作的职业,教师教育机构应将学校、地方工作机构、实践培训机构等利益相关者组织起来,精诚合作,共同发展教师教育。它还提出了教师应具备的三项关键能力:与他人合作的能力,学习知识、技能与信息的能力,在社会中学习和工作的能力。为实现上述目标,目前欧盟委员会已通过"苏格拉底计划"下的"夸美纽斯行动"、"伊拉斯谟行动"和"达芬奇计划"为教师能力建设项目提供支持。新近实施的欧洲"终身学习计划(2007~2013)"也增加了对教师流动和教师教育机构间合作的支持力度。此外,欧洲社会基金也将为教师教育与培训系统的现代化建设提供资助。

3. 开展欧盟教师教育的共同行动:同行学习活动

博洛尼亚进程的具体实施需要从各成员国之间、成员国内部及各学术团体三个层面共同努力完成。[12]首先,各成员国间主要利用现有的多种合作模式推动博洛尼亚进程向纵深拓展。官方命名为"博洛尼亚学术研讨会"的系列研讨会将在全欧洲范围内举行,学者们将围绕博洛尼亚进程进行深入探讨,具体分析实施过程中遇到的困难以及进一步合作的空间。每两年召开一次的各成员国高等教育部长级会议对已经完成的工作进行总结,明确目标,布置下一阶段的工作重点。其次,在成员国内部,由政府和教育部长牵头,发动组织大学校长论坛和学术团体会议,同时邀请学联、质量保险公司及企业主参加,共同商议博洛尼亚进程后高等教育的发展方向。再次,在学术团体层面,由于制定教育和教师教育的法律法规是欧盟各成员国的责任,欧盟首脑会议在教育方面的权力十分有限。为支持教师教育政策,欧盟采取了一种更为间接的策略,被称之为"开放合作法"。[13] 在这一教育协调机制框架下,自 2005 年以来,欧盟各成员国已开展了一系列颇具影响力的教师教育研究者同行学习活动,其主题有:[14] 教师与教师教育者的持续专业发展;作为教师专业发展共同体的学校;在多元文化背景下准备教师有效教学;教师教育机构与学校的伙伴关系;职校与公司的合作:教师与培训者的角色;职校办学自主权:作为变革主体的职校教师;新教师入职教育政策等。单从同行学习活动的主题看,欧盟教师教育的研究热点可见一斑。

4. 发布欧盟教师教育的共同宣言:《欧盟理事会关于提高教师教育质量的决议》

2007 年 8 月 3 日,欧盟委员会向欧盟理事会和欧洲议会提交了一份题为《提高教师教育的质量》的政策文件。文件指出,欧洲目前约有 625 万全职教师,而社会对教师数量的需求仍在增长。教师职业的工作环境越来越具有挑战性。尽管欧盟理事会近年来多次强调教师教育的重要性,但各国教师教育实际进展缓慢,这对欧洲教育质量造成了不良影响。2007 年 12 月 12 日,堪称欧盟教师教育共同行动宣言的《欧盟理事会关于提高教师教育质量的决议》发布。决议指出:[15] ① 高质量的教学是高质量的教育与培训的前提条件。除社会经济和社会研究等政策领域之外,高质量的教育与培训也是提升欧洲长远竞争力、提供就业机会能力、实现里斯本目标的重要决定力量。② 教学提供一种举足轻重的社会服务,教师发挥着关键性作用。教师认识并助推学生才能的发展,促进学生个体成长,完善潜力,帮助他们获得多方面的知识与技能以及将来他们作为社会公民所必需的个人、社会与专业生活的核心能力。③ 教师应对课堂中日益增长的社会文化多样性的能力对于推动更加公平的教育机会和教育体系至关重要。④ 在欧洲教育与培训体系现代化的过程中,教师的教育和训练极其关键。有效教师教育体系的形成将有助于提高未来教育成就的整体水平,加速实现"教育与培训 2010"工作项目共同目标的步伐。⑤ 欧盟成员国应优先保证:在终身职业的视野下维持和提高教师教育质量。

在上述决议中,欧盟一致认为:[16] 第一,应努力确保教师:① 持有高等教育机构颁发的证书,使教师在理论研究、教学实践两方面取得适当的平衡;② 具备学科专业知识和必备的教学技能;③ 在教师职业生涯的起步阶段,拥有获得有效的早期职业支持项目的机会;④ 在整个教师职业生涯中,获得足够的职业指导;⑤ 在整个教师职业生涯中,得到鼓励与支持,以审视自身学习需求,通过正式和非正式的学习,包括海外交流、海外定点学习等方式获取新知识、技能与能力。第二,应努力确保那些具备领导才干,同时又具有教学技能与经验的教师获得高质量的学校管理与领导力培训的机会。第三,应努力确保职前教师教育、早期职业支持和教师持续专业发展的协调开展,保持内在一致,并获得足够的资源支持和质量保障。第四,应采纳那些旨在提升教师资格水平、教师实践经验水准的方法。第五,应鼓励学校与教师教育机构间形成更加紧密的联系和伙伴关系,学校应成为学习共同体。同时,应保证教师教育机构提供协调一致、质量卓越和贴近实践的教师教育项目,以有效回应不断变化的学校、教师和整个社会的需求。第六,应在整个职前教师教育阶段、早期职业支持阶段和教师持续专业发展阶段,促进教师习得一系列能力,使他们能够:① 传授知识;② 创建一个相互尊重、相互合作、安全、有吸引力的学校环境;③ 在多元社会文化背景、多种能力与需求、包括特殊教育需求的学生组成的课堂中有效地开展教学活动;④ 与同事、家长和社区密切合作;⑤ 参与并推动所在学校或培训中心的发展;⑥ 学习新知识,通过参与反思型实践与研究开拓创新;⑦ 在不同任务和教师持续专业发展中充分利用信息与通讯技术;⑧ 在终身专业发展中成为自主的学习者。第七,应为教师教育机构、教师教育者提供适当的支持,使教师教育机构、教师教育者在应对教师教育的新要求时做出创造性的回应。第八,应支持为教师、师范生和教师教育者而设计的流动项目,以便对他们的专业发展产生重要影响,同时培养他们更为深刻的多元文化理解力,意识到欧洲教育的差异性。第九,应采取一切合适的措施使教师职业成为一种更具吸引力的职业。

在欧盟委员会的支持下,欧盟理事会呼吁并邀请各成员国:[17] ① 团结协作,推动开放合作框架下的欧洲合作。凡事与利益相关者充分商讨,并将"开放合作"作为"教育与培训 2010"工作项目及其后续项目的一项核心政策目标,推动上述决议中教师教育优先政策的顺利实施。② 采用"开放合作法"、终身学习项目、第七个研究与技术开发框架项目、欧洲社会基金等措施,催生与教师教育政策密切相关的知识,深化交流学习,创新教师教育项目,推进教师、教师教育者和师范生流动等一系列改革。

为支持欧盟成员国顺利实施欧盟理事会关于提高教师教育质量的决议,欧盟委员会倡议未来合作的重点在于:[18]① 确保职前教师教育、入职教育、教师在职专业发展协调一致,并获得足够的资源支持和质量保证;提升在职教师教育的供给、质量和实施成效。② 审查教师招聘制度,吸纳最优秀的教师人选,挑选最好的人才进入教师队伍,并将优质师资放置于富有挑战性的学校之中。③ 改进学校领导招聘方式,让领导者为提高学生学习、教师发展作好准备。

(三) 结语

为全面提高欧盟教育质量,增强欧盟的国际竞争力,欧盟一直在不断地加大教师教育改革的力度,力图通过教师教育改革保障欧盟整体教育质量,推动欧洲一体化的进程。在博洛尼亚进程框架下,欧盟教师教育正逐步走向协商合作与规范统一的道路。一方面,通过增进各成员国之间的沟通与协商,加强教师教育研究者之间的合作,从而推进各成员国的教师教育改革;另一方面,在欧盟教育文化多元的基础上,欧盟也在不断地在致力于教师教育的探索与改革,积极寻求欧盟教师教育一体化的建构。当然,在这一过程中,欧盟教师教育也面临着一些较为突出的矛盾和问题。

首先,博洛尼亚进程并非建立于政府间协议的基础之上,虽然许多文件是由成员国的高等教育部长共同拟定的,但它们并不具备法律效力。换言之,各国、各学术团体完全可以自主采纳或摈弃博洛尼亚进程提出的原则。[19]据此,有理由推测,尽管欧盟各国在教师教育政策上已进行了不少的政策磋商与协调,也开展了一些有益的交流学习活动,但最终欧盟各成员国教师教育究竟如何发展,将完全取决于各成员国自身教师教育的价值定位与政策选择。

其次,教师教育质量的监控与评价问题已成为制约欧盟教师教育发展的一大瓶颈。总体上,与外部质量保障体系相比,欧盟各国高等教育的内部质量保障体系建设相对落后。[20]就教师教育而言,2004 年~2006 年,欧盟委员会的年度报告《教育与训练:向里斯本目标迈进》中涉及教师的主要指标为教师年龄、年轻人数量和师生比。显然,这些指标与教师的供需密切相关,但在教师教育质量发展上,这三项指标所能提供的信息可谓微乎其微。

为检测欧盟教师教育的质量,有必要开发出评价教师教育发展的一系列新的指标体系。为此,欧盟理事会决议曾呼吁欧盟委员会进一步开发教师教育领域的指标体系,积极探索与经合组织(OECD)合作的可能性。因此,欧盟成员国将参与经合组织关于教师、教学与学习的新调查,确保收集到教师教育的相关信息。[21]当前,一种可能的指标是考量教师接受教育的时间长短,但这还不够,还需知道他们为胜任教学工作而接受教师教育的程度如何。目前,欧盟各国几乎都没有统一规定的国家教师教育政策。通过比较一段时期内实际接受教师教育的教师人数,的确可看出合格教师人数的增减,但这一指标并不能说明教师教育的相关度。另一种测量教师教育质量的方法是调查教师在多大程度上对其所接受的教育感到满意。此外,还可以将教师教育课程与教师必备的核心知识与技能作比较。目前,职前教师教育、教师在职训练与专业发展三个专业术语有时是作为同义词使用的,有必要做出进一步区分。专业发展是一个更加宽泛的概念,它不仅涉及课程,也包含支持教师专业发展的各种措施,如教育见习、同伴支持、指导教师指导、项目开发、团队建设以及其他事宜。遗憾的是,目前很难获得关于欧盟教师专业发展的相关统计数据。据经合组织对高级中学的调查,教师参与专业发展的比例较低,悬殊较大,只有平均48%的高级中学教师参与了某种类型的教师专业发展。匈牙利仅为29%,瑞典最高,为84%。[22]专业发展在教师研究中具体表现为:去他校访问、导师指导、同行教学观摩、参与专业联盟、攻读硕士和博士学位、出席学术会议、参观公司、合作研究、与同事、课程与工作坊之间的定期合作等。教师在职训练越来越重要,越来越多的欧盟国家正在将接受在职训练作为一项强制性要求。在约半数的欧洲国家中,教师必须参加在职训练,掌握信息技术似乎成了一项首要任务。但是,这些指标还只是考量了教师对于课程与活动的参与程度。为了解这些活动的作用,需要对活动内容本身进行分析。这样的分析需要结合教师及其学生的切实需求,以及这些活动真正帮助教师促进教学的程度。[23]

再次,欧盟各国对于欧洲教师教育与教师政策演进的各个指标概念的理解方面尚缺乏统一认识,从而导致对一系列指标概念理解不一。因此,在欧洲范围内,教师教育的指标和数据并不一定具有可比性。[24]此外,对于教师教育指标和数据感兴趣的主要不是教师。人们只是一味地相信"更好的教师教育意味着更高质量的教与学"这一假设。所以,仅仅获得一国合格教师的数目或者参与专业发展的教师比例远远不够,还需进一步了解什么样的教师教育实践能取得最优结果,以及在整个教师教育过程中此类教育实践是如何得到支持的、支持的程度如何。

尽管目前欧盟在教师教育领域内尚存在诸多问题,但其积极创新教师教育的姿态表明,欧盟教师教育必将成为提升欧盟教师质量、创建欧洲高等教育区以及构建文化欧盟的一个重要因素。

参考文献：

［1］［2］［3］［12］［19］曹德明. 文化视角下的欧盟研究［M］. 上海：上海外语教育出版社，2009：117—118,121,120,120,119—120.

［4］［23］［24］Ulf Fredriksson. European Teacher Education Policy：Recommendations and Indicators［Z］. Paper Presented to the 31st Annual ATEE Conference. 716,721,721—722.

［5］［21］European Commission. Progress towards the Lisbon Objectives in Education and Training. Indicators and Benchmarks 2006 Report［R］. Brussels：European Commission. 14,65.

［6］［7］［8］［22］OECD. 2005. Teachers Matter：Attracting, Developing and Retaining Effective Teachers［R］. Paris：OECD. 39,26,97,126.

［9］European Commission. Implementation of "Education & Training 2010" Work Programme. Working Group A. Improving the Education of Teachers and Trainers. Progress Report November 2003［R］. Brussels：European Commission. Directorate for Education and Culture. 7—9.

［10］European Commission. Implementation of "Education & Training 2010" Work Programme. Working Group A. Improving the Education of Teachers and Trainers. Progress Report November 2003［R］. Brussels：European Commission. Directorate for Education and Culture. 11.

〔11〕European Commission. Common European Principles for Teacher Competences and Qualifications〔R〕. 2—4.

〔13〕Http://www. ateel. org/eu_policies_on_te. 2010—05—04.

〔14〕Snock，M.；Uzerli，U.；Schratz，M. Developing Teacher Education Policies Through Peer Learning〔Z〕. 2008.

〔15〕〔16〕〔17〕Conclusions of the Council and of the Representatives of the Governments of the Member States，Meeting within the Council of 15 November 2007，on Improving the Quality of Teacher Education〔J〕. Official Journal of the European Union. 12. 12. 2007. C300/7,C300/8—9,C300/9.

〔18〕Communication from the Commission to the European Parliament，the Council，the European Economic and Social Committee and the Committee of the Regions. Improving Competences for the 21st Century：an Agenda for the European Cooperation on Schools〔Z〕. Brussels，3. 7. 2008. COM（2008）425 final.

〔20〕刘保存. 博洛尼亚进程的最新进展与未来走向〔J〕. 比较教育研究，2009,（10）:1—6.

（本文发表于《比较教育研究》2011 年第 7 期。作者许立新,时属单位为南京师范大学教师教育学院）

七、美国"临床实践型教师教育"的
教育实习模式探析

　　20 世纪 80 年代以来,美国一直致力于提升教师教育中实践性教学环节的成效,并通过推行"专业发展学校"(Professional Development Schools,PDS)、"驻校计划"(Urban Teacher Residencies)等教育实习改革项目,力求培养高效教师。然而,美国全国教师教育认证委员会(The National Council for Accreditation of Teacher Education,NCATE)却认为,现有的教育实习项目仍存在实习内容与时间安排不合理、参与主体的职责不明确、缺乏相应的资金配套及信息支持系统等问题。据此,NCATE 于 2010 年专门组建了"蓝带小组"(The Blue Ribbon Panel)工作委员会,就教师教育的驻校实习与临床教学实践展开专门研究。在其 2010 年 11 月发布的研究报告《通过临床实践转变教师教育:培养高效教师的国家策略》(Transforming Teacher Education through Clinical Practice:a National Strategy to Prepare effective Teacher)中,NCATE 提出了改革美国教师教育的诸多设想,并致力于构建"临床实践型教师育"(Clinically Based Model for Teacher Preparation)模式。"临床实践型教师教育"基于"教师是一个类似于医学、护理或临床心理学的临床实践专业"[1]这一核心理念,强调应把"驻校经验(Embedded School Experiences)和"实验室经验"(Laboratory Experience)作为教师培养的重要组成部分,通过设置多层面的教育实习目标与内容,制定严格统一的实习基地学校及指导教师认证标准,促使政府、高校以及中小学等相关主体建立起支持性合作伙伴关系,搭建全国性的教育实习信息网络平台等改革措施,最终形成一个具有整体性、连贯性的教育实习体系,从而培养出高效教师,以满足教育需求。

(一) 教育实习的目标与内容

"临床实践"(Clinical Practice)或"临床实习"一词来源于医学,原指医学专业的学生完成了基本理论的学习,进入医院直接参与检查、诊断、治疗病人的过程。NCATE 借鉴医学以及其他专业临床实践的经验,在分析教师专业发展的特性后指出:"教育实习是为候选教师(Teacher Candidate)提供广泛临床实践的机会,以促使其在学习共同体(Learning Community)中通过观察、相互协助、监督、调研、自我反思等方式获得专业知识与能力。"[2] 为达成培养高效教师、满足教育需求的终极目标,NCATE 进一步明确了"临床实践型教师教育"教育实习的四项基本目标。首先,实习生应在有经验的专家教师指导下,把所学理论知识和实际应用有机结合起来,同时获得学术性知识和实践性知识的增长,成长为问题解决者和教育创新者。其次,实习生的"临床实践"应遵循多元化的理念。NCATE 倡导实习生在充分了解实习基地学校需求的前提下,为不同成长背景、不同能力、不同兴趣、不同认知方式的学生提供服务,以满足实习基地学校和学生的需求。再次,教育实习重在促进实习生形成专业发展所必需的实践性知识。因此,实习生应在与指导教师一起开展的教学或研究活动中,实现理论与实践的有效结合,并在共同合作的过程中,获得有效教学的实践经验,从而形成坚定的从教信念。最后,实习生应在教育实习过程中发展运用评价的能力,包括基于教学标准做出评价、基于学生需要做出评价以及对自身的专业发展做出评价。总而言之,实习生必须掌握教学的基础知识,进行有效教学的实践,从而形成整合理论与实践的能力,以确保做出专业决策。实习生还必须学会使用多种评估程序推动学生学习,并根据反馈信息调整自己的教学实践,以符合学生的学习进度。[3]

NCATE"临床实践型教师教育"的主旨在于通过教育实习提高教师教育的质量,进而促进教师素质的整体提升和教师专业发展。为达到这一目标,"临床实践型教师教育"为师范生提供 1 年"驻校实习"(Embedded School)的机会。

教育实习的前期阶段,实习生将在指导教师的引领下,深入了解实习基地学校的各项规章制度,掌握学生的基本信息,参与各种日常教育、教学活动,逐渐融入到整个学校生活中。实习中期,实习生除了在观摩讨论的基础上尝试进行教学实践活动,还将与实习指导教师结成学习共同体,形成合作关系。如圣克劳德州立大学(St. Cloud State University)的教育实习即采用"合作教学"(Co-teaching)的形式,实习生和指导教师一起进行课堂教学。[4]到了后期,实习生要像正式教师那样独自参与学校的全部活动,包括出席家长会,参加在职教师的所有会议,全面负责任课班级的工作等。

(二) 教育实习的基地学校与指导教师

NCATE 认为,美国现行教师教育模式在理念上已给予"临床实践"相当高的地位,但在具体的实施过程中,由于实习基地学校质量的参差不齐,以及实习指导教师资格认证的缺失,严重影响了教育实习的整体成效。鉴于此,"临床实践型教师教育"要求在教育实习环节中设置严格统一的实习基地学校认证标准和实习指导教师任职资格标准。

就实习基地学校的认证标准而言,NCATE 认为,实习基地学校首先应该能够理解和接受高校的教育实习理念和实习设想,并能够将其付诸实践。除此以外,实习基地学校要为实习生提供多元文化的教育情境以及形式多样的临床实践机会。NCATE 基本认同"专业发展学校"(Professional Development School,PDS)的认证标准,其具体包括以下几项指标:① 学习共同体。实习基地学校有意愿以实践为基础,以形成实践性知识为教与学的共同愿景,整合包括 K-12 年级学生、大学督导教师、实习生、学校指导教师等成员的学习和发展。② 责任和质量评估。要求实习基地学校能够明确自身的公众职责,参照教与学的专业标准,并基于地区、州和国家标准实施方案,评估学生学习和实习生的专业发展。③ 合作。要求实习基地学校与合作伙伴通过自我承诺和相互承诺,积极参与教育实习工作。④ 多样性和公平。要求实习基地为所有实习生提供同等的实践机会,并基于全体学生的学习结果,对实习生的专业发展进行评价。⑤ 结构、资源和角色。要求实习基地学校在明确其职责的前提下,充分利用资源进行组织构建,支持中小学生、实习生和其他专业人员的学习和发展。[5]

具体到大学对实习基地学校的选择,可参照芝加哥洛约拉大学(Loyola University Chicago)对于实习场所的选择标准。第一,实习学校要达到洛约拉大学和伊利诺伊州教育委员会(The Illinois State Board of Education)所制定的相关标准。第二,实习基地学校要认同并尊重由年龄、种族、文化和性别等因素所带来的差异,并致力于帮助实习生和教职员工克服这些差异,从而获得专业上的发展。第三,持有伊利诺伊州认可的教师资格证书,并具有丰富教学经验的教师才能担任实习生的全职指导教师。第四,在教育实习期间,实习生有机会参与适龄儿童(包括残疾儿童)的教育、教学活动。第五,实习基地学校必须定期组织实习生、实习指导教师、高校督导教师,以及其他参与实习活动的教职员工召开交流和讨论会议。第六,在实习过程中,实习基地学校不能将实习生当作实习指导教师的替代教师,实习指导教师应担负起对实习生的指导责任。第七,实习基地学校应为实习生提供机会,让其能够在教育实习的中后期独立教学,承担合作教师的全部教学责任。[6]

众所周知,实习指导教师对实习生的专业发展起着至关重要的作用。因此,实习指导教师的资格认证将直接影响教育实习的成效。摩尔(E. Moir)2005年对实习指导教师的任职资格提出了四点明确要求:第一,实习指导教师必须具有5年以上的教学经验;第二,实习指导教师是某一学科最优秀的教师,深得同事、学生及家长的尊重;第三,实习指导教师应拥有硕士或博士学位,且被公认为是该学科领域的专家;第四,实习指导教师应具有一个以上学科领域师资培训的相关经验,可以为其他教师提供支持与指导。[7]NCATE在认可该标准的同时,重申应将教育实习指导视作一项专业性的工作,进而明确了"临床实践型教师教育"教育实习中指导教师的两大任务。其一是促进实习生的专业成长,在教学活动中,实习指导教师必须适时地分享其丰富的教学经验,让实习生能够很快地具备教学能力;二是沟通协调,实习指导教师要扮演合作者的角色,引导实习生解决教学中的问题。当教师团队中发生冲突事件时,实习指导教师应适当地提出解决问题的方案,缓和实习生的情绪,凝聚教师的共识。实习指导教师担当如此重要的角色,故并非每一位教师都可以担任实习指导工作,即使是专家型、经验型教师,也未必能成为优秀的实习指导教师。另外,中小学教师主要的教学对象是儿童和青少年,而实习指导的对象是成人,两者有很大差异。所以,实习指导教师的资格认证是整个实习过程中不可或缺的关键性环节。鉴于此,NCATE 正致力于成立一个专门的认证机构——"师资培养认证委员会"(Council for the Accreditation of Educator Pre-paration),以制定符合"临床实践型教师教育"基本理念的各项认证标准,其中就包括实习指导教师的任职资格标准。[8]

(三) 教育实习的合作伙伴关系

各相关主体之间由于职责不明确,导致合作关系未能实质性建立是美国教育实习长期以来存在的顽疾痼瘤。以专业发展学校为例,高校关注实习生的专业成长,实习基地学校则更加关注本校学生学习成绩的提高,种种差异往往导致高校督导教师与中小学指导教师之间合作困难,或使得彼此之间的利益冲突难以协调。[9]因此,NCATE 聚焦实践性教学环节,对教育实习中各主体的职责进行了说明,要求彼此合作形成支持性伙伴关系。

首先是联邦政府和地方政府,其职责主要在于经费投入和政策保障。如美国联邦教育部设立了高达 3 亿美元的"教师素质的合作关系资助基金"(Teacher Quality Partnership Grants)用于支持 1 年的临床教育实习,符合要求的教育机构均可以申请。[10]联邦政府还设立"联邦教学补助金"(Federal Teach Grants),奖励到师资稀缺的中小学实习并留校工作至少 5 年的实习生。地方政府的主要职责是制定细致的教育实习规章制度。如马萨诸塞州波士顿大学区(University of Massachusetts Boston)要求教育官员深入研究政策实施程序,消除政策实施过程中的障碍,更好、更公平地分担教育实习的责任,以促进各相关部门积极落实与教育实习有关的规定。此外,NCATE 认为还可以效法《卫生专业教育援助法》(Health Professions Education Assistance Act)支付教学医院(Teaching Hospitals)临床实习费用的做法,由政府制定教育实习的专项财政投入法案。[11]

其次,大学、中小学之间应建立起平等的合作关系。"临床实践型教师教育"的教育实习要求高校制定的教育实习方案既要满足高校的需求,又要符合中小学的实际情况。高校要变革奖励制度,将职务提升和任期要求运用于教育实习的指导人员;实习基地学校则要为实习生安排持有认证资格的指导教师,并对实习指导教师进行监督与考评,以确保实习生得到良好的指导。以马萨诸塞州大学波士顿分校为例,该校借鉴其他专业实践型人才培养的经验,与波士顿公共学校之间通过"波士顿教师驻扎计划"(The Boston Teacher Residency)建立合作关系。这一计划专门设置了人员编制,以确保实习指导教师获得他们应得的、用来指导教育实习的奖励资金。[12]加州大学长滩分校(California State University at Long Beach)与 46 个地方学区建立了教育实习的战略合作伙伴关系,不仅实现了实习基地学校学生成绩的提高,同时也促使本校毕业生的就业率有所增长。[13]

(四) 教育实习的信息支持系统

2010 年,美国联邦教育部在《国家教育技术计划 2010》(National Education Techno-logy Plan 2010)中提出利用科学技术变革美国教育。[14]而在数字化时代的背景下,NCATE 同样强调教师教育机构在确立合理的培养目标、课程设置、评价体系、人员配置等前提下,必须得到一定的信息技术支持,才能更便捷、更有效地实现教育实习的既定目标,培养出具有实践能力和创新能力的教师。美国以往教育实习中对信息技术的应用主要体现于在线提供教学资源,以及通过博客或论坛交流个人经验等。院校之间缺乏相互连通的、全方位的教育实习信息支持系统。鉴于此,NCATE 致力于和其他专业机构、研究人员一起合作,搭建一个全国性的教师教育信息数据库,并倡导在教育实习中充分运用信息技术进行专业指导和绩效评估。在 NCATE 的推行下,目前加州和路易斯安娜州已建立了教育实习信息数据库,将实习生绩效评估结果和学生的学习成绩有机结合起来进行考核,以确保教育实习的整体成效。[15]

除了"驻校经验",师范生还可以通过观摩教学视频、在线学习等途径进行模拟实习。因此 NCATE 敦促联邦教育部为学区和高校提供资助,让其共同合作构建教师教育在线观摩、学习的信息技术平台。NCATE 还积极倡导将北爱荷华州大学(The University of Northern Iowa)以及其合作伙伴学校开发设计的"教育技术整合方案"(Integrating New Technologies Into the Methods of Education,INTIME)运用于"临床实践型教师教育"的教育实习。INTIME 采用现代科学技术和高品质的概念模型,搭建包括在线媒体视频在内的教学案例研究及评析平台,以帮助实习生通过在线观摩及视频演示获得教学经验累积。东密歇根大学(Eastern Michigan University)、恩波里亚州立大学(Emporia State University)、朗伍德学院(Longwood College)等数所高校已利用INTIME 的在线学习环境,并尝试结合信息技术重新设计了实践性教学环节。[16]

综上所述,美国"临床实践型教师教育"基于"教师是一个类似于医学、护理或临床心理学的临床实践专业"的核心理念而产生,顺应了当今世界教师教育改革"回归实践"的必然趋势,推动了美国教师教育的创新与变革。"临床实践型教师教育"关于教育实习的理论构想和制度设计对我国职前教师教育实习目标和内容的确立、实习基地学校和指导教师的资格认证,以及相关主体合作关系的形成提供了有益的启示。应当看到,作为一个整体而连贯的过程,"临床实践型教师教育"的教育实习环节在具体实施过程中需要各相关要素的有机结合和各相关主体的有效配合。所以,在尝试借鉴之前,我们首先应确保这一模式顺利运行所需的硬件与软件要素是完备的。考虑我国职前教师教育实习所处的实际环境,对美国"临床实践型教师教育"的教育实习模式可进行适时、适地的理论借鉴,进而在此基础上创建具有我国本土特色的实施程序或策略。

参考文献:

[1][3] Marsha, L. Developing Principles for Clinically Based Teacher Education[R]. Washington, DC: The National Council for the Accreditation of Teacher Education , 2010. 3—4,5—8.

[2] Greenberg, J. &Pomerance, L. Student Teaching in the United States[R]. Washington, DC: National Council on Teacher Quality, 2011. 1.

[4][13] The National Council for Accreditation of Teacher Education. Transforming Teacher Educa — tion through ClinicalPractice: a National Strategy to Prepare Effective Teacher[R]. Washington, DC: The National Council for the Accreditation of Teacher Education, 2010. 13,14.

[5] 胡艳,邹学红.美国教师专业发展学校标准评析[J].教师教育研究,2010,(3):78.

[6] Loyola University Chicago. Student Teaching Handbook [R]. Chicago, IL: Loyola University Of Chicago Office of Student Academic Services, 2010. 13—14.

[7] Moir. E.. Lunching the Nert Generation of Teachers: The New Teacher Center's Model for Qua— lity Induction andMentoring . H. Partner (Ed.). Teacher Mentoring and Induction: The State of the Art and beyond [M]. Thousand Oaks, CA: Corwin Press. 2005. 59—73.

[8] Lisa. J. AACTE Endorses NCATE Blue Ribbon Panel Report on Clinical Preparation [EB/OL]. http:// www. caepsite. org/ 2010—11—16.

[9] 李强.美国教师专业发展学校中教育实习的研究及其启示[D].长春:东北师范大学,2008.17.

[10][11]The American Association of Colleges for Teacher Education. The Clinical Preparation of Teachers: A Policy Brief[Z]. New York Ave: American Association of Colleges for Teacher Educa— tion. 2010. 10—12.

[12] BTR. Ongoing Support [EB/OL]. Thttp://www. Bostonian herresidency. org/program/. 2011—06—29.

[14] U. S. Department of Education. National Education Technology Plan 2010[R]. Washington,DC: U. S. Department of Education,2010. 7—8.

[15] The National Council for Accreditation of Teacher Education. The Launch of the California Al-liance for Clinical Teacher Preparation Partnerships[R]. Washington,DC:the National Council for the Accreditation of Teacher Education. 2011. 4.

[16] Krueger , K. INTIME Impact Report: What Was INTIME's Effectiveness and Impact on Faculty and Pre-service Teachers? [J]. Technology and Teacher Education. 2004,(2):185—210.

（本文发表于《比较教育研究》2011 年第 11 期。作者周琴、刘燕红,时属单位为西南大学教育学院国际与比较教育研究所）

八、冲突？ 和谐？

——美英两国教师组织对教育政策影响的比较

在欧美国家,利益集团组织对教育政策制定和实施产生影响是一个不争的事实。众多利益集团组织影响和参与教育政策运行的事实表明,正是由于利益集团这类社会组织的影响作用,教育政策的制定和实施增加了教育政策的可行性、针对性、灵活性、基础性和可操作性等重要条件,进而使得教育政策的制定和实施的目标和价值得到较大程度的实现,最大限度降低了教育政策变形的程度。美、英两国教育政策运行过程中教师组织对教育政策的制定和实施就是一个典型的例子。表面上看,教师组织对某些政策产生不利影响似乎是对教育政策运行宗旨的偏离,但是实质是不仅没有对教育政策运行产生偏离,恰恰是对教育政策运行根本价值的保持。因此,两国教师组织影响教育政策运行不是冲突,而是和谐。

(一) 美、英教师组织影响教育政策活动的能力

美国和英国两国的教师组织对教育政策活动存在一定的影响,两国的教师组织主要通过加强与政党关系的密切程度、发挥自身的政治影响力的方式在其发展的不同时期,对不同的政策产生比较深远的影响。

1. 与政党的关系密切程度不同

教育政策的价值取向必须与政党的政治哲学相一致,不能与政党的政治哲

学相左,所以与政党保持密切接触,处理好与政党的关系是教师组织表达政策诉求的关键环节。

在美国,教师组织与政党联系频繁,对政党成员的政治生命有一定影响,也对政党领袖竞选有影响作用。这种对政党及其领袖的影响将直接传递到对教育政策制定和实施的影响。国会议员竞选的成本说明了其成员对巨额竞选资金的依赖性。在任的众议院议员为了每两年一次的职位竞选,平均要花费 80万美元。在任的美国参议员平均要花费 500 多万美元来保持其议席,这些支出在一些较大的州会达到 2 500 万美元,甚至更多。[1]根据 2002 年国会选举的资助情况分析,美国主要的两个教师组织,即全美教育协会(NEA)和美国教师联盟(AFT)根据需要,把资金捐助给代表自身利益的政党的议员。有数据表明,美国教师联盟把总数为 4 486 815 美元的 99% 捐助给民主党,1% 给共和党;全美教育协会把总数为 3 032 590 美元的 92% 捐助给民主党,7% 捐给共和党。[2]由此可知,这些捐助可以让民主党国会参、众两院的议员与教师组织保持紧密的关系,使其更加关注与教师组织相关的教育政策的制定和实施。在美国教育史上,教育体制设计的问题也与美国教师组织有千丝万缕的关系。美国内阁级别的教育主管部门—美国联邦教育部的成立便是如此。1976 年,在吉米·卡特竞选总统期间,卡特许诺两个最大的教师联盟之一——NEA 成立教育部,[3]——其目的是为了取得教育利益集团的支持和竞选援助。不仅是卡特,还有很多总统都宣称自己是"教育总统",老布什总统、克林顿总统、小布什总统等都是这样,这不完全是口号,他们确实支持、鼓励、制定和实施了很多促进教育公平、教育机会均等的政策,如《美国 2000:教育战略》和《不让一个孩子掉队》等,这些教育政策都取得了很好的效果。

而在英国,情况却不尽相同。教师组织对上下两院议员及其领袖的影响不大,教师组织的意志传递到对教育政策影响也就相对较弱,特别是教师组织对工党的影响力不强。在新工党执政之前,缩小班级规模就已经成为工党的教育政策之一,缩小班级规模是一项需要将人口、师资和财政预算等许多因素综合在一起考虑的教育政策。新工党政府在 2002 年 9 月,将所有 5 岁、6 岁和 7 岁儿童的班级规模缩小,这种政策对中产阶级的子女有益,同时也有利于吸收这部分选民的选票。2003 年,政府计划根据入学学生数的减少而减少对学校的经费支持,虽然该政策遭到了英国全国教师联合会(NUT)的强烈反对,但 2003 年英国仍然减少了 800 名小学教师。英国小学的班级规模不断缩小,小学人数从平均每班 26.3 人下降到 26.2 人,但是在关键阶段 1(Key Stage1),5 岁到 7 岁的适龄儿童班级规模却在增加,班级人数超过 31 人的比例从 1.2% 上升到 1.6%,经过缩减班级规模的改革,英国小学班级人数超过 30 人的比例从 2000 年的 11% 下降到 2002 年的 0.6%,改革成绩明显。[4]

2. 政治影响力不同

美国和英国的教师组织都把提高组织在政治系统中的影响力作为有效影响教育政策的主要途径。从教育领域进入政治领域是一个艰难的过程,教师组织用不计其数的人力、物力和财力为代价渗透到政治系统,换取了教师组织政治影响力的提升。

20 世纪 80 年代以来,美国的教师组织不断地参与选举、立法和政策制定等政治活动,逐渐成为美国社会上一支重要的政治力量,尤其是以全美教育协会和美国教师联盟为代表的既倡导专业主义、又坚持教师福利的社会组织。美国的两大教师组织均成立了政治行动委员会,这两个组织的委员会拥有专门用于选举活动的资金,直接以现金的形式捐赠给候选人,并且直接投入选战,如媒体宣传、游说等。当然,这些用于选举和捐赠资金的来源和数额都是有相关法律进行规范的,并不是无限度的、随意的运作行为。全美教育协会还借助自身强大的组织网络,在大选过程中有效而迅速地动员会员,每个区、县、选举区和州都有全美教育协会的会员,几乎每 100 个人中就有 1 人是全美教育协会的会员、而美国教师联盟的势力范围主要是在城市,城市选民中拥有大量的会员。因此,美国的教师组织利用组织、人力、财力优势构建了强大的政治影响力。

英国教师组织专业性地位不高,因此在构建政治影响力方面显得力不从心。以工党全国教师联合会为例,教师组织对英国教育政策影响不大。英国工党在 1945 年的大选中获胜,改变了全国工党教师联合会与工党的关系。此前,全国工党教师联合会只是一个试图影响工党政策的附属组织。工党上台以后,随着两任教育部长在中等教育上采取了倡导中等教育三轨制的政策,全国工党教师联合会变成了工党教育政策的批评者。为了能达到宣传自己的政策给决策当局施加压力,影响决策的目的,全国工党教师联合会在延续战前策略的基础上,拓展了自己活动的渠道。联合会不但创办了自己的刊物作为主要的宣传阵地,而且成功地在工党年会上获得了支持;最重要的是直接与教育部长通信交流,批评其教育政策;而后,又成功地在工党决策层中找到了自己的代言人,他们在将全国工党教师联合会的主张渗透进工党的教育政策中发挥了直接影响。

(二)美、英教师组织影响教育政策的价值取向

美、英两国的教师组织众多,成立宗旨、组织变迁和成员构成等方面有一定差异性。因此,并不能简单地把教师组织看成一个单一的压力集团。从实践上分析,很多情况下,教师组织对教育政策产生的影响并不是简单地从专业主义和劳工路线即可以辨别清楚的。但是,从学理上分析,教师组织一方面是强调教师职业专业化的组织,另一方面是强调维护学生和教师权益的组织,秉持不同价值取向的组织对教育政策的制定和实施有着截然不同的出发点。

1. 组织特性不同

在具体情形下,美国和英国的教师组织之间存在一定差异性。两国教师组织服务于不同的教师群体,甚至是家长群体,导致每个教师组织能够共生于教育界,且其功能不会发生重叠或冲突。

(1)美国教师组织的特性。在美国,两个最主要的教师组织分别是美国全美教育协会和美国教师联盟。前者会员来源多样,主要目标是提高教育专业的质量和促进教育专业人员的福利,进而促进美国教育的普及和发展,通过对教育专业工作的改进,促进教育的进步;后者成员仅限于教师,组织目标集中于教师的工资和福利,对专业地位的发展并无太大的帮助。这两个教师组织在发展的初期,为了争取会员,其各自发展取向有摇摆。两个教师组织发展到现在,组织特性的差异逐渐缩小,从提升教师专业的发展角度分析,组织的价值取向趋同。

(2)英国教师组织的特性。英国教师组织数量较多,但是表达不同的理念,以此产生竞争并相互区别。所以,教师组织之间,会因其不同的学校、职务、性别,以及不同的学校形态和专业训练而有所区别,也因此各自为其待遇、专业地位争取权益。20世纪80年代以来,英国政府实施降低教育预算、制定国家

课程等政策,在这样的背景下,英国各教师组织联合起来保护学生权利,争取教育资源,维护自身利益和专业自主权。英国的教师组织基本分为两大类:一个是教师利益导向,例如,全国教师联合会(NUT)和全国男女教师协会(NASUMT),偏向工会组织;另一个则是教师专业导向,例如,教师专业协会(PTA)和英格兰教学总会(GTC),偏向专业组织。随着英国政府的立法和政策限制以及社会大众价值观的质疑等,英国教师组织的工会特性已经大大弱化,强调教师专业发展和教师专业地位的趋势更加明显。但是,英国教师的地位和待遇较低,仍是政府和教师间潜在冲突的根源。

2. 专业主义和劳工路线的双元特性

美国和英国的教师组织作为压力集团,实施对教育政策运行的影响有很多共性,但是总体说来,两国的政策系统有一定差异性,这种差异会影响教育政策的制定和实施。两国具备较为类似的文化背景,并且教师的社会、经济地位也较为接近。尽管如此,由两国教师组织的发展历程可知,即使相同或类似的社会情境也可能导引出不同型态的教师组织,即专业主义或劳工路线。教师组织的专业主义和劳工路线会对两国教育政策的制定和实施产生影响。

教师组织的专业主义取向通常是学习一些专业行业,如医生、律师等,不是运用比如围堵、罢教等激进手段谋求自身利益,而是追求提升专业地位的做法。美国全美教育协会(NEA)专业立场,这个特征从其内部组织构建可见一斑,比如,1922 年设立的教育研究部门,1946 年成立的教师教育与专业标准委员会(National Committee of Teachers Education and Professional Standards)。[5]此外,其专业立场还显示在其政策上,如 20 世纪 50 年代和 60 年代致力于提升教师专业训练,60 年代和 70 年代倡导教师专业权,80 年代和 90 年代关注教育改革议题等。英国的全国教师联合会在成立之时标榜专业主义,根本动机在于脱离教会的控制,并在组织成立的时候,由首任会长提出九项专业组织宗旨。[6]但是,英国全国教师联合会也同时具有劳工主义特性,只是比单一的劳工特性的教师组织弱化一些而已。

教师组织的劳工路线取向通常利用游说、通信、游行和罢教等方式谋求教师利益。美国教师联盟呈现出浓厚的劳工主义色彩。从美国教师联盟成立的历史背景分析,该协会在成立之初就加入了美国工会组织。因此,美国教师联盟是激进教师集结的产物,意图在于通过群体力量来提升教师的物质报酬,其策略的运用呈现出高度的群体行动特性。在英国也有类似的情况,NASUMT和教师与讲师协会(ATL)也都是走劳工路线的教师组织。

(三)美、英教师组织影响教育政策的运行过程

美国和英国的教师组织属于同质性利益集团组织,两者具有利益集团的基本特点,在两国教育政策运行过程中,以教师组织为首的利益集团组织对教育政策有着不同程度的影响,这是两国教育政策运行过程中最突出的共同点。教师组织(利益集团)在教育政策运行过程中,发挥着"中轴"性作用,教师组织的作用渗透到绝大部分的政策运行环节之中。此外,还有一些相同点,比如教师组织在影响教育政策活动的方式上、影响教育政策的策略多样化上,都对组织成员有约束机制,多数教师组织定立了教师职业操守;除了英格兰教学总会外,其他的教师组织可以与资方进行集体协商,同时具有政治倾向性等。但是,两国教师组织对教育政策运行过程的影响还有一个刚性原则是教师组织的影响无法超越的,即两国政党的意识形态、国会制度、中央和地方的关系等国家的制度安排和设计,教师组织对上述一些机构的影响受到一定限制。而教师组织对两国教育政策运行过程的影响有不同特点。

1. 教育政策运行的环节

美国和英国教育政策运行环节数量上不同,在理论上,美国的教育政策运行过程为8个阶段,分别是教育问题确认、教育议程设定、不决策、舆论动员、教育政策形成、教育政策合法化、教育政策执行和教育政策评估。而英国是4个阶段,分别是政策问题的产生、专家咨询提出政策建议、社会辩论和政策文本的出台。由此,导致了教师组织针对不同阶段运用不同策略,采用不同的组织行为,进而产生对教育政策运行的影响。美国的教师组织几乎对所有教育政策运行环节产生一定影响,有的时候是参与政策的制定,在某种特殊的政策环境下,影响力更大些。以全美教育协会和美国教师联盟为首的教师组织在美国是强势利益集团之一。以全国教师联合会为首的英国教师组织也可以对英国的教育政策运行阶段实施影响,但是影响力相对美国的教师组织较弱,两者能广泛参与教育政策运行,只是参与政策阶段的数量上有差异。

2. 教育政策运行的方式

美国教育政策运行的方式有自下而上即民主—多元主义或者自上而下即精英主义的理念指导下的教育政策运行方式两种可能。美国教师组织拥有数量可观的组织成员，且其成员具有广泛的社会性，渗透在国家和社会的各个领域中，对自上而下和自下而上的政策运行方式，都可以发挥影响力；英国则是以政府被动的教育改革和教育系统内部改良主义指导下进行的教育政策运行。美国的教育政策系统由于具有民主性和多元主义性的特点，教育政策运行相当活跃；英国教育政策运行经常是被动情况下，有时候甚至是不得已进行的教育改革活动，政策运行活动没有活力，而且近年来英国是以国家教育系统内部改良主义的政策活动逐步增多为主，不断强化了中央对教育政策活动的控制，相应削弱了地方教育当局的政策活动。从这个角度分析，英国的教师组织不容易发挥对教育政策运行的影响力。

3. 教育政策运行的评估

美国教育政策运行过程的评估环节可以有效地预测政策目标、政策成本、政策执行等政策效果。美国教育政策运行的这种功能可以有效地实现对教育问题确诊和解决，因为有了教育政策评估环节可以使得教育政策运行形成一个"回路"系统，进而检验、检查、修正已经实施的教育政策，使得教育政策活动变成一个动态的管理活动，也使得教育政策活动成为可以重复的科学性活动。教师组织可以积极参与到教育政策的评价活动过程中，教师组织的评价活动通常是具有较强专业性、针对性、信息量大等特点，客观上是有益于教育政策活动的。

英国教育政策运行过程没有评价环节，本来教育政策活动是牵涉价值取向的活动，而英国的教育政策文本出台前只是经过由绿皮书到白皮书的一个程序严肃性的递进，其本质还是停留在教育政策执行前的理论辩论，而且这个活动也只是在政策本文出台前的一个形式化的过程。这种教育政策运行过程中，评估环节的缺失将无法保证教育政策活动有效地发现和解决教育问题的功能。英国教师组织在教育政策活动中较少具备以提供专业信息等政策建议的政策环境，这对于一个教育政策活动是不利的。

4. 教育矛盾的化解

教育系统中存在大量需要正确处理的教育利益关系。美国教育政策运行过程中,有个独特的环节是不决策。不决策是改变教育领域权力模式和教育利益分配的有效方式,权力模式的改变一定是剧烈的教育利益格局的调整,在调整初期带来的直接后果将是出现更多的矛盾,而不决策可以使得这些权力和利益的调整处于休眠状态或者缓释状态。根据具体情况不同,只对大规模的、组织结构完备、信誉比较好的组织的政策诉求给予较好回应,比如全美教育协会这样的组织的政策建议将会有令人满意的答复。反之,对小规模的、信誉差的组织的政策诉求,通常不会有令人满意的回应。英国的教师政策运行环境中不决策环节的缺失,对有效化解矛盾是不利的。虽然全国教师联合会是组织完备且规模较大的教师组织,但是英国没有为此类组织提供比较好的政策建议渠道,其政策建议无法经比较专业的渠道传递到相关立法或者行政部门。所以我们不难理解,金融危机时代为什么英国会此起彼伏地出现大规模或局部的英国教师罢教事件,这对教育资源的合理使用和教师形象与威信的影响比较大。

参考文献:

[1][2](美)戴伊. 理解公共政策[M]. 孙彩红译. 北京:北京大学出版社,2008. 54,55.

[3] Chris Edwards. Department of Education Timeline of Growth. [DB/OL]. http://www. downsizinggovernment. org/education/ timeline. 2011—12—06.

[4] Peter Tymms and Christine. STANDARDS AND QUALITY IN ENGLISH PRIMARY SCHOOLS OVER TIME: THE NATIONAL EVIDENCE. [DB/OL]. Merrellhttp://arrts. gtc — ni . org . uk/gtcni/bitstream/2428/29273/1/Primary_Review_ Tymms_ Merrell_ 4—1_ report_ Standards_ Quality_ 071102. pdf. 2011—07—02.

[5] Stinnett, T. M. Professional Problems of Teachers(Third Edition)[M]. London:Macmillan Company Collier—Macmillan,Limited,1968. 281.

［6］Coates，R. D.　Teachers' Unions and Interest Group Politics［M］. London：Cambridge University Press.　1972. 68.

（本文发表于《比较教育研究》2012 年第 10 期。作者周小虎，时属单位为浙江师范大学幼儿师范学院；作者孙启林，时属单位为东北师范大学国际与比较教育研究所）

九、行与知的审视:英国教师培训的实践取向

(一)知与行的纠结:英国教师培训的历史考察

英国的教师培训发端于 18 世纪末、19 世纪初的"贝尔-兰开斯特制"(Bell-Lancaster System)和"见习教师制"(Pupil-teacher apprenticeship),前者又叫"导生制"(Monitorial system),后者也叫"见习生制"。学者们惯于把两者统称为"师徒制"。其共同特点就是,两者都是以"师傅"带"徒弟"或学生小导师的方式进行的教师培训,接受培训的"教师"均是"教师"任职学校中机敏好学、悟性较高的学生。他们具有教师和学生的双重身份,一边接受普通的初等教育,一边接受"师傅""手把手"地知识传授和教学指导,并在协助教师进行教学和管理的过程中不断掌握知识,提高技能。这种形式的培训产生于"教师"任职学校的需要,扎根于"教师"的"工作现场"。"教师"边学边教,在岗位上训练,在教学中成长,教学与具体的工作职场和教育情景紧密相连,是一种关注实践、面向实践的培训模式。

"师徒制"培训在英国教师教育发展的初期,既是一种教师培训的方式,又是一种职前教师培养的形式,还可以说是英国校本培训的雏形。它曾在英国非常盛行,被誉为英国"教育史上最重要的发现",[1]在英国经历了 18 世纪末甚至整个 19 世纪,对英国乃至美国、法国、俄国、意大利、比利时和瑞士等世界许多

国家的教师教育都产生过重要的影响。其创始人贝尔与兰开斯特也因此"被拥戴为人类至高无上的恩人。人们赞赏地把他们的发明与包括蒸汽机、种牛痘在内的当时其他伟大发明相提并论"。[2]

"导生制"和"见习生制"这种面向实践的师资培训形式,之所以能够长久存在,其原因在于:一方面,当时的英国有着家庭教育、私立学院和慈善学校三种教育类型。贵族子弟主要在家庭或其他贵族家庭接受宫廷教育或骑士教育,私立学院主要面向中产阶级家庭,进行职业和技术教育,平民子弟则在慈善学校,接受教义问答和识字的教育。"导生制"学校是一种平民学校。这种学校与中产以上阶层的教育关联不大,触及不到贵族和中产阶级的利益。对于大量的平民子弟而言,教育内容只是简单的识字、计算和教义问答,学校对教师的要求不高,因此"导生制"的教师培养方式便可应付当时的平民教育。另一方面,17 世纪到 19 世纪欧洲哲学发展到了一个新的阶段,英国哲学也进入了繁荣发展的时期。经过文艺复兴的洗礼,培根、霍布斯、弥尔顿、洛克、贝克莱、休谟、斯宾塞、达尔文和高尔顿等一大批学者都在研究和倡导经验主义哲学。与其同一时期发展起来的"导生制"学校,正体现了当时英国对经验主义和功利主义哲学思想的崇尚。学生"导师"在教师的指导下置身于真实的实践经验中,即学即教,并通过"感知"和"反省"获得知识和能力的提高。

随着工业化的发展,经济与教育的关系日渐密切,教育内容逐渐由简单的识字与教义宣读转向与社会密切关联的阅读、计算、科学等普通教育的内容,"导生制"这种教师培训方式愈来愈暴露出与时代不相协调。于是,关于教师的培养问题,在英国教育领域展开了激烈的"争执"。各方人士在教师培养的急迫性和必要性上达成了高度一致的意见,但是应该如何培养、培训教师,是以实践为取向沿循旧习——采用"导生制",还是以理论为导向走其他国家的道路——发展师范学校教育,成为问题的焦点。不少人源于英国崇尚传统和经验的积习坚持认为,"见习教师制"和"见习教师中心"多是以"问题"为中心,直接面向教育实践,关注"教师"的"现实"和经验,仍然应该是培养教师的最佳途径;另外一些人则倡导"知而后行的教师教育模式",认为"导生制""只可教授,不能教育"。[3]教师应该首先通过学校教育获取大量的理论知识,成为丰厚知识的载体,然后才能有资格胜任教师这一特殊的角色。就连 1886 年专门负责初等教育实施情况调查的"克罗斯委员会"（Cross Committee on Elementary Education）的成员，对于教师培养模式的问题也分成了两派，而且大部分成员同意前者的观点。这一争端表面上看是教师培训模式的争执，实际却蕴含着对知与行，理论与实践的不同认识。直到1890年，在皇家督导团的干涉和调节下，克罗斯委员会的委员们才在"争执"中达成一致性的意见："有必要加速培养合格的初等学校教师，并提高师范学院课程标准，以适应教育事业发展需要。为了实现这一点，委员会建议创建附属于大学或大学学院的非教会性质的师范日校（day training college），以弥补存在40余年的小规模的民办师范学院办学力量之不足。公立师范学院实行免费制，师范生在接受专业培训的同时可攻读学位。委员会建议这类师范专业的训练时间为3年。"[4]至此，对教师进行集中培训，通过学校对教师进行"高深学问"教育的观点在两派的博弈中最终占了上风。20世纪初（1920年左右），支撑了英国将近一个世纪的"导生制"和"见习生制"终于退出教师培养的舞台。教师培养逐渐脱离任职学校的母体，纳入专门的培训机构、师范学校或大学之中。

与此同时，经过两次技术革命的洗礼，英国工业革命已基本结束，一个相对落后的农业岛国成为世界先进的工业强国。这一深刻的变革，使英国人深切地感受到了科学和技术的强大威力。随着科学技术的迅猛发展，实证主义为代表的知识观在各个领域蔚然勃起，越来越多的人开始信奉"一切课程内容都应当从学问中引申出来，唯有学问中所包含的知识才是课程的适当内容。未被学问化的知识，无论对于教授还是学习，都是不适宜的"。[5]科学实证主义的知识观对教师培训专业化、科学化和正规化起到了巨大的促进作用，并且直接推动了师范学校的发展、教师学历的提高以及教育科学的崛起和理论课程的形成。但当科学理论知识被过分张扬时，其负面效应便开始逐渐凸现。"教师的专业知识因其具有的规约性、专断性和行政性而处于被责难的境地之中"。[6]正像劳勒（Sheila Lawlor）在论文《被教错的教师：理论中的培训或被教错的教育》中所提出的那样，英国教师教育中一个突出的问题就是理论知识太多，实践知识不足，因此，应该加强合作，培养有胜任能力的教师。[7]有学者把理论取向的培训比喻为，"（中小学教师的）知识不在他们控制之下，这种知识是在一架外表高级的飞机上产生的，既高又远，从形式上和语言上，他们都不可能衔接"。[8]随着人们对教师教育的责难,教师培训中知与行的问题再次引起人们的关注。"这种讨论虽然没有得出什么一致的认识,但引导着教育工作者的思维方式悄然地发生着变化"。[9]

(二) 实践取向:英国教师培训的现实特点

20 世纪 70 年代以来,英国教师培训无论从政策规约还是理论与实践的探索,都无不强调实践,强调校本,强调合作。在理论层面,斯腾豪斯(Stenhouse, L.)、埃利奥特(Elliot, J.)、凯米斯(Kemmis, S.)、波普尔(Popper, K. R.)和波兰尼(Polanyi, M.)等一批著名英国学者在教师角色的转换、实践知识和个人知识的作用等方面都做出了非常有价值的探讨。在政策和实践层面,英国推行的"以中小学校为基地"的教师教育模式,要求培训重心下移,强调教师实践知识的提升,并呈现出如下几方面的特点。

1. 基于"工作职场"

1972 年《詹姆斯报告》正式指出,教师在职教育应从中小学开始,应基于教师的"工作职场",因为"教和学正是在那儿发生的,课程和技能正是在那儿发展的,需要和不足也是在那儿显露的。每一个学校都应该把对本校教师的继续培养作为其任务中的一个重要部分,所有教职员对此都负有责任"。[10]至此,以理论为导向以"课程为中心"的教师培训开始向着以关注教学实践为主的教师培训发展。在颁布著名的《1988 年教育法案》之前的 1986 年,政府清晰地意识到国家课程的统一关键在于怎样有效地对习惯于课程自主和教师自治的教师进行培训。为此,政府在 1986 年发布的第六号教育通谕《地方教育当局训练基金》提出,要使中小学自己管理教师在职教育的经费预算,并切实保障"以学校为焦点"(school-focused)的教师在职教育顺利进行。1992 年当时的教育大臣克拉克宣布中小学应"在学校和教师培训机构间的合作关系中起到重要作用",大学本位的教师培训应该"充分结合课堂实践"。[11]此后的几十年中,英国的教师培训虽然在发展中不断改革,但是始终强调教师的培训必须面向实践,走进实践,必须基于教师具体的工作场景,帮助教师在实践中发现问题,分析问题,解决问题。

与此同时,后现代知识观、建构主义知识观以及现象学、解释学等新的知识理论竞相发展起来,教师专业是实践性很强的专业也基本上取得了教育研究者的共识。越来越多的人开始意识到,任何一所学校都是具体的、独特的、不可替代的,它所具有的特殊性是其它学校的经验不能说明的,也是既定的理论所不能充分验证、诠释的。教师应该充分利用教学实践这块"试验田",在教学中发现问题,在研究中思考问题,在行动中解决问题。这种理念与英国人崇尚经验,关注实践的文化传统相吻合。时至今日,校本培训已经成为英国教师在职教育的一项基本国策和"重建学校"运动的一部分[12],并以其关注实践、关注教师的工作职场对世界许多国家产生着重要的影响。

2. 关注实践反思

实践不仅是教学技能提高的主要途径,也是理论研究的重要基地。自课程专家斯腾豪斯首次提出"教师即研究者"的观点后,英国学者便开始把目光聚焦在对教师实践反思的关注和研究。这是因为"教师的教学是一个反思的过程,教师的反思使课程总是处在'形成'(becoming)的路途中"。[13]在此基础上,斯腾豪斯的学生埃利奥特指出,教师应该是"行动研究者",即教师不应再把专家的思想当作真理,而要在教学实践中提出问题、着手解决问题、提出假设、验证假设和评价;斯腾豪斯的另一个学生凯米斯则认为,教师即"解放性行动研究者",就是说教师不是在专家的直接指导下发展,而是在教师自己的共同体指导下发展,专家只能帮助共同体。这些观点在世界范围内产生了广泛的影响,各国学者纷纷根据自己的研究,对教师角色进行定位,对教师的发展提出建议。

基于教师发展的崭新理念,英国教师培训改革的相当一部分举措,如"业绩评估""业绩管理""在职训练课程奖励""国家教学奖"以及"最佳实践研究奖金"等,都把培训的核心理念定位于"在实践中研究,在反思中成长",从而一改传统的"知而后行的培训"方式,开始注重教师的实践,关注教师的反思。特别是"基于中小学校"的培训模式,更是具有强烈的实践色彩和鲜明的实践取向,突出了教师的参与性、操作性和体验性,可以说,"到1994年为止,英国各地方教育部纷纷制定新的政策,各种政策明确地指出'教育胜任力'是衡量培训效果的'核心标准'。……政策调整的主要目的是解决教师培训中培训方式脱离实际的问题,改变培训中重教育理论的学习而忽视教育实践技能的掌握倾向;帮助教师用所学的教育理论去很好地处理教学中遇到的实际问题,以增强'职业技能知识'"。[14]

　　3. 注重"伙伴合作"

　　"伙伴合作"是英国政府和学界一直倡导的教师培训模式,也是英国教师在职教育的重要特色。有学者在专程赴英国对教师培训进行考察的基础上指出,英国教师培训出现的两个值得关注的趋势,一是为适应中小学实际教学之需,高校与中小学之间开始走向合作,在合作中特别强调中小学在师资培训中的作用;二是研究人员的视角日益转向理论与实践的协调统一。[15]的确如此,长期以来,英国普遍兴起的以学校为基地的教师在职教育,实际上就是由校内教师组织的在职学习小组,在与高校教师合作的基础上,围绕着困扰教师或学校的实际问题,在教学情景中通过学习、讨论、专家协助等途径而开展的旨在提高教师专业能力的教育活动。

　　实际上,英国教师培训的合作集中反映在两个层面,一是高等教育机构与中小学校的伙伴合作,二是学校中教师之间的合作。为使教师培训更好地体现大中小学的合作,英国政府多次从政策层面进行规约,要求各地建立教师机构合作体系。教育与技能部(Department for education and skill)颁布的《继续教育白皮书》中指出,从 2007 年 9 月起建立的英国教师培训机构合作体系,旨在提升教师培训机构的质量,并通过整合式的管理、多样化的课程开发、高效的交流平台建设等,培养一批高素质教师。[16]英国谢费尔德大学教育学院在经过大量调查的基础上提出,以学校为基地应注重地方教育当局、大学等师资培训机构与学校的密切合作。他们还将以学校为基地的教师培训总结成著名的师资培训"六阶段模式",即"确定需要、谈判、协议、前期培训、主体培训和结束"。"六阶段"中的每一个阶段都是培训双方沟通、协商和共同实施的。可以说,真正使英国教育制度运转的是这样一个事实:办教育的各方,如中央与地方行政官员、教师以及民间团体,互相之间结成了'伙伴关系'"。[17]

(三) 总结与思考

　　实践和理论的问题是千百年来人们一直在努力探索又从未圆满解决的问题。从亚里士多德到笛卡尔,从赫尔巴特到杜威,从马克思到卡尔,从葛兰西到伽达默尔,直到当代的斯腾豪斯、舍恩、佐藤学和施瓦布等,都对实践或教育中实践与理论的问题做过探讨。英国的教师培训从 18 世纪的"导生制"发展到以校本培训为主导模式，已经有 200 年多年的历史。在长期的发展过程中，培训的取向就像一个"钟摆"在理论与实践之间来回修正，从基于教师的"工作职场"到依赖于高校或培训机构再到回归于教师的"工作职场"，在这一发展过程中，不同的派别一直在进行着理论与实践、师范学校与教师"工作职场"的争执与博弈。可以说，每一次争执与博弈都不仅仅是培训基地和现场的移位，而是昭示着人们在不同的历史时期知识观的转变，折射着人们对实践和理论关系的不同理解。社会发展到今天，间接经验与直接经验的"主仆关系"已经得到了改观，越来越多的学者开始把目光转向了教师的工作职场，转向了合作研究，转向了教师实践智慧的提升。

我国拥有 1 000 多万中小学教师，支撑着世界上规模最大的中小学教育，担负着世界上最庞大的教师队伍的培训任务。自 20 世纪 90 年代，随着基础教育课程改革的蓬勃展开，教师培训已经成为教育领域的强势话语，受到了政府和教育界前所未有的支持与关注。反观我国现行的教师培训，仍然可以看出，尽管理论与实践的张力促使研究者和实践者把培训的指向共同转向了实践，但是人们对教师实践的关注，更多地还是停留在理念和研究的层面。在操作层面，理论与实践还是沿着两条不同纬度的路径前行。在教师培训中高校或培训机构还常常是实践的思考者和旁观者，负责教育理论的传授和诠释；中小学校或一线教师则是理论的接受者和使用者，负责把理论按照程序用之于实践。就是说，怎样走入以实践为取向的教师培训，如何指导教师在理论与实践之间架起一个适宜的通道尚未引起培训者的足够重视，也未进入一个具体的操作层面。我国的教师培训仍然处于一种政府生成的外发形态，缺乏学校的内发性和教师的自主性。培训过程中疏离教师的实践依旧是我国教师培训欲要挣脱的桎梏所在。英国实践取向的教师培训以教师的需求为本，以任职学校的需要为出发点，关注教师个体知识的建构和实践智慧的提升，对我国教师培训理论研究和运作导向具有一定的借鉴作用。

参考文献：

[1] Harold Silver. The Concept of Popular Education a Study of ideal

and Social Movements in the Early Nineteenth Centu－ry［M］. Methuen &. Coltd,1965,44.

　　［2］［英］奥尔德里奇. 简明英国教育史［M］. 诸惠芳等译. 北京：人民教育出版社,1987. 76.

　　［3］David Wardle. English Popular Education1780～1975［M］. Cambridge University Press,1976. 86.

　　［4］徐辉,郑继伟. 英国教育史［M］. 长春：吉林人民出版社,1993. 178～179.

　　［5］梁忠义. 比较教育专题［M］. 长春：东北师范大学出版社,2004. 31～32.

　　［6］Gary McCulloch. Teachers and the National Curriculum in England and Wales：Socio－historical Frameworks, in Gill Helsby and Gray McCulloch,Teacher and National Cur-riculum［M］. London：Cassell,1997. 28.

　　［7］Graves Norman. Recent Trends in Teacher Education［J］. Institute of Education Society ewsletter,NO. 2,December,1992. 66.

　　［8］Christopher Day, Alicia Fernandez, Trend E. Flange and Jorunn Moller. The Life and Work of Teachers［M］. London and New York：Falmer Press,2000.

　　［9］郑金洲. 走向"校本"：学校教育发展的取向［J］. 教育研究信息,2000,（3）：11～15.

　　［10］Maclure, J. S（. Ed.）. Report of a Committee of Enquiry into Teacher Education and Training ［R］. The James Report, Education Documents England and Wales 1816 to the present day(4th ed.),1979.

　　［11］Department of Education and Science(DES). Speech of the Secretary of State for Education and Science to the North of England Education Conference［Z］. Southport,January,1992.

　　［12］教育部师范教育司组织编写. 教师专业化的理论与实践［M］. 北京：人民教育出版社,2003. 321.

　　［13］Elliott, J. Action Research for Education Change ［M］. Open

University Press,1991.10~11.

[14] 晓光.英国师资培训的现状及最新动态[J].中小学教师培训,1999,(1):58~59.

[15] 兰英.英国师资培训新动向及几点启示[J].比较教育研究,1998,(1):25~27.

[16] The Secretary of State for Education and Skills. Further Education White Paper:Raising Skills,Improving Life Chance[M]. Crown Copyright,2006.51.

[17] [英]邓特.英国教育[M].杭州大学教育系外国教育研究室译.杭州:浙江教育出版社,1987.45.

（本文发表于《比较教育研究》2012年第12期。作者杜静,时属单位为河南大学教育科学学院、教育科学研究所）

十、伊拉斯谟教师流动项目的
概况、特色及启示

在社会学领域,流动(mobility)指社会个体成员或社会群体从一种社会地位转向另一种社会地位,从一个社会阶级或阶层转到另一个社会阶级或阶层,从一种职业转向另一种职业的过程。[1]因此,教师流动指教师个体或教师群体从一种职业状态转向另一种职业状态的过程。教师流动的类型是多样的,按流动方向,有横向流动与纵向流动;按流动时间,有长期流动与短期流动;按流动方式,有刚性流动与柔性流动;柔性流动又包含兼职式流动、项目式流动和咨询式流动。[2]本文研究的"教师流动"指高等教育阶段教师的横向、短期、柔性项目式流动。

《欧盟运作条约(整合版)》(Consolidated Version of the Treaty on the Functioning of the European Union)为欧盟区域教师流动的合法性提供了法律保障,该条约第三部分第一章第二十六条明确规定:欧盟区域市场应该是一个商品、人员、服务和资本能够自由流动的、无国界限制的市场。[3]在具体的操作层面,1999 年欧洲 29 国签署的《博洛尼亚宣言》(Bologna Declaration)把欧洲区域的教师流动作为其工作的目标之一:"无论教师、研究员还是教学行政人员,都需要对他们在欧洲范围内从事于教学、研究和培训的经历给予认可,并保证他们的合法权益不受歧视。"[4]2007 年 5 月,伦敦会议发布的伦敦公报对欧洲区域内的教师流动进行了重申,并指出教师流动在欧洲一体化进程中的作用:"(高等教育阶段)教师、在校生与毕业生的流动问题是博洛尼亚进程关注的核心元素之一,流动能为个体发展创造机会,能为个体与机构之间的国际合作创造条件,能提升高等教育与研究的质量。"[5]

(一) 伊拉斯谟教师流动项目的概况

伊拉斯谟项目是欧盟的旗舰品牌项目,于 1987 年启动,是为纪念欧洲伟大的人文学家、神学家伊拉斯谟(Erasmus Of Rotterdam)而命名的。该项目致力于欧洲区域内 32 国约 4 000 所高等教育机构中 1 900 万名学生与 140 万名教职员工的短期、项目式流动。[6]自创立以来,伊拉斯谟项目也经历了一系列的变迁,[7]1995 年并入苏格拉底项目(Socrates Programme),2000 年并入苏格拉底二期项目(Socrates Ⅱ Programme),2007 年—2013 年并入终身学习项目(Lifelong Learning Programme)。

伊拉斯谟项目于 1987 年启动时只面向欧洲区域高等教育阶段的学生,其教师流动项目直到 1997 年才启动,迄今共有约 27 万名教师参与了该项目。1997 年以参与教学活动为目的的教师(简称教学型教师)为对象,2007 年在终身学习项目的影响下,开始新增以参与培训活动为目的的教师(简称培训型教师)为对象的项目。对教师来源的限制开始逐渐取消,来自高等教育阶段的非教学型教师也可以参与流动项目赴别国参与培训活动。

1997 年~2010 年间,参与该项目的教师人数呈现出平稳的增长态势,从 1997~1998 年度的 7 700 余人增长到 2009~2010 年度的 37 000 余人,10 余年间增长了将近 5 倍。而在 2007~2008 年度项目拓展时,参与人数更是出现了小幅度跨越式增长。从 2006~2007 年度的 25 809 人增加到 2007~2008 年度的 32 040 人,增长了 24%。2009~2010 年度参与人数为 37 776 人,增幅降至 3.8%。同年教学型流动教师为 29 031 人,占教师总数的 77%,在数量上占绝对优势;而培训型流动教师为 8 745 人,仅占 23%。但培训型流动教师的年增幅大于教学型流动教师,2009~2010 年度前者比上年度增加 12.5%,而后者仅增加 1.5%。[8]

(二) 教学型教师流动的情况

教学型教师流动项目始于 1997 年,迄今已有 10 多年的历史。1997 年~

2009 年间,参与该类型流动的教师数达到了 25 万人,年参与规模在 10 余年间增长了 4 倍,从 1997 年的 7 797 人增加到 2009 年的 29 031 人。[9] 2009~2010 年度,教学型教师流出最多的前 3 个国家为波兰 2 967 人、西班牙 2 914 人和德国 2 850 人,分别占总数的 10.2%、10% 和 9.8%。其中波兰的参与人数从 2000~2001 年度的 678 人增加到 2009~2010 年度的 2 967 人,增长 4 倍多。在教师流入方面,德国是最受欢迎的流入国,为 2 947 人,占 10.2%;其次为意大利 2 698 人,占 9.3%;西班牙 2 686 人,占 9.3%;法国 2 598 人,占 8.9%。[10]

1. 来源学科

2009~2010 年度,29,031 名教学型流动教师来自人文与艺术领域的为 31%,来自社会科学、商业与法律领域的为 21%,来自工程、制造与建筑领域的为 13%,来自科学、数学和计算机领域的为 11%,来自教育领域的为 7%,来自健康与福利领域的为 7%,来自农业与兽医领域的为 7%,来自服务领域的为 3%,其他的为 1%。[11]

2. 逗留时间

2009~2010 年度教师在外平均停留时间为 5.6 天,与上年度持平,但少于 2000~2001 年度的 6.9 天以及 2001~2002 年度的 7.2 天。[12] 2009~2010 年度,29,031 名教师中 9,854 人停留了 5 天,占 33.9%;3,831 人停留了 4 天,占 13.2%;3,197 人停留了 3 天,占 11%。[13] 总体而言,自 2000 年以来,教学型教师的平均逗留时间呈现出不断减少的趋势。

2009~2010 年度,在外停留时间最长的为来自冰岛的教师,平均为 9.5 天。来自匈牙利的教师停留时间最少,仅为 3.5 天。在教师流入方面,教师在卢森堡停留时间最长,为 8 天,来自冰岛、塞浦路斯的教师为 6.6 天,来自列支敦士登的教师仅为 4.4 天。[14]

3. 资金情况

伊拉斯谟教师流动项目资金有基本资金、特殊需求资金、零资助这三种类型。基本资金是参与伊拉斯谟流动项目的教师所获得的基本资金补助,针对通过正常途径申请资金补助的教师。特殊需求资金针对有特殊资金需求的教师。零资助指参与该项目的教师不能获得项目资金补助,教师流动项目只为教师提供流动机会。流动基金的支付方式有个人、高等教育机构基金、欧盟区域的各类基金计划等。

（1）基本资金

自 2000 年以来，教师的平均基本资金保持在 600 欧元左右。2000～2001 年度达到 615 欧元后，2001～2006 年间出现下降的趋势，年均所获资金低于 600 欧元。2007 年以来，基本资金开始大幅增长，其中 2007～2008 年度为 648 欧，比上年增加 11.1％，2008～2009 年度达到最高的 666 欧元。2009～2010 年度为 654 欧元，比上年度下降 12 欧元。[15]

流入丹麦与从丹麦流出的教师所获资金最多，分别为 796 欧元和 777 欧元。

（2）特殊需求资金

特殊需求资金针对有额外资金需求的教师，具体资金数额根据申请教师的具体情况进行划拨。与基本资金相比，特殊需求资金的总额相对较多，但规模相对较小。2009～2010 年度仅有 4 名教师获得了特殊需求资金，比上年度减少 4 人。[16]

（3）零资助教师[17]

2008～2009 年度共有 377 名零资助教师，占同年教学型流动教师总数的 1.3％。2009～2010 年度为 572 人，占同年教学型流动教师总数的 2％，比上年度增加 0.7％。来自意大利的零资助教师最多，为 87 人，而上年度为 38 人。其次为法国、波兰。最受这类教师欢迎的国家为西班牙、波兰、挪威。

4. 性别比

参与教学型流动的教师在性别方面总体呈现出男教师多于女教师的趋势。2009～2010 年度女教师比重为 41％，[18]即 29 031 名教师中有 11 902 名女性教师。

（三）培训型教师流动的情况

培训型教师流动项目始自 2007 年。与教学型教师流动相比，其教师范畴开始拓展，高等教育阶段的非教学型教师也能参与该项目。伴随着参与教师范畴的拓展，参与的机构也从高等教育机构开始拓展到与高等教育机构相关的高等教育阶段的教育类公司及相关组织等三大类机构。教师流动时间为 1 周(5 个工作日)到 6 周。

从 2007 年到 2009 年,培训型教师参与规模依次为 4 883 人、7 774 人和 8 745 人,年增加率分别为 59.2％和 12.5％,[19]增速明显快于教学型教师。

2009～2010 年度波兰参与人数最多为 1 476 人,占 16.9％;其次是西班牙为 883 人,占 10.1％;芬兰为 656 人,占 7.5％。而参与国中人数最少的是列支敦士登,仅为 4 人,占 0.05％;马耳他 18 人,占 0.2％;克罗地亚 24 人,占 0.3％。卢森堡是唯一一个没有教师参与培训型流动项目的国家。英国是最受欢迎的目的地国,2009～2010 年度有 969 人去往英国接受培训,约占 11.1％,其次为西班牙 927 人,占 10.6％,德国 828 人,占 9.5％。而流入人数最少的国家为列支敦士登和卢森堡,分别为 10 人。流出教师多于接收教师的国家为:保加利亚、捷克共和国、爱沙尼亚、芬兰、匈牙利、拉脱维亚、列支敦士登、波兰、罗马尼亚、斯洛伐克和土耳其。[20]

1. 教师工作类型与流动目的

2009～2010 年度 8 745 名教师中从事与学术有关工作的占 37％,从事管理工作的占 24％,负责国际事务的占 20％,负责学生信息管理的占 5％,继续教育教师占 2％,财务类教师占 3％,其他占 9％。

在流动目的方面,参与理论培训的教师为 4 065 人,占 46.5％,随班工作的为 2 157 人,占 24.7％,教学工作坊计划的为 1 553 人,占 17.8％,其他 970 人,占 11％。[21]

2. 逗留时间

2009～2010 年度平均逗留天数为 6.4 天,上年度为 6.5 天,比教学型教师逗留天数要多。从教师流出国来看,荷兰教师在外逗留时间最长,平均为 10.3 天,其次为冰岛 8.5 天,罗马尼亚 8.1 天。在停留国家方面,教师停留时间最长的国家为爱尔兰 7.3 天,比利时、匈牙利 7 天,希腊、英国 6.8 天;而逗留时间最短的为卢森堡 5 天和爱沙尼亚 5.4 天。总体而言,2009～2010 年度 8 745 名教师中有 4 025 人停留的时间为 5 天,占 46％,而总共有 85.9％的教师逗留时间等于或少于 7 天。[22]

3. 资金情况

(1) 基本资金

2009～2010 年度平均基本资金为 735 欧元,与上年度的 751 欧元相比有所下降,但多于教学型教师的 654 欧元,这与教师逗留的时间有一定的关系。来自列支敦士登的教师以 1 569 欧元位列第一,捷克共和国以 256 欧元居最末位。[23]

(2) 特殊需求资金

2009～2010 年度有 1 名[24]教师获得了特殊需求资金,上一年度为 0 人。

(3) 零资助教师[25]

2009～2010 年度共有 370 名教师为零资助教师,上年度为 136 人,增幅为 175%,占培训型教师总人数的 4.2%,上年度则仅占 1.7%。零资助教师来自波兰的最多,为 185 人,其次为芬兰 45 人和葡萄牙 33 人,最受欢迎的目的地国为冰岛,共有 130 名零资助教师去往冰岛,其次为挪威 63 人,西班牙 29 人。

4. 性别比

参与培训型流动的女教师较多,2009～2010 年度,女性教师为 5 934 人,占 68%,[26]与往年情况基本一致。

(四) 伊拉斯谟教师流动的特色

伊拉斯谟项目自 1987 年启动以来,其规模与辐射范围都在逐渐拓展,迄今已为欧洲区域高等教育阶段超过 200 万名学生与 27 万名教师的流动提供了机会,而其合作对象也逐渐从欧盟国家拓展到世界其他国家。在促进欧洲教育一体化的博洛尼亚进程与欧盟构建"知识型欧洲"理念的影响下,各国之间的教师交往活动也逐渐频繁起来。总体而言,该项目有以下几大特色。

1. 项目总体规模不断拓展

截至 2009～2010 年度,共有超过 27 万名教师参与了流动计划,年平均流动规模为 2.08 万人次。在构建知识型欧洲、构建欧洲高等教育区以及欧洲研究区等大背景下,2007 年伊拉斯谟教师流动项目的内涵与外延都不断拓展,把高等教育阶段的非教学型教师也纳入进来。因此,无论是从项目的数字规模还是从项目对象的内涵与外延来说,伊拉斯谟教师流动项目的规模都是在不断拓展的。

2. 培训型流动教师参与数增幅快

培训型流动计划于 2007 年启动,虽然启动时间相对较晚,教师年参与规模相对较小,但是参与该类型流动的教师规模增速较快。从 2007 年到 2009 年,培训型教师参与规模为 4 883 人、7 774 人和 8 745 人,共计 21 402 人,年增长率分别为 59.2% 和 12.5%。培训型教师参与规模增速快与该项目开展的时间较晚,市场需求较大有一定的关系。随着欧洲区域终身学习计划的不断拓展与伊拉斯谟培训型教师流动项目的推广,教师参与培训的途径会逐渐拓宽,因此,培训型流动教师的增速会呈现出增速逐渐减缓的趋势,但是,其绝对规模会保持增加的态势。

3. 教师在外停留时间减少

教学型和培训型教师在外停留的时间整体上呈现出不断减少的趋势。虽然初期教学型教师在外逗留的时间出现小幅度的反弹,如 2000~2001 年度为 6.9 天,2001~2002 年度上升为 7.2 天,但 2008~2009 年度、2009~2010 年度分别下降为 5.5 天和 5.6 天,表明教师在外停留时间比较以往记录整体上逐渐减少。这一现象除了与欧洲区域内交通条件改善使教师在交通上所花费的时间有一定减少有关,还与国家地理位置的优越与否有关。就具体国家而言,来自以及去往比较偏远国家的教师所花费的时间相对较长,如从冰岛流出的教学型教师和培训型教师 2009~2010 年度在外停留时间分别为 9.5 和 8.5 天,均位居前列。这与冰岛地处欧洲西北较为偏远的区域,远离欧洲大陆,需花费较长的交通时间有一定关系。而地处欧洲中心区域的部分国家,如卢森堡、比利时、匈牙利等国,教师所逗留的时间相对较短。因欧洲大部分国家在地缘位置上相对集中,伴随着区域内交通条件的改善,教师在外停留的时间逐渐减少。

4. 零资助教师不断增多

无论是教学型教师还是培训型教师,零资助教师数目不断增加。2009~2010 年度教学型零资助教师为 572 人,占同类教师总数的 2%;同年培训型零资助教师为 370 人,占总数的 4.2%。其中教学型零资助教师比上年度(377 人)增长 52%,培训型教师比上年度(136 人)增长 175%。教学型零资助教师最多的国家为意大利、法国和波兰,培训型零资助教师最多的国家为波兰、芬兰和葡萄牙。而在去往国家中,最受欢迎的国家为西班牙、挪威、冰岛。值得注意的是,教学型和培训型零资助教师最多的来源国中都有波兰,而最受欢迎的国家中都有西班牙和挪威。出现这一现象的原因除了与国家经济发展水平有一定关系外,如较富裕国家的教师个人能够支付流动所需的花费,还与欧洲经济区(European Economic Area)的基金政策有关,如欧洲经济区制定了资金赞助政策,专门面向 2004 年和 2007 年加入欧盟的冰岛、挪威。除此之外,也有专门的基金政策面向中东欧地区的部分国家,如波兰。因此,零资助教师不断增加这一现象的出现并非偶然,而是在于教师获取流动基金的渠道得以拓宽,教师获取伊拉斯谟项目外基金的概率增加。

(五) 问题与启示

虽然伊拉斯谟项目教师流动计划自 1997 年启动以来,取得了一定的成就,但是该项目仍然存在一些不足之处。

1. 规模不断增加,但影响仍有限

伊拉斯谟教师流动项目经过 10 余年的发展,其规模不断拓展,2009~2010年度达到 37 776 人次,但这只占欧洲 32 国高等教育阶段教师总数(约 140 万)的 2.7%,因此,该项目的教师参与规模与参与率仍不理想。而就参与流动计划的高等教育阶段机构数而言,2009~2010 年度,共有 2 154 所机构参与流动计划,占欧洲高等教育机构总数(约 4 000 所)的 53.9%。该参与率虽比教师参与率理想,但是其影响范围仅保持在半数欧洲高等教育机构,也稍显有限。在项目预算方面,2009~2010 年度伊拉斯谟项目的预算为 4.152 5 亿欧元,其中用于流动的资金占预算总额的 95.79%,具体为用于学生流动的资金占81.35%,用于教师流动的资金占 6.30%,用于流动项目组织的资金占8.14%。[27]用于教师流动的资金远远少于用于学生流动的资金。因此,无论是从参与教师数及其比重来说,还是从参与机构数及其比重,或者是从用于教师流动的预算比重来说,其影响仍显有限,需进一步加强其影响辐射范围。但这也表明伊拉斯谟项目中教师流动计划的发展前景与发展空间较为广阔。

2. 参与国家广泛,但流动分布不均衡

除了卢森堡暂时还没有教师参与培训型流动计划之外,欧盟区域的所有国

家基本上参与了该项目。但是各国的教师流动因地理位置、政治决策、经济发展、教育发展等的不同而显得不同。突出表现为教师流动多为从教育资源较为缺乏的国家流往教育资源较为丰富的国家。如 2009～2010 年度,教学型教师流动计划中流入教师最多的国家分别为德国、意大利、西班牙、法国等;培训型教师流动计划中流入教师最多的国家为英国、西班牙、德国等。而在教师所获取的资金方面,2009～2010 年度,教学型教师流动计划中丹麦、列支敦士登等国的教师所获得的资金位于前列,捷克共和国的教师所获的资金最少;培训型教师流动计划中列支敦士登的教师所获资金最多,捷克共和国的教师所获的资金为最少。这种流动规模、流动资金分布不均衡的现象与欧盟区域内部各国的经济、教育发达程度以及各国所处的地理位置有一定的关系,如英、德、法等国经济发达程度领先于欧洲其他国家,因此其教育资源较为丰富,对其他国家的教师具有较强的吸引力;而较为偏远的国家,如冰岛等北欧 5 国以及进行市场经济体制改革不过 10 余年的中东欧广大国家,在地理位置、政治环境、经济发达程度方面不占优势地位,因此对其他国家教师的吸引力较为有限。这种教师流动的模式在知识自由流动的层面而言,实际带有一定的区域内的文化不平等与文化霸权的特色。

3. 参与教师规模增加,但性别比不均

伊拉斯谟教师流动项目累计人数达到了 27 万,其年流动规模在 2009～2010 年度也已达到 37 776 人次,且参与规模有不断增加的趋势,但是性别比不均这一问题较为突出。性别比不均一方面是参与教学型项目的男教师多于女教师,女教师仅占总数的 41%,其中卢森堡无女性教师参与;另一方面是参与培训型项目的女教师多于男教师,女教师占总数的 68%,其中列支敦士登无男性教师参与。教学型流动男性教师较多和培训型流动女性教师较多,从侧面反映出从事教学等较高级别工作的男性教师总数大于女性教师,而从事非教学性工作的女性教师总数大于男性教师。产生以上现象的原因是多方面的,这既与高等教育阶段学术职业的性别刻板印象有关,也与项目的管理有待进一步完善有关。

总的来说,在构建知识型欧洲与欧洲一体化的背景下,伊拉斯谟教师流动项目为各国教师之间的相互理解提供了一个平台。但是,伊拉斯谟教师流动项目也因欧洲区域内各国经济发展水平、教育资源分布、国家地理位置、国家教师流动政策等的差异而体现出规模增大但影响仍有限、参与国家广泛但分布不均衡、参与教师规模增加但性别比不均等问题。因此,通过汲取伊拉斯谟教师流动项目的经验教训,能够有助于我国在促进教师流动时注重从宏观上对区域间教育资源分布不均衡状态进行调控,对教师性别比不均衡状态进行政策指引等,以此实现我国教师流动朝向均衡的方向发展。

参考文献:

[1] 白维维.美国高校教师的流动机制[D].石家庄:河北大学,2011.7~8.

[2] 杨茂庆.美国研究型大学的教师流动研究[D].重庆:西南大学,2011.34~35.

[3] Consolidated Version of the Treaty on the Functioning of the European Union[J]. Official Journal of the European Union,2010,3(30):59.

[4] Bologna Declaration[R]. 1999.

[5] Towards the European Higher Education Area:responding to challenge sin a globalised world [R]. London Communiqu8,2007—05—18.

[6] European Commission. Modernization in Europe[EB/OL]. http://ec.europa.eu/ education/ lifelong — learning — policy/higher _en. htm . 2012—04—02.

[7] European Commission. History of the ERAMUS Programme[EB/OL]. http:// ec. Europa. eu/ education/erasmus/history_en. htm. 2012—04—02.

[8][9][11][13][14][17][19][22][23][25][27]The Erasmus Programme 2009/2010:A Statistical Overview [R]. Life Long Learning Programme,2011~12:85~90,90,85~90,98,102,104,105~106,118~119,120,122,148~149.

[10] European Commission. Outgoing and incoming Erasmus staff mobility for teaching assignments in 2009/2010[R/OL]. http://ec. Europa.

eu/ education/ erasmus/ doc/ stat/ 0910/ teaching. pdf. 2012—03—12.

[12][15] European Commssion. Erasmus staff mobility for teaching assignments (number, duration and grants) from 1997/1998 — 2009/10 [R/OL]. http:// ec. Europa. eu/education/erasmus/doc/ stat/ mobilitystaff. pdf. 2012—03—15.

[16][18][21][24][26] European Union. Erasmus — facts, figures & trends [R/OL]. http://ec. europa. eu/ education/pub/pdf/higher/erasmus0910_en. pdf. 2012—04—02:9,9,10,9,9.

[20] European Commission. Outgoing and incoming Erasmus staff mobility for training in 2009 / 2010 [R/OL]. http://ec. europa. eu/education/erasmus/doc/stat/0910/training. pdf. 2012—03—12.

（本文发表于《比较教育研究》2013 年第 4 期。作者覃丽君,时属单位为西南大学教育学部国际与比较教育研究所）

十一、农村教师专业发展支持体系
——发展中国家的实践

教师是提升教育质量的关键角色,已成为国际社会的共识。大量的教育研究证实,"高质量的基础教育是多种因素相互作用的结果,而最重要的因素则是高质量的教师和教学"。[1]而在教育资源相对匮乏的发展中国家,"教师常常是学生能够获得的少量资源之一,教师对学生学习的作用更为明显"。[2]教师及其专业发展也因此成为各国教育改革的重点,许多发展中国家在普及基础教育的同时,尝试通过新的模式和途径为农村教师提供支持,从而提高教育质量。由于这些实践都试图通过构建某种体系,调动资源为农村地区教师提供持续的专业发展支持,笔者将其称为"农村教师专业发展支持体系"。本文首先介绍其产生的背景,然后考察农村教师发展支持体系在三个发展中国家的实践与成效,在此基础上提炼出"农村教师支持体系"的概念,并讨论成功构建、运作支持体系的基础条件。

(一)农村教师专业发展支持体系产生的背景

1. 教育改革对教师的挑战

许多发展中国家为在 2015 年实现全民教育目标,在扩大教育机会的同时,为实现"全民优质教育"这一目标也开始了以建构主义为导向的课程和教学改革。然而,"教育规模扩大和课程与教学改革同时并举,给教师带来巨大挑战,它要求教师具备灵活性,抛弃传统的教学模式,学习新的教学方式并将其运用到课堂实践"。[3]许多国家面临教师数量短缺和教师质量欠佳的双重难题。提高教师质量,尤其是支持农村教师的专业发展成为提升教育质量的必经之路。

2. 教师专业发展范式的转变

随着教师专业发展研究的深入,教师专业发展范式也发生转变。"成功的教师专业发展必须是持续进行的,包括培训、实践和反馈,应该提供给老师足够的时间和后续支持"。[4]教师发展的"补缺模式"逐渐被新的"实践反思"模式取代,重视教师的实践知识、反思与合作学习。"教师专业发展的方式更少专制性而更多参与性,鼓励和增加学校与社区对教师专业发展的自主性和责任,以形成社区、学校和教师互动的学习共同体。同时,教师专业发展不再是一次性的活动,而是强调持续的跟进与支持,帮助教师将所学运用到课堂实践中"。[5]

3. 农村教师专业发展的困境

由于发展程度不同,发展中国家的城乡差异较大。在教育方面,农村学校在基础设施、经费投入、教师和其他资源方面都面临诸多挑战。由于教师短缺,很多学历不达标的、未经培训的代课教师或合同教师在农村地区任教;"年长的、经验丰富的教师大都集中在城市,而年轻的、较少经验的教师则被派往农村和偏远地区任教"。[6]由于地理环境、文化和语言等方面的差异,农村教师常常有很强的孤立感,觉得被人遗忘,在专业和社会交往方面都感到孤立无援。[7]这也导致农村教师的职业信念较低,缺勤率较高。

与城市教师相比,农村教师面临教学上特有的挑战:农村家长对孩子的期待更低;教育教学资源的匮乏;很少的专业发展机会;偏远地方的教师接受督导和其他教育服务的机会更少。[8]此外,农村教师常常需要应对大班额,在双语或多语的环境下教学以及应对贫困、冲突和疾病带给学校和学生的影响。

农村教师专业发展的内容与方式无法满足农村教师的需求。"农村教师在参与各种专业活动时,常被定位为'文化弱势者'⋯⋯农村社会的独特问题语境、农村学校以及教师正在发生的变化、遭遇的困境、面临的挑战等问题通常很难找到发声途径,也难以在培训过程中形成学员与培训者、培训材料之间的深入对话"。[9]很多国家面临的这一难题需要尝试新的方式予以解决。

436

（二）农村教师专业发展支持体系在发展中国家的实践

在教师专业发展的实践中,许多国家的教师在职发展项目从过去强调集权化的培训班转变为更加分权化的方式,将教师在职发展的重心下移到地方层面或者学校层面。由于历史的原因,发展中国家在教师专业发展上起步较晚。在国际教育援助方(发达国家、国际组织以及大型非政府组织和基金会等)的支持下,一些发展中国家通过实施发展援助项目来提升本国基础教育质量,在农村教师专业发展支持方面做出新的尝试。其基本策略是构建一个基于本地的支持服务体系,为农村教师的专业发展提供校本的、切合当地需求的培训和其他专业发展机会;强调当地教育机构和人员的能力建设,以便能够为农村学校和教师提供长期持续的支持。

1. 基于校本和联片学校(School/Cluster-Based)的教师专业发展体系:埃塞俄比亚的实践

(1) 项目背景。埃塞俄比亚联邦民主共和国位于非洲东北部,全国80%以上劳动力从事农业生产。它是世界上最不发达的国家之一,其教育发展相当落后。20世纪90年代前,该国基础教育毛入学率低于20%,而女童的毛入学率不到10%。教育质量差,地区差异明显,课程设置不符合学习者以及多元化社会群体的需求。[10]现任政府于1991年上台,1994年出台"新教育与培训政策",希望通过改善学校整体条件、提高师资质量、开发新课程等措施来提高教育质量,特别是小学阶段的教育质量。

埃塞俄比亚的在职教师培训传统上有两种,一种是以学历提升为目的,由师范院校组织实施的知识补充模式;另一种是一次性大型集中培训班。这两种模式的弊端在于农村教师很少有机会参加,而且培训与课堂实践脱离,无法真正支持农村教师。1997年以来,该国在美国国际发展援助署(USAID)的支持下,实施了"基础教育系统改善项目"(BasicEducation System Overhaul),开始在提格里州(Tigrai)试点基于校本的和联片学校的教师专业发展模式,取得成功后在全州铺开,而后成为全国政策,并通过美国国际发展署支持的"基础教育战略目标项目"(Basic Education Strategic Objective)将相关实践扩展到全国范围。

(2) 基于校本和联片学校的教师专业支持体系的组织与实施。基于校本的和联片学校的教师专业发展支持模式是以学校联片的方式将分散的学校和教师连接起来，并以中心学校为基地开展本区域教师的专业发展活动。根据学校的地理位置、师资和设备等条件，选择 1 所学校作为中心校来负责周边 3~8 所卫星学校的教师培训与支持活动。中心学校往往建有联片学校资源中心，作为教师培训、研讨和共享资源与设备的场所。

基于联片学校开展的专业发展支持活动主要包括教师培训、研讨以及非正式的经验分享活动。项目前期，主要由州教育局和项目的外聘培训专家直接在中心学校，面向所有教师、学校领导和学区教育官员传递校本专业发展的理念和技术。待地方人员的能力加强之后，就由学区和学校联片区负责组织自己的培训活动。县(Zone)、学区(Woreda)监督学校联片区工作并提供后续支持。每次培训后，联片区教育督导员走访卫星学校，支持教师将培训所学知识和技能运用到课堂实践中。

培训内容基于教师需求评估结果，以新课程目标为基础，侧重为教师提供实用的教学技能。例如，以学习者为中心的教学方法；大班额课堂的管理；教学辅助资源与方法等。每次教师培训或研修聚焦在一、两个新理念和技能上，教师有机会看到示范、进行讨论、角色扮演和实践练习。教师在随后的几周内在自己的课堂运用这些新的方法。联片学校鼓励教师通过行动研究的方式来反思和改进实践，并定期召开会议来讨论、共享和解决实践中遇到的问题。

此外，非正式的教师支持活动也在中心学校定期开展，主要包括：教学经验共享工作坊；教学督导；学科知识竞赛和体育比赛；一起为年级统考做准备；通过共享人员、设备和材料开展学校之间的合作与管理。

(3) 成效与持续性。自 1997 年项目试点以来，基于校本和联片学校的教师专业发展支持体系逐步在全国铺开，最终成为该国教师专业发展的主要方式。其成效主要包括：教师观念转变，理解并有效地实施新课程的能力提升；不同学校的教师通过分享教学经验，发展互助关系，减少教师，尤其是农村地区教师的边缘化现象；教师在教学、行政和教学领导力方面的能力得以提高；农村地区有限的人力和物力等资源得以有效利用。[11]地方教师培训学院通过参与项目,为联片学校教师提供后续支持,逐步从职前教师培养转向职前与职后培训并重的发展模式,提升了教师教育的整体质量。然而,在偏远地区,这种发展支持体系仍然面临资源中心协调员流动频繁、提供的支持服务时间有限以及相关资源缺乏等状况,需要政府、学校和未来的援助方共同努力加以解决。

2. 以导师制(Mentoring System)为依托的农村教师校本发展:罗马尼亚的实践

(1)项目背景。罗马尼亚位于东南欧巴尔干半岛东北部。1989年苏联解体后,罗马尼亚的政治、经济、社会急剧转轨。教育方面,"罗马尼亚的教育体系在义务教育入学方面做得较好,但是在教育质量和教育的适切性方面存在严重问题"。[12]罗马尼亚有近45%的人口居住在农村地区,教育服务质量的城乡差距成为主要问题。教师专业发展方面,20世纪90年代的罗马尼亚教师在职培训只能通过大学和名为"教师之家"(Teacher Houses)的地方教师培训学院来提供课程,但是其培训内容和方式并不能满足教师实际需求。由于偏远地区交通不便、培训成本较高、工作无人替换等原因,农村教师参与在职培训的程度也很低。

在此背景下,2003年~2009年罗马尼亚依托世界银行提供贷款的农村教育项目(Rural Education Project),在全国范围内实施了"校本教师专业发展项目",构建了以"导师制"为依托的培训支持体系,为农村教师提供适切的支持。

(2)"导师制"农村教师支持体系的组织与实施。"导师"是项目中最重要的角色,其工作职责是分析诊断教师专业发展需求、培训教师、为教师提供后续支持和专业咨询,评价教师并提供改进建议。根据严格的遴选标准,共有136名导师获得资格认证和培训,为全国41个县的教师提供支持服务。[13]这些导师都是具有成功教学和教师培训经验的资深高级教师,具备良好的人际交往与团队合作能力。为适应在农村地区开展工作,所有的导师具备驾照,能够在复杂道路条件下驾驶。项目为导师采购配备了性能强劲的汽车,使其能够到达偏远地区;为导师都配有一部手机,能长期与专家和管理人员保持联络;也为他们配置培训设备(笔记本电脑、投影仪、挂图等)和培训教材,随车运送到偏远学校。

导师每年到各县每所农村学校实地访问 4～5 次,他们对教师的专业指导一般分为三个阶段:首先到学区通过面授培训来了解教师和学校的发展需求;然后访问该学区单个学校,帮助教师建立伙伴小组,制定学期专业发展计划;最后开展有针对性的校本培训。一段时间之后,导师再次回到学校,通过课堂观察和个别指导,监测和督促教师教学方式的变化与效果。

为确保支持工作的质量,根据农村教师专业发展需要,项目开发了 10 个培训模块、4 盘教学录像以及导师工具包。依托导师制开展的教师专业发展活动最大的特点就是强调教师参与学习过程,并将相似的学习方式引入到自己的课堂实践中。此外,校本教师培训被纳入到政府教师继续教育框架,获得全国在职教师培训中心的质量认证,保障了校本培训的质量和农村教师的参与率。

(3) 成效与可持续性。罗马尼亚农村教师支持体系的亮点在于:由导师驾驶汽车,前往农村学校就地为教师提供培训,解决了由于路况、天气和资金原因,边远农村教师无法获得专业发展机会的问题。有效的教师专业发展支持也导致农村学校教与学方面的积极变化。2009 年,农村学生在义务教育结业考试中取得高分的比例从 2002 年的 2.4% 提高到 10.68%;2008～2009 学年,超过 68% 的农村教师已经习惯使用互动式教学方法,而在 5 年前这一比例仅为 30%。[14]

由于"农村教育项目"的成功实施,导师制成为罗马尼亚教师专业发展支持的主要模式,它在欧盟援助的"2007 年～2013 年人力资源专项发展计划"中得以延续,继续针对农村和小城镇教师提供有针对性的支持与服务。

3. 中英西南基础教育项目构建的县域教师支持体系

(1) 背景信息。自 2000 年达喀尔会议以来,全民教育在中国取得巨大进展。中国政府开始关注西部贫困地区和少数民族教育,通过多项措施来提升农村教育质量。在此背景下,中英两国间政府发展合作项目——中英西南基础教育项目于 2006 年启动,历时约 5 年,覆盖四川、云南、贵州和广西的 27 个国家级贫困县。该项目的目标之一是通过提高教师专业发展支持体系的能力,改善教与学的效果,以帮助更多的弱势女童和男童获得有质量的教育。项目着力通过两方面工作来加强农村教师的能力建设：一是根据教师需求，实施高质量的教师培训；二是构建县—乡—校三级的县域教师支持体系。

（2）县域教师支持体系的组织与运作。利用原有的县级教师培训资源和农村教育管理体制，在项目县建立县、乡两级教师学习与资源中心，作为教师专业发展实施的实体与平台。县级教师学习资源中心整合了县教研室、教师进修学校和电教馆等教师培训机构的人员和资源，统筹全县教师培训的规划、管理，并指导和支持各乡（镇）教师的专业发展。在乡级层面，在乡（镇）中心校设立乡级教师学习资源中心，将其定位于"全乡（镇）教师学习、培训的场所；分享教学经验、研讨教学问题的场所；教师，尤其是村小、教学点教师寻求专业帮助，也是县教师培训机构了解一线教师需求并提供相应支持地方"。[15]

在支持体系的人员建设方面，各项目县通过聘请教师培训机构和城乡优秀教师作为县级培训者。他们不仅在县、乡两级资源中心实施教师培训，而且分为3~5人一组负责某个乡（镇），定期到中心校开展支持工作。乡（镇）中心校的骨干教师也被组织起来，负责为周边村小和教学点的教师提供专业支持。

依托教师学习资源中心开展的专业发展活动主要包括：教师在职培训以及培训后的跟踪指导；巩固完善县—乡—校三级听课评课体系以及同校教师之间的听课评课体系；建立县—乡—校三级导师指导体系和校本导师体系，为教师提供个性化支持；示范观摩课；课堂行动研究；组织邻近村小和教学点教师定期集体备课；以教学竞赛方式激励教师将新理念与方法运用到课堂实践。

（3）教师支持体系的成效与可持续性。县—乡—校三级教师支持体系弥补了县级教研机构因人力物力缺乏而对边远学校支持不够的缺陷。依托乡镇教师资源中心开展的活动，不仅帮助教师将新课改的理念与方法用到课堂，而且促使乡村教师寻找本地教育教学问题的解决办法，增强了专业自信和能力。教学方面也产生了积极的变化，"课堂上，教师用于全班集中教学的时间从基线调研的90%降到60%以下，并具备多种教学技能以更好地满足学生差异化的学习需求。学生在课堂教学中积极参与学习活动时间的比例从基线的20%提高到40%以上"。[16]

作为支持农村教师专业发展的新尝试，县域教师支持体系的可持续性面临诸多挑战:一些县级教师培训和教研机构没有实质性整合,资源分散,对乡镇资源学习中心的管理和支持不足;专门针对农村一线教师的培训和学习资料较少;农村教师支持者自身的能力有待提升;项目结束后,支持体系运作的资金、人员和时间保障面临不少困难。

(三) 农村教师支持体系的定义与内涵

从这三个发展中国家为农村教师专业发展提供支持的实践中,我们可以看到这些实践都不是一次性的短期投入,而是有目标、有计划、有组织架构、有运作机制的系统性投入。根据已经获得成功的实践案例,笔者将"农村教师专业发展支持体系"定义为:在一定的行政区域内,调动和利用本地区教育资源,以教师专业发展为核心,以提高学习质量为目标,为区域内农村教师的专业发展提供便捷的、持续的、公平的、有效的支持和服务的运作机制。具体来说,这个支持体系应该具备以下几个要素:(1) 构建学习共同体,将分散的单个教师联系起来,分享经验和相互支持;(2) 有专业人员(导师、督学、教研员或培训者)通过在职培训课程和校本专业发展活动为教师的课堂实践提供持续的支持和指导;(3) 有一个被称作"资源中心"的地方为教师提供活动场地、图书资料和信息技术设备(电话、互联网等);(4) 有配套的运行机制、管理和监测机制,确保支持工作的质量和有序开展。

(四) 农村教师支持体系成功运作的关键因素

构建和成功运作农村教师支持体系需要各方面利益相关者的参与和投入,从上述三国的经验来看,农村地区的教师专业发展支持体系的有效性和持续性取决于以下几个方面的基础条件:

1. 农村教师支持体系应是以需求为本,为本地教师提供适切的支持

分析三国的经验,要做到这一点就意味着,通过教师需求分析,诊断问题,确定支持体系的目标;将本地一线教师纳入到目标设定、培训和学习材料开发以及支持活动开展的决策过程中;确保提供给教师的培训、材料和指导的适切性,使其能够针对当地农村教师日常教学实践的具体问题给予回应;建立监测

与评估机制,定期从教师、校长和支持者收集数据,根据效果和反馈意见调整教师支持的内容和形式。需求为本的、本土化的支持体系,有助于形成当地教师和教育者对支持体系的主人翁意识,积极投入其中,实现主动发展。

2. 发展教育管理部门的教学领导力也是农村教师支持体系成功的重要基础

支持体系不仅涉及教师发展活动本身,也涉及教育规划、教育管理与评价。农村教师支持体系在三个发展中国家的实践,不约而同地都包含对当地教育官员、督导人员和学校领导的教学领导力建设,使其能够在各个层面为教师提供指导和教学支持,转变过去检查、考评性质的工作为发展性的、支持性的工作。

3. 教师支持者的能力建设是确保支持体系质量的关键

罗马尼亚为确保校本教师专业发展活动的质量,不仅制定了严格的遴选和聘任标准,而且通过一系列措施来提升导师能力。这些措施包括:以导师技能为主题的直接培训;通过远程学习平台的在线培训和协助,确保项目管理者和技术团队为导师提供支持;组织导师经验分享研讨会,帮助导师分享经验、反思实践、寻找问题解决办法。[17]在埃塞俄比亚和中国的案例中,教师支持者的能力建设主要通过培训者培训和定期举办的研讨会来实现的。在具体情境下,充当教师支持者的大都是本地教育人员,包括教研员、教师培训者、督导、校长和骨干教师,因此他们的能力建设不仅关系到项目期间支持体系的实施,更为重要的是,他们的能力提升为支持体系的持续运作和深入发展提供了可能。

4. "持续的教师专业发展是一个系统的过程,需要规划设计、资金、人员、设备等支持,以及持续的研究来确保这一过程的有效性"[18]

尽管三个国家的农村教师专业发展支持体系都取得较好的成效,但是在偏远地区,仍然面临支持人员缺乏或流动频繁、交通费用和时间成本过高、提供支持服务时间有限以及资源设备缺乏等困境。因此,可靠的资金和人力、物力资源保障也是支撑农村教师支持体系可持续性的基础。

参考文献:

[1][6] UNESCO. Teachers and Education Quality:Monitoring Global

Needs for 2015[R]. Montreal：UNESCO Institute for Statistics,2006. 79,35.

[2] Carron, G. , & Chau, T. N. The Quality of Primary Schools in Different Development Contexts[R]. UNESCO International Institute for Educational Planning,1996. 223.

[3] UNESCO. EFA Global Monitoring Report 2005：Education for All— The Quality Imperative[R]. Paris UNESCO,2004. 107.

[4] OECD, Teachers Matter Attracting, Developing and Retaining Effective Teachers[R]. Paris：OECD Publishing,2005. 136.

[5] Leu, E. The Patterns and Purposes of School—based and Cluster Teacher Professional Development Programs（Working Paper ♯ 2 under EQUIP1's Study of School-based Teacher Inservice Programs and Clustering of Schools）USA ID,2004. 8.

[7] Mulkeen, A. &Chen, D. D（. Eds）. Teachers for Rural Schools：Experiences in Lesotho, Malawi, Mozambique, Tanzania, and Uganda[M]. Washington D. C. ：The World Bank,2009. P. 3.

[8] Adede ji S. O. & Olaniyan,O. Improving the Conditions of Teachers and Teaching in Rural Schools across African Counties[R]. Addis Ababa：UNESCO International Institute for Capacity Building in Africa. 2011. 78.

[9] 北京大学中国教育财政科学研究所课题组. 中国义务教育阶段教师培训机制研究报告[R]. 2012. 19.

[10][11] Maekelech, G. Preparing More and Better Teachers：A New Vision of Teacher Development in Ethiopia . （ EB/OL ）Presented at the Comparative International Education Society Conference （CIES）held in Orlando,Florida on March6—9,2002. P. 2 http：//www. eric. ed. gov/. 2012 —01—10.

[12] Sandi,A . M . Why is it so difficult？Misconceptions about Eastern European Education in Transitio[J]. International Review of Education,1992,38(6)：629—639.

［13］［17］ Sandi，A. M. Mentoring System for Teacher Professional Development：A Case from Romania［M］.(unpublished).2012.

［14］ World Bank . Implementation Completion and Results Report (IBRD－46910)of Rural Education Project［R］. March 2010.

［15］中英西南基础教育项目办公室.农村地区教师支持体系工作手册［M］.北京,2010. 3.

［16］中英西南基础教育项目办公室.中英西南基础教育项目完工评估定量调研报告［R］.北京. 2011. 北京.33.

［18］ Villegas － Reimers，E. Teacher professional development：an international review of the literature［R］. UNESCO：International Institute for Educational Planning,2003. 5.

（本文发表于《比较教育研究》2014 年第 1 期。作者刘静,时属单位为北京师范大学经济与资源管理研究院）

英文目录
(Contents)

The Changing and Reforming of Policies

Professionalization and Professional Standards

| **Innovative Practice** |

后记

《比较教育研究》(Comparative Education Review)(原名《外国教育动态》)创刊于 1965 年,是受中央宣传部委托创办的新中国第一本教育学术专业刊物。半个世纪以来,《比较教育研究》虽历经坎坷,但不断成长。1966 年,《外国教育动态》在创刊仅一年之后就被迫停刊。在党和国家领导人的关怀下,1972 年,《外国教育动态》作为内部资料重新得到编辑,1980 年正式复刊,并公开发行。1992 年,《外国教育动态》更名为《比较教育研究》,2001 年由双月刊改为月刊。《比较教育研究》现兼作中国教育学会比较教育分会会刊,多年来一直是 CSSCI 来源期刊、全国中文核心期刊、中国人文社会科学核心期刊、教育类核心期刊。2013 年,《比较教育研究》成为国家社科基金首批资助期刊。

50 年来,《比较教育研究》共发表了近 5 000 篇文章,它"立足中国,放眼世界",引介国外重要的教育理论与思想,追踪世界各国的教育政策与实践,持续关注我国比较教育学科的发展,促进比较教育学领域学者的成长,助力我国教育改革。2015 年,《比较教育研究》创刊 50 年,我们根据刊物多年关注的重点,以及当前我国教育改革的热点,选编了这套"中国比较教育研究 50 年"丛书。

本套丛书选编历时一年,是教育部人文社会科学重点研究基地北京师范大学国际与比较教育研究院各位同仁集体合作的成果。2014 年 9 月至 12 月,《比较教育研究》编辑部成员对 50 年来所刊文章进行了阅读与分类,提出了丛书选题建议,又经过顾明远教授、王英杰教授、曲恒昌教授等专家反复讨论,并征求出版社意见后,编委会最终确认了现有的 12 本分册主题。2014 年年底,确认各分册主编。2015 年年初到 6 月,各分册主编完成选稿工作。

《比较教育研究》创刊 50 年,不同时期的稿件编辑规范不同,这给本套丛书的选编带来巨大困难。除参与选编的老师外,北京师范大学国际与比较教育研究院的众多学生也加入到这一工作中,牺牲了宝贵的寒暑假和休息时间,为此付出了艰辛的劳动。在此,特别感谢以下同学(以姓氏笔画为序):

丁瑞常　卫晋津　马　骜　马　瑶　王玉清　王向旭　王苏雅

王希彤　王　珍　王　贺　王雪双　王琳琳　尤　铮　石　玥

冯　祥　宁海芹　吕培培　刘民建　刘晓璇　刘　琦　刘　楠

孙春梅　苏　洋　李婵娟　吴　冬　位秀娟　张晓露　张爱玲

张梦琦　张　曼　陈　柳　郑灵臆　赵博涵　荆晓丽　徐　娜

曹　蕾　蒋芝兰　韩　丰　程　媛　谢银迪　蔡　娟

在丛书即将出版之际,我们衷心感谢山东教育出版社对本套丛书的出版给予的最热忱的支持。

特别感谢国家社科基金对《比较教育研究》的资助!

本套丛书的选编难免存在一些瑕疵,敬请专家和读者批评指正!

"中国比较教育研究 50 年"丛书编委会

2015 年 10 月